Philippe Bouvard présente

L'ALMANACH 2013 DES GROSSES TÊTES

Michel LAFON

7-13, boulevard Paul-Émile Victor – Île de la Jatte
92521 Neuilly-sur-Seine Cedex
www.michel-lafon.com

Et de cinq !

Si le sel de la vie consiste à prolonger en se les remémorant les moments de bonheur, alors vous avez eu la main heureuse car ce cinquième Almanach est le moteur de recherche idéal. Parce qu'il s'inspire d'une émission que sa durée et son succès ont rendu culte et qui s'est donné pour principale mission de faire oublier, 365 jours par an et quotidiennement trois heures et demie (avec les rediffusions nocturnes), toutes les morosités de l'époque. Parce que, comme on ne peut pas, retranscrire sous forme imprimée autant de propos tenus au micro, on est obligé de choisir et la sélection aboutit à retenir le meilleur.

Alors installez-vous à votre place habituelle à proximité du poste de radio que, cette fois-ci, il n'est pas besoin d'ouvrir pour se divertir. Fermez les yeux, imaginez le Grand Studio de la rue Bayard avec ses *Grosses Têtes* hilares et parfois en folie, son public enthousiaste et ses invités prestigieux. Et profitez pleinement de ce "rattrapage". Car, tout au long de l'année, vous aviez regretté de ne pouvoir noter certains traits d'esprit, d'être incapable de mémoriser une bonne histoire ou, tout simplement, d'avoir raté des morceaux de bravoure. Nous avons fait ce travail pour vous. Plutôt joyeusement car souvent en réécoutant les textes ciselés par nos chroniqueurs ou des facéties improvisées par des célébrités, nous avons ri comme au premier jour.

Chemin faisant — pan ! pan ! comme dirait Peroni — vous retrouverez enfin des questions culturelles qui, contre vents et marées, billevesées et calembredaines, servent toujours de fil rouge à nos entretiens. Ainsi que les citations estampillées par les plus grands noms de l'humour et de la sagesse qui, de Confucius à Jean Yanne (que nous avons mieux connu), en forment un patrimoine inégalable.

Cet Almanach, qui vaut son pesant de gaudrioles, est un élixir de bonne humeur. À ce titre, il doit être consommé quelques minutes par jour et à la date indiquée, en fermant la porte aux ennuis et en ouvrant vos yeux après vos oreilles.

C'est toute la grâce que mes amis et moi, qui, au fil des décennies, ont composé une vraie famille, vous souhaitons au moment précis où nos têtes de turc habituelles se vengent de nos moqueries en vidant nos porte monnaie sous prétexte qu'ils ont rempli les urnes.

Philippe Bouvard

Avec la collaboration d'Éric Laverdin, metteur en ondes des *Grosses Têtes.*

Illustrations de Frédéric Deligne, Philippe Tastet et Grégory Morin.

Citation

Question du jour

Bouvardise

Présentation des panélistes

UNE HISTOIRE DRÔLE

UNE HISTOIRE À BIDE

Les rubriques

Les hontes

Les coups de sang

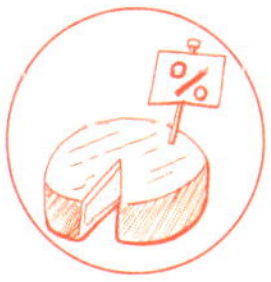

Les statistiques de Peroni

Bonne année à tous !

Par Bernard Mabille

Je hais le 31 décembre et ses obligations endimanchées. Le costume trois-pièces que je ne peux plus enfiler depuis le mariage de ma fille aînée aujourd'hui grand-mère, le nœud papillon ridicule dont l'attache ne fait plus le tour de mon cou, nœud inutile puisque désormais caché sous mon quadruple menton. Le retard inquiétant de mon épouse, je parle du retard pour se rendre chez nos amis… Les robes du soir de mes voisines de table parfumées à la naphtaline de chez antimites ajoutée à l'odeur insupportable d'une laque Bettencourt pour cheveux vaporisée à la sulfateuse ! Le double effet casse-couilles. La bouffe dégueulasse d'une maîtresse de maison sur son 31, c'est vrai que vu sa tronche ça doit faire bien longtemps qu'elle ne s'est pas mise sur son 69. Maîtresse de maison qui vous annonce tout de go : « *J'espère que ce sera bon !* » C'est quand même rare de voir quelqu'un cuisiner pour te filer la gerbe et la courante ! Ajoutant : « *C'est une recette de Robuchon, la première fois que je la tente mais j'y ai mis ma petite touche personnelle, j'ai remplacé les groseilles par du roquefort.* » Les questions à la con dont on vous assaille sous prétexte que vous connaissez des gens célèbres : « *C'est vrai que Philippe Bouvard est si petit qu'on a toujours l'impression qu'il est loin ?* » – « *Mais à quelle heure ça passe les Grosses Bites sur RTL ?* » – « *N'oubliez pas de passer mon bonjour à Léon Zitrone quand vous le verrez.* » – « *Pourriez-vous me raconter l'histoire de la pute et de la panthère, elle est paraît-il tordante ?* » – « *Je vous l'ai déjà racontée en 2007, 2008 et 2009 ! Vous la voulez quand même ? La différence entre une pute et une panthère ? On a rarement vu une panthère avec un string en peau de pute !* »

Le compte à rebours avant minuit, départ d'une soupe de langues, d'un lâcher de bave digne d'un élevage d'escargots, d'un concours de mauvaise haleine façon « *Je viens de bouffer mes slips sales* », sans oublier la première bise claquée par la plus moche, la bouche pleine d'œufs mimosa. Ces brassées de SMS reçus d'on ne sait où, envoyés par on ne sait qui… Voilà ce que j'ai pu lire sur mon téléphone : « *Bonne année petit cul !* », soit c'est une erreur soit le mec est miro – « *Ta femme et moi-même te souhaitons une bonne année !* » Ce doit être un truc de DSK, je pense ! « *Bonne année. Jean Pierre* » Alors là j'en connais des dizaines, je ne sais pas lequel c'est ! « *Je te la souhaite longue et bonne !* » ou alors « *Meilleurs nœuds !* », jusqu'au « *Bonjour c'est François Hollande !* ». Plus de doute, cette nouvelle année sera placée sous le signe de la rigolade… Bonne année à tous !

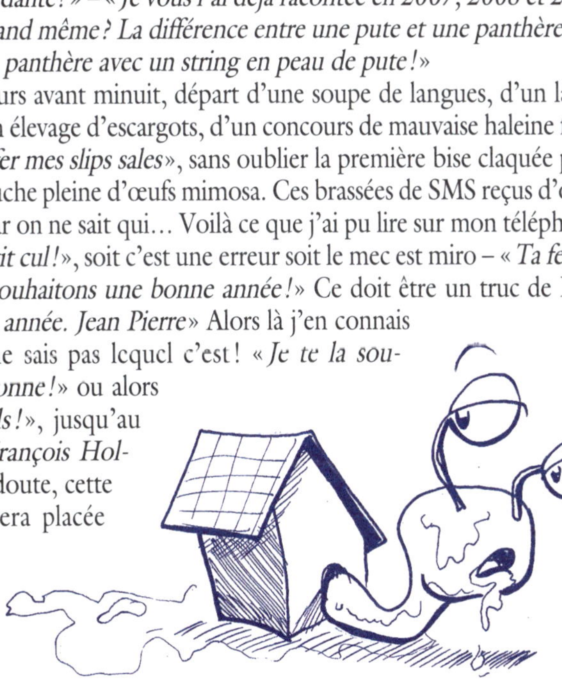

Citation

Qui a dit : « Les vacances sont comme l'amour : c'est en y pensant que l'on éprouve les plus fortes sensations » ?

Frédéric Dard.

Question du jour

Selon la tradition bohémienne, pourquoi, lors de leur mariage, les femmes brisent-elles un pot de terre ?

Le nombre de morceaux indique les années de vie commune.

Bouvardise

Désormais, un bouquin sur deux est bio, c'est-à-dire raconte la vie de son auteur, d'un contemporain vivant ou disparu.

UNE HISTOIRE DRÔLE

Un homme se promène en ville à Strasbourg quand soudain il remarque une annonce sous la plaque d'un cabinet médical :
« Nous engageons un assistant-gynécologue. »
Intéressé, il entre et demande à la réceptionniste les conditions de l'emploi.
La réceptionniste sort un dossier et commence à lire :
– L'emploi consiste à préparer les patientes à leur consultation avec le gynécologue, c'est-à-dire que vous devez les aider à enlever leurs sous-vêtements, les faire s'allonger et délicatement laver leurs parties intimes ; ensuite, vous devez les raser gentiment et appliquer une huile adoucissante et, finalement, vous assurer qu'elles sont détendues pour la visite du gynécologue. Le salaire annuel est de 50.000 euros, et si vous êtes intéressé vous devez vous rendre à Metz.
– Ah ! Mon Dieu ! C'est là qu'est le « boulot » ? demande le gars.
– Non Monsieur, l'emploi est à Strasbourg, ici même… mais la file d'attente des candidats est à Metz à l'heure où je vous parle !

Mariée et ravie

Philippe Bouvard : L'hôtel de Glace du Québec vient de fêter son 100 000ᵉ touriste. Pour info, il fait – 6 °C dans les chambres.

Chantal Ladesou : Oh ! Il faut s'agiter !

Bernard Mabille : Oui, oui, c'est la mode !

Jacques Mailhot : Eh oui ! C'est là qu'on reconnaît les perroquets mâles des perroquets femelles.

Philippe Bouvard : Ils font des prix pour les nuits de noces ?

Bernard Mabille : Ça, tu dois l'avoir raide, hein ! Tu dis à ta femme, attends, je démoule…

Philippe Bouvard : Puisqu'on est dans les jeunes mariés, il s'est passé une histoire incroyable à Brasilia. Désormais, les nouveaux malfrats font volontiers dans le rapt et l'enlèvement, ils se postent à la porte de l'église le jour du mariage et ils enlèvent la mariée parce qu'ils se disent que ce jour-là, pour la récupérer, le marié fera beaucoup plus de sacrifices que dix ans après.

Bernard Mabille : Au bout de dix ans, ça ne vaut plus rien !

Pierre Bellemare : C'est bien vu !

Philippe Bouvard : Ah oui, dix ans après, il leur donnera de l'argent pour qu'ils ne la ramènent pas !

Présentation des panélistes

Sur l'itinéraire parisien des bourgeois de province, il vient après la Tour Eiffel et avant le Panthéon.

Jacques Mailhot

Question du jour

En 1793, qui déposa un projet de loi proposant la nationalisation des biens ecclésiastiques ?

Bouvardise

Conséquence inattendue du déboisement occipital masculin : la raréfaction avec l'âge du système pileux supérieur offre des fronts d'intellectuel aux plus demeurés.

Talleyrand.

Le train ? C'est duraille

Philippe Chevallier : Un jour, dans les années 1970, j'avais pris le train pour un voyage en Espagne et, en face de moi, il y avait un passager espagnol. Il avait ouvert sa valise et il en avait sorti une boîte de sardines à l'huile, une tranche de pain, et, sur un journal, il avait mis les sardines à l'huile dans son pain. Il y avait en plus de l'huile qui coulait de la boîte de conserve. Et il avait une petite bouteille d'huile, bref, il y en avait partout dans le wagon !

Bernard Mabille : L'Espagnol, il y allait franco !

Philippe Chevallier : Et après il s'était gominé les cheveux avec ce qui restait… J'exagère à peine !

Philippe Bouvard : Je suppose que ça n'était pas dans l'Orient Express ?

Jacques Mailhot : C'était la chronique du rail par Philippe Chevallier !

UNE HISTOIRE DRÔLE

L'heure de pause approchant, une secrétaire et un cadre commercial assistés de leur DRH décident de prendre un sandwich ensemble. Arrivés près du banc, la secrétaire trouve une lampe et la frotte. Comme par hasard, un génie sort de la lampe et s'exclame :
– J'ai pour habitude d'offrir 3 vœux à la personne qui m'a délivré de la lampe, mais comme vous êtes trois, je vais donc vous accorder un vœu à chacun…
La secrétaire se jette en premier et demande :
– Je voudrais me retrouver sur une île paradisiaque entourée d'hommes, ne pas avoir de problèmes financiers et respirer le bonheur.
Aussitôt elle disparaît. Le cadre commercial voyant cela s'avance à son tour et demande :
– Je voudrais me retrouver sur la Côte d'Azur, avoir une magnifique femme, une voiture de sport, une maison avec plage privée et ne pas avoir de soucis d'argent.
Aussitôt il disparaît. Puis vient le tour du DRH qui s'avance et demande :
– Je voudrais que ces deux-là soient de retour avant 14 heures !

Citation

Qui a dit : « Un mauvais acteur attire le public comme la viande avariée attire les mouches » ?

Question du jour

Pour quelle raison M. Wallace a-t-il offert à la ville de Paris les 50 fontaines qui portaient son nom ?

Bouvardise

La force et la faiblesse des mortels, c'est d'oublier qu'ils le sont au point de vouloir sans cesse s'étriper, alors que, pour être débarrassé rapidement de ses ennemis, il suffirait de les choisir en mauvaise santé.

Henry de Montherlant.

Parce que les bars, cafés et restaurants parisiens refusaient de servir un verre d'eau.

Vendredi

4 Janvier

SAINTE ODILON

Présentation des panélistes

À moins de 20 euros la place, il est impossible de le voir en colère.

Bernard Mabille

Question du jour

Quel jeu télévisé changea de nom en janvier 1972 ?

« Le mot le plus long » est devenu « Des Chiffres et des Lettres ».

Bouvardise

Ouvrir un site sur la Toile est la seule façon de substituer à des relations jugées banales des visiteurs qualifiés d'uniques.

UNE HISTOIRE DRÔLE

Un samedi après-midi, les parents de Pierre-Louis ont une sacrée envie de faire l'amour.
Malheureusement pour eux, le petit est dans l'appartement et, comme il risque de pleuvoir, les parents ne préfèrent pas qu'il sorte.
Alors le papa trouve la solution :
– Pierre-Louis, pourquoi n'irais-tu pas sur le balcon ? Comme ça, tu nous raconteras tout ce qui se passe en bas.
Pierre-Louis va sur le balcon et commence son observation.
Pendant ce temps, les parents passent aux choses sérieuses très discrètement.
L'enfant commente ce qu'il voit :
– Il y a une voiture qui se fait remorquer par une dépanneuse dans le parking. Tiens, une ambulance vient de passer à toute vitesse. Il y a des gens qui rendent visite aux voisins d'à côté.
Un moment passe, puis Pierre-Louis reprend :
– Lili fait du vélo sur le trottoir. Un chien traverse la route. Tiens, les Martin sont en train de baiser…
À ces mots, les parents de Pierre-Louis sursautent et le papa, drôlement interloqué, demande :
– Et comment tu sais ça, Pierre-Louis ?
– Parce que leur fils aussi est sur le balcon !

Puces savantes

Philippe Bouvard : C'est l'histoire du type qui fait sauter des puces savantes mais en leur intimant l'ordre de sauter ! Un jour, il décide de couper les pattes de ses puces. Elles n'ont plus jamais sauté. Et il a expliqué que quand on coupe les pattes des puces, elles n'entendent plus !

Testud balance les parkings

Philippe Bouvard : Qu'est-ce qui vous fait dire que vous êtes une névrosée à l'imaginaire tordu ?

Sylvie Testud : Je suis une grande flippée. Par exemple, si je suis dans un parking, je peux vous faire tout le scénario de comment je vais me faire agresser. On entend mes talons et, pour sortir de l'ascenseur – je suis au moins 6 –, il y a une sorte de sas. J'ouvre la première des portes et, derrière, il y a un monsieur très malveillant. Il m'attrape par les cheveux et puis il me frappe le visage… Voilà, je peux tout vous raconter ! C'est horrible, je n'ai même pas envie d'aller plus loin parce que je vais faire un cauchemar cette nuit. Et souvent on m'a dit : « Mais arrête, c'est rare, il y a quand même une chance sur un million » – mais je n'entends pas le « sur un million », seulement le « il y a une chance ». C'est horrible ! Et du coup, c'est vrai que je suis une grande flippée !

Jean-Jacques Peroni : Mais vous pensez tout de suite à la mort ou plutôt avant à un exhibitionniste léger ? Des trucs comme ça, plus joyeux…

Bernard Mabille : Là, tu peux dire une chance alors !

Sylvie Testud : Ça, ça pourrait m'amuser par exemple.

Philippe Bouvard : Celui qui vous macule le pare-brise… Pourquoi il y a des balais alors ?

UNE HISTOIRE À BIDE

Gaston s'arrête à chaque retour de chasse dans le café de Nelly pour prendre un verre. Il a la mauvaise habitude de poser brutalement son fusil contre le bar en tapant la crosse sur le sol. Nelly le réprimande chaque fois :

– Un jour tu oublieras une cartouche dedans et ce sera la catastrophe !

Et bien sûr, un jour le coup part. Nelly s'écrie :

– Je te l'avais dit ! Aujourd'hui la bonne est de repos et sa chambre est juste au-dessus ! Je n'ose pas aller voir ! Vas-y toi !

Gaston monte à l'étage et revient en disant :

– Tout va bien ! Par chance, la bonne était allongée sur son lit, jambes écartées. Le coup est passé entre ses jambes sans l'effleurer.

– Ouf ! dit Nelly, c'est un vrai miracle !

– En effet, dit Gaston. Par contre, ton mari, lui, n'a plus de tête !

Citation

Qui a dit : « Les femmes prétendent avoir une tête, les épingles aussi. » ?

Question du jour

Qu'est-ce qui fut construit pour racheter les péchés pendant la Commune de Paris ?

Bouvardise

Comme la nature est bien faite, qui nous diminue peu à peu avant de nous effacer complètement…

Jonathan Swift.

L'église du Sacré-Cœur.

Lundi

7 Janvier

SAINT RAYMOND

Citation

Qui a dit : « Chaque femme devrait avoir au moins quatre animaux : un vison au placard, une Jaguar au garage, un tigre au lit et un dindon qui paie le tout. » ?

Paris Hilton.

Question du jour

Pourquoi l'année 1968 marque-t-elle une date clef dans le domaine du tourisme ?

Les seins nus devinrent officiellement autorisés sur les plages.

Bouvardise

La justice est encore plus difficile à rendre depuis que la protestation solennelle d'innocence est devenue le système de défense préféré des coupables.

Peroni rénove Thalassa

Je voudrais donner quelques conseils à l'émission Thalassa qui tente un peu de s'éloigner des vrais sujets marins de notre littoral. Tout d'abord, retour au reportage qui évoque la vie locale. Exemples :

– À Saucissonsec-sur-Brezonec, M. Yannick Tamère, conchyliculteur pour la Saint-Valentin, élève des moules à goût de chatte.

– À Ploubalai-dans-le-Dargeot, Mme Soizic Baisasec, femme de marin-pêcheur, vend elle-même ses merlans aux coiffeurs du département.

– À Sainte-Anne-du-Dijo, Morbihan, M. Yves Remord, marchand de crustacés, parvient à élever lui-même en aquarium ses morpions qui, à l'âge adulte, deviennent de très beaux tourteaux !

Penchons-nous aussi sur les grands mystères de la nature, exemple l'hippocampe. L'hippocampe oui, mais où ? Quel camping ? Et pourquoi cette discrimination chez les huîtres, on nous parle toujours des huîtres de Marennes, jamais des huîtres de parrain. Que sait-on vraiment des réserves de thons ? Une grande enquête dans toutes les boîtes de nuit du littoral ! Pourquoi la praire et la palourde sont-elles des mollusques bivalves, alors que Gisèle et Josiane sont des mollusques bivulves ? Pourquoi les obsédés sexuels sont-ils attirés par Trouville et l'île de Sein ? Une grande enquête nous apprendra la terrible nocivité des algues vertes à travers un portrait d'Éva Joly.

Il faut aussi penser à donner des proverbes marins qui sont toujours plaisants et bienvenus dans la conversation entre deux galettes/saucisses et une bolée de cidre. Exemples : Tempête à mer, t'en chies à terre si tu sais nager ! Qui voit Molène voit sa peine ! Qui voit Ouessant voit son sang ! Qui voit Le Pouldu voit… Quand le goéland vole le bec en avant, tu l'auras dans le fion dans pas longtemps ! Qui pisse contre le vent se rince les dents !

Et enfin, afin que Thalassa puisse mener à bien ses réformes, je lui ai trouvé un sponsor : les croisières Costa avec leur joyeux slogan publicitaire : *« Avec Costa Croisières, c'est toute l'année les bains de mer ! »*

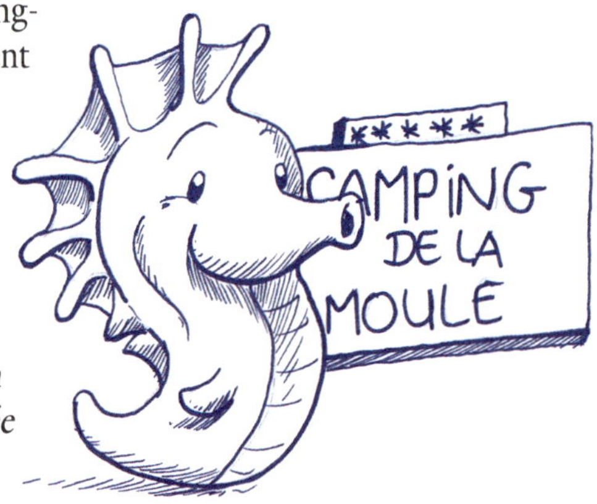

Les Miss France jugées par un myope

Philippe Bouvard : Vous êtes un fin connaisseur des femmes puisqu'on vous a vu il y a quelque temps au sein du jury qui désignait la Miss France.
Dominique Farrugia : Oui, c'était pour rendre service à un ami à l'époque. On m'a dit que j'avais les mêmes goûts qu'Orlando, ça m'a fait peur ! Parce que j'avais choisi exactement comme Orlando. Je me suis demandé : « Dominique, est-ce que ta sexualité est vraiment opposée ? »
Philippe Bouvard : Est-ce que c'est un bon souvenir ?
Dominique Farrugia : Bof, j'ai fait Paris-Dunkerque aller-retour dans la soirée…
Macha Méril : Et toutes ces beautés fatales qui défilaient devant vous, ça ne vous a rien fait ?
Dominique Farrugia : Écoutez… Je vais vous dire la vérité, je suis myope et j'avais oublié mes lunettes !
Macha Méril : Alors vous jugiez quoi, l'odeur ?
Dominique Farrugia : Je voyais l'écran, et je me disais : « Ah oui, celle-là est pas mal ! » Et Orlando, qui était à ma gauche, me disait : « Celle-là est très bien ! » Donc, j'ai suivi Orlando !

UNE HISTOIRE DRÔLE

On vient de prendre sur le fait une voleuse dans un grand magasin. On l'emmène au commissariat et elle fond en larmes :
– Monsieur le commissaire, il ne faut pas m'en vouloir ! Mon père est au bagne pour avoir tué deux agents en cambriolant une banque. Mon mari est en prison pour escroquerie. Mes trois fils sont en maison de correction pour avoir volé des voitures. Vous savez, à force de vivre dans ce climat, on est obligé de voler à son tour. Et je peux même vous avouer autre chose. Vous avez vu que je suis enceinte de huit mois. Eh bien, l'autre jour, cette espèce de petit salaud, cette espèce d'enfant de fumier a profité de ce que j'étais en train de faire ma toilette intime pour me piquer la savonnette… !

Question du jour

Que veut dire l'expression chinoise « vendre le printemps » ?

Faire le trottoir.

Citation

Qui a dit : « Il vaut mieux être à poil dans un chef-d'œuvre qu'habillée dans un navet. » ?

Victoria Abril.

Bouvardise

Les hausses du thermomètre confirment le retour des saisons d'antan. Mais les records de chaleur d'avril ont fait oublier les records de froid de décembre. La nature est bonne fille qui, tour à tour, donne raison aux écolos en sueur ou à Claude Allègre en froid avec les climatologues.

Citation

Qui a dit : « Il ne faut pas juger un homme d'après ses fréquentations. Ne perdons pas de vue que Judas avait des amis irréprochables. » ?

Ernest Hemingway.

Question du jour

Quelle coiffure créée à la fin des années 1950 par Jacques Dessange fit le tour du monde ?

La choucroute que lança Brigitte Bardot.

Bouvardise

Les sigles sont écologiques. Combien de tonnes de papier la presse écrite a-t-elle pu économiser en remplaçant l'interminable patronyme de Dominique Strauss-Kahn par le plus cursif DSK ?

La salade dans un urinoir…

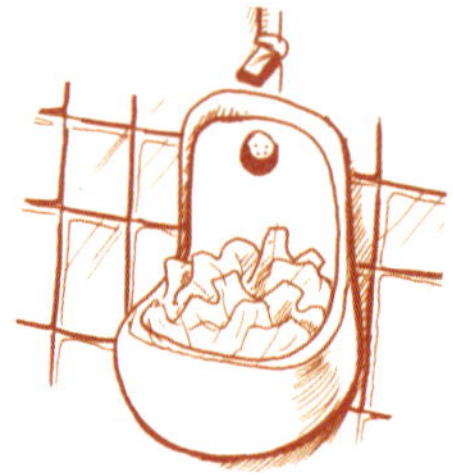

par Philippe Chevallier

Eh bien, les amis, il n'y a pas à dire… C'était quand même mieux avant ! Pas pour tout bien sûr ! En matière de mode féminine, les grosses culottes de nos grand-mères étaient moins sexy que les petites fantaisies d'aujourd'hui ! Et on mettait plus de temps pour aller de Paris à Orléans qu'on en met maintenant pour aller aux Maldives ! Vous me direz, moi je n'y suis jamais allé ! Mais, dans la restauration moderne par exemple, je trouve qu'on a beaucoup perdu à cause de la course effrénée aux modes et aux tendances, à ce qui se fait dans le genre « branchouille », faussement chic et franchement grotesque. Je ne parle pas du contenu des assiettes de nos restaurants, je parle des assiettes elles-mêmes et de leur foutue présentation à la « mords-moi le nœud et en avant les castagnettes » !!! Pas moyen d'échapper maintenant dans le premier boui-boui venu qui a des prétentions, que ce soit au cœur de la capitale ou à Saint-Senoux-les-Bouses, pas moyen d'échapper donc à l'assiette carrée qui pèse trois tonnes et que le chef a décorée avec un filet de vinaigre de framboise de façon à ce que vos couverts trempent dedans ! Comme ça, au moment d'aller chercher la crotte de bique planquée au fond de la verrine qui vous sert d'amuse-bouche… Très à la mode la verrine ! *(En chantant)* Verrine était servante !

Vous êtes sûr à ce moment-là d'en avoir déjà plein les doigts ! Et puis c'est pratique une assiette carrée, comme il y a des bords très larges qu'on ne voit pas, ça permet d'y balader ses boutons de manchette et, pour saucer, c'est bien aussi parce que le bout de pain heurte le bord et vous renvoie *illico* un peu de jus sur la cravate.

Mais le plus beau, ce n'est pas ça… Le plus beau, le summum, c'est ce que les plus pervers d'entre nous n'auraient pas osé imaginer même dans leurs délires les plus fous ! Le must, c'est quand on vous amène la salade dans un urinoir ! Une espèce de compotier blanc porcelaine, légèrement incliné, pareil à ce qu'il y a dans les toilettes d'autoroute avec un bord plus bas que l'autre pour ne pas gêner Popaul ! Et un autre plus haut pour éviter les projections sur le mur.

C'est là-dedans que maintenant, dans un restaurant sur deux, on vous apporte votre salade ; on n'ose pas imaginer quand on voit l'objet quelle est la nature de l'huile qui a servi à l'assaisonnement ! Cette mode design, moi ça me donne des haut-le-cœur… Dans le côté farce, moi je préférerais encore de la mousse au chocolat dans un pot de chambre !

Alors en général, ce genre d'établissement est moderne jusqu'au bout, y compris dans les lieux d'aisance ! Et justement, la salade vous a stimulé et vous décidez d'aller y faire un tour… Vous ne serez pas dépaysé, votre saladier vous y attend !

Jeudi

10 Janvier

SAINT GUILLAUME

Depardieu a sauvé Clavier

Christian Clavier : Lors du tournage du film *Astérix et Obélix*, il était convenu que je devais jouer une scène sur le dos d'un éléphant. Tout le monde m'avait rassuré, les cascadeurs avaient répété la scène plusieurs fois, le directeur de production m'avait également dit qu'il n'y avait aucun risque… Le lendemain matin, je me lève, prêt pour la scène, et Gérard Depardieu, mon partenaire, vient vers moi, me serre la main, me rabaisse sur mon siège et me dit : « Il n'en est pas question ! Ce n'est pas ton boulot, tu ne dois pas faire ce travail. » Alors, je ne sais pas pourquoi, à ce moment-là, j'ai eu une espèce d'intuition et je décide de ne pas le faire. Le producteur n'était donc pas très content et s'en alla… On commence à faire la prise avec le cascadeur. La scène a été refaite une dizaine de fois et, à un moment, l'éléphant prend le cascadeur dans sa trompe, le jette par terre, avance la patte pour l'écraser… Le dompteur allemand hurle et le repousse. Le pauvre garçon est resté trois jours sans savoir son nom, dans un semi-coma…

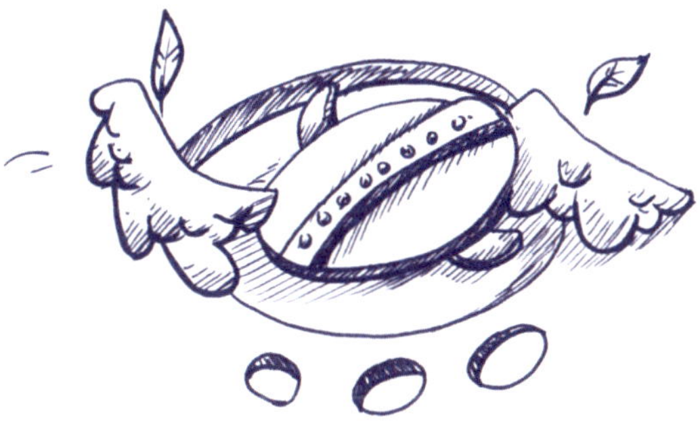

UNE HISTOIRE DRÔLE

Un couple va au restaurant. La femme est très intriguée par une petite cuiller que le garçon a dans la poche de son pantalon et par une petite ficelle qui dépasse de sa braguette :

– Excusez-moi, garçon, à quoi sert votre petite cuiller ?

– C'est pour l'hygiène, madame. Lorsqu'un bout de bouchon tombe par inadvertance dans le verre d'un client, je prends ma petite cuiller et je retire délicatement le morceau de bouchon.

– C'est très bien cela, bravo pour la qualité de votre restaurant. Mais dites-moi garçon, à quoi sert la ficelle qui sort de votre pantalon ?

– C'est encore pour l'hygiène madame : lorsqu'il me faut aller au petit coin, plutôt que d'utiliser mes mains qui sont uniquement utilisées pour le service, eh bien, je tire sur la ficelle et je sors le tout.

– Mais c'est très ingénieux cela, bravo jeune homme. Mais dites-moi, comment faites-vous pour la rentrer une fois que vous avez terminé ?

– C'est très simple madame, j'utilise la cuiller !

Bouvardise

Chaque année, les bêtisiers s'allongent à la télé. On a le choix pour expliquer cette inflation entre le défaut de maîtrise des uns, la malice des autres, ainsi qu'une surveillance accrue et la conservation systématique des propos et des images ne permettant plus d'oublier ce qui n'est pas digne d'être retenu.

Citation

Qui a dit : « De toutes les aberrations sexuelles, la pire est la chasteté. » ?

Anatole France.

Question du jour

Dans un combat de boxe, comment peut-on reconnaître du premier coup d'œil qu'il s'agit d'un combat d'amateur ou de professionnel ?

Les amateurs boxent avec un maillot et un casque, les professionnels, torse nu.

Citation

Qui a dit : « Un de mes frères était si maigre que lorsqu'il avait bu un verre de vin rouge, on le prenait pour un thermomètre. » ?

Pierre Doris.

Question du jour

Qu'est-ce qu'une dégustation horizontale ?

Une dégustation de plusieurs vins du même millésime.

Bouvardise

Débat politique à la télévision. Le représentant de la gauche porte une cravate ; celui de la droite arbore un col ouvert. L'électeur, comme le bon Dieu, a de la peine à reconnaître les siens.

Peroni revisite la lettre d'amour

À l'époque des textos et des SMS, il serait temps de revenir à la vraie lettre d'amour bien rédigée avec des phrases composées de mots, de verbes, de compléments et de compliments. Alors, voici les écueils à éviter :

Ne commencez jamais votre lettre par *Ma tendre et chère*, ça fait viande !... Voire bidoche ! Parce que tout le monde le sait, la viande tendre est toujours trop chère.

Éviter aussi le côté larmoyant, du genre : « Oh, belle amie, ce matin en ouvrant les persiennes de cette chambrette, qui avait la veille abrité nos amours passionnées, une colombe immaculée s'est posée sur la rambarde. Et, dans son suave roucoulement qui était comme un torrent de tendresse, j'ai cru percevoir votre prénom tant aimé. » Avouez que c'est vraiment con !

À fuir aussi, la lettre d'amour truffée de détails scabreux et de propos inintéressants du genre : *Chère Gisèle, depuis hier soir, où tu m'as si divinement pompé le dard, je ne suis plus le même au travail ! Je regarde bizarrement Louisette, la secrétaire du patron, en me demandant si sa bouche est aussi efficace que la tienne ! Et, rien qu'à cette petite pensée, sous mon petit bureau d'informaticien minable, j'ai le gourdin ! Mais je m'arrête là car Louisette vient de passer et j'ai taché mon pantalon !* Alors là, avec des propos comme ça, vous passez pour un minus doublé d'un éjaculateur précoce.

À bannir aussi, le rapport médical : *Jocelyne, après cette nuit, que puis-je dire... La bouche pulpeuse et habitable, les seins il y en a autant pour les mains que pour la tétée, le cul n'en parlons pas c'est une merveille ! Mais la prochaine fois, achète donc un peu de lubrifiant car j'ai des rougeurs qui ont alerté ma femme !* Autant dire que celle-là, elle n'est pas prête de remettre le couvert avec vous !

Éviter aussi les comparaisons : *Ah, Lucienne, les faveurs dont vous m'avez comblé me hantent. Mais, sans vouloir être indélicat, je pense que votre position de la toupie de Chandernagor ne valait pas celle que m'a prodiguée Madame votre mère. Et votre turlute à Dudule est un peu moins enlevée que celle pratiquée par Mademoiselle votre sœur ! À bientôt j'espère.* Alors, avec un billet comme ça, Pépère il se la met derrière l'oreille et il ne sait même pas quand il la fumera...

Et enfin, bannissez la poésie à deux balles. Le genre : *C'était pendant l'orgie d'une profonde nuit, j'étais en vous comme un fou ma pauvre Josie. Et en jouant lascivement avec votre jarretière, elle m'a pété d'un coup l'arcade sourcilière !*

Alors, vous voilà prévenus des pièges ! Une prochaine fois, je vous apprendrai à écrire des lettres de rupture !

Samedi **12** SAINTE TATIANA

Dimanche **13** **Janvier** SAINTE YVETTE

UNE HISTOIRE DRÔLE

Dans un bar, un gars drague la caissière, et ça marche. Il attend patiemment la fermeture pour inviter la femme à la raccompagner chez elle.

En regagnant sa voiture, il s'aperçoit qu'elle a deux jambes de bois. En chemin, et comme la femme se fait pressante, ils s'arrêtent en rase campagne dans une grange.

Ils sont en train de faire leur affaire lorsque deux clochards passablement éméchés entrent, et l'un dit à l'autre en les voyant :

– On est peut-être bourrés, mais lui il en tient une bonne de cuite, il ne s'est pas aperçu qu'il baisait une brouette... !

Citation

Qui a dit : « Au zoo. Toutes ces bêtes ont une tenue décente, hormis les singes. On sent que l'homme n'est pas loin. » ?

Question du jour

Dans la série *Maigret* avec Jean Richard, qui tenait le rôle de Madame Maigret ?

Bouvardise

Belle preuve de tolérance que d'avoir situé un grand débat sur la laïcité entre le jeudi de l'Ascension et le lundi de Pentecôte.

Cioran.

Annick Tanguy, la propre épouse de Jean Richard.

Citation

Qui a dit : « La contraception fait des progrès en Belgique, maintenant ils ont la pilule. Avant, ils avaient des fusils pour tirer sur les cigognes. » ?

Coluche.

Question du jour

Dans quel métier deux collègues de travail ne mangent-ils jamais de toute leur carrière le même plat ?

Deux collègues pilotes de ligne (pour éviter la contamination par la nourriture).

Bouvardise

Je fais moins confiance à l'argent depuis que l'homme le plus riche du monde est mort.

Col du fémur ou de l'utérus

Philippe Bouvard : On découvre avec l'enquête *L'Influence du porno dans la vie des Français* que le porno peut avoir des incidences sur l'intimité sexuelle des couples. En effet, 15 % des Français ont découvert des pratiques sexuelles qu'ils ignoraient.

Jean-Jacques Peroni : Oui, mais si vous découvrez ça à 80 ans, le col du fémur, c'est du cristal à cet âge-là ! Il faut faire attention.

Philippe Bouvard : Il n'y a pas que le col du fémur, il y a aussi celui de l'utérus.

Bernard Mabille : Ça veut dire qu'ils se déguisent en bourgeois pour baiser la bonne…

Jacques Balutin : Ou en plombier ! Bonjour madame, il paraît que vous avez une fuite… Vous ne voulez pas me sucer un peu s'il vous plaît ? Les dialogues, c'est phénoménal ! Le mec, il est dehors, il sonne et la fille est déjà presque à poil ! « Il paraît que vous avez une fuite ? » Et paf, il baisse son pantalon. Ça ne m'est jamais arrivé ça, Philippe, et pourtant j'en ai réparé des fuites mais jamais elles n'ont voulu !

Bernard Mabille : Ah, le plombier, il a une clé à pipe !

Philippe Bouvard : Il y a aussi l'employé du gaz qui arrive et en général il ne relève pas que le compteur !

Jean-Jacques Peroni : Je pense qu'on ne fait pas assez dans le porno social ! Par exemple, dans l'arrière-boutique de la charcuterie où il faut pousser les saucissons et les jambons pour que Mémère écarte les siens !

Bernard Mabille : Moi, j'ai vu un film, c'était un dépanneur d'automobiles. Le mec lui disait : « Vous voulez que je vous tire ? », et elle, elle disait : « Ouiiii ! ».

À suivre ci-contre…

Col du fémur ou de l'utérus (suite et fin)

Jean-Jacques Peroni : L'autre jour, j'étais dans un hôtel et je suis tombé sur un truc, comme ça, par hasard, et c'était une histoire d'hôtesses de l'air. L'avion décollait et il y avait un type qui disait : « Je n'arrive pas à accrocher ma ceinture ! ». Alors l'hôtesse est venue l'aider et pendant qu'elle se penchait pour aider le monsieur, un autre est arrivé par derrière et paf ! Je me suis dit, ça démarre très fort !

Philippe Bouvard : Et tout ça se passait dans la queue de l'appareil ? Maintenant, la nouvelle tendance est de faire du porno au rabais, tourné en une journée, avec des décors naturels…

Jacques Balutin : On en a doublé, quand il y a eu la grande vague des films porno, il n'y avait plus que ça au doublage ! Et quand il est 9 heures du matin à Gennevilliers, tu vois une jeune fille se faire enfiler, tu fais les bruits, et tu viens de prendre ton café crème… Au bout d'un moment, ça ressort ! Tu es au bord de la gerbe ! À l'époque, c'étaient que des trucs allemands ou suédois et on était payés à la ligne. Alors, au bout d'un moment, on est allés se plaindre et on a demandé à être payés au ahanement !

Bernard Mabille : Il aurait mieux valu être payé au centimètre !

UNE HISTOIRE DRÔLE

DSK et le pape meurent le même jour. Par une malencontreuse erreur d'aiguillage, DSK est envoyé au Paradis alors que le pape est expédié en Enfer. Le pape, dès son arrivée, tente d'expliquer la situation à Satan qui vérifie dans la paperasse céleste et constate qu'il y a effectivement eu erreur. Cependant, il dit au pape que l'erreur ne pourra être corrigée que le lendemain.
Le lendemain, effectivement, Satan dit au pape qu'il peut monter au Paradis.
Sur son chemin, le pape croise DSK qui descend en Enfer, et les deux discutent un peu.
Le pape dit :
– Je suis désolé de ce qui vous arrive.
– Pas de problème, répond DSK.
– Vous savez, monsieur DSK, j'ai vraiment hâte d'arriver au Paradis…
– Et pourquoi cela ?
– Parce que, durant toute ma vie, j'ai rêvé de rencontrer la Vierge Marie !
– Hmmm, dans ce cas, il fallait y aller hier… !

Citation

Qui a dit : « Définir le rôle des amuseurs : celui de la goutte de citron sur l'huître. » ?

Question du jour

Qui créa les comités d'entreprise en France ?

Bouvardise

Je vis au sein d'un microcosme où les VIP – qui sont de vieilles pies – propagent de méchantes rumeurs destinées à gâcher la vie de leurs copains en permettant de la gagner à une petite élite de la médisance mercenaire.

Guy Bedos.

De Gaulle.

Mercredi

16 Janvier

SAINT MARCEL

Citation

Qui a dit : « Regardez Jésus, il prenait des mots simples, et quand ça se compliquait, il faisait des paraboles. C'est ça, un bon animateur télé. » ?

Jacques Martin

Question du jour

Quel est le plus long roman français ?

Les Hommes de bonne volonté de *Jules Romains, en 27 volumes.*

Bouvardise

Augmentation de l'espérance de vie : davantage de temps pour ennuyer ses concitoyens avec ses souvenirs d'enfance et ses maux du quatrième âge, pour remarquer à la cantonade que le triste aujourd'hui ne vaut pas le bel hier et pour s'aviser que cela ne durera pas toujours.

UNE HISTOIRE DRÔLE

Un petit enfant, sans bras, est à la piscine avec sa classe. Quand le maître-nageur demande à la classe qui sait nager, le petit répond :
– Moi monsieur, moi monsieur !
– Mais, mon petit, ne dis pas de bêtises.
– Si, si, monsieur !
Et le petit saute dans l'eau pour prouver ses dires. Une fois dans l'eau, il arrive à nager et se débrouille même plutôt bien. De retour sur le bord, le maître-nageur lui demande :
– C'est bien mon petit, mais qui t'a appris à nager ?
– C'est mon papa. Toutes les semaines, il m'amène à la mer et me jette dans l'eau, il faut que je revienne à la nage.
– Et ce n'est pas trop dur ?
– Non, non, le plus dur, c'est d'arriver à sortir du sac en plastique !

Du sexe des ânes

Chantal Ladesou : Moi, j'aime bien les ânes, ils ont un sexe les ânes…

Philippe Chevallier : Ils sont très intelligents paraît-il.

Chantal Ladesou : Oh, ça tombe par terre, dis donc !

Philippe Chevallier : Tu dis ça mais c'est parce que tu ne m'as jamais vu à quatre pattes. Lui, il a l'avantage d'être à quatre pattes, donc ça impressionne… Nous, c'est retenu par des vêtements de contention.

Bernard Mabille : C'est vrai qu'on voit rarement un âne avec un slip !

Jeudi
17 Janvier
SAINTE ROSELINE

Concours d'horreurs

Philippe Bouvard : Une enquête établit que, plus on est diplômé, plus on trompe son conjoint !
Jean-Jacques Peroni : Ah ! C'est pour ça que je ne baise pas, je n'ai pas le bac !
Bernard Mabille : Non, mais ça ne t'empêche pas de baiser ta conjointe !
Mireille Dumas : Ce qui signifierait que, plus on est intelligent, instruit, plus on séduit ?
Philippe Bouvard : Oui, enfin… l'intelligence et le diplôme, ça ne va pas toujours de pair !
Vincent Perrot : Non, je crois que ce qu'il sous-entendait c'est que, plus il y a de diplômes, plus ça conduit vers des métiers stressants et plus ces gens-là ont besoin de se libérer, se détendre…
Philippe Bouvard : Il n'y a pas qu'une question d'intelligence, il y a aussi une question de milieu, d'opportunités. Il est certain que lorsqu'on fait des études de gynécologie, il y plus de tentations que si l'on vendait des tripes ! Encore que…
Vincent Perrot : Je ne sais pas si votre exemple est bien choisi !
Bernard Mabille : Ah, ce n'est pas avec ça que vous allez emballer !
Mireille Dumas : C'est ragoûtant !
Philippe Bouvard : Une autre enquête pose le sujet suivant : *Peut-on savoir si on est trompé par sa copine ?* Ça, c'est de la morphopsychologie ! Alors, par exemple, si elle pince les lèvres…
Jean-Jacques Peroni : C'est qu'elle a des aphtes et que ce n'est pas avec vous qu'elle les a attrapés !
Philippe Bouvard : Alors ensuite, si elle s'éclaircit la voix avant de raconter son dernier week-end chez sa meilleure amie…
Jean-Jacques Peroni : C'est qu'il lui en reste encore un peu au fond de la gorge !
Bernard Mabille : Il lui reste quelques grumeaux !
Jean-Jacques Peroni : Oh, vous avez cherché le sujet, vous l'avez !

Citation

Qui a dit : « Il est des animaux qui ne se lassent jamais d'entendre de la musique. Par exemple les chevaux de bois. » ?

Pierre Doris.

Question du jour

Quel département français a le plus grand nombre de campings ?

La Vendée, avec 367 campings et 59 000 emplacements.

Bouvardise

Pour peu qu'on fréquente les librairies et qu'on regarde la télé, on sait tout sur le sexe. Et rien sur l'amour.

Citation

Qui a dit : « L'avantage qu'il y a d'entretenir une réputation de feignant, c'est que ça évite même la peine de faire semblant de travailler. » ?

Jacques Dutronc.

Question du jour

Quel acteur, lorsqu'il fut engagé à la Comédie Française, fit stipuler dans son contrat que jamais il ne jouerait *L'Avare* ?

Raimu, dont le sens de l'économie plus que poussé était connu de tous.

Bouvardise

Si le soleil et le vent constituent nos seules sources d'énergie, il faut s'attendre à ce que la presse économique et financière fasse ses manchettes avec les prévisions de la météo.

Franck Ribéry, notre amour…

par Jacques Mailhot

J'ai décidé de me pencher sur les grands esprits de ces derniers siècles : je voudrais attirer votre attention sur Franck Ribéry ! Un autre de ces esprits phares qui ont changé notre société, notre perception du monde. Mais pourquoi Ribéry ? Parce qu'un ouvrage de référence a été publié sur la vie et l'œuvre de ce monument de la pensée moderne qui rayonne dans le sport comme un vibromasseur dans la culotte d'une jeune fille éplorée. Ce livre, écrit d'une plume alerte, comme celle que connaissaient nos parents avant chaque bombardement, retrace la vie romantique de notre Gatsby du ballon rond ! Une vie que toute personne cultivée se doit de connaître dans le détail, faute de quoi elle affichera une lacune dans son encyclopédie personnelle ! On apprend tout d'abord que Ribéry est d'un naturel blagueur. Eh oui ! N'a-t-il pas donné à son dernier fils le prénom de l'un des fils de Khadafi, Seïf El Islam, ce qui est vraiment poilant ? Pour le prochain, il lui reste Adolf, Benito, Joseph ou Pol Pot ! C'est au choix, mais ça sera encore plus rigolo !

Ce qu'on apprend surtout dans ce livre, c'est le récit des fameuses parties de jambes en l'air tarifées que s'offrait notre forçat du tir aux putes… Et ceci grâce à Shakia, une prostituée occasionnelle, une sorte d'intermittente de la zigounette. Amie personnelle de Zahia qui était aussi de la fête et qui est dans cette affaire, en quelque sorte, la Valéry Larbaud de l'expédition, je cite : « Il y avait Kamel, un ami de Ribéry, le frère de sa femme, Malik… Tout le monde faisait l'amour, ça se mélangeait, on allait les uns avec les autres ! »

À suivre ci-contre…

Franck Ribéry, notre amour…
(suite et fin)

par Jacques Mailhot

On retrouve là tout l'intérêt sociétal du football qui avait été édicté dans les années 1980 par le grand sociologue urbain Bernard Tapie, le brassage social et le mélange des couches ! En plus, ce qui est bien avec Francky, c'est qu'il est très famille notre Ribéry ! Il invite son beau-frère à partager le casse-croûte au moment même où on dit qu'il faut restaurer la cellule familiale pour ressouder la société qui se barre en parties génitales ! C'est une attitude qui mérite d'être saluée. À cela s'ajoute le sens de l'amitié car, en plus de son beauf, Francky a convié son ami Kamel. Kamel qui aurait d'ailleurs dit à Zahia : « Fume ! C'est une Kamel sans filtre ! » Et là où on se rend compte que Ribéry est vraiment un type bien, c'est qu'il a tout fait pour que sa légitime ne soit au courant de rien car il avait planqué les factures de Zahia chez son beau-frère. Le seul hiatus de ce livre magnifique, c'est que Ribéry n'est pas content du tout de la couverture. On s'en serait douté d'ailleurs : dans ce genre de situation, il y a peu de couverture. Et le titre non plus ne lui plaît pas : *La Face cachée de Ribéry*. Là, il n'a pas tort car le vrai titre serait plutôt : *Les Fesses cachées de Ribéry !* C'est vrai que, si vous voulez tout savoir des coups plus ou moins francs, des penalties et des intrusions intempestives dans le rond central, c'est bel et bien cet ouvrage qu'il faut lire et avoir dans sa bibliothèque en le faisant si possible relier pleine peau avec celle des parties dont je parlais plus haut… Et je crois vraiment sincèrement qu'avec des livres de cette stature, le métier de libraire reprend vraiment tout son sens !

UNE HISTOIRE DRÔLE

Un homme regarde un match de foot en compagnie de son épouse et, bien évidemment, c'est lui qui a la zapette en main.
Il passe son temps à alterner entre le match de foot et un film, presque pornographique, dans lequel deux amants ont des échanges torrides et s'embrassent.
Puis il dit à sa femme :
– Je ne sais vraiment pas quoi regarder : le foot ou ce film de cul !
Alors son épouse rétorque aussitôt :
– Regarde le film de cul… Tu sais déjà jouer au foot !

Citation

Qui a dit : « Pour que votre voyage de noces soit un succès total sur le plan touristique, sentimental et sexuel, la première condition est de partir seul. » ?

Question du jour

Quelle est la particularité du film *Lawrence d'Arabie* ?

Bouvardise

On devrait applaudir plutôt que vitupérer les fuites des sujets du bac. Car la finalité des études n'est-elle pas de permettre à ceux qui les poursuivent d'être capables de répondre aux questions qu'on leur pose ?

Pierre Desproges

Il n'y a aucun rôle féminin.

Lundi

21 Janvier

SAINTE AGNÈS

Présentation des panélistes

Les poules qui travaillent pour lui dans le Gers l'appellent « Bernie-la-Saumure ».

Bernard Mabille

Question du jour

Quels sont les trois arts martiaux français ?

La boxe française, la canne et le bâton.

Bouvardise

Ne serais-je pas né trop tôt dans un monde pas encore assez vieux ? Un demi-siècle plus tard, j'aurais obtenu automatiquement le bac et je serais ensuite entré – sans avoir besoin de faire preuve de culture générale – à Sciences Po. Mon cursus se serait arrêté là car je n'aurais pas fait assez de fautes d'orthographe pour être admis à l'ENA.

Turluteman ouvre son Quéquetteland

par Bernard Mabille

Il y a quelques jours, Turluteman, l'escaladeur new-yorkais, était de retour et avait choisi son jour : celui de la fête de la moule à Lille et du retrait de la hausse de la TVA sur les parcs d'attraction, son Quéquetteland étant des plus visités. Impossible de rater DSK, surtout pour Jack Lang. Qu'est-ce que foutait l'ancien, toujours et futur ministre, à 8 heures du matin sur le trottoir ? Eh bien, Jack Lang était là par hasard, et c'est par hasard si ce dernier était maquillé, coiffé, « encostardé »... Jack Lang allait par hasard faire sa gym. Preuve qu'au PS, il n'y a pas que son illustre voisin pour aimer les pompes.

Jack Lang, qui s'était illustré au départ de l'affaire, en a remis une couche bien épaisse : « L'expérience nationale de Dominique, son incomparable compétence internationale font que la France ne pourra pas se priver de ce talent exceptionnel. » Pas de doute : quand tu t'appelles Lang, tu lèches ! Point positif, ce gros plan sur DSK nous a permis de découvrir le quotidien de l'homme de gauche. L'homme de gauche voyage en avion, au premier rang. Mieux vaut l'avoir devant soi que derrière. L'homme de gauche affiche un sourire inébranlable, contrairement à lui-même. L'homme de gauche pousse d'énormes valises qui, si elles contiennent ses trophées de chasse à la femme d'entretien, lui permettront d'ouvrir le premier hypermarché de la petite culotte. L'homme de gauche conduit sa voiture lui-même, mais assis sur la banquette arrière, montrant à tous qu'il a le bras long. L'homme de gauche habite place des Vosges, préférant un logement social au cœur de Paris à un joli petit pavillon à Sarcelles. L'homme de gauche embarrasse ses camarades qui ne savent plus quelle position prendre, levrette ou missionnaire. Enfin, l'homme de gauche se tait, ayant égaré sa langue dans la suite d'un *Sofitel* à New York.

La bête à deux dos n'a qu'un cœur…

par Jacques Mailhot

On sait tous que nous sommes dans une société de consommation pure, dure, et honnêtement, je ne pensais pas que cette propension irait se nicher jusque dans le domaine de la santé. Or, voici qu'une étude médicale américaine voudrait tenter de nous faire croire que la faiblesse ou l'absence d'activités sexuelles augmenterait notablement les risques d'infarctus ou de mort subite. J'ai bien dit « subite » et non pas… Mais si je vous dis que cette étude a été faite par deux femmes, vous sentez déjà poindre la manipulation et vous percevez naturellement où ces dames de moyenne vertu veulent en venir : nous transformer, nous les hommes, en *sextoys* vivants, en esclaves du plaisir, en stakhanovistes de la zigounette, en drogués de la biroute !

Honnêtement, vis-à-vis d'hommes comme moi, nous qui avons toujours pensé que l'amour est avant tout une affaire d'amour et de sentiments partagés, le réduire à un phénomène mécanique est assez déconcertant, et, là, comme dirait Bernard sur sa commode Ikea : « On tombe de haut ! »

Face à de telles affirmations, on imagine déjà les réactions haineuses de toutes les frustrées de la bagatelle : « Mon mari, il m'a fait un infarctus la semaine dernière, je m'y attendais ! Ça faisait plus de six ans qu'il ne m'avait pas fait mordre l'édredon. Pourtant, la doctoresse qui le suivait depuis quatre ans lui avait assez dit : "Monsieur Mercurol, si vous voulez faire baisser votre cholestérol, vous devriez monter plus souvent Madame Mercurol" ! »

Plus inquiétant encore ! Il y aura aussi les cas inverses, ceux qui ne pensent qu'à ça ! Et lorsqu'on croisera un centenaire à l'air joyeux, il y aura toujours d'autres jalouses pour dire : « C'est normal, il passe ses journées à buriner sa bonne et à culbuter l'infirmière qui vient lui relever ses bas de contention. Celui-là, on peut dire qu'avec sa vipère de broussaille il aura coûté cher aux caisses de retraite et à la Sécurité sociale ! » Alors moi, je dis ça suffit ! Il semble urgent d'arrêter toutes ces pseudo-études qui disent tout et son contraire, qui finissent par porter atteinte à la bonne réputation de chacun d'entre nous. Sinon, lorsqu'on verra un pauvre malheureux, trépassé d'un infarctus dans la force de l'âge vers 45 ans, il y aura encore et toujours de bonnes âmes pour dire : « Pour faire un arrêt cardiaque aussi jeune, ça ne devait vraiment pas être un bon coup ! »

Citation

Qui a dit : « Les écrivains qui ont recours à leurs doigts pour savoir s'ils ont leur compte de pieds ne sont pas des poètes, ce sont des dactylographes. » ?

Léo Ferré.

Question du jour

Dans le style littéraire précieux du XVIIe siècle, que désignait-on par l'expression : « compagne perpétuelle des morts et des vivants » ?

La chemise.

Bouvardise

Dénominateur commun entre la vache folle, le poulet fiévreux, le mouton tremblant et les légumes assassins : le refus d'être mangés par les insatiables prédateurs que nous sommes.

Citation

Qui a dit : « En amour, ce que je ne comprends pas, c'est la différence qu'il y a entre le début et la fin. Au début, on m'aime pour ce que je suis, et à la fin on me quitte pour les mêmes raisons. » ?

Johnny Hallyday.

Question du jour

Quand lit-on le chinois de droite à gauche et non de gauche à droite ?

Lorsqu'il s'agit d'un poème.

Bouvardise

Grande rentrée sur les petits écrans. Une vingtaine de jeunes animateurs sourient aux anges des magazines spécialisés. Futures stars ou prochains sinistrés de la notoriété ? Champions de l'audimat ou accidentés industriels ?

UNE HISTOIRE DRÔLE

Une famille est en train de déjeuner.
La petite fille de 10 ans ne mange pas beaucoup, et elle garde le nez dans son assiette…
Au bout d'un moment, elle dit :
– J'ai quelque chose à vous annoncer.
Le silence se fait et tous écoutent attentivement.
– Je ne suis plus vierge, et elle se met à pleurer.
De nouveau, un long silence… et puis… le père s'adresse à sa femme :
– C'est de ta faute, toujours habillée et maquillée comme une pute, tu crois que tu es un exemple pour ta fille ? Toujours à te vautrer sur le canapé, les pattes en l'air… C'est lamentable, c'est comme ça que les problèmes arrivent !
À son tour, la femme s'adresse à son mari :
– Et toi, tu crois que tu es un exemple ? À gaspiller ta paie avec des pétasses qui viennent parfois te raccompagner jusque devant la maison ? Tu crois que tu es un exemple pour ta fille de 10 ans ?
Et le père de continuer :
– Et sa grande sœur, cette bonne à rien, avec son copain chevelu et drogué, toujours en train de se tripoter et de baiser dans tous les recoins de la maison, tu crois que c'est un exemple ?
La grand-mère prend sa petite fille par les épaules pour la consoler et lui demande :
– Alors ma petite fille, comment cela est-il arrivé ?
Et la petite de répondre en étouffant ses sanglots :
– C'est le curé…
La grand-mère :
– Comment ça, le curé ?
– Le curé a choisi une autre fille pour faire la vierge dans la crèche !

Les bestiaux de Peroni

Jean-Jacques Peroni : J'ai eu des chats, j'ai eu une chienne, mais je n'en veux plus à Paris. Mais, en Bretagne, je suis un peu comme Jacques Dutronc… J'ai plein de chats sauvages qui viennent, qu'on nourrit. C'est marrant ces bestiaux, parce qu'ils ne savent pas quand on vient. On ne leur téléphone pas. Mais vous ouvrez les volets, il y en a déjà 4-5 qui sont sur la terrasse et qui attendent qu'on leur donne à manger.

Bernard Mabille : Ils ne sont pas cons les animaux, ils se disent : « Hé, ça sent le Ricard, il y a Peroni qui est là ! »

La vipère de broussaille est lubrique

Jean-Jacques Peroni : Quand j'étais enfant, j'allais récupérer des couleuvres d'eau dans un marais en Bretagne ! On les prenait vivantes et on les mettait dans les sacoches des vélos et puis on allait les mettre dans les bénitiers à l'église.

Philippe Chevallier : Qu'est-ce que tu avais mauvais fond quand même !

Philippe Bouvard : Et vous, vous n'avez jamais eu une vipère de broussaille, Chantal ?

Chantal Ladesou : Non, non ! Qu'est-ce que c'est une vipère de broussaille ?

Philippe Bouvard : C'est très caressant…

Chantal Ladesou : Une vipère de broussaille ? Non, je n'en ai pas vu dans la pelouse…

Bernard Mabille : C'est pour te combler le muret !

Chantal Ladesou : Moi, je veux bien voir votre vipère de broussaille ! Vous me la montrerez, non ?

Bernard Mabille : Elle hiberne en ce moment !

Philippe Chevallier : Mais attention… bientôt le printemps, elle va ressortir !

UNE HISTOIRE À BIDE

Un photographe travaillant pour Paris-Match devait faire des photos d'un gigantesque incendie de forêt dans le midi. Il appelle l'aéroport de Nice et demande un pilote. On lui répond qu'un Cessna avec son pilote seront prêts à l'emmener sur place dans deux heures. Deux heures plus tard, le photographe est sur le tarmac et trouve le Cessna et son pilote qui l'attendent. Il monte dans l'avion et crie:
– Allons-y !
Alors le pilote du Cessna met le moteur en marche, va se mettre face au vent et décolle.
En l'air, le photographe dit:
– Vous voyez les fumées là-bas, allez voler au plus près en vous plaçant au Nord. Ensuite, vous effectuerez plusieurs passages à basse altitude.
À ce moment-là le pilote demande nerveusement:
– Mais pourquoi ?
– Ben, parce que je veux prendre des photos tiens ! Je suis photographe à Match, pas marin pêcheur !
Après une pause dans un silence pesant le pilote répond:
– Allez c'est une blague, hein ? Vous êtes mon instructeur ?!

Question du jour

Selon que sa queue s'enroule ou se tend, qui indique la pluie ou le beau temps ?

L'hippocampe.

Présentation des panélistes

Depuis qu'il a renoncé à la compétition automobile, il est encore plus coureur.

Vincent Perrot

Bouvardise

Voilà huit mille ans qu'après la roue qui permet aux touristes d'aller les admirer l'été là où on les tire, les Chinois ont inventé les feux d'artifice. Or, en dépit des énormes avancées technologiques, la belle bleue et la belle verte retombent toujours aussi rapidement.

Vendredi

25 Janvier

CONVERSION DE SAINT PAUL

Citation

Qui a dit : « Je suis pour l'égalité des sexes, je prendrai moi-même les mesures. » ?

Thierry Le Luron.

Question du jour

En Suisse, qu'est-il interdit aux personnes non helvétiques ?

La prostitution.

Bouvardise

C'est l'effet sans doute le plus moral de la crise : les banques ont pris leurs distances vis-à-vis de l'argent. Elles ont cessé de spéculer. Elles ne prêtent plus qu'au compte-gouttes. Elles ne conservent plus d'espèces dans leurs coffres. Et elles voient d'un très mauvais œil qu'on retire de son compte des sommes dont, pourtant, elles ne font plus rien.

Garçon ou fille ? On ne sait plus

par Philippe Chevallier

D'après les tenants d'une théorie révolutionnaire, l'appartenance d'un individu à un groupe sexuel, mâle ou femelle, n'est pas établie une fois pour toutes à la naissance, mais se détermine plus tard en fonction du contexte socioculturel. Autrement dit, ce n'est pas parce que le nouveau-né a un petit robinet que c'est un petit gars, ou que c'est une petite fille parce qu'il en est dépourvu. D'après ces chercheurs, on ne naît pas garçon ou fille, on le devient !

Imaginez un solide agriculteur berrichon de 50 ans, taillé en force, à qui on pose la question suivante : « Robert Chombier, êtes-vous une femme ou un homme ? – Oh ben, je vais vous dire ! Avec ma grosse bite, j'ai fait huit enfants à Simone, alors je crois bien que je suis un gars, mais de temps en temps… j'aime bien me foutre une plume dans le cul. Alors, mettez-vous à ma place, je ne sais plus ! »

Eh oui, eh oui, ça interpelle ! C'est vrai qu'il existe des femmes de rêve, faites au moule, et à la moule aussi d'ailleurs. Qui, au lieu d'être mannequin, secrétaire ou femme de ménage au *Sofitel*, sont conductrice de travaux, adjudant-chef ou joueuse de rugby. Mais ce n'est quand même pas parce que la jolie préfère les haltères au club Tupperware que, comme ça, d'un coup de baguette magique, il va lui pousser une chipolata dans la culotte.

L'influence du jardinage et la méthode Coué ont des limites. On peut le regretter, mais c'est ainsi, comme disait Léonard. Moi qui vous parle, j'aimerais bien avoir encore sur le haut de ma tête les belles boucles blondes de mon enfance qui ravissaient tant les amies de ma mère pendant qu'elles me tripotaient dans mon petit costume marin.

Malheureusement, la nature est là et, si je veux revivre de tels moments, je n'ai plus qu'à acheter une perruque.

Alors, messieurs les avant-gardistes de l'Éducation nationale, et aussi mesdames et peut-être même les deux en même temps, on sait bien qu'un jour, nos enfants ressembleront à des robots, mais ne précipitez pas le mouvement et n'en rajoutez pas. Mettez donc le contexte socioculturel de côté et laissez faire la nature !

Bouvard meilleur au poker qu'au bridge

Je suis dans un dîner en ville et suis assis à la droite de la maîtresse de maison, parce que je ne suis pas le plus important mais le plus vieux ! La maîtresse de maison a mis les petits plats dans les grands et elle dit : « Je vous ai fait faire une purée comme celle de Robuchon ! C'est-à-dire avec des rattes, un peu d'épluchures et beaucoup de crème… et puis un petit peu de truffe. » Alors je mange la purée, et puis là, je ne sais pas ce qui se produit, mais je perds un bridge et le bridge tombe dans la purée ! Alors, je n'ose plus manger… La maîtresse de maison regarde mon assiette qui ne se vide pas ; elle appelle le domestique et lui dit : « Jérôme ! Il y a un os dans la purée ! »

Je ne sais pas où me mettre parce que je pourrais lui dire que non, ce n'est pas un os… Elle me dit : « On va remplacer votre assiette ! » Et je réponds : « Non, surtout pas ! » Parce que je veux récupérer mon bridge.

Et je réplique : « Écoutez, c'est très drôle ! » J'ai pris le faux os, je l'ai mis dans ma poche en disant : « Je le garde comme souvenir ! »

UNE HISTOIRE DRÔLE

Dans un train, une mémé tremblotante ânonne :

– J'ai perdu ma boulette... J'ai perdu ma boulette... J'ai perdu ma boulette...

Dans le compartiment, les mecs se disent :

– Tiens, v'là une mémé qu'a perdu sa boulette.

– J'ai perdu ma boulette... J'ai perdu ma boulette...

Les mecs se disent :

– Bon ça va, on a compris, la mémé elle a perdu sa boulette... pfff... on va pas passer la nuit là-dessus.

– J'ai perdu ma boulette... J'ai perdu ma boulette...

Les mecs sont excédés. Il y en a un qui se dévoue :

– Ne vous inquiétez pas mémé, on va la chercher votre boulette.

– J'ai perdu ma boulette...

Les mecs sont tous à 4 pattes à chercher sous les sièges.

– J'ai perdu ma bou...

Là, ras-le-bol, un mec se lève et dit :

– Mémé, on la retrouve pas votre boulette, on la retrouve pas !

Et la mémé, mettant les doigts dans son nez :

– Ça fait rien, j'vais en r'faire une autre !

Citation

Qui a dit : « Le capitalisme, c'est l'exploitation de l'homme par l'homme ! Le syndicalisme, c'est le contraire. » ?

Coluche.

Question du jour

Pourquoi les amis de Balzac étaient-ils tenus de prononcer la phrase « J'apporte des dentelles de Belgique » chaque fois qu'ils lui rendaient visite ?

C'était un mot de passe nécessaire pour se protéger des créanciers.

Bouvardise

On feint de s'étonner ici et là de la remontée du chômage. Mais, en période de croissance zéro, le contraire n'eût été possible qu'en embauchant des travailleurs auxquels on n'aurait rien donné à faire.

Lundi
28 Janvier
SAINT THOMAS D'AQUIN

UNE HISTOIRE DRÔLE

Guy s'était senti coupable toute la journée. Même en essayant d'oublier de toutes ses forces, il n'y parvenait pas, et ce sentiment l'envahissait toujours. De temps en temps, il entendait cette petite voix au fond de lui qui essayait de le rassurer :
– Ne t'en fais pas Guy, tu n'es pas le premier médecin qui couche avec une de ses patientes et tu ne seras pas le dernier!
Mais, invariablement, une autre voix le ramenait à la triste réalité :
– Guy, tu es vétérinaire...!

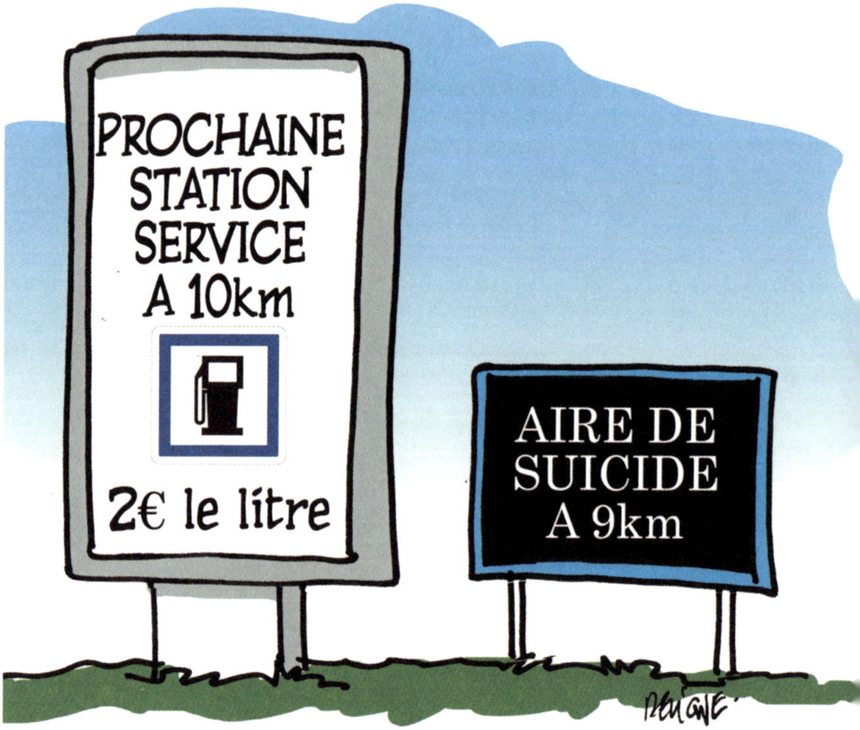

Citation

Qui a dit : « Pour parler correctement le russe, apprenez d'abord l'anglais ; ça vous permettra de vous rendre compte que ces deux langues n'ont absolument aucun rapport entre elles. » ?

Question du jour

Que s'était fait tatouer Al Capone au bas du ventre ?

Bouvardise

La bonne santé, qui interdit de savoir de quoi on mourra, ajoute au caractère aléatoire du trépas.

Pierre Dac

« Au bonheur des dames ».

Macha Méril n'oublie pas les mauvais coups

Macha Méril : Ma honte, c'est quand je me fais baiser par un type qui ne vaut pas le coup !

Philippe Chevallier : Ça arrive souvent ou pas ?

Macha Méril : Ça arrive, ça arrive, pas souvent mais ça arrive… et on est verte après !

Bernard Mabille : Si vous êtes verte, c'est qu'il a dû y aller quand même !

Philippe Chevallier : Lui, il devait être bleu à cet endroit-là !

Philippe Bouvard : Ce n'est pas honteux, mais vous êtes plutôt déçue ?

Macha Méril : Si, on a honte, parce qu'on se demande comment on a pu se laisser… C'est comme quand on rit à des films comiques de mauvaise qualité !

Philippe Bouvard : Quand vous avez accueilli dans votre lit un monsieur comme ça qui n'a pas été à la hauteur de la situation, vous demandez à ce qu'il vous rembourse ou pas ?

Macha Méril : Non non, ce n'est pas la question… C'est plutôt que c'est un sale type, qui s'en fout ; le lendemain, il m'a oubliée…

Bernard Mabille : C'est celui pour lequel tu n'es qu'un numéro ? Un 69…

Macha Méril : Il y a des hommes très séduisants, il faut le dire, mais qui ne valent pas tripette !

Bernard Mabille : Alors que tu as des gros cons qui sont sympas, hein !!!

Citation

Qui a dit : « Les lois du succès au théâtre tiennent en deux articles. Article premier : elles n'ont pas changé depuis deux mille ans. Article deux : personne ne les connaît. » ?

George Bernard Shaw.

Question du jour

En Belgique, qu'enregistre-t-on au registre officiel des décès, alors qu'on ne le fait pas en France ?

Les amputations.

Bouvardise

Le recours au téléphone mobile dans les films dispense désormais les comédiens de leur pire mimique qui, après la fin d'une conversation, consistait à regarder longuement le combiné avant de le raccrocher.

Mercredi

30 Janvier

SAINTE MARTINE

Citation

Qui a dit : « Depuis que toutes les chaînes se livrent cette bataille pour l'audimat, parler de l'intelligence à la télévision, c'est comme si l'on distribuait des guides gastronomiques au Sahel. » ?

Guy Bedos.

Question du jour

Que signifie le RAID ?

Recherche Assistance Intervention Dissuasion.

Bouvardise

Un nouveau slogan se profile à l'horizon : « Travailler plus pour s'appauvrir davantage ». C'est-à-dire passer de la rupture au changement et de demain on rase gratis à la tonte immédiate.

Mabille se méfie du « mot de guichet »(1)

Je voudrais piquer un coup de sang contre les fainéants qui fraudent la sécurité sociale, plus particulièrement les fonctionnaires qui seraient plus souvent absents et malades que les autres. C'est vrai que les fonctionnaires prennent plus de risques que les autres. Raconter sa soirée raclette aux collègues pendant que tu poireautes comme un con devant le guichet : entorse de la langue, quatre jours d'arrêt ! Piétiner durant des heures, courbé en deux en attendant que le café tombe de la machine : lumbago, sept jours d'arrêt ! Descendre fumer au pied de l'immeuble, il vaut mieux ne rien faire dehors que ne rien faire au bureau : grippe, rhume, angine, dix-huit jours d'arrêt ! Manifester trois fois dans le mois de Nation à Bastille en hurlant des slogans : ampoules au pied et extinction de voix, vingt-cinq jours d'arrêt ! Croiser les bras, calculer les jours fériés, décroiser les bras, ajuster son fauteuil, lire le programme télé, choisir son stylo, ranger ses dossiers, faire pipi, se maquiller, mater le cul de la voisine, astiquer l'écriteau *Le guichet est fermé* : fatigue générale, deux mois d'arrêt !

Non, le fonctionnaire est travailleur, la preuve : même quand il ne bosse pas, il participe à des journées d'action.

(1) Contrepèterie pour godemiché

UNE HISTOIRE DRÔLE

C'est une blonde qui postule pour un emploi de secrétaire de direction. Au cours de l'entretien d'embauche, le patron lui demande :

– Si vous deviez passer la nuit avec un homme célèbre, mort ou vivant, lequel choisiriez-vous ?

La blonde, sans hésiter :

– Le vivant !

Jeudi

31 Janvier

SAINTE MARCELLE

Quelle vie là-dessous ?

Chantal Ladesou : Petites nouvelles de ma vie sexuelle. Vous savez Philippe, j'apprends par mon mari que ma vie sexuelle n'aurait rien de remarquable en ce moment ! Il en parle comme d'une catastrophe bancaire, il me compare au Livret A, celui qui ne donne rien. Il ne sait plus comment gérer mes ressources ni mes déficits. Il ne supporte plus mes découverts et Dieu sait pourtant qu'il les a aimés… Il est prêt à baisser ma note, à me vendre à perte, à me faire reprendre par un groupe, lui qui est jaloux comme un singe et qui a toujours été exclusif.

Sur le coup, j'étais indignée, c'est absolument faux ! Je suis cotée par mes amants, je reçois des compliments à la pelle, mcs fantasmes ne connaissent pas la crise, bref je suis cotée en bourses.

Qu'est-ce que vous voulez que je lui dise ? C'est de sa faute aussi ! « Tu es en surpoids, fais comme François Hollande, arrête le gras, tu monteras en puissance ! » Pourtant, Michel et moi, c'est d'abord une histoire d'amour, oui, on s'est rencontrés au cours d'un accident… Autant dire qu'on s'est bien rentrés dedans… ! J'ai tout de suite pensé qu'il avait pu se blesser vu l'état de nos voitures, mais je l'ai tout de suite aimé quand on l'a démoulé de l'airbag avec toutes ses ecchymoses, il avait l'air d'un quatre-quarts aux pruneaux ! D'une humeur exécrable, il ressemblait à Mélenchon dans ses meilleurs jours…

On fait le constat chez lui, sur le canapé. Il a convenu que j'étais une beauté bonne à caramboler, alors on est passés aux essais techniques. Une heure commencée, une heure due ! Je n'en pouvais plus ! Alors, j'ai gueulé pour respirer mais mon mari était déjà en surpoids, c'est pour cela qu'il m'appelle « Là-dessous » d'ailleurs. J'ai cru quc j'allais y rester !

En fait, ma vie sexuelle se renouvelle, elle a pris un tournant depuis les primaires socialistes. Maintenant, mes amants se présentent par six, ils définissent leurs objectifs, garantissent leurs promesses, mon mari organise le débat, comme il se mêle de tout. Il souhaitait l'ouvrir aux femmes, je n'ai pas dit non, je suis pour la parité, ça facilite les soirées !

Citation

Qui a dit : « Il y a des types qui croient ressembler à Napoléon parce que leur femme s'appelle Joséphine. » ?

Alphonse Allais.

Question du jour

Quel acteur américain s'est marié huit fois, dont une avec Ava Gardner ?

Mickey Rooney.

Bouvardise

Dès lors que nous croyons salubre ou futé de confier à une moitié de nous-mêmes et sous prétexte de vie intérieure la critique de ce que fait l'autre moitié, nous versons dans la schizophrénie. Et dans l'irresponsabilité, puisque nous ne sommes plus, par définition, qu'à moitié impliqués dans nos fautes et nos débordements.

Citation

Qui a dit : « Star Academy : J'ai connu un temps où les chanteurs essayaient de devenir célèbres. Aujourd'hui, ce sont les célébrités qui essayent de devenir des chanteurs. » ?

Jean Yanne

Question du jour

Qu'est-ce que le Danemark exporte chaque année à raison de 90 millions de kilomètres ?

Des films pornographiques.

Bouvardise

Et si le nombre croissant de femmes seules dans la vie s'expliquait moins par une longévité supérieure du sexe prétendu faible que par la difficulté de trouver un partenaire bien sous tous rapports ?

Fausses notes… de frais

Jean-Jacques Peroni : Vous savez ce qu'écrivait Antoine Blondin sur ses notes de frais pour sa consommation d'alcool ? Il ne mettait jamais « apéritif », il mettait « verres de contact » ! Et il mettait la somme à côté !

Philippe Bouvard : Il existe une note de frais célèbre… Il y avait eu un fait divers dans une grotte d'une montagne qui s'appelait Saint-Martin où des spéléologues avaient disparu… Et, pour arriver jusqu'à la caverne où ils avaient disparu, le reporter avait dû acheter un âne ! Alors, il avait mis en tête de sa note de frais : « Achat de l'âne », en dessous : « Revente de l'âne », et il avait additionné ! Et puis, il y avait la fameuse note de frais « On n'est pas de bois ! On n'est pas de bois ! », c'est le type qui était allé voir les filles !

UNE HISTOIRE À BIDE

La scène se passe dans un temple Shaolin. Le disciple s'adresse à son maître :

— Très sage et très honorable Maître, pourriez-vous m'enseigner quelle est la différence entre une perle et une femme ?

— La différence, humble petit scarabée, c'est que tu peux enfiler une perle des deux côtés, et une femme, seulement d'un côté.

— Mais maître, honte à moi de vouloir contredire votre himalayenne sagesse, mais j'ai entendu dire que certaines femmes se laissaient enfiler des deux côtés !

— Alors dans ce cas, ce n'est pas une femme, c'est une perle !

La « marche des salopes »

par Bernard Mabille

Un coup de sang contre ces jeunes et jolies nénettes qui ont défilé dans les rues de Paris en string et soutien-gorge ! Sans même passer sous mes fenêtres ! C'était la première marche des salopes, elle réunissait 300 salopes selon les organisatrices, 350 000 salopes selon Jean-Jacques Peroni qui en voit partout !

Un coup de sang contre ces commissaires de police chopés à fricoter avec des truands… Ce n'est pas beau ça ! Après le tablier de sapeur, le gras double, la salade de pied de veau, voici la nouvelle spécialité lyonnaise : le poulet grillé !!!

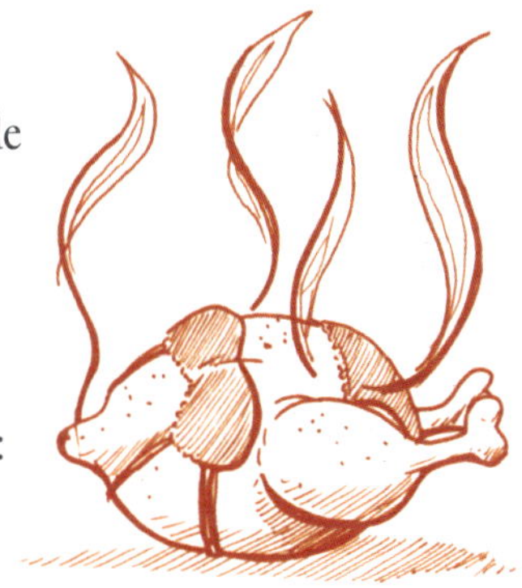

UNE HISTOIRE À BIDE

— Docteur, mon mari se prend pour un réfrigérateur. Je vous assure que je commence à me faire de la bile. Pendant la nuit, il est tout froid et ronfle très fort...

— Ce n'est pas très grave, madame. Il suffit de le persuader du contraire. Ça va passer tout seul. Vous pouvez dormir sur vos deux oreilles !

— C'est que justement, non, docteur ! Parce qu'il ronfle la bouche ouverte. Et cette petite lampe allumée au fond, ça m'empêche de dormir toute la nuit... !

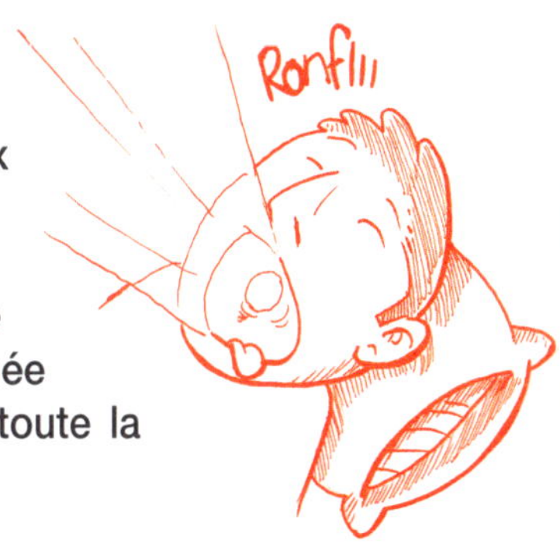

Citation

Qui a dit : « Bayrou est le seul homme politique à m'avoir assuré que la Sainte Vierge lui était apparue et lui avait prédit qu'il serait président de la République. » ?

Charles Pasqua.

Question du jour

Quel privilège ont les policiers par rapport aux gendarmes ?

Les policiers peuvent se syndiquer.

Bouvardise

« Relations à »… « Rapport à »… Est-ce que le contact humain est plus satisfaisant depuis qu'on ne le noue plus avec ?

UNE HISTOIRE DRÔLE

Deux gars, dans une prison du Texas, sont condamnés à mort. Le directeur se tourne vers le premier qui sera exécuté et lui demande :

– Quelle est votre dernière volonté ?

– J'aime la musique. Vous pourriez passer Céline Dion à la sono pour que je l'entende une dernière fois ?

– Certainement, on peut faire ça pour vous. Et vous, quelle est votre dernière volonté ?

– S'il vous plaît, tuez-moi en premier !

Question du jour

Qui a fourni à Molière le sujet de la comédie *Les Amants magnifiques* ?

Louis XIV.

Bouvardise

Si vos grands enfants se révèlent incapables de décrocher un diplôme, aiguillez-les vers les métiers à compétences auto-proclamées : sociologue, philosophe, économiste, politicien.

Mardi
5 Février
SAINTE AGATHE

Questions pour les poivrots
par Philippe Chevallier

Chers amis, je voudrais vous annoncer deux nouvelles. Une bonne et une mauvaise. Commençons par la mauvaise : un certain nombre de Français sont dépendants de l'alcool, victimes d'une véritable addiction qui a des répercussions sur leur état de santé. Maintenant, la bonne : seulement 10 % de nos compatriotes sont concernés par ce fléau. Mais, me direz-vous, 10 %, c'est déjà beaucoup ! C'est pourquoi, après la loi Évin qui a fait des ravages dans le monde viticole, un honorable professeur de médecine a décidé de faire parvenir un questionnaire à la population afin d'identifier notre possible dépendance à l'alcool. Alors, voici les quatre questions :

– Avez-vous eu besoin de diminuer votre consommation ? ;
– Est-ce que votre entourage pense que vous buvez trop ? ;
– Avez-vous l'impression de boire trop ? ;
– Buvez-vous votre premier verre dès le matin ?

Vous avez sûrement remarqué comme ce questionnaire est gentil avec l'alcoolique. On ne le prend pas à rebrousse-poil, on ne lui impose pas un seuil au-delà duquel il pourrait se sentir concerné par cette addiction. Tout repose sur la perception qu'il a lui-même de son état de soiffard et sur l'aveu qu'il en fera.

Demander à une personne si elle ressent le besoin de diminuer sa consommation, c'est aussi intelligent que de demander à François Hollande s'il veut bien retirer sa candidature à la présidentielle. De même, la question « Avez-vous l'impression de boire trop ? » trouverait son équivalent auprès du gagnant du Loto avec un « dis donc Marcel, empocher 4 millions, ça ne te fait pas un peu trop ? ». Quant à la problématique de l'entourage chez l'alcoolique, elle est également finement observée par notre professeur de médecine. Évidemment que Simone, qui se prend une dérouillée tous les week-ends quand son pochtron de mari s'affale dans le plumard après avoir vomi sur le palier et pissé dans l'évier parce qu'elle a eu la mauvaise idée de lui faire remarquer d'une voix douce et timide qu'il ferait mieux de regarder Thalassa plutôt que d'aller au *Balto*, évidemment qu'elle sait, la pauvre dame, qu'elle a épousé un alcoolique. Mais à chaque fois qu'elle ouvre la bouche, elle se prend un gnon.

Le professeur de médecine, lui, avec son questionnaire à la noix, voudrait encore que Robert dise à sa pauvre femme édentée : « Répète un peu que je bois trop pour voir ! »

Et puis, il y a la dernière question : « Buvez-vous dès le matin ? » Quelle question bête ! Comme s'il fallait qu'on soit alcoolique parce qu'on ne digère pas le café au lait ! Le travailleur de force, le matin, il ne boit pas du thé au jasmin comme la rédactrice en chef de *Marie Claire*.

Le bûcheron, pour cogner, doit nourrir le muscle, avec modération certes, aussi avec des bons produits, des bons raisins bien de chez nous, bien fermentés, et pas avec de la tisane ou de la pisse d'âne.

Alors, voilà pourquoi, cher professeur, je doute de l'efficacité de votre questionnaire ; mais, pour l'addiction au sexe, j'ai quelques idées. Si vous le voulez bien, je vous aiderai pour la formulation des questions.

Citation

Qui a dit : « En politique, on succède à des imbéciles et on est remplacé par des incapables. » ?

Georges Clemenceau.

Question du jour

Qu'est-ce que les psys appellent « objet transitionnel » ?

Le « doudou » des tout-petits.

Bouvardise

Si la démocratie se résume à la moitié des citoyens plus un, qu'on ne compte plus sur moi pour être celui-là. Non seulement la responsabilité me dépasse mais j'ai des urgences beaucoup moins importantes à satisfaire.

Mercredi 6 Février

SAINT GASTON

UNE HISTOIRE DRÔLE

C'est une bobonne qui s'est mise à détester son mari. Lui, il s'en fout, il lit son journal. Alors, elle lui crie :

– Je vais te tuer !

Lui, il s'en fout, il lit son journal.

Alors, elle s'excite :

– Tu ne veux pas me croire ? Tu vas voir ! J'ai lu la recette des sorciers Bagoboulous. J'ai pris un cheveu de toi, je l'ai collé sur une photo de toi, et dès que je vais toucher le cheveu avec une aiguille à tricoter, tu vas crever d'une crise cardiaque !

Lui, il s'en fout, il lit son journal. Alors, elle met son projet à exécution. Avec un rictus sauvage, elle transperce la photo à l'endroit du cheveu avec son aiguille à tricoter !

Et elle tombe, raide morte…

Lui, il s'en fout, il lit son journal. Il dit seulement :

– Ça t'apprendra à te servir de mon peigne… !

Question du jour

Que devez-vous prendre quand un médecin vous conseille la « zomothérapie » ?

Du jus de viande crue.

Bouvardise

L'augmentation de l'espérance de vie : davantage de temps pour répéter qu'on est vieux et pour se voir mourir.

Je hais l'*homo météo*

par Bernard Mabille

Je voudrais piquer un coup de sang contre ces gens qui, vous croisant, vous lancent avant même de vous dire bonjour un glacial : « Brrrrrr… Il fait froid ! » Que tu ailles bien ou mal, ils s'en tapent, tout ce qui importe, c'est qu'il fasse froid !

Comme si, la stalactite pendant au nez, les oreilles violacées, les molaires jouant des castagnettes et les pieds sur la banquise, vous étiez trop con pour ne pas vous en apercevoir tout seul !

Je hais l'*homo météo* qui vit avec un baromètre dans le fion, accroché aux jupes d'Évelyne Dhéliat et au caleçon de Louis Bodin. Le même qui, vous rencontrant au mois d'août, vous dira : « Fait chaud, hein ? » Sous les giboulées de mars : « Il pleut, hein ? » Et le reste de l'année : « Y a vraiment plus de saison, hein ? » Je connais des coups de pied au cul (au cumulonimbus) qui se perdent. Fait froid… Bah oui, il fait froid, nous sommes en hiver. Dommage alors que l'*homo météo* manque de vocabulaire. Au très banal « Fait froid », il pourrait ainsi préférer « Ça caille », « On se les gèle », « Ça pèle », ou le plus poétique encore « Popaul est en promo en ce moment chez Picard surgelés » ou « J'ai les profiteroles qui collent au fond du sac isotherme »…

Fait froid, c'est sûr, et, comme toujours, le ministère de la Santé, attentif, donne ses conseils indispensables en nous tutoyant. Eh oui, si vous allez sur leur site, ils nous tutoient, nous prenant pour des élèves de maternelle. Je lis : « N'oublie pas d'allumer ton chauffage. » – « Ne laisse pas tes fenêtres ouvertes. » – « Ferme la porte du réfrigérateur. » – « Si tu dois sortir, tu te couvres. » Des fois qu'il me prendrait l'envie de me barrer en slip de bain… « Mets de bonnes chaussures. » Des fois que tu voudrais te balader en tongs… « En cas d'engelures aux mains, mets des moufles et appelle le docteur ! » Pas facile de composer un numéro de téléphone avec des moufles, à moins de le faire avec les coudes…

« Aux premières hallucinations (ours, phoques, pingouins, etc.), tu appelles le Samu ! » Je dirais plutôt d'arrêter le pétard…

À suivre ci-contre…

Je hais l'*homo météo*
(suite et fin)
par Bernard Mabille

Ce sont les mêmes, je vous le rappelle, qui nous conseillaient, en pleine canicule, par 45 degrés, de fermer les radiateurs, de garer notre voiture à l'ombre et d'éviter le port de la canadienne ou du passe-montagne. Dormez tranquilles, mesdames et messieurs, comme on le dit par moins 15 : les cons gèrent…

Fait froid, et les télés nous ressortent leurs clichés : le grand manteau blanc, les paysages sibériens et les naufragés de la route. Sans oublier les micros-trottoirs recueillis par des journalistes en doudoune façon Nanouk l'esquimau, avec un tas de sel dans le décor. Témoignages indispensables pour comprendre ce qui nous arrive… « Que pensez-vous du temps, monsieur ? – Aglagla ! Fait pas chaud, ça glisse ! »

Et pendant la froidure, la politique continue… François Hollande déjeune dans un restau à la mode avec Bernard Henri-Lévy, qui bouffe vraiment à tous les râteliers… Claude Guéant dérape encore, il n'a pas besoin de verglas pour ça… Un sondage aussi : si le FN n'a pas ses signatures, la droite et la gauche feraient jeu égal… Mieux encore, la droite gagnerait si la gauche ne se présentait pas et *vice versa*. Madame Morano continue de *tweeter* à Éric Besson : « Je fais des bulles avec des copines dans un spa. » Son *tweet* découvert, elle rectifie le tir : « Vous n'avez rien compris : le spa, c'est mon bureau, et les bulles, ce sont les notes que j'écris avant mon interview… »

Tout ça, c'est le degré zéro de la politique. Degré zéro, zéro degré, y a rien à faire : ce 6 février, on en revient toujours à la météo.

Question du jour

Qu'est-ce qui rentre raide dans la bouche et en ressort tout mou ?

Bouvardise

Je scrute d'abord chez l'homme la boutonnière comme je regarde les jambes d'une femme avant de détailler son visage.

Une tablette de chewing-gum.

UNE HISTOIRE À BIDE

Un homme âgé se retrouve sur la table d'opération, attendant d'être opéré.

Il insiste pour que ce soit son gendre, l'éminent chirurgien, qui procède à cette chirurgie.

Avant d'être endormi, il demande à parler à son beau-fils et lui dit :

– Ne sois pas nerveux, fais de ton mieux. Si ça tourne mal et que quelque chose devait m'arriver, souviens-toi que ta belle-mère ira alors habiter avec ta femme et toi !

Citation

Qui a dit : « Ce qui serait bien, à présent, pour l'évolution de l'histoire du cinéma, ce serait de tourner un film porno où les acteurs feraient l'amour en se disant «je t'aime» au lieu de «tu la sens, hein, chiennasse». Il paraît que cela arrive dans la vie. » ?

Frédéric Beigbeder

Vendredi

8 Février

SAINTE JACQUELINE

UNE HISTOIRE DRÔLE

Deux hommes arrivent sur leur lieu de chasse.
Le premier descend sa chienne de la voiture et commence à lui passer de l'essence sur l'arrière-train à l'aide d'un pinceau.
– Qu'est-ce que tu es en train de faire ? lui demande son collègue.
– Comme elle est en chaleur, l'odeur d'essence éloigne les mâles, répond le propriétaire de la chienne.
Après quelques heures de chasse, le compère se retourne et dit :
– Ta chienne doit être en panne d'essence parce que mon chien l'a prise en remorque !

Question du jour

Quelle activité est réservée aux Lapons qui ont de bonnes dents ?

La castration des jeunes rennes mâles d'un seul coup de dents.

Bouvardise

La rancune : cette érudition de la colère.

Histoire d'un poil

par Jean-Jacques Peroni

C'est un gars qui est dans une pizzeria, il mange des spaghettis bolognaise et, tout d'un coup, il recrache ce qu'il a au bout de la langue et dit :
– Oh putain, un poil de cul !
Il appelle donc le serveur :
– Garçon, s'il vous plaît, qu'est-ce que c'est que ça ? Moi, je ne paye pas, c'est dégoûtant !
Et le gars s'en va…
Le patron appelle le serveur et lui demande ce qu'il se passe. Et le garçon raconte l'affaire à son patron qui lui ordonne :
– Il n'en est pas question, rattrapez-le moi !
Le gars, pendant ce temps-là, est parti, et le serveur demande à une prostituée dans la rue si elle ne l'a pas vu passer. Celle-ci lui répond qu'il vient de monter avec sa collègue.
Le serveur arrive à la chambre d'hôtel qu'on lui a indiquée, ouvre la porte et dit :
– Bah dis donc !!!
Et le gars lui répond :
– Non mais attendez, si je trouve une nouille là-dedans, je ne paye pas !

Samedi **9** SAINTE APOLLINE

Dimanche **10** **Février** SAINT ARNAUD

Mailhot secoue les « gendarmes couchés »

Je voudrais pousser un cri d'indignation contre un dispositif routier d'une bassesse cahotique, qui m'a irrité le poil durant tout l'été : les ralentisseurs de vitesse, communément appelés « gendarmes couchés ».

Alors, un « gendarme couché », je le précise, ce n'est pas un agent de la maréchaussée dormant au fond de sa Clio parce qu'il finit de digérer la bouteille de Ricard que le patron de la superette de Condé-lès-Brisemoi lui a offerte pour avoir aimablement fermé les yeux sur un délit commis par sa fille cadette (elle roulait sans casque avec son scooter). Non, un « gendarme couché », c'est un mélange de goudron et d'idées à la gomme, consistant à créer un bourrelet – un peu comme celui de Madame Aubry ou de Gérard Larcher – sur la chaussée afin d'obliger les fous du volant à ralentir. En soi, l'idée est tout à fait estimable, sauf que, en les multipliant tous les 200 mètres sur certaines portions de route, on ne sait plus si on fait le tour du lac d'Annecy ou si l'on est en train de courir une étape du Paris-Dakar, deux villes d'Amérique du Sud bien connues, entre lesquelles se déroule chaque année un rallye où l'intelligence le dispute à la subtilité. Car, des ralentisseurs, on en trouve désormais partout ! Tout maire digne de ce nom se doit d'en installer partout afin d'afficher cette tarte à la crème du moment qu'on appelle « l'attitude citoyenne » !

Il y a quelques années, rappelez-vous, vous avez connu la frénésie des ronds-points en rase campagne, engouement ayant avantageusement succédé à celui des feux rouges que l'on voyait fleurir à l'intersection de deux chemins. Aujourd'hui, la mode est aux ralentisseurs. Nos édiles sont-ils de mèche avec les actionnaires de Midas, Speedy, ou autres marchands de pots ? On est en droit de se poser la question : le pauvre type qui doit pratiquer quotidiennement ce genre de route voit sans doute la durée de vie de ses amortisseurs divisée par deux. Et je ne vous raconte pas la colique lorsque vous possédez une voiture basse avec une garde au sol très faible. Vous devez carrément vous arrêter devant chaque monticule, faute de quoi vous y laissez le carter et une partie du pot d'échappement. Alors, naturellement, les braves gens qui vous suivent finissent par ne plus vous comprendre et vous klaxonnent en vous traitant d'abruti.

À suivre page suivante…

Présentation des panélistes

Elle n'a pas à se forcer pour nous manifester une compassion dont elle fut longtemps la plus belle distributrice.

Mireille Dumas

Question du jour

Quelle différence existe-t-il entre un bateau et un navire ?

Selon la législation, au-delà de 25 m, un bateau devient un navire.

Bouvardise

La vente aux enchères de plusieurs centaines d'accessoires de torture est doublement condamnable : d'abord, elle rappelle les pires cruautés de l'espèce humaine ; ensuite, elle est incomplète, puisqu'on y chercherait en vain un contrôle fiscal ou une garde à vue.

Lundi

11 Février

NOTRE DAME DE LOURDES

UNE HISTOIRE DRÔLE

Un homme se trouvait dans le coma depuis un certain temps et son épouse était continuellement à son chevet. Un jour, l'homme se réveilla.

Il fit signe à sa femme de s'approcher, et lui chuchota :

– Durant tous ces malheurs, tu es restée à mes côtés. Lorsque j'ai été licencié, tu as été là pour moi ; lorsque mon entreprise a fait faillite, tu m'as soutenu ; lorsque nous avons perdu la maison, tu es restée près de moi ; et lorsque j'ai eu des problèmes de santé, tu étais toujours et encore à mes côtés. Tu sais quoi ?

Les yeux de l'épouse s'emplirent de larmes d'émotion.

– Quoi donc, mon chéri ? chuchota-t-elle.

– Je crois que tu me portes la poisse !

Mailhot secoue les « gendarmes couchés »

(suite et fin)

Mais, comme disait l'autre jour un monsieur qui descendait d'une rutilante voiture basse : « Tout le monde, madame, n'a pas les moyens de rouler en Peugeot 206. » Mais le plus redoutable n'est pas là. Le plus délicat dans cette confrontation, c'est le brave type un peu gourmand de nature qui a eu la très mauvaise idée de s'arrêter déguster la cuisine locale. Bonne, certes, mais roborative. Quand il reprend sa voiture et qu'il se fait la série complète de « gendarmes couchés », au cinquième monticule, il a le cassoulet landais qui commence à lui éroder les dents du fond et, au neuvième « gendarme couché », c'est la gerbe d'or. Celle qui couronne parfois l'arrivée au sprint des repas trop copieux. Je me dois de dire qu'un tableau de bord, même chatoyant, s'accorde assez mal avec une macédoine de légumes et, lorsque, dix kilomètres plus loin, le même malheureux se fait arrêter cette fois-ci par un gendarme debout parce qu'il a dû enlever sa ceinture de sécurité qui était bloquée par un reste de salade et un morceau de reblochon, il n'a plus qu'à lui expliquer : « Si vous étiez un peu moins couché, j'aurais pu la garder, ma ceinture, mon adjudant. C'est ce qui s'appelle "un prêté pour un rendu" ! »

Citation

Qui a dit : « Un prince sans pognon, c'est un taxi londonien sans essuie-glaces. » ?

Question du jour

Qu'est-ce que Humphrey Bogart appelait « les clous de cimetière » ?

Bouvardise

Je prendrai la direction du cimetière avant d'avoir pu trouver le sens de la vie.

Frédéric Dard.

Les cigarettes.

Mardi **12** **Février**

SAINT FÉLIX

Ah ! Mes aïeux…

Philippe Bouvard : Qui avez-vous le plus admiré dans votre famille ?

Bernard Mabille : Moi, c'était mon grand-père maternel qui était chauffeur de locomotive à vapeur. Il est mort très tôt à cause de la silicose.

Philippe Bouvard : Il allait tous les jours au charbon, lui, et il chantait *Love me tender* !

Philippe Chevallier : Mais, Mabille, ça rime un peu avec escarbille !

Bernard Mabille : Et Chevallier, ça rime avec niais !

Philippe Bouvard : Et votre grand-mère, elle ne s'appelait pas Lison, non ?

Bernard Mabille : Elle s'appelait Madeleine et elle est morte à 101 ans. Vous allez me supporter encore un bon moment, Philippe !

Présentation des panélistes

Cet été, il a renoué avec sa jeunesse en rentrant chez lui le soir par les arbres.

Jacques Balutin

Question du jour

Comment Chéops se procura-t-il l'argent qui lui manquait pour terminer sa pyramide ?

En envoyant ses filles se prostituer.

UNE HISTOIRE DRÔLE

C'est une petite vieille encore très amoureuse de son mari. Malheureusement, papi n'arrive plus à la satisfaire (parce que papi n'est plus assez dur…). Alors, elle décide d'aller consulter le médecin pour le cas où il pourrait faire quelque chose pour papi.

S'étant fait expliquer la situation, le médecin réfléchit un peu et répond à mamie :

– Écoutez, je pense que je peux faire quelque chose pour vous, mais attention, c'est un médicament sans A.M.M. et vous l'utiliserez sans garantie. Comme il se révèle assez puissant à l'usage, vous vous contenterez de lui verser 3 gouttes dans sa soupe avant d'aller dormir.

Mamie est toute contente d'avoir enfin de quoi remettre papi en selle ; elle remercie le médecin et rentre chez elle.

Deux semaines plus tard, le médecin revoit la mamie et lui demande si le traitement a fonctionné.

Mamie se met à rougir, sourit et réplique :

– Oh, docteur, je m'en veux : j'ai mis 30 gouttes au lieu de 3 dans sa soupe… Maintenant, j'aurais besoin d'un antidote pour qu'on puisse fermer le cercueil !

UNE HISTOIRE DRÔLE

Deux copines complètement bourrées rentrent à pied chez elle. Comme elles ont beaucoup bu, elles ont envie de faire pipi. Elles passent devant un cimetière et l'une suggère qu'elles pourraient se soulager derrière une pierre tombale.
La première, qui n'a rien pour s'essuyer, quitte son slip, l'utilise pour cet effet et le jette ensuite.
La deuxième, qui ne veut pas abîmer ses sous-vêtements de luxe, se trouve chanceuse de trouver un ruban sur une couronne de la tombe d'à côté et s'en sert pour s'essuyer. Elles rentrent à la maison.
Le lendemain, le premier mari téléphone au second et lui dit :
– Il va falloir surveiller nos femmes car la mienne est rentrée sans culotte la nuit dernière.
Le deuxième :
– Oh, ce n'est rien ! La mienne est revenue avec une carte entre les fesses, disant : « De la part de tous les gars de la gendarmerie de Châteauroux, on ne t'oubliera jamais ! »

Question du jour

De quel handicap souffrait Moïse ?

Il était bègue.

Bouvardise

Après des années d'enquête, on a enfin conclu que l'usage du téléphone portable ne favorisait pas l'apparition des cancers. N'empêche que, depuis cette invention, des dizaines de milliers de détenteurs de mobile sont devenus immobiles à jamais.

Jeudi **14** **Février**

SAINT VALENTIN

Mabille refuse de célébrer la Saint-Valentin

La Saint-Valentin à peine terminée, pas le temps de respirer que l'on doit fêter les mères, les pères, les grand-mères, les canaris, la musique, le travail, mais aussi les cocus le 6 mai, en hommage à ceux qui seront allés bourrer l'urne. Je déteste les fêtes obligatoires et programmées ! La Saint-Valentin, moi je l'ai passée au resto tout seul, le tube de vaseline sous le bras ! La jeune femme que j'avais conviée sans aucune arrière-pensée lubrique ayant décliné l'invitation : « *Ça m'aurait fait plaisir nounours, mais je vais à un concert de Claude François.* »

Question nana, donc, ce fut plutôt la Saint-ValenTintin !

Pourtant le resto était chouette, étoffes cramoisies tendues sur les murs, diamants en toc jetés sur la table autour d'une rose en plastique piquée dans un pot de yaourt tartiné à la peinture dorée, on se serait dit dans un lupanar de Dodo la Saumure relooké par Valérie Damidot façon FMI à la grande époque de la bite à ressort de la place des Vosges.

Côté musique, le disc-jockey, un troisième commis de cuisine, sorte de Guetta du pauvre, n'était pas en reste. Il donnait dans le sirupeux. Frank Michael, André Rieu, Julio Iglesias et Whitney Houston, qui s'est remise à chanter depuis qu'elle est morte. En animatrice de la soirée la patronne, une Régine de Prisunic, parfumée à la laque pour cheveux et au muguet de synthèse, elle avait sorti gaine et bas à varices pour paraître trente ans de moins que Jeanne Calment avant de claquer.

Côté bouffe, j'ai dû prendre cinquante kilos au moins, tous les menus étant pour deux ! J'étais là, aussi seul qu'à une réunion politique d'Hervé Morin, attendant les plats rappelant que la Saint-Valentin c'est avant tout la fête du gourdin ! Asperge à la Strauss-Kahn et sa vinaigrette au gingembre, trou normand à l'alcool de bois bandé, tournedos façon Zahia et son écrasée de dragées façon Hercule, banana slip (banane dans un string en biscuit avec deux boules de glace), le tout arrosé de Veuve Clito ! Waouuh ! Cela s'agitait dans mon kangourou, le chef ayant dû confondre maître-queux et queue d'un mètre.

J'étais là, seul au milieu d'amoureux se regardant dans les yeux une fois par an, occupés à envoyer discrètement sous la table des SMS à leurs amants et maîtresses, eux aussi jouant à faire semblant avec leur mari et leur femme dans d'autres restos du même style.

Compatissants, certains n'hésitèrent pas à m'adresser la parole, pensant me remonter le moral. J'ai tout entendu : « *Essayez la chirurgie esthétique !* » - « *Oh vous avez de la chance, la vôtre au moins elle n'est pas venue !* », jusqu'à ce « *Mon pauvre monsieur, la Saint-Valentin, c'est pas marrant pour un veuf !* »

Je suis parti au moment où le Pakistanais vendait des roses, n'allant pas en offrir une à ma main droite… Et pour moi, le cauchemar continue : c'est aujourd'hui la Saint-Claude ! Inutile d'appeler ma copine, elle dîne avec Elvis Presley !

Citation

Qui a dit : « Dans les moments de panique, je n'ai peur que de ceux qui ont peur. » ?

Victor Hugo.

Question du jour

Quel mariage fut-il longtemps considéré comme incestueux en Chine alors qu'il n'y avait aucun lien de parenté entre les époux ?

Le mariage entre deux personnes portant le même nom de famille.

Bouvardise

Pourquoi l'État, en quête de liquidités, ne taxerait-il pas toutes les boissons ? Et particulièrement l'eau du robinet, moins chère que les autres ?

UNE HISTOIRE DRÔLE

Un inspecteur de police interroge une secrétaire de direction :

– Avez-vous une idée sur la raison qui a pu pousser votre patron à se jeter par la fenêtre ?

– Non, je ne sais pas, dit la secrétaire en sanglotant. Il était toujours très gentil avec moi. Il y a deux mois, il m'avait fait cadeau d'un manteau de fourrure ; le mois dernier, il m'avait payé une Porsche et, aujourd'hui encore, j'avais eu droit à un solitaire magnifique. Tenez, regardez, je l'ai au doigt ! Et puis, il m'a demandé ce qui me ferait plaisir pour que je lui accorde mes faveurs…

– Et que lui avez-vous répondu ? demande l'inspecteur.

– Je lui ai juste dit que, pour faire l'amour, les autres mecs du bureau avaient l'habitude de me donner cent euros… !

Peroni tire sur l'ambulance du 20 heures

J'ai lu que le 20 heures d'une jolie présentatrice battait un peu de l'aile… Tout de suite, je me suis mis sur le coup, et je vais lui donner quelques conseils pour remonter la pente ! Tout d'abord ma petite, il faut être sexy ! Il faut que le décolleté pigeonne de façon à ce que le blaireau de base qui se fout des infos soit scotché au poste avec l'œil braqué sur la laiterie ! Il faut les remonter tes petits nichons, ma belle ! Ensuite, je te propose un bureau transparent pour qu'on puisse voir la couleur de ta petite culotte ! Suis-moi bien… Tu démarres le JT jambes croisées, et là, tac, on fait un jeu : « Ce soir, quelle est la couleur de sa petite culotte ? Verte, tapez 1, bleue, tapez 2 ! » Ça fidélise vos téléspectateurs et ça fait du pognon pour la chaîne qui se sucre, elle, sur les appels téléphoniques ! Ensuite, tu enchaînes avec les titres du journal mais il faut qu'ils soient attrayants. Exemples : « *Les sans-papiers sont au bout du rouleau ; Émigration sauvage : en Macédoine les petits pois prennent le pas sur la mayonnaise…* » Et puis, il faudrait axer ton journal sur les faits divers ! Le Français en est friand ! Exemples : « Un dernier bonheur : à 83 ans, elle se fait violer par 3 fois à l'arrêt du car. Le brouillard l'empêche de reconnaître ses agresseurs mais elle se souvient très bien des mensurations ; Drame familial : il se tapait sa fille, sa nièce et sa belle-mère. C'est son beau-père, qui était aussi son amant, qui a découvert le pot aux roses ; Nos amies les bêtes : il tue sa femme qui le trompait avec le doberman, c'est le perroquet jaloux qui a dénoncé l'infidèle. »

À suivre ci-contre…

Question du jour

Où se trouve l'unique Palais Royal aux États-Unis ?

À Hawaï.

Bouvardise

La promotion d'un livre doit être vécue comme une espèce de rougeole : elle dure un grand mois, finit par donner des boutons et laisse quelques minuscules cicatrices.

Peroni tire sur l'ambulance du 20 heures (suite et fin)

Et puis aussi, parler de politique autrement que sur les autres chaînes ! « Ce soir, je reçois monsieur Aurélien Pattemouille qui a trempé dans toutes les crapuleries de la Ve République et qui nous expliquera comment on peut être une canaille et donner des leçons. Je demanderai à l'arrière-petit-fils de Lénine qui vit à Montrouge pourquoi il votera Marine Le Pen ! Monsieur Marcelin Lanfifrais, délégué CGT des derviches tourneurs fraiseurs, nous parlera de la laïcité dans les entreprises. »

Et surtout ma petite, fais des sujets de société à la Pernaut. Exemples : « À Prout-sur-Loire près du Puy, monsieur Émilien Laflatule, agriculteur soucieux de protéger la couche d'ozone, a réussi à faire pousser des lentilles qui ne font pas péter ; Monsieur Mathurin-et-Danube, jardinier de son état, envoie tous les soirs sa fille Gisèle aux asperges – reportage de Marc Pompé et Gilbert Couillesvides ; Madame Marceline Débordévidela est dentellière à Parici-dans-le-Fion, elle a inventé le mouchoir en dentelle qui fait de très jolies chandelles dans les doigts de ses clients ! »

Et maintenant c'est la fin de ton journal, tu écartes délicatement les jambes, on voit que la culotte était bleue ! Ceux qui ont voté 2 ont gagné ! Et demain, tu battras des records d'audience. Allez, bon courage ma belle !

Question du jour

Dans la Creuse, quand la dernière fille est mariée, qu'est-ce que la mère jette au feu ?

Sa culotte.

Bouvardise

Modeste contribution personnelle au plan de rigueur : je supprime les desserts jusqu'à ce que l'assiette de la dette française repasse sous les 3 % du PIB.

UNE HISTOIRE DRÔLE

Un homme rentre chez lui et dit à sa femme qu'il va prendre une douche et partira aussitôt pour un dîner d'affaires de dernière minute. Elle lui fait les poches et découvre un petit mot :

Mon amour, je t'attends ce soir, je te cuisinerai ton canard à la béchamel dont tu raffoles tant...

L'épouse décide de sortir le grand jeu : elle revêt un déshabillé sexy, refait son maquillage, vaporise son parfum le plus envoûtant et commence à prendre une posture plutôt engageante.

Au sortir de la douche, le mari, conquis, se jette sur sa femme et lui fait l'amour à deux reprises !

Tout à coup, il se souvient de son mensonge. Épuisé, il se rend chez sa maîtresse et lui annonce d'entrée qu'il est éreinté par une journée de travail, qu'il va juste manger et repartir tôt. Le repas terminé, il s'endort. La jeune femme, vexée, fouille à son tour dans ses poches et découvre son petit mot doux, sur lequel l'épouse a rajouté ceci :

Je vous envoie le canard, mais sans la béchamel !

Lundi

18 Février

SAINTE BERNADETTE

Citation

Qui a dit : « Le comble de l'économie : coucher sur la paille qu'on voit dans l'œil de son voisin et se chauffer avec la poutre qu'on a dans le sien. » ?

Alphonse Allais.

Question du jour

Comment s'appelait la demoiselle qui tenait l'harmonium dans les sketches de Fernand Raynaud ?

« Mademoiselle le long bec ».

Bouvardise

Une lutte au couteau (et à la fourchette) oppose la lutte contre l'obésité et la frénésie gastronomique. D'un côté, la condamnation de la surcharge pondérale, de l'autre la sublimation des recettes de cuisine. Comme si ces deux tendances n'avaient pas partie liée.

Chevallier en RTT à la Tranche-sur-Mer

En France, on n'a peut-être pas de pétrole mais on a des idées... L'une des manifestations les plus fortes de notre génie national qu'on ne trouve nulle par ailleurs, c'est de faire le pont. Pas la figure de gymnastique ou la construction architecturale ou la braguette du marin, non le pont ! C'est la possibilité offerte aux travailleurs français de ne pas en secouer une à quatre reprises pendant le mois de mai. Entre les célébrations du travail, les commémorations de fin de guerre, la fête de Jeanne d'Arc, l'ascension du petit Jésus par la face nord, les langues de belles-mères sur les têtes des apôtres et les RTT, un gars de chez nous, s'il est un peu finaud, peut partir en vacances la moitié du mois de mai sans toucher à son capital-vacances de juillet-août. Et des gars finauds, chez nous ce n'est pas ce qui manque. Il y a quand même droit, le travailleur français, à ses week-ends de cinq jours. Là, ça y est un rayon de soleil et on emmène bobonne et les mioches à la mer. Ils vont rater un peu l'école mais de toute façon pour ce qu'ils y apprennent… Ce serait bête d'attendre le vendredi pour partir alors qu'on peut faire la queue aux stations-essence dès le mercredi soir. De toute façon, le proviseur est très compréhensif, il vient de finir de payer son mobile-home à la Tranche-sur-Mer et il voudrait en profiter le plus tôt possible lui aussi.

À suivre ci-contre…

UNE HISTOIRE DRÔLE

Le jour précédant son mariage un gars dispute un match de rugby avec ses potes. Manque de chance : au cours d'une mêlée ouverte, il se fait marcher sur les parties.
Souffrant le martyr, il demande à quitter le terrain et se fait conduire chez le médecin qui lui dit :
– Je ne peux pas faire grand-chose pour vous, sinon vous prescrire un antalgique et vous envelopper le pénis dans de la ouate, coincé dans une attelle.
Le lendemain soir, c'est la nuit de noces et la jolie jeune mariée sort de la salle de bains dans un déshabillé sexy qu'elle soulève jusqu'aux seins en disant :
– Regarde chéri comme ils sont beaux : aucun homme ne les a encore touchés. Je les ai gardés intacts rien que pour toi ce soir !
Alors le rugbyman répond du tac au tac en baissant son pantalon :
– Et ça chérie, regarde : encore dans l'emballage !

Mardi **19** **Février**

SAINT GABIN

Chevallier en RTT à la Tranche-sur-Mer (suite et fin)

Et puis quoi ? Le Français, ce n'est pas la crise qui va l'impressionner, il y fait face ! « En voiture Simone ! » Sous le cagnard, au péage avec la petite famille, il est guilleret quand il répond aux journalistes : « Oh c'est sûr, quatre heures d'attente à 50 kilomètres de Paris, c'est dur ! Surtout que la clim est tombée en panne et que mon beau-frère qui est garagiste n'a pas pu la réparer vu qu'il a eu les oreillons. C'est pour ma femme que c'est pénible, le skaï du siège lui chauffe les cuisses et la chaleur lui tombe sur les varices ! Kevin arrête d'embêter ta sœur ou tu vas t'en prendre une ! »

Mais le Français, il est content quand même parce que dans six heures maximum il sera à la mer et comme il le dit lui-même : « On n'est pas pressés, c'est un long week-end, on a le temps ! » Eh oui ! il a le temps de rester dans la file d'attente des toilettes de la station d'autoroute, il est quand même mieux là qu'au bureau ! Il respire le bon air ! Quant aux mioches, entre deux cornets de glace tombés par terre et une paire de taloches, il faudra d'ici une heure ou deux en emmener un aux urgences à cause d'une piqûre de vive. Le bon père de famille en profitera pour demander à voir un gastro-entérologue, vu que la bouteille de rosé tiédasse sur les coups de 4 heures et en plein soleil, ce n'était pas une si bonne idée que ça avec les profiteroles tout juste décongelées. Mais au moins, après cinq jours d'absence, quand le travailleur retrouvera son chef de bureau qui lorgnera avec envie sa bonne tête rougie par le soleil, il pourra lui dire fièrement : « Ce week-end ç'a été un enfer, mais j'y avais droit ! »

UNE HISTOIRE DRÔLE

C'est une mère de famille qui vient d'avoir son septième enfant en 7 ans et qui, accablée, arrive chez son médecin pour lui demander un remède infaillible pour ne plus avoir de descendants.

Le médecin l'ausculte, l'observe et lui conseille vivement d'acheter dès à présent, une paire de sabots neufs au marché. Il lui certifie un résultat garanti.

Contente, la patiente s'en va illico acheter ses sabots. Mais elle revient voir son médecin 2 mois plus tard car elle est de nouveau enceinte.

Le docteur lui demande :

– Vous avez bien fait ce que je vous avais dit ? Vous avez acheté une paire de sabots neufs ?

– Ben oui.

Et le médecin, lui tirant gentiment l'oreille :

– Mais il ne fallait pas couper la ficelle entre les deux sabots !

Citation

Qui a dit : « La psychanalyse est une maladie qui se prend pour son remède. » ?

Jules Romains.

Question du jour

Pourquoi a-t-on sculpté une locomotive sur la tombe de Dumont d'Urville au Père-Lachaise ?

Il est mort dans la première catastrophe ferroviaire française.

Bouvardise

Pourquoi tout romancier publiant un nouveau livre en tous points semblable à ses précédents ne serait-il pas poursuivi pour plagiat ?

Présentation des panélistes

Quand il sera complètement chauve, il ne fera plus l'amour avec un préservatif mais avec un bonnet de nuit.

Philippe Chevallier

Question du jour

Quel film monopolisa 48 caméras pour le tournage d'une seule séquence ?

Ben Hur version 1925 pour la scène de la bataille navale contre 42 appareils pour la course de chars.

Bouvardise

Fermeture annoncée des voies sur berge de la rive droite. Pour aller prendre son train à la gare de Lyon, il suffira d'acheter, en plus de son billet, une paire de rollers.

Des gaffes irrattrapables

Philippe Chevallier : Il y avait une femme que je n'avais pas vue depuis quinze ans et je lui dis : « Oh, Sandrine, comment ça va ? Oh, c'est formidable, tu es enceinte ? » Elle me répondit : « Non non ! »

Philippe Bouvard : Moi, j'avais un bon copain et je ne connaissais rien de sa famille, je savais juste qu'il avait une femme et une maman… Et un jour, dans une réception, une dame vient vers moi et me dit : « Je suis madame Untel. » Et Untel, c'était le nom de mon copain… Je lui répondis : « Ah ! J'aime beaucoup votre fils ! » Là, elle me dit : « Ce n'est pas mon fils, c'est mon mari ! »

Jean-Jacques Peroni : Un jour, avec Philippe Chevalier, on entre dans un hôtel ; la fille derrière le comptoir voit Philippe et lui dit : « Oh, il pleut maintenant ? » Et Philippe répond : « Non non, j'ai les cheveux gras ! »

UNE HISTOIRE DRÔLE

Ce sont 3 petites souris marseillaises assises autour d'une table au fond d'un grenier qui discutent le bout de gras. Et la modestie n'est pas leur vertu cardinale. La première affirme avec insolence :

– Vous savez les tapettes dans lesquelles on nous attire avec un morceau de gruyère ? Eh bien moi j'ai réussi à en soulever les mâchoires et à prendre le fromage !

La deuxième, pour ne pas être en reste enchaîne :

– Vous voyez les grains de blé empoisonnés qui traînent çà et là ? Eh bien moi je les grignote comme des biscuits à l'apéritif !

C'est alors que la troisième souris se lève et prend congé des deux autres souris.

– Où vas-tu ? lui demandent-elles inquiètes.

– Je rentre. C'est l'heure de sodomiser le chat !

VIDÉOSURVEILLANCE ET VIE PRIVÉE

UNE HISTOIRE DRÔLE

Une petite vieille va à la messe.
Le curé dit :
— Que ceux qui ont commis le péché d'adultère s'avancent.
Dure d'oreille, elle demande à son voisin :
— Qu'a dit le curé ?
— Il a dit que ceux qui désirent une pastille à la menthe s'avancent.
Elle s'avance et le curé dit :
— Vous ? À votre âge, vous n'avez pas honte ?
Et la vieille répond :
— Je n'ai plus de dents, mais j'aime bien en sucer une de temps en temps !

Citation

Qui a dit : « Je dis « vous » à mon impresario. Avec l'argent qu'il me prend, j'ai toujours cru qu'ils étaient deux. » ?

Question du jour

Quelle est la définition exacte d'une grève sauvage ?

Bouvardise

L'évaluation de certains enfants pourra avoir lieu dès l'âge de 5 ans. Heureusement qu'à cet âge-là, les chères têtes blondes ne savent pas encore lire. Ça leur évitera le traumatisme de voir que, sur la couverture de leur dossier, ils sont déjà catalogués comme « fragile » ou « à risque ».

Thierry Le Luron.

C'est une grève organisée sans le concours d'un syndicat.

UNE HISTOIRE À BIDE

Le médecin fait s'allonger sa cliente sur la table de gynécologie. Il lui dit d'écarter les cuisses. Il s'affaire dans l'entrejambe de la dame. Et, tout d'un coup, on l'entend qui siffle entre ses dents :

– Jamais vu un trou pareil... Ça me donne le vertige ! Ça me donne le vertige ! Ça me donne le vertige !

– Bon ! Ça va... J'ai compris ! dit la bonne femme. Pas la peine de répéter !

Et le gars réplique :

– Je répète rien ! C'est l'écho... !

Les statistiques de Peroni

– D'après la revue *Nos amies les bêtes*, 100 % des baleines n'ont pas de parapluie.

– 100 % des morpions sont attachés à leurs propriétaires.

– 100 % des ténias sont logés, nourris mais pas vraiment blanchis.

– 82 % des plombiers qui bossent au noir posent aussi des stérilets.

– À Lourdes, 28 % des malades qui ont plongé dans la piscine en sont ressortis avec des verrues plantaires.

– Durant la messe, 25 % des fidèles passent leurs temps à étouffer leurs pets pour ne pas troubler l'office.

– 73 % des culs-de-jatte refusent de boire dans des verres à pied.

– Pour l'Épiphanie, 29 % des clients de la pâtisserie Goulard, 26 rue Bourre-à-Fond à Mets-y-Donc, tirent les rois alors que 46 % auraient bien tiré madame Goulard.

– 46 % des rabbins confirment : « On sait que c'est le jour de la circoncision quand les chats rôdent autour de la synagogue ! »

– 3 % des malentendants confondent escalier en colimaçon et escalier en colique de maçon, alors du coup ils prennent l'ascenseur.

– 73 % des auditeurs confondent Dominique Strauss-Kahn et Jean-François Khan. Et c'est pourtant simple, Jean-François c'est celui qui cause et Dominique celui qui nique.

– Enfin, d'après la revue *Histoire et Ivrognerie*, 99 % des alcooliques étaient contre le régime de Vichy et contre les accords d'Evian !

Question du jour

L'inceste de « compaternité » est un péché mortel. De quoi s'agit-il ?

L'union d'un parrain et d'une marraine.

Bouvardise

Un comédien sophrologue convie son public à venir sommeiller – et davantage si efficacité – tandis que, sur scène, il parle. L'avantage sur d'autres spectacles visant à substituer Morphée à Thalie réside dans la mise à disposition de chaque spectateur de deux fauteuils et d'une couverture.

Samedi 23 — SAINT LAZARE

Dimanche 24 Février — SAINT MODESTE

Au Salon du pâté et des bouses

Par Bernard Mabille

Et voilà, c'est reparti, on va nous recasser les burettes avec le monde rural, le 49e Salon de l'Agriculture à peine ouvert que déjà les clichés se bousculent, donnant aux journalistes en mal d'inspiration une occasion de nous resservir leurs sempiternelles formules à deux balles.

Première formule : « *La campagne à Paris.* » Suivie de près par : « *La plus grande ferme de France* »… Si vous n'avez pas entendu ces conneries déjà un million de fois, c'est que vous êtes sourdingue comme l'est aujourd'hui Jacques Chirac qui sera, vient-on de l'apprendre, le grand absent de cette gigantesque foire au purin. Chirac y était pourtant comme chez lui, sautillant entre bouses et crottes de bique tel un gosse jouant à la marelle… Il y faisait, de l'ouverture à la fermeture, le tour des stands, trouvant le moindre prétexte pour retarder le moment de rentrer à la maison et surtout de retrouver maman !

« *Mado, j'ai comme une petite faim et une petite soif, redonnez-moi une 46e part de coulommiers et un 82e demi pression !* » C'était Chirac.

Au fil des ans, Chirac était devenu le copain des étables. Une sorte d'ami Ricoré venant à l'heure de ruminer, toutes les vaches l'appelaient par son prénom lui offrant, telle Zahia à Ribéry, leur large croupe pour qu'il leur balance sa pogne généreuse…

Son exploit, souvent imité, jamais égalé : passer du troufignon de la limousine à la tartine de rillettes sans se laver les mains ni choper une gastro. Il a tant aimé le Salon qu'il a voulu, par solidarité, que les Français eux aussi finissent sur la paille…

Qu'on se rassure, le Salon sans Chirac restera quand même la fête aux politiques qui, bravant les déjections et les odeurs, vont demain aller chercher des voix au pied des tas de fumier. De grands numéros ! On se souvient de Ségolène jouant à Bécassine chez les pedzouilles… Étonnée de croiser un paysan, c'est vrai que c'est souvent bizarre de croiser un paysan sur le Salon de l'Agriculture… Encore une qui, pour la distribution de cervelle, a passé son tour… Ségolène, tu l'amènes au Salon de l'Automobile, si elle voit une bagnole elle te fait un malaise vagal.

À suivre page suivante…

Citation

Qui a dit : « Au théâtre, les spectateurs veulent être surpris. Mais avec ce qu'ils attendent. » ?

Tristan Bernard

Question du jour

À l'époque du Christ, quel était le monument le plus haut du monde ?

La pyramide de Khéops.

Bouvardise

La moyenne saisonnière servant de référence aux météorologues est ce que la classe moyenne est aux sociologues : seulement intéressante quand elle est menacée.

Lundi

25 Février

SAINT ROMÉO

Question du jour

Pour un cheval, qu'est-ce que la syndication ?

C'est le fait de mettre un cheval en société et d'en posséder des actions.

Bouvardise

Comment une société qui ne dispose pas de suffisamment de gardiens pour ses prisons pourrait-elle surveiller encore ceux auxquels elle en a ouvert les portes ?

Citation

Qui a dit : « Celui qui a inventé le bateau a aussi inventé le naufrage. » ?

Lao-Tseu.

Au Salon du pâté et des bouses (suite et fin)

Par Bernard Mabille

On se souvient de Nicolas Sarkozy testant son tube : « *Casse-toi, pauvre con !* » La réplique a eu tellement de succès que l'on espère chaque année un « *Casse-toi pauvre con* » 2, 3 ou 4 ! Nicolas qui pour prendre de la hauteur ne se fera présenter que les petits animaux, poneys, lapins nains et cochons d'Inde.

On se souvient des Le Pen, Jospin, Bayrou, Balladur, aspirants présidents posant des questions essentielles, preuve que le monde rural ne leur est pas étranger… Petit best-of :

« *Dites-moi mon brave, dans un cochon de cette taille, on fait combien de gigots ?* »

« *Votre vache, là, elle pond le matin ou le soir ?* »

« *Alors comme ça, c'est ce gros bœuf qui est le papa de ces adorables petits veaux ?* »

Jusqu'à l'inénarrable : « *Ah il est marrant votre cheval, il n'a pas de corne !* »

Et déjà les envoyés spéciaux de toutes les télés courent à la campagne pour nous rapporter des reportages aussi exclusifs que déjà vus. « *Éleveur, Roger bichonne Rocco, son taureau de deux tonnes et 350 kilos qui trombine à raison de 72 saillies par heure. Lavage, shampoing, coupe, parfum, frisettes, Rocco sait qu'il doit se faire aussi séduisant que Madame Roger s'il veut remporter à Paris la médaille d'or des plus grosses balloches…* »

Cette année encore, à tous ceux qui me parleront du Salon de l'Agriculture, je dirai : « *La ferme !* »

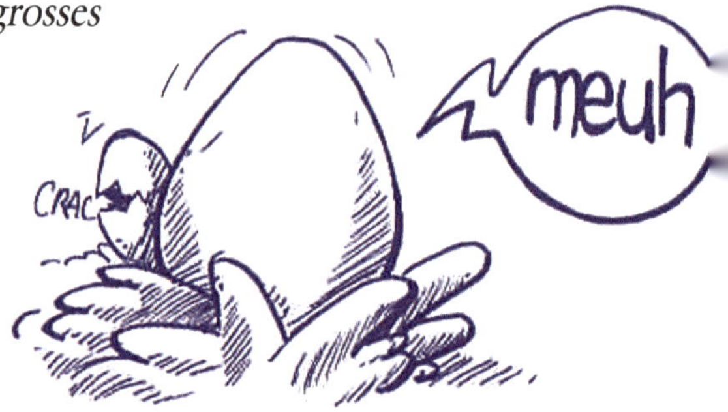

Sous le signe de la balance

Philippe Bouvard : Une invention qui constitue un beau cadeau : la balance qui calcule l'IMC (l'Indice de Masse Corporelle). Cette balance vous indique de combien est votre surpoids mais elle ne dit pas ce qu'il faut faire pour le perdre. A l'époque le système était différent, on devait avoir autant de kilos qu'il y avait de centimètres au-dessus du mètre.

Princess Erika : Donc si on mesurait 1,72 mètre, on devait peser 72 kilos.

Bernard Mabille : Mais alors Philippe devrait peser 22 kilos !

Jacques Mailhot : Tu confonds avec la longueur de sa zigounette !

Princess Erika : Ça c'est grand !

Philippe Bouvard : 22 centimètres c'est grand ? Attendez, je précise que c'est au repos !

Bernard Mabille, qui s'adresse à Chantal Ladesou : Chantal, elle fait des gestes avec les mains, on a l'impression que tu commandes un rôti chez ton boucher !

UNE HISTOIRE À BIDE

Un gars rencontre un copain et il lui dit :

– Viens bouffer à la maison demain. Ma femme te fera de la sole !

Le gars fronce les sourcils et il répond :

– Mais ça fait trois fois que je vais manger chez toi et on bouffe toujours de la sole ! C'est une manie ou quoi ?

– Non, dit l'autre. Ce n'est pas une manie. C'est mon appartement qui est bas de plafond !

Citation

Qui a dit : « Je veux être incinéré et je veux que 10 % des cendres soient versés à mon imprésario, comme il est écrit dans mon contrat. » ?

Groucho Marx.

Question du jour

Quel est le seul film à avoir reçu les cinq Césars dits « majeurs » : meilleur film, réalisateur, scénario, acteur et actrice ?

Le Dernier Métro de François Truffaut en 1981.

Bouvardise

Il y a une certaine logique dans les sommets internationaux qui réunissent de plus en plus de pays pour constater que ça va de plus en plus mal.

UNE HISTOIRE À BIDE

Une dame qui, après trente ans de vie commune, a empoisonné son mari en mettant de l'arsenic dans son café, est interrogée par le procureur lors de son procès :

– Mais enfin, madame, lorsque vous avez commis votre crime, vous n'avez à aucun moment éprouvé une quelconque pitié pour votre mari ?

L'accusée lui répond :

– En fait, si. Quand il m'a demandé de lui resservir une tasse !

N'oubliez pas le guide !

par Jacques Mailhot

Parmi les réjouissances estivales que l'on peut observer avec gourmandise chaque été, il y a celle de la multiplication des musées ridicules.

Il suffit qu'une ville ou une région soit spécialisée dans la fabrication des démonte-pneus pour qu'immédiatement un élu brillant ait l'idée de créer un musée du démonte-pneu. J'ai donc repéré quelques-uns de ces hauts lieux de défense du patrimoine français et c'est assez époustouflant ! Exemples :

Le musée de la cloche qui se trouve entre Annecy et Chambéry vous permet de tout savoir sur la technique du grelot, du petit gong et du véritable gros gong. Un truc à vous donner le bourdon !

Si vous allez dans les Charentes, vous pourrez visiter un autre lieu culturel d'envergure : le musée de la charentaise ! C'est le rendez-vous idéal pour tous les cars de retraités en voyage municipal ou paroissial qui viennent retrouver là une partie de leur raison d'être, après une heure et demie de visite intense où vous savez tout ou presque sur ce sujet passionnant qu'est la pantoufle fourrée avec pompon incorporé.

Si vous n'êtes pas du genre pressé, vous pouvez aller visiter le musée du ciment ! C'est dans l'Isère. Le gardien à qui je demandais si ce musée du ciment marchait bien m'a confié : *« Ça commence à prendre ! »*

À quelques kilomètres de là dans la Drôme, un lieu incontournable pour tous ceux et celles qui font profession d'autorité : le musée du sifflet à roulette !

À suivre ci-contre...

Question du jour

Sous la IIIe République, qui a-t-on appelé les hussards noirs ?

Les instituteurs.

Bouvardise

Sondage : l'armée est désormais l'institution dans laquelle les jeunes Français ont le plus confiance. Si l'on souhaite les intéresser de nouveau à la politique, on n'a qu'à les dispenser d'aller voter.

Jeudi

28 Février

SAINT ROMAIN

N'oubliez pas le guide !
(suite et fin)
par Jacques Mailhot

Si vous passez par l'Alsace, plutôt que la cathédrale de Strasbourg allez plutôt visiter le musée de la saucisse. Il y a une collection à faire pâlir de jalousie Geneviève de Fontenay, que du premier choix !

Nos amis belges ne sont pas en reste, au contraire, car eux aussi vénèrent et collectionnent les meilleurs pans de leur patrimoine, puisqu'ils viennent d'ouvrir à Bruxelles le musée du slip ! Il est facile à trouver, il est à deux pas de la Bourse.

Parmi les valeurs sûres de la spécialité, j'aimerais souligner l'existence en Bourgogne du musée des pompiers ; certains disent qu'il aurait été inauguré par DSK l'année dernière, c'est peut-être beaucoup lui prêter ! Honnêtement je n'en mettrais pas ma main dans la culotte de Nafissatou Diallo. Mais d'après les sauveteurs, il est absolument remarquable avec entre autres pièces rares : deux autopompes belges qui sont, paraît-il, très différentes des nôtres car le Belge aurait la pompe devant et nous derrière.

Et alors pour ceux qui aiment le voyage et le dépaysement, il y a surtout le musée de la banane à la Martinique ! Où se déroule chaque année la fête de la banane animée, d'après le dépliant, par un *big band*, ce qui me semble normal…

Et je vous ai réservé le meilleur musée pour la fin : il s'agit du musée de la moule qui se trouve… dans le marais poitevin. Naturellement toute ressemblance avec une candidate providentielle à la présidence de la République serait carrément malveillante.

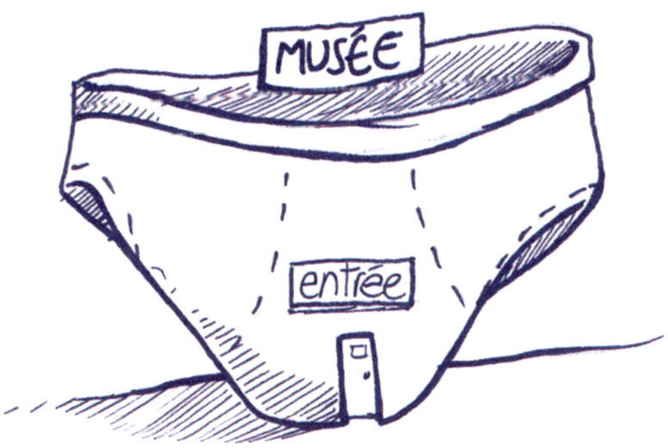

Citation

Qui a dit : « Pour être heureux, il faut beaucoup dormir et bien déféquer. L'insomniaque et son cousin germain, le constipé, sont les damnés de la terre. » ?

Frédéric Dard.

Question du jour

Quel était le cri de guerre de Salvador Dali ?

« Moi tout seul ».

Bouvardise

Hier, en période de crise, les gens âgés relativisaient en disant : « Ça durera bien autant que moi. » Aujourd'hui, ils n'en sont même plus certains.

UNE HISTOIRE DRÔLE

Un couple d'Écossais est en visite dans le nord de la France. La veille de rentrer chez eux, il se trouve que la femme disparaît mystérieusement dans les rochers alors qu'ils ramassaient des coquillages. Le mari informe aussitôt la gendarmerie, qui malgré tous ses efforts ne parvient pas à la retrouver.

Au bout de plusieurs jours d'attente qui coûtent chers en hébergement, le mari retourne en Écosse. Ce n'est que quinze jours plus tard qu'il reçoit un télégramme de France :

– Monsieur nous avons retrouvé votre femme sur un rocher, couverte de crustacés, que devons-nous faire ?

Le monsieur répond aussitôt :

– Vendez les crustacés et réappâtez !

Soyez chics, même devant la fosse à purin

Par Philippe Chevallier

Amis ruraux, cette semaine c'est votre semaine ! Celle du Salon de l'Agriculture. Comme chaque année, vous allez monter à la capitale et retrouver – ou pour certains découvrir – les mystères de la Ville Lumière. Tout en restant vous-mêmes, amis ruraux, sachez éviter certains pièges que la grande ville et ses habitants ont semés sur votre passage.

L'apparence vestimentaire, par exemple : si vous flânez à Saint-Germain-des-Prés entre la brasserie Lipp et le café de Flore, vous n'êtes pas obligés de garder vos bottes en caoutchouc qui vous sont si précieuses dans la fosse à purin. Ici, à part les crottes de chien, vous ne risquez pas d'abîmer vos chaussures du dimanche. Si votre brave Jeanine tient absolument à conserver sa robe à fleurs, pas de problème ! Après tout, c'est bientôt le printemps ! Mais dites-lui quand même de mettre un imperméable pardessus et d'enlever sa capuche en plastique transparent quand elle entrera chez Sonia Rykiel. Pour votre casquette en Tergal, pas de problème non plus, gardez-la. Cette bonne fameuse gapette de péquenaud endimanché pourrait même devenir un jour très tendance ! À condition cependant de ne pas la poser trop en arrière, laissant alors apparaître un front aussi lisse que bombé et un regard intérieur de demeuré. Compte tenu de votre beau visage hâlé et buriné par les rudes travaux des champs, faites attention, quand vous soulevez votre casquette pour saluer une élégante de la place Vendôme, de ne pas laisser apparaître un début de calvitie blanc comme une merde de laitier.

À suivre ci-contre…

Présentation des panélistes

Moins étonnée par la présence de l'homme sur la Lune que par la sienne parmi les Grosses Têtes.

Mireille Dumas

Question du jour

Qui était le médecin de Charles IX ?

Nostradamus.

Bouvardise

La pire impasse de la vie quotidienne : ne pas retrouver ses lunettes faute de lunettes.

Soyez chics, même devant la fosse à purin (suite et fin)

Par Philippe Chevallier

Le Parisien aime rire et apprécie les plaisanteries à condition qu'elles soient de bon goût. Par conséquent, en présence de représentants de l'habitat urbain, laissez parler votre nature à condition de la dompter un peu. Une bonne blague grivoise n'a jamais fait de mal à personne si elle est bien racontée. N'en rajoutez pas ! Dans le formidable classique de l'histoire du cochon qui pète, et qui, je le rappelle, fait rire les petits comme les grands, l'évocation des troubles intestinaux du malheureux animal suffit amplement. Ne vous sentez pas obligés de vous mettre à quatre pattes et d'imiter avec la bouche tordue le bruit de la flatulence « Apfffft, Apffftttt… !!! » Ou, pire, de le reproduire avec les moyens du bord !

Si vous vous trouvez au musée du Louvre, étape indispensable du provincial de passage, veillez à ce que vos commentaires, pour légitimes qu'ils soient, ne gênent pas les visiteurs… Devant la Joconde, par exemple, évitez le : *(avec l'accent campagnard) « T'as vu Marcel, la Joconde elle a encore plus de moustache que ta femme ! »* Suivi d'un rire bien gras à déclencher l'alarme.

Bien entendu, vous emmènerez bobonne au restaurant. Évitez l'établissement branché ! Deux-trois petites portions dans l'assiette inversement proportionnelles au montant de l'addition pourraient avoir raison de votre calme : « *Dis donc, connard, tu te fous de ma gueule ? Trois pissenlits et une patate à l'eau pour accompagner ma tranche de gigot épaisse comme une endive, ta note tu peux te la foutre au cul s'il te reste encore de la place !* »

Et voilà mes amis, j'espère que ces quelques conseils vous permettront d'apprécier la capitale et de lui apporter ce qui lui fait tant défaut : un peu d'air frais !

Question du jour

Depuis 1969, quel changement a été opéré pendant les messes ?

Les communiants reçoivent l'hostie dans la main.

Bouvardise

On parvient à avoir du talent lorsqu'on exerce la plénitude de son esprit critique sur ses propres œuvres. On touche au génie quand on oublie complètement ce sens critique.

UNE HISTOIRE DRÔLE

Dans la forêt vierge d'Afrique centrale, un explorateur arrive dans une vaste clairière au centre de laquelle se dresse une hutte au toit de chaume, surmontée d'une enseigne « Restaurant cannibale ».

Intrigué, il s'approche et détaille le menu affiché à l'entrée. Le Hollandais, la portion, 100 euros ; l'Italien, la portion, 100 euros ; l'Allemand, la portion, 100 euros ; le Belge, la portion, 100 euros, etc… et, pour terminer, le Français, la portion, 500 euros !

À ce moment apparaît le chef, en tablier blanc et toque de cuisinier. L'explorateur s'adresse à lui :

– Pourriez-vous m'expliquer ? Vous avez de la chair humaine de toutes les nationalités, au prix unique de 100 euros, et le Français, vous le comptez 500 euros. Pourquoi une telle différence ?

Le chef-coq lève les yeux au ciel et réplique :

– Ah ! Monsieur ! Si vous saviez le temps qu'on passe à les nettoyer !

Lundi

4 Mars

SAINT CASIMIR

Citation

Qui a dit de la vie en couple : « Les fiançailles, c'est les œufs frais. Le mariage, les œufs durs. Le divorce, les œufs brouillés. » ?

Jean-Jacques Rousseau.

Question du jour

Dans l'album d'*Astérix* « Obélix et Compagnie », qui est caricaturé sous les traits du personnage Saugrenus, le conseiller de Jules César ?

Jacques Chirac.

Bouvardise

Sondages radiophoniques. Satisfaction des gagnants. Contorsions des perdants sur le thème, cher aux politiques, du « ça va mieux que si ça allait plus mal ».

Transports en commun

Philippe Bouvard : La nouvelle mode dans les RER : le *Life Police* ! Une petite association de jeunes qui a pour objectif de créer une bonne ambiance dans les transports en commun où règne parfois la violence et où, très souvent, les gens ne se parlent pas ! Ils montent donc dans les wagons, embrassent quelques passagers…

Jean-Jacques Peroni : Qu'on ne me le fasse pas à moi parce qu'ils vont voir, les pénibles !

Philippe Chevalier : Ça dépend si c'est une jolie pépée qui vient t'embrasser…

Jean-Jacques Peroni : Ça m'étonnerait… Jamais une jolie pépée n'est venue m'embrasser ! C'est pour ça que je suis un peu amer, voire teigneux !

Philippe Chevallier : Tu n'as qu'à être aimable !

Bernard Mabille : T'as vu la gueule que tu as !

Philippe Bouvard : Non, mais il y en a qui n'ont pas d'odorat et qui peuvent passer outre votre haleine ! Essayez de créer une ambiance là où vous vous trouvez, pas seulement aux *Grosses Têtes* ! Moi, la dernière fois que j'ai pris le métro, j'étais avec Jean Yanne. Il faisait semblant d'être complètement ivre et au bord du dégueulis, déambulait entre les places assises et trouvait très rapidement une place pour s'asseoir car les gens s'enfuyaient.

Peroni sur le retour…

Jean-Jacques Peroni : En général, ma femme me dit : « C'est à cette heure-là que tu rentres ? » Et moi, je lui réponds : « Bah je me casse, je rentrerai plus tard ! »

Bernard Mabille : Je suis sûr que c'est faux ! Je suis sûr que tu marches comme un toutou !

Philippe Bouvard : Mais quand votre femme est déjà couchée et que vous l'enjambez pour regagner votre place…

Jean-Jacques Peroni : Bien sûr, quand je l'enjambe, elle ouvre un œil et elle dit : *« Ah bien sûr, si j'étais un bistrot, tu t'arrêterais !!! »*

Philippe Bouvard : Moi, j'avais un copain qui n'était pas très fidèle, mais il ne faisait pas d'infidélités sexuelles à sa femme. Au lieu de rentrer, il jouait au poker, parfois pendant plusieurs jours… Comme c'était un chef d'entreprise, il disait qu'il allait visiter une usine en province. Alors, il appelait sa femme, nous, on arrêtait de jouer aux cartes et puis tout autour on « bruitait » ! C'est-à-dire qu'il disait : « Je t'appelle de la gare », et il y avait un type qui faisait les annonces, il y en avait un qui faisait l'arrivée du TGV… Et c'était tellement bien fait que, finalement, sa femme y croyait ! Et elle disait : « Mon pauvre chéri, tu vas encore être fatigué ! »

Citation

Qui a dit : « J'aime qu'on m'aime comme je m'aime ! » ?

Alain Delon.

Question du jour

Que sont la spirale de Marguli, l'arc de Birnberg et la boucle de Lipp ?

Des stérilets.

Bouvardise

Nul besoin d'être futurologue pour augurer que les Français sortiront plus facilement du nucléaire que du poker, de l'énergie atomique que de la civilisation des loisirs.

UNE HISTOIRE DRÔLE

Un conducteur routier s'arrête à un feu rouge.
Une blonde qui se trouve juste derrière lui sort de son auto en courant vers le camion et frappe à la porte de la cabine.
Le routier descend sa vitre :
– Bonjour, mon nom est Sylvie et je veux dire que vous perdez votre cargaison.
Le conducteur l'ignore et continue sa route jusqu'à un deuxième feu rouge.
La blonde descend en courant de son auto et se précipite vers le camion. Elle frappe à la porte.
Le chauffeur redescend encore une fois sa vitre et elle lui dit à nouveau :
– Bonjour, je suis Sylvie et je veux vous dire que vous perdez votre chargement.
Branlant la tête, le conducteur l'ignore encore une fois et redémarre quand le feu passe au vert.
Encore un feu rouge, le routier décide d'anticiper. Il descend la vitre et lui dit exaspéré :
– Bonjour, je suis André, c'est l'hiver, il neige et je conduis un camion de sel de la DDE !

Service après-mort

Jean-Louis Fournier a reçu une étude de satisfaction après une cérémonie au crématorium du Père-Lachaise.
– J'ai reçu un papier qui me demandait si j'étais « Content/pas content/très content ». Alors, j'ai répondu qu'évidemment, j'étais ravi, que j'avais passé une journée exquise grâce à eux.
– La seconde question était : « Comment avez-vous trouvé le maître de cérémonie ? » Et j'ai répondu : « Très bien, il avait l'air un peu triste mais c'était un peu normal, il avait une tête d'enterrement, ce qui est la moindre des choses… »
– Et alors, à la fin (et ça, c'est une chose qui ne s'invente pas) : « Est-ce que vous recommanderiez l'endroit à vos proches ? »

Présentation des panélistes

Au début, entrer dans notre cage aux fauves lui faisait peur. Et puis, elle s'est habituée à l'odeur.

Princess Erika

Question du jour

Qu'appelle-t-on un testament *ab irato* ?

Un testament rédigé sous l'emprise de la colère.

Bouvardise

Augmentation des impôts locaux : mauvaise nouvelle pour les contribuables ; sortie de crise pour les aménageurs de carrefours giratoires.

Jeudi

7 Mars

SAINTE FÉLICITÉ

Notre Macha chez les nudistes

Macha Méril : Je reviens d'un tournage sur une île de naturistes, où j'ai tourné en tenue d'Ève, et j'ai quelques idées fausses à corriger sur le nudisme.

Les nudistes nous appellent « les textiles » ou « les culs blancs ». Ils prônent la peau comme vêtement principal et ils disent que nous nous sommes pervertis. La nudité, c'est joli, naturel, et c'est sain ! Alors, pour l'esthétique, les artistes le savent bien : est-ce que vous imagineriez la Vénus de Milo en soutien-gorge et la Victoire de Samothrace en col roulé ? Est-ce que vous admireriez le David de Donatello s'il portait un slip ou un tee-shirt ? Comment trouveriez-vous le Moïse de Michel-Ange en complet-veston et cravate ? D'accord, une feuille de vigne est nécessaire pour les hommes parce que vos attributs ne sont pas particulièrement structuraux !

Philippe Bouvard : Si vous n'aimez pas ça, n'en dégoûtez pas les autres !!!

Macha Méril : Mais le corps de la femme n'est-il pas magnifique ? Rien à cacher, rien à changer ! Quant au naturel, vos regards lubriques, messieurs, n'ont commencé que lorsqu'on a obligé les dames à se couvrir jusqu'au cou en laissant apparaître une cheville. Ou un décolleté sous une dentelle, de quoi vous faire tourner de l'œil. Notre époque actuelle est plus franche, on expose son matériel, pas de triche et pas d'entourloupes.

Enfin la nudité est saine, les fringues contiennent un tas de microbes accumulés, surtout ceux qui traînent dans les bars, dans les loges de théâtre, dans les studios de radio… La peau a besoin de respirer, de prendre les rayons du soleil en direct et de se mettre en contact avec d'autres peaux sans obstacle. Nous avons perdu le goût de tout ça à force de nous emmailloter comme des momies. Mais maintenant, quand je vois un homme ou une femme politique à la télévision, je l'imagine immédiatement à poil ! Je vous assure qu'on comprend mieux ce qu'ils cachent. Tous à poil ! On se rincerait l'œil avec Ségolène, un peu moins avec Roselyne ou Martine, quoique… les femmes en chair inspirent confiance. D'ailleurs nous devrions montrer l'exemple ! Ce serait charmant, les Grosses Têtes à poil. Philippe, avec le fil de ses écouteurs ballottant sur sa jolie poitrine rebondie. Mabille, à l'aise dans sa tenue de peau. Amanda, enfin claire avec sa belle féminité. Peroni, enfin débarrassé de ses affreuses chemises en pilou. Chevallier, le cul raccord avec son crâne. Bellemare, majestueux avec ses larges épaules tombantes. Perrot, fier de ses petits biceps ! Et moi, avec mes sympathiques grosses fesses. Absolument tous sans complexe, sans artifice, nature, franchise assurée, rien dans les mains, rien dans les poches. Plus de stylos en or planqués dans les poches revolver, plus de téléphones portables qui sonnent au milieu de l'émission, plus de petits couteaux cachés dans la poche arrière d'un pantalon. Que des bonnes intentions, de la transparence et de la pureté !

À la longue on se ferait peut-être un peu chier, mais au début, qu'est-ce qu'on rigolerait !

Bernard Mabille : Nous, ça serait pas mal, mais notre public à poil, oh là là !

UNE HISTOIRE DRÔLE

Un gars entre dans un magasin de jouets et dit :

– Je voudrais deux bicyclettes pour mes jumeaux de 12 ans, deux trains électriques pour mes jumeaux de 10 ans, deux nécessaires de couture pour mes jumelles de 8 ans, deux poupées pour mes jumelles de 6 ans, deux ballons pour mes jumeaux de 4 ans et deux hochets pour mes jumeaux de 2 ans !

– Mais ce n'est pas possible, fait le vendeur, vous avez des jumeaux à tous les coups ?!

– Non, répond le gars, il y a des fois où je n'ai rien… !

Question du jour

À Paris, qu'est-ce qui pèse 12,65 tonnes d'or fin ?

La dorure du dôme des Invalides.

Bouvardise

Des bons confrères se sont rués sur les méchancetés que j'avais écrites à mon propos. Après quoi, ils ont reconnu piteusement qu'ils n'avaient rien à ajouter.

Citation

Qui a dit : « J'ai su que j'étais devenu une star le jour où j'ai vu des gens bizarres récupérer mes vieilles chaussettes. » ?

George Clooney.

Question du jour

Lorsqu'il écrivait à Joséphine, qu'est-ce que Napoléon Bonaparte appelait « le petit Oscar » ?

Le sexe de l'impératrice.

Bouvardise

Tout le monde se gargarise avec les énergies renouvelables, mais personne n'évoque la nécessité pour résoudre tous nos problèmes de disposer d'énergies renouvelées.

Des hommes violés dans les parkings

Philippe Bouvard : Trois femmes ont été arrêtées parce qu'elles violaient des hommes dans des parkings. Elles ne les violaient pas par vice, mais pour récupérer le meilleur d'eux-mêmes qu'elles portaient ensuite à des laboratoires.

Jacques Balutin : Donc, elles couraient la bouche pleine ? Excusez-moi, mais comment voulez-vous qu'elles emmènent ça au laboratoire ?

Bernard Mabille : Sinon, elles étaient obligées de rentrer en faisant le poirier !

Philippe Bouvard : Je ne suis pas persuadé qu'il faille rentrer dans les détails. Ce que je retiens, c'est qu'il y a des hommes sans méfiance, gentils, galants…

Jacques Balutin : Alors que vous, vous mettez votre voiture au parking Foch, il ne vous est jamais rien arrivé ! Faut dire aussi que, quand il descend de la voiture, on ne le voit pas. Alors évidemment, les gonzesses, elles se demandent où il est !

Bernard Mabille : Mais comme il a une voiture à pédales, elles se disent qu'elles ne vont pas attaquer le petit quand même ! On va se taper un détournement de mineur.

UNE HISTOIRE DRÔLE

C'est un gamin qui demande à sa mère :

— Maman, pourquoi t'as la peau blanche, pourquoi papa est noir et pourquoi je suis jaune ?

— Écoute, mon chéri, répond la mère, si tu savais ce qui s'est passé ce jour-là, tu serais content de ne pas aboyer !

Ne confondez pas libre-échange et partouze

par Jacques Mailhot

Est-ce qu'il existe un vocabulaire de droite ou un vocabulaire de gauche ou les deux ? Quels sont les mots de droite, les mots de gauche ? Je me suis dit que ça pourrait faire un nouveau jeu pour les Français et, à terme, dépasser le Scrabble. Alors, j'ai fouillé dans notre vocabulaire et je me suis dit par exemple :

- *Fouquet's* c'est de droite, et *Sofitel* c'est de gauche ;
- Le libre-échange c'est de droite, la partouze c'est de gauche ;
- En matière culinaire, le fromage de Hollande c'est de gauche, le Saint-Marcellin c'est de droite ;
- En matière de droit, le sol c'est de gauche, et le sang c'est de droite, alors qu'en matière de devoir le sang est souvent de gauche, et le sol souvent de droite ;
- En matière militaire le soldat c'est de gauche, l'armée c'est de droite ;
- L'ancienneté c'est de gauche, le mérite c'est de droite ;
- Les impôts c'est de gauche, les taxes c'est de droite ;
- La CSG c'est de gauche, la TVA c'est de droite ;
- L'ISF c'est de gauche, le bouclier fiscal c'est de droite ;
- L'allocation c'est de gauche, la prime c'est de droite ;
- En matière de justice, le tribunal des prud'hommes c'est de gauche, le tribunal du commerce c'est de droite ;
- L'écosystème c'est de gauche, l'ego-système c'est de droite ;
- L'assistance c'est de gauche et la charité c'est de droite ;
- Le bon goût en général c'est de gauche, la vulgarité c'est de droite ;
- Le rire intelligent c'est de gauche, les gauloiseries c'est de droite ;
- L'érotisme c'est de gauche, le graveleux c'est toujours de droite ;
- Au *Carlton* de Lille, les têtes à claques c'est de gauche, les putes à mac c'est de droite ;
- L'exonération c'est de gauche, les privilèges c'est de droite ;
- Le Front c'est de gauche quand il est populaire, et de droite quand il est national ;
- Enfin, la gauche sincère c'est Martine Aubry, la droite sancerre c'est Jean-Louis Borloo ;
- Sans oublier la fesse de l'humanité c'est Strauss-Kahn, la fête de l'immunité c'est Chirac.

Vous voyez donc qu'il y a bien des mots de droite et des mots de gauche. Mais après les mots viennent les maux, parce qu'on le sait, les chiffres finissent toujours par prendre le pas sur les lettres.

Citation

Qui a dit : « Un piéton est un monsieur qui va chercher sa voiture. » ?

Frédéric Dard.

Question du jour

Qui mesure 211 centimètres, possède un tour de poitrine de 121 centimètres et pèse près de 900 kilos ?

La Vénus de Milo.

Bouvardise

L'égalité absolue n'existe qu'en matière pondérale : l'homme le plus riche du monde doit porter seul et sans aide possible tous ses kilos.

Lundi

11 Mars

SAINTE ROSINE

Citation

Qui a dit : « On ne crache pas à la figure d'un homme, sauf si, bien entendu, sa moustache a pris feu. » ?

Philippe Labro.

Question du jour

Quel est le seul saint français à avoir reçu la Légion d'honneur ?

Le saint curé d'Ars.

Bouvardise

Dialogue de sourds à propos de l'énergie nucléaire. Les uns rappellent qu'elle n'est pas chère. Les autres soutiennent qu'elle fait bon marché de la vie.

Jacques Anquetil se dopait au cognac

Jacques Mailhot : Un jour, je devais rejoindre Jean Amadou à Bayonne pour le Tour de France. On m'avait annoncé une fois là-bas que je devais faire l'étape avec M. Lino Ventura. J'étais très content de le rencontrer. Et il y avait également ce jour-là Jacques Anquetil qui était consultant pour France 2. Lino Ventura me confia qu'il souhaitait rencontrer Anquetil. Donc, je le lui présente… Anquetil nous dit : « Vous avez pris le café ? » Il était juste 8 h 30 du matin. Ventura répondit : « Oui, mais on en prendrait volontiers un autre avec vous ! »

Et on va prendre un café à 8 h 30 dans un petit bistrot sur la place de Bayonne. On commande trois cafés. Anquetil nous demande : « Vous ne rajoutez rien dedans ? » Et Ventura répond : « Non, moi, je le bois comme ça. » Anquetil, au serveur : « Vous me mettrez un petit cognac avec ! » Alors, le cycliste verse son cognac dans le café et il le boit. Puis, il nous dit : « Vous m'excuserez, mais il faut que j'aille sur la ligne de départ »… Et il s'en va. Ventura, avec sa carrure énorme, regarde Anquetil partir en me disant : « Belle santé ! Je comprends qu'il ait gagné cinq Tours de France ! »

Philippe Bouvard : Je crois qu'il y avait quelqu'un d'autre qui était encore plus porté sur la boisson… C'était l'envoyé spécial du France Soir de l'époque, qui s'appelait René Dunand. Sa spécialité le matin était qu'il se faisait servir un petit déjeuner qui consistait en un bol de pastis dans lequel il trempait ses croissants. Il est mort très jeune… et très jaune !

Mardi
12 Mars
SAINTE JUSTINE

Belle deux heures et vingt-deux minutes quotidiennement
par Bernard Mabille

Je voudrais piquer un énorme coup de sang contre ces chercheurs anglais qui nous révèlent que la femme ne serait belle que deux heures et vingt-deux minutes par jour. J'ai alors voulu vérifier chronomètre à la main, ne quittant pas ce dimanche mon épouse des yeux. Vingt ans que je ne l'avais pas matée avec autant d'attention ! Une conclusion s'impose : Anglais ou pas Anglais, ces chercheurs sont des cons ! Les femmes, peut-être, mais pas ma femme…

7 heures : Après un dernier ronflement, elle ouvre un œil, cheveux en bataille, rouge à lèvres étalé d'une oreille à l'autre… Elle est moche !!!

9 heures : Elle sert le petit déjeuner au lit, je ne suis guère exigeant, œuf coque, café robusta, confiture faite par elle, le journal qu'elle est descendue chercher ce matin sans même passer par la salle de bains… Elle est moche !!!

10 heures : Elle fait le lit, le ménage, la vaisselle de la veille empilée dans l'évier… Elle est moche !!!

12 heures : Elle prépare le repas de midi, quinze potes viennent bouffer, nous parlerons rugby et pinard. Elle est moche !!!

15 heures : Elle débarrasse la table, sort les poubelles, la verte, la jaune, la bleue, va jeter des litres vides dans le conteneur fait pour ça à 1,8 km de notre appartement. Je regarde Drucker pendant qu'elle passe l'aspirateur… Elle est moche !!!

18 heures : Elle repasse mes chemises pour la semaine à venir, étend le linge propre, plie mes caleçons, rassemble mes chaussettes, prépare le repas du soir… Elle est moche !!!

20 heures : Visiblement claquée, allez savoir pourquoi, elle balance ses fringues sur un fauteuil et va se coucher en me lançant un « Bonsoir chéri » d'une voix lasse. Rien n'y fait, elle est toujours aussi moche ! Il y a chez elle plus d'Eva Joly que d'Angelina.

Les chercheurs sont donc des idiots. Voilà dix ans que je partage sa vie sans jamais avoir trouvé ces deux heures et vingt-deux minutes. Il faudrait pour ça, nous disent-ils, qu'elle passe dix minutes sous la douche, onze minutes à se coiffer, huit minutes à se maquiller et neuf minutes à choisir sa tenue. Qu'est-ce qu'ils veulent les chercheurs ? Que j'engage une Nafissatou Diallo qui ferait le boulot à sa place ? Manquerait plus que ça !

Les chercheurs sont des cons. Quoique, pas tout à fait… Affirmant en fin de rapport, je les cite intégralement : « Les hommes, eux, sont impeccables toute la journée. » Pas besoin d'être chercheur pour l'avoir remarqué !

Citation

Qui a dit : « Il faut être trois pour apprécier une bonne histoire. Un pour la raconter bien, un pour la goûter, et un pour ne pas la comprendre… Car le plaisir des deux premiers est doublé par l'incompréhension du troisième. » ?

Alphonse Allais.

Question du jour

Qu'est-ce que le « péché de Charlemagne » ?

L'inceste.

Bouvardise

Le dilemme de l'éditorialiste : doit-il exprimer son point de vue ou celui de ses lecteurs ? Ne collaborer qu'à des supports qu'il estime politiquement corrects ou épouser les convictions de ses employeurs ? Bref, pur et dur au départ, lui faut-il vendre son âme au diable à l'arrivée ? Et, dans l'affirmative, peut-il exiger davantage que le tarif syndical ?

Mercredi

13 Mars

SAINT RODRIGUE

Présentation des panélistes

Ceux qui lui ont mis le pied à l'étrier ont dételé depuis longtemps.

Pierre Bellemare

Question du jour

Comment reconnaît-on Judas sur tous les vitraux ?

Il a une auréole noire.

Bouvardise

Bon, d'accord, la faillite est pour demain. Le monde entier dépose son bilan. Et après-demain, qu'est-ce qu'on fait ?

L'amour avec des machos autour

Philippe Bouvard : Une enquête sur la sexualité des Françaises montre que les Françaises en veulent plus et trouvent que les hommes ont trop souvent la migraine.

Bernard Mabille : On sent que je n'ai pas pu m'occuper de toutes !

Jean-Jacques Peroni : Oh, mais, ça suffit, on a le droit d'avoir mal à la tête !

Vincent Perrot : L'orgasme une fois de temps en temps, si vous êtes gentilles !

Philippe Bouvard : Et encore, faut pas en prendre l'habitude !

Macha Méril : Non, mais, je pense que ce n'est pas la quantité le plus important, c'est la qualité. C'est ce que vous ne faites pas bien !

Jean-Jacques Peroni : Pfff… Parce que toi, tu fignoles peut-être ?

Philippe Bouvard : D'après vous, Macha, dix minutes, ce n'est pas assez ? Quelle est votre durée moyenne ?

Macha Méril : Ça dépend des circonstances, mais, moins d'une demi-heure, c'est impensable ! Ce qui est formidable, c'est de se réveiller au milieu de la nuit et…

Bernard Mabille : Et entendre l'autre péter… Ah, c'est génial !!!

Jean-Jacques Peroni : Moi, chez moi, les préliminaires, ça dure au moins deux heures parce qu'il faut que je la saoule pour pouvoir la sauter !

Philippe Bouvard : Il y a des enseignements statistiques à tirer de cette enquête. Par exemple, on apprend que six Français sur dix font le plus souvent l'amour le soir et préfèrent la position du missionnaire. Alors, il n'y a pas beaucoup d'imagination…

Bernard Mabille : On est tellement crevés par le boulot…

Jean-Jacques Peroni : Moi, ce que je préfère, c'est la levrette. Parce qu'on n'est pas obligés d'embrasser et on ne voit pas sa tronche !

Philippe Bouvard : Et on peut regarder la télévision ensemble !

Jean-Jacques Peroni : Et on peut poser la bière sur le dos !

Bernard Mabille : Et la dame n'est pas obligée de sourire !

Philippe Bouvard : Et est-ce que l'amour, ce n'est pas regarder ensemble dans la même direction ?

Macha Méril : Mais ce que vous ne savez pas, c'est que c'est très agréable pour nous la levrette, c'est très plaisant ! Nous non plus, on ne voit pas votre tronche !

À suivre ci-contre…

Jeudi **14** **Mars**

SAINTE MATHILDE

L'amour avec des machos autour (suite et fin)

Bernard Mabille : Et dans cette position, tu regardes le *Jour du Seigneur* ; comme ça, c'est *Plus près de toi mon Dieu, plus près de toi*…

Philippe Bouvard : Alors les femmes veulent une sexualité désirée, accomplie, et du plaisir. Et plus question de devoir conjugal !

Vincent Perrot : Elles veulent de l'imprévu, elles aiment aussi beaucoup les lieux où on risque d'être surpris. Parking, ascenseur…

Macha Méril : Moi, j'aime pendant que je fais la cuisine !

Jean-Jacques Peroni : Ah, tiens, je fais le pot-au-feu, sors donc ton gros poireau et tes deux navets !!!

Bernard Mabille : C'est pour ça qu'elle ne fait que des pommes de terre sautées.

Philippe Bouvard : Ensuite, séduire d'autres hommes ou prendre un amant procure aux femmes en couple une nouvelle attirance pour leur partenaire.

Bernard Mabille : Et le libertinage, est-ce que ça fonctionne également pour le couple ?

Vincent Perrot : Les clubs échangistes aussi sont devenus très à la mode !

Jean-Jacques Peroni : Il faut se méfier des clubs échangistes parce qu'il m'est arrivé de sortir avec un slip qui n'était pas le mien.

Philippe Bouvard : Au moins, il risquait d'être propre !

Bernard Mabille : Et si tu es parti avec la culotte de Martine Aubry, vous étiez deux dedans !

Macha Méril : Au bord de la piscine aussi c'est pas mal, avec le soleil, voire dans l'eau…

Bernard Mabille : Ah oui, c'est bien, moi je fais ça avec tous les gosses autour, c'est extraordinaire !!! Ah, oui, tu leur sors ton petit canard !

Philippe Bouvard : Enfin, il y a un chiffre qui est assez triste, c'est que 20 % des hommes déclarent ne plus avoir de désir pour leur femme.

Jean-Jacques Peroni : Ah oui, enfin, des fois, quand on voit la tronche de la taupe…

Citation

Qui a dit : « Il est plus facile de ne rien dépenser que de dépenser peu. » ?

Jules Renard.

Question du jour

Quel est le nom du journal où Tintin travaille ?

Le Petit Vingtième.

Bouvardise

Début d'Autolib', la voiture électrique de location. Applaudie par les écolos alors que son plein se fera à des prises d'un courant toujours tributaire du nucléaire.

Vendredi

15 Mars

SAINTE LOUISE

UNE HISTOIRE DRÔLE

Un député de l'opposition vient de faire une virulente intervention à la tribune de l'Assemblée nationale contre l'augmentation du coût de la vie et l'appauvrissement des travailleurs.

Le lendemain, il reçoit un coup de téléphone d'un correspondant qui semble très en colère :

– Allô, monsieur, c'est insensé ce que vous avez dégoisé hier ! Vous n'êtes qu'un stupide démagogue ! Et pour vous le prouver, je vais vous dire une chose. Ma compagne et moi, nous vivons comme des rois pour une dépense de dix euros par mois. Il ne nous manque absolument rien pour être heureux. Et pourtant, nous sommes d'un milieu très modeste.

– Mais enfin, répond le député, c'est absolument impossible ! Pouvez-vous m'expliquer comment vous faites pour vous en tirer ainsi ?

– Bien sûr que je peux vous expliquer. C'est tout à fait simple...

– Oh ! S'il vous plaît, voudriez-vous parler plus fort ? Je vous entends très mal...

– Je ne peux pas parler plus fort. Je suis un poisson rouge dans un bocal... !

Question du jour

Qu'est-ce que « l'omelette espagnole » ?

Une position du Kama-sutra, où l'homme est assis en appui sur sa main droite et la femme le chevauche en lui tournant le dos.

Citation

Qui a dit : « Être riche ce n'est pas avoir de l'argent, c'est en dépenser. » ?

Sacha Guitry.

Les Bellemare étaient tellement pauvres…

Philippe Bouvard : Est-ce que vous avez eu une enfance difficile ? Est-ce qu'on vous a mis au coin ? Est-ce qu'on vous a privé de dessert ? Est-ce que votre grand-père vous laissait jouer avec le train électrique qu'il vous avait offert ?

Pierre Bellemare : Je n'ai jamais eu de train électrique, monsieur ! Je n'ai eu que des trains mécaniques !

Philippe Bouvard : Chez les Bellemare, ils étaient tellement pauvres qu'il jouait avec son zizi !

Philippe Chevallier : Chez les Bellemare, ils étaient tellement pauvres que tout le monde était pauvre, la bonne était pauvre, le maître d'hôtel était pauvre, le valet de pied était pauvre, le cocher était pauvre, le chauffeur était pauvre !

Jean-Jacques Peroni : Ils n'arrivaient même pas à avoir un kilo de sucre !

Pierre Bellemare : Vous ne saurez pas ce que c'était que d'être réfugié nécessiteux !

Bernard Mabille : La première fois qu'il a mangé de la viande, c'est quand il s'est mordu la langue !

UNE HISTOIRE DRÔLE

Deux vieilles stars de Hollywood se retrouvent à l'occasion de la cérémonie des Oscars. La première veut se faire mousser et lâche :
— Tu sais qu'il y a 20 ans, j'avais fait assurer cette poitrine pour un million de dollars !
L'autre :
— Ah oui ? Et tu as fait quoi de tout cet argent ?!

Citation

Qui a dit : « Gagner de l'argent est une affaire d'hommes. Le dépenser une affaire de femmes. » ?

Nadine de Rothschild.

Question du jour

Quel cinéaste joue le rôle de l'écrivain dans *À bout de souffle* de Jean-Luc Godard ?

Jean-Pierre Melville.

Bouvardise

L'éthylotest de bord refusera bientôt tout démarrage à un conducteur aviné. Sauf si ce dernier cède sa place derrière le volant à un passager sobre le temps de tourner la clé de contact.

Lundi

18 Mars

SAINT CYRILLE

Question du jour

Quel accessoire porte Sean Connery dans tous les *James Bond* ?

Un postiche, car il commença à perdre ses cheveux à 21 ans.

Présentation des panélistes

Elle n'a besoin que de ses deux yeux pour procéder à l'échographie d'un homme.

Macha Méril

Bouvardise

Ma revue de presse me prend chaque jour un quart d'heure de plus que par le passé. Temps nécessaire pour séparer des pages collées et pas toujours foliotées ainsi que pour renoncer à faire subir le même traitement à des pages plus épaisses et donc rebelles à toute séparation.

Les statistiques de Peroni

– Alors, d'après la revue *Coiffure et Cuisine*, 18 % des frisés n'ont pas de lardons alors que 30 % des pêcheurs à ligne ont la gaule et 40 % des chasseurs tirent un coup.

– Dans les avions, 20 % des hôtesses sont obligées de signaler aux passagers qu'il est interdit de faire caca dans les sacs à vomi !

– 19 % des bûcherons au chômage vont chercher du travail en Syrie.

– En Iran, 100 % des équipages de la marine à voile sont des femmes.

– 70 % des pochetrons interrogés veulent que les bistrots aussi aient leur saison des soldes.

– 40 % des femmes qui habitent la Grande Motte sont étroites.

– 80 % des téléspectateurs pensent qu'au lieu de refaire des intérieurs, Valérie Damidot ferait mieux de se refaire l'extérieur.

– 30 % des lecteurs de *Télérama* n'ont pas la télé et 90 % des rédacteurs non plus !

– Et enfin, 30 % des maîtres queux ont constaté que, si on lui met de la vaseline, l'oignon ne fait pas pleurer.

L'addition, SVP !

Jacques Balutin : Il y a quelques années en Italie, lorsque je partais en vacances, je me suis rendu compte que les restaurateurs comptaient la date sur la note. C'est-à-dire que l'année était sur la même ligne que le montant de l'addition. Et, sous cette ligne, était écrit « SP » qui signifiait *Si passa*, et ça voulait tout simplement dire : « Si ça passe ! »

UNE HISTOIRE DRÔLE

Une institutrice demande à ses élèves de nommer des choses qui se terminent en « -eur » et qui mangent d'autres choses.
Le premier élève dit :
– Prédateur.
L'institutrice lui répond :
– Très bien ! Ça mange ses proies.
Le deuxième dit :
– Aspirateur.
– Bravo ! Belle imagination ; on peut dire que ça mange la poussière.
– Vibromasseur.
Manquant de tomber, l'institutrice dit :
– Alors là, je ne vois vraiment pas ; ça, ça ne mange rien.
– Ma mère, elle en a un, et elle dit toujours : « Qu'est-ce que ça bouffe comme piles » !

Citation

Qui a dit : « Quand un acteur est mauvais, l'applaudissement le rend pire. » ?

Question du jour

Qu'est-ce qu'un « vocéro » ?

Bouvardise

Les nouveaux horaires de la SNCF nous auront permis d'apprendre que 15 000 trains tricolores circulent quotidiennement et qu'il y a depuis une semaine un convoi battant pavillon étranger, qui déposera les amoureux sur les bords du Grand Canal à Venise.

Jules Renard.

Un chant funèbre corse, appelant à la vengeance.

Citation

Qui a dit : « Il y a beaucoup de gens dont la facilité de parler ne vient que de l'impuissance de se taire. » ?

Cyrano de Bergerac.

Question du jour

Autrefois, pourquoi les nourrices se frictionnaient-elles le bout des seins avec de la racine de chicotin ?

Pour sevrer les bébés.

Bouvardise

Fascination pour les poches en forme d'étuis à lunettes que les ténors de la politique ont sous les yeux. Elles attestent leurs longues études, les séances de nuit, les réunions interminables, la lecture d'austères rapports. À quoi s'ajoute – mais seulement dans le meilleur des cas – l'usure du pouvoir.

UNE HISTOIRE DRÔLE

– Vous voulez des capotes anglaises, dit la pharmacienne, mais vous ne m'avez pas dit la taille.
– Euh…, fait le client, je ne sais pas ! Vous n'avez qu'à prendre la mesure vous-même…
– Très bien, répond la fille sans sourciller.
Et, au bout d'un moment, elle se tourne vers l'arrière-boutique en criant :
– Apportez-moi une boîte de préservatifs de taille 3… non, de taille 4… Attendez une seconde, c'est la taille 5 qu'il faut… Oh ! Pendant que vous y êtes, apportez aussi la serpillière !

Jeudi

21 Mars

SAINTE CLÉMENCE

Mabille ne se lave que le dimanche

Un coup de sang contre mon épouse, victime de l'info, qui m'a demandé hier soir de lui faire l'amour à la Strauss-Kahn !

– Hey nounours, vite, sous la douche !

– Moi, une douche, un mardi ? Tu sais bien que je ne me lave que le dimanche !

– Je ferai semblant de passer l'aspirateur et tu me prendras comme Dominique-nique-nique.

Six minutes chrono, je m'exécute ! À plus de 60 ans, en surcharge pondérale de quarante kilos, à la sortie de la douche, je vous jure que le bigorneau reste dans sa coquille ! Le doute n'est plus permis : DSK a dû se faire doubler. Je tremble à l'idée du procès prochain de Georges Tron : elle va me demander de lui lécher les pieds, elle qui ne quitte jamais ses Pataugas.

Question du jour

Par quoi Marivaux fut-il ruiné ?

Par la banqueroute du banquier Law.

Bouvardise

Raté. Alors que j'avais projeté de profiter de la dernière partie de la vie pour lire ou relire les grands livres, mon temps suffit à peine à en écrire des petits.

UNE HISTOIRE DRÔLE

La maîtresse demande à ses élèves de faire une phrase avec « et pourtant ».

– Vas-y, Pierre...

– Hier, je suis allé à la pêche avec mon papa, et pourtant il pleuvait !

– Oui, pas mal. À toi, Isabelle...

– Le chat a attrapé une souris, et pourtant elle courait vite !

– Très bien ! À toi, Toto...

Toto réfléchit un instant :

– Les filles mouillent entre les jambes, et pourtant elles ne rouillent pas !

– Tu me copieras 100 fois « Je ne raconterai pas de grossièretés en classe » pour demain ! Et tu prépareras une phrase correcte avec « et pourtant » !

Le lendemain, Toto remet sa copie à la maîtresse :

– J'espère que tu as compris. Vas-y, lis-nous ta nouvelle phrase.

– La Terre est ronde... et pourtant... ça baise dans tous les coins !

Citation

Qui a dit : « C'est une question de propreté : il faut changer d'avis comme de chemise. » ?

Jules Renard.

Question du jour

Qu'est-ce que le « syndrome de Koro » ?

Pour l'homme, c'est la peur de voir son pénis s'atrophier.

Bouvardise

Les diminutifs, par définition réducteurs, ont au moins l'avantage de faire gagner du temps. Et puis, Lulu fait plus jeune que Lucien et Alex plus branché qu'Alexandre. Au fait, Ségolène Royal serait-elle aussi médiatique si elle se nommait Ginette Bouchon ?

Bon appétit, bonne bourre !

par Philippe Chevallier

On nous dit que tout se perd, eh bien ce n'est pas vrai !

S'il y a chez nous une tradition bien pérenne (qui était servante chez monsieur le curé), c'est celle de la politesse. Le Français est le citoyen du monde le plus poli, bien plus que l'Allemand ou l'Américain, et même plus poli que le Chinois ! Regardez comment se sont déroulées les multiples passations de pouvoir avec nos ministres, on s'attendait à des invectives : « *Va donc, eh, pue des pieds, tu vas voir si c'est facile de diriger un pays de merdeux !* » - « *Tais-toi, grognasse, pousse-toi d'là que j'm'y mette !* » Eh bien pas du tout, ce n'était que bisouilleries, lècheries, ronds de jambe et flatteries : « *Mais après vous…* » - « *Mais je n'en ferai rien…* » - « *Vous avez été un grand ministre…* » - « *Mais c'est normal, c'est l'alternance, c'est la démocratie…* » - « *Vous reprendrez bien un petit peu de caviar ?* »

Pour nous les tout petits, les obscurs, c'est pareil.

À part l'automobile qui prédispose à l'invective, toutes les occasions de la vie sont prétextes à un florilège de formules douces et attentionnées.

À suivre ci-contre…

UNE HISTOIRE DRÔLE

Thierry et Nadine sont des malades mentaux qui résident dans un hôpital psychiatrique.

Un jour Nadine longe la piscine.

Elle tombe à l'eau et coule à pic.

Ni une ni deux, Thierry saute à l'eau et va chercher Nadine au fond.

Il la ramène à la surface.

Quand le Directeur apprend l'acte héroïque de Thierry, il décide de le laisser sortir immédiatement car il pense que si Thierry est capable d'un tel acte il doit être mentalement stable. Le Directeur va lui-même annoncer cette bonne nouvelle à Thierry.

Il lui dit :

— J'ai une bonne et une mauvaise nouvelle à t'apprendre ! La bonne c'est que nous te laissons sortir de l'hôpital parce que tu as été capable d'accomplir un acte de bravoure en sauvant la vie d'une autre personne. Je crois que tu as retrouvé ton équilibre mental. La mauvaise, c'est que Nadine s'est pendue dans la buanderie avec la ceinture de sa robe de chambre.

Et Thierry de répondre au Directeur :

— Elle ne s'est pas pendue, c'est moi qui, après l'avoir retirée de la piscine, l'ai accrochée pour qu'elle sèche !

Bon appétit, bonne bourre !

par Philippe Chevallier (suite et fin)

Prenons le « *Bonjour messieurs dames !* », un grand classique, qui, s'il est peu utilisé dans le grand monde, est pratiqué chez nous par presque tout le monde. Quelle beauté… Que vous entriez dans un restaurant, dans une étude de notaire, une salle de gym ou un salon de coiffure, il vous positionne dès que vous le prononcez comme un adepte de la parité. Un inconvénient toutefois, prononcé un peu distraitement par un professionnel de la restauration du commerce, il peut vexer un couple qui n'est pas mixte…

Dans la restauration justement, avez-vous remarqué toutes ces nouvelles trouvailles de la courtoisie ? Au traditionnel et un peu brutal « *Bon appétit* », qui sent son routier de province et les années 50, s'est substitué un discret gérondif : « *En vous souhaitant un délicieux appétit* », suivi d'une volte-face cauteleuse qui témoigne du respect de votre intimité…

Au milieu du même dîner, le garçon, qui se sera gratté les couilles entre deux chasses d'eau, vous gratifiera d'une « *Excellente fin de repas !* » avant d'en finir à la sortie avec une « *Bonne continuation !* ». Formule ambiguë je le reconnais, mais moins gênante pour la dame que le fameux « *Bonne bourre !* » lancé avec le clignement d'œil afférent.

Et le « *Bon week-end !* » ? Prononcé dès le jeudi, il en dit long sur l'aptitude au travail de celui qui vous le souhaite…

On entend aussi de plus en plus, c'est fou comme les gens sont polis, des « *Bon milieu de semaine !* » qui sont autant d'invitations à ne rien foutre dès le mardi, compte tenu d'un pont qui commencera dès le lendemain !

Récemment sorti en magasin et qui fait fureur chez le marchand de voitures, « *À votre convenance…* » a remplacé le trop rustique « *C'est vous qui voyez !* », impératif et comminatoire. Beaucoup plus ludique, il accompagne toujours très bien le très recherché « *Sinon j'aurais un trou vendredi…* » de la secrétaire du dentiste.

Si vous avez de l'éducation, répondez : « *Si c'est à ma convenance, je préfère le trou du jeudi parce que le vendredi ma femme fait du poisson !* »

UNE HISTOIRE DRÔLE

Alors c'est une blonde qui rend visite à sa copine blonde. Mais la copine a deux gros pansements, un sur chaque oreille.

– Oh ! Dis donc, qu'est-ce qui t'est arrivé ?

– Ben, c'est tout bête. L'autre jour, alors que j'étais en train de faire mon repassage en regardant *Santa Barbara* à la télé, le téléphone a sonné... et, au lieu de décrocher mon téléphone, j'ai décroché mon fer à repasser !

– Oh là là, qu'est-ce que t'as dû avoir mal. Mais dis-moi, et l'autre oreille ?

– Ben, après, j'ai voulu appeler le médecin...!

Citation

Qui a dit : « La grande différence entre un journal écrit et un journal télé, c'est qu'avec un journal télé on ne peut pas emballer le poisson. » ?

Question du jour

Autrefois, qui avait pour emblème une épée de bois et une vessie remplie de pois secs ?

Bouvardise

S'il existe un domaine que les chercheurs n'ont pas fait progresser, c'est bien la recherche de la vérité. Elle peine encore autant à sortir de son puits. C'est toujours parole contre parole tandis que la présomption d'innocence autorise toutes les hypocrisies et que le doute profitant à l'accusé a pour principal effet de rendre suspectes les victimes.

Groucho Marx.

Les bouffons, les fous du roi.

Citation

Qui a dit : « Les touristes ont horreur de regarder. L'appareil regarde pour eux. Quand ils ont fait clic-clac, ils sont apaisés, ils ont amorti leur voyage. Les piles de photos qu'ils conservent sont autant de diplômes certifiant qu'ils se sont déplacés. » ?

Jean Dutourd.

Question du jour

Que font les coléoptères lorsqu'ils ont peur ?

Ils s'accouplent afin d'assurer une descendance.

Bouvardise

Faute de bruit annonciateur, on n'entend pas arriver les nouveaux véhicules électriques. Et il faudra que les piétons écrasés trépassent sans élever la voix pour se féliciter d'avoir vraiment endigué les nuisances sonores.

UNE HISTOIRE À BIDE

À Londres, un homme vient d'être condamné à mort pour l'assassinat d'une rentière. Après avoir prononcé le verdict, le juge demande au meurtrier :

— Est-ce que vous regrettez votre acte ?
— J'm'en fous, dit le gars.
— Est-ce que vous avez seulement pensé à votre femme qui va se retrouver veuve ?
— J'm'en fous !
— Et vos enfants qui vont traîner toute leur vie la honte d'un père indigne ?
— J'm'en fous !
— Ah ! Ça, par exemple ! Vous vous foutez donc de tout ? Savez-vous que vous allez être pendu au bout d'une corde ? Vous n'allez pas me dire que vous vous en foutez aussi ?
— Ah ! Non, monsieur le juge. La corde, j'm'en fous pas : j'm'en balance… !

Fort de café

Philippe Bouvard : Une fois, lors d'un voyage en Tunisie, je suis allé avec des amis dans un petit café à Sidi Bou Saïd, un endroit très sombre, dans lequel des grands vieillards fumaient le narguilé. Je me sentais comme cinq siècles en arrière. Je me suis alors approché de ces hommes ; l'un d'eux m'a regardé et m'a dit avec son accent : « Bonjour monsieur Bouvard ! » Je n'aurais jamais imaginé pouvoir être reconnu dans un endroit pareil !

Mabille déçu par le ménage

Un petit coup de sang contre les chercheurs sud-africains qui se vantent d'avoir su percer les femmes. Enfin, leur mystère…

Nos épouses passeraient cinq heures par jour à papoter. Papoter de tout et de rien, et surtout de rien ! Shopping, régime, taille des vêtements, chirurgie esthétique, sexe, plaintes sur leurs partenaires et vieillissement. Le coup de sang pour cette absence de galanterie assurément, mais qui nous permet enfin de comprendre, nous les hommes, pourquoi le ménage laisse toujours à désirer, pourquoi le dîner est toujours servi en retard et pourquoi Madame souffre toujours de migraines douze soirs par semaine. Papoter fatigue : la prochaine fois, j'épouse une muette !

Question du jour

Autrefois, pour quel délit devait-on se signaler en portant un bonnet vert ?

Bouvardise

La nature n'est-elle pas meilleure fille qu'on le dit, qui s'apprête à augmenter la température ambiante de deux degrés au moment précis où le chauffage devient hors de prix ?

Pour banqueroute ou faillite.

UNE HISTOIRE DRÔLE

Un homme arrête son véhicule pour entamer la conversation avec une jolie femme plantée à un arrêt d'autobus.

– Salut ! Je dois vous dire que vous êtes la plus jolie créature que j'aie jamais rencontrée.

– Merci beaucoup, répond la dame.

Le type enchaîne illico :

– Je me demandais si vous accepteriez de coucher avec moi pour un million d'euros ?

La jeune femme réfléchit un moment puis réplique :

– Oui, je coucherais avec vous pour un million d'euros.

– Bien. Et pour cinq euros ?

– Cinq euros ? Pour quel genre de femme me prenez-vous ?

– Cela, nous venons de l'établir. Maintenant, nous ne faisons que marchander… !

Citation

Qui a dit : « Les émissions politiques, c'est simple. On fait venir un homme politique, on lui pose une question, il n'y répond pas et on passe à une autre. » ?

Coluche.

Question du jour

Quelle particularité possède un objet qui a une densité inférieure à 1 ?

Il flotte dans l'eau.

Bouvardise

Les énergies renouvelables sont mal parties : non seulement le soleil coûte de plus en plus cher à ceux qui prétendent le rentabiliser mais encore, quand le vent se transforme en tempête, ça n'améliore guère le rendement des éoliennes.

Quand les valises se font la malle

Philippe Bouvard : Une statistique à propos des valises qui sont égarées dans les différents aéroports du monde indique que 30 millions de bagages sont égarés chaque année !
Bernard Mabille : Moi, il m'est arrivé de me tromper de valise ! Comme elles sont toutes pareilles sur le tapis… Et je me suis retrouvé avec des soutiens-gorge et des petites culottes !
Philippe Bouvard : Encore, les soutiens-gorge, ça va. Mais la culotte… Vous avez quand même la plus belle poitrine des Grosses Têtes !
Bernard Mabille : C'est gentil pour Chantal et Macha !
Macha Méril : Mais, tu sais, on ne rivalise pas !
Vincent Perrot : Pour Chantal, on attendra de voir le clip des Black Eyed Peas !

UNE HISTOIRE DRÔLE

« J'ignore si beaucoup parmi vous font leurs courses dans une grande surface mais ceci pourrait vous être utile. Ceci s'est produit dans une grande surface et peut vous arriver !
Voici comment cela fonctionne : deux superbes jeunes filles vous abordent alors que vous rangez vos courses dans le coffre de votre voiture.
Elles commencent par frotter votre pare-brise avec une éponge et du produit nettoyant, leur poitrine sortant littéralement de leur petit T-shirt.
Il est presque impossible de ne pas y prêter attention.
Alors que vous les remerciez et leur offrez un pourboire, elles le refusent et vous demandent à la place de les conduire dans une autre grande surface.
Vous acceptez et elles montent à l'arrière de votre voiture.
En chemin, elles commencent à faire l'amour ensemble. L'une d'elles grimpe ensuite sur le siège passager et s'adonne à une fellation avec vous, pendant que l'autre vole votre portefeuille !
Soyez donc vigilants ! Ceci peut vous arriver aussi...
On m'a ainsi volé le mien vendredi dernier, samedi, deux fois dimanche, encore une fois mardi et à nouveau hier soir et j'y retourne demain. » !

La honte de Corinne Touzet

C'était le jour d'une première d'une pièce de théâtre, un vrai cauchemar ! En effet, mon partenaire et moi avons eu un trou de mémoire au même moment. C'est-à-dire qu'il n'y en avait aucun des deux qui pouvait enquiller. Normalement, l'autre voit la ligne bleue des Vosges dans le regard de son partenaire, il dit quelque chose et ça repart. Mais, cette fois-là, Jean-Luc et moi avions les yeux hagards, on avait l'impression de mourir et on s'est dit : « Est-ce que quelqu'un va faire quelque chose ? » Mais personne ne faisait rien, parce que, dans les coulisses, il n'y avait personne. Et pourtant, le metteur en scène était dans la salle mais il était assis, tranquille, en train de regarder sa pièce.

Et ça, ça a duré au moins cinq minutes ! Personne ne bougeait et nous étions pétrifiés, le cerveau ne fonctionnait plus du tout ! Alors Jean-Luc, qui avait fait de l'impro, commença un peu à déconner et à se détendre, et les gens riaient ! Ils étaient explosés parce qu'ils adoraient ça ! Ils ont assisté à un instant dramatique de notre vie. À un moment donné, la seule solution qui me restait était de sortir de scène… Et là, je vois l'assistante en train de tourner les pages de la pièce et de chercher la réplique ! Et j'avais mon Jean-Luc qui était tout seul sur le plateau, en train de ramer, un coup à droite, un coup à gauche ! Je suis revenue sur scène, les gens riaient à en mourir, puis vint un silence de mort. Et Jean-Luc me demanda : « Vous avez trouvé les toilettes ? »

UNE HISTOIRE DRÔLE

C'est une dame qui se rend chez son médecin accompagnée de son fils.
– Voilà, docteur, mon fils vient de tomber dans un baril de goudron et je ne sais pas quoi faire…
Le médecin réfléchit un moment et finit par dire à la dame :
– Déshabillez-vous.
– Mais pourquoi, demande-t-elle, moi, je n'ai rien !
– Je sais, répondit le docteur, mais, dans l'état où il est, nous aurons plus vite fait d'en faire un autre que de nettoyer celui-ci !

Citation

Qui a dit : « Les hommes politiques, c'est comme les trous dans le gruyère : c'est indissociable. Plus il y a de gruyère, plus il y a de trous, et plus il y a de trous, moins il y a de gruyère. » ?

Michel Charasse.

Question du jour

Autrefois, quels étaient les seuls artistes ayant droit à des funérailles religieuses ?

Les castrats.

Bouvardise

Les auteurs à gros tirages se privent de la confortable possibilité de se répéter ou de se contredire qu'offre la certitude de n'avoir pas été précédemment lus.

Vendredi
29 Mars
SAINTE GWLADYS

UNE HISTOIRE DRÔLE

Pendant une classe où l'on enseignait la morale et les bonnes manières, l'institutrice demande aux élèves :

– Michel, si tu étais en train de faire la cour à une jeune fille de bonne famille, très bien éduquée, pendant un dîner en tête-à-tête, et si tu avais besoin d'aller aux toilettes, que dirais-tu ?

– Attends-moi une seconde, je vais aller pisser !

– Ce serait très grossier de ta part. Jean, comment, toi, le dirais-tu ?

– Je m'excuse mais il faut que j'aille aux toilettes.

– C'est déjà mieux, mais c'est désagréable de mentionner les toilettes pendant un repas.

– Toi, Toto, tu serais capable d'utiliser ton intelligence au moins une fois, pour démontrer tes bonnes manières ?

– Je dirais : « Ma chère, je vous demande pardon de m'absenter un moment ; je m'en vais de ce pas tendre la main à un ami intime que j'espère pouvoir vous présenter après le dîner » !

Les statistiques de Peroni

– 70 % des exhibitionnistes attendent les soldes pour s'offrir un imperméable neuf.

– 80 % des moines ne supportent pas les pets-de-nonne.

– 40 % des gens qui sont nuls en maths ont des calculs.

– 80 % des constipés voudraient qu'on organise pour eux un Télé-étron.

– D'après la revue *Métiers & Vie quotidienne*, 40 % des pédicures n'utilisent pas de verres à pied, 50 % des vitriers ne mettent pas de chemises à carreaux et 60 % des croque-morts ne mangent pas de viande froide.

– Seulement 20 % des hémophiles osent ouvrir eux-mêmes les oursins.

– 60 % des heureux possesseurs de téléphones portables qui font aussi des photos ont une très belle collection de photos d'intérieur de leur poche.

– Le samedi soir, 95 % des charcutières accrochent leur jambon à un seul clou.

– 90 % des sexologues sont d'accord : les femmes, c'est comme les bigorneaux, pour bien les déguster, il faut faire sauter l'opercule.

– 80 % des électeurs pensent que, si Rama Yade soutient Jean-Louis Borloo, c'est parce qu'il est souvent noir.

– En période de canicule, 50 % des malfaisants font faire leur testament à leurs vieux parents et, une fois le document signé, ils leur suppriment les bouteilles d'eau.

– Pour aller en Angleterre, 90 % des manchots arrivent à passer la Manche.

– L'été, en voyant leurs femmes en maillot, 90 % des joueurs de pétanque ont les boules.

– En hiver, 40 % des gens grippés portent des slips parfumés à l'eucalyptus pour masquer l'odeur des suppositoires.

Citation

Qui a dit : « La fenêtre, en province, remplace le théâtre et les promenades. » ?

Gustave Flaubert.

Question du jour

D'où vient le mot « Velcro » ?

De « velours-crochet ».

Bouvardise

Les innombrables grèves affectant les transports aériens ont au moins le mérite de combler le fossé entre volants et rampants puisque l'arrêt de travail d'un agent au sol paralyse aussi sûrement un A 380 que les revendications d'un commandant de bord.

Samedi **30** SAINT AMÉDÉE

Dimanche **31** **Mars** SAINT BENJAMIN

Le plat pays où les femmes sont rondes

par Philippe Bouvard

Je voudrais profiter de l'asile politique provisoire que m'offre un pays qui, bien que ne dépaysant pas sur le plan de la langue et de la monnaie, me donne l'illusion de mener une carrière internationale, pour pousser un coup de sang contre les Français, mes compatriotes !

Que ne prennent-ils de la graine en suivant l'exemple de ce pays plat où les femmes sont rondes ! Ils apprendraient à redevenir ce que les Belges sont naturellement :

– hospitaliers, au point d'accueillir à guichet ouvert nos SDF qui ont quitté l'avenue Foch pour l'avenue Louise ;

– fidèles, au point de conserver un Premier ministre un an après qu'il a perdu la confiance du Parlement ;

– bons vivants, au point de donner plus souvent la parole aux grands chefs experts dans la préparation de l'anguille qu'aux diététiciens à la mords-moi-la-carotte-râpée ;

– gastronomes, au point d'offrir dans une capitale trois fois moins peuplée que Paris deux fois plus de bonnes tables ;

– loin de la xénophobie qu'on nous reproche parfois, puisqu'encore plus francophiles que nous ;

– modestes, au point de dissimuler pudiquement toutes leurs antennes TV. Vous savez que vous arrivez en Belgique lorsque, par la fenêtre du train, vous ne voyez plus aucune antenne, alors que nos paysages sont totalement défigurés ;

– joyeux compagnons, parce qu'ils racontent des histoires françaises qui sont souvent plus fraîches que nos histoires belges.

À la réflexion, je me demande si vous ne paraissez pas plus heureux que nous parce que vous n'avez plus de Gouvernement et parce que c'est un tout petit Cabinet qui se charge des affaires courantes que, chez nous, nous ne parvenons plus à rattraper.

Présentation des panélistes

Il dirige d'une main de fer un théâtre tapissé de velours.

Jacques Mailhot

Question du jour

Qu'est-ce que les sexologues appellent la « desmophilie » ?

Le fait d'attacher son partenaire lors des relations sexuelles.

Bouvardise

Elle a 30 ans. Elle est jolie. En jouant la comédie en dehors de sa chambre à coucher, elle espère devenir actrice. Trois pages d'interview sans grand intérêt. Et puis, à la fin, la révélation qui montre qu'on n'a pas perdu son temps à vouloir la mieux connaître : elle collectionne les peluches.

Citation

Qui a dit : « Personne n'est jeune après 40 ans mais on peut être irrésistible à tout âge. » ?

Coco Chanel.

Question du jour

Qu'est-ce qui fait 40060 km de long ?

L'Équateur.

Bouvardise

J'ai parfois l'impression, quand je me promène dans les rues, d'arborer des costumes d'époque au milieu de contemporains vêtus à cette mode d'aujourd'hui qui consiste à n'en plus respecter aucune. D'où un léger malaise qui ne disparaît que lorsque je rencontre des gens encore habillés comme moi.

Oublions l'état civil !

Philippe Bouvard : Je ne sais pas comment vont réagir Chantal Ladesou et Amanda Lear mais ça vient de sortir, c'est un appareil qui détecte les femmes quand elles mentent sur leur âge.

Chantal Ladesou : Ça ne peut pas exister ce truc-là, ce n'est pas possible !

Amanda Lear : Toutes les femmes mentent sur leur âge, c'est normal…

Chantal Ladesou : Moi je dis que j'ai 75 ans pour que les gens me disent : « Ah, vous ne les faites pas ! », alors que si je leur dis mon vrai âge, j'ai 43 ans, évidemment les gens vont se dire : « Elle est tapée ! »

Bernard Mabille : Vous croyez qu'elles mentent encore sur leur âge ?

Amanda Lear : C'est vrai que maintenant, les mœurs ont changé, et on se fout un peu qu'une femme ait 40 ou 50 ans du moment qu'elle est séduisante.

Bernard Mabille : Même une vieille, du moment que c'est un bon coup !

Philippe Bouvard : Moi, je ne dis plus mon âge exact. Parce que les gens me disent : « Oui, c'est ce que je pensais… »

Bernard Mabille : Et puis avec Wikipédia, vous avez l'âge immédiatement maintenant ?

Amanda Lear : Non justement ! Il y a trois jours, je suis allée sur Wikipédia et quelqu'un avait mis que j'étais née en 1928, ce qui me ferait 85 ans.

Bernard Mabille : 80 ans, on y croit, mais 85…

Jacques Mailhot : Il y a des choses justes, moi je suis né en 1972, et c'est vrai !

Chantal Ladesou : Tu vois que tu triches sur ton âge, aussi, Mailhot !

Bernard Mabille, s'adressant à Chantal Ladesou : En tout cas, tu mourras en 69 !

Chantal Ladesou : De toute façon, les mecs, ils s'en foutent complètement.

Jacques Mailhot : Mais oui, regarde Chirac, il ne se rappelle pas quand il est né.

Bernard Mabille : Il regarde l'âge du compte en banque !!!

Amanda Lear : Bon, enfin cet appareil… Il est en vente ?

Bernard Mabille : Elle veut aller le détruire !

Philippe Bouvard : Il est aux États-Unis, il n'est pas encore en vente en France, vous avez encore un an ou deux de bons, chère Amanda !

Bernard Mabille : J'espère que ça ne parle pas comme les trucs de voitures, le radar qui vous dirait « Arrête, laisse tomber la vieille ! Arrête, laisse tomber la vieille ! »

UNE HISTOIRE DRÔLE

C'est un type qui va chez son médecin-sexologue parce qu'il ne « vient plus ».
– Docteur, je ne viens plus !
Le médecin l'examine et lui donne des cachets.
– Vous prenez ces cachets. Si vous venez, ne revenez pas, mais si vous ne venez toujours pas, eh bien, revenez me voir…
Quelques semaines plus tard, le type est à nouveau chez le médecin. Il s'adresse à la secrétaire :
– Mademoiselle, je suis venu il y a quelques semaines parce que je ne venais pas. Le médecin m'a donné des cachets et m'a demandé de ne pas venir si je venais, mais, si je ne venais pas, de venir aussitôt. J'ai pris les cachets et je suis venu. Alors, je ne suis pas revenu. Cependant, maintenant je ne viens plus, alors me revoici.
La secrétaire va parler au médecin :
– Docteur, il y a ici ce type à qui vous aviez demandé de ne pas revenir s'il venait et de venir s'il ne venait pas. Il est venu, donc il n'est pas revenu. Mais aujourd'hui il ne vient plus, alors, il est venu.
Le docteur lui répond :
– Parfait mademoiselle, faites-le venir.
Et la secrétaire lui répond :
– C'est ce que j'ai fait docteur, et, du coup, il est reparti.

Dis mémé…

Jean-Jacques Peroni : Vous connaissez l'histoire de la grand-mère qui va chercher son petit-fils à l'école ? Sur le chemin du retour, ils croisent deux chiens qui se montent dessus. Alors le petit garçon dit : « Mémé, mémé, qu'est-ce qu'ils font les chiens ? », et la grand-mère répond : « Oh tu sais, les chiens sont gentils : regarde celui qui est derrière, il s'est perdu, et celui qui est devant, il le ramène chez lui ! – Ah oui, pour le ramener chez lui, il est obligé de se faire sodomiser ! »

Citation

Qui a dit : « Entre truands, les bénéfices ça se partage, les réclusions, ça s'additionne. » ?

Michel Audiard.

Question du jour

En quoi consiste l'acétification ?

L'action de changer l'alcool en vinaigre.

Bouvardise

Notre société est mieux ordonnée qu'il n'y paraît. Ainsi, à Paris, existe-t-il deux catégories de convives : les invitants et les invités. Et, pour ne pas perturber le rituel toujours angoissant de la présentation de l'addition, chacun reste sagement à sa place sans chercher à prendre celle des autres.

UNE HISTOIRE DRÔLE

Paul était célibataire. Il vivait avec son père et travaillait pour l'entreprise familiale.

Quand il réalisa qu'il allait hériter de la fortune de son père malade, il décida qu'il devait trouver une femme pour partager sa fortune.

À une soirée d'affaires, il remarqua la plus belle femme qu'il ait jamais vue.

Sa beauté naturelle lui coupa le souffle : il s'approcha d'elle et lui murmura :

– J'ai peut-être l'air d'un homme ordinaire, mais, d'ici quelques semaines, mon père va mourir et j'hériterai de 200 millions.

Impressionnée, la femme demanda sa carte de visite et, trois jours plus tard, elle épousa… le père malade !

Hondelatte, clap de début

Philippe Bouvard : Vous vous souvenez de votre première émission de radio ?

Christophe Hondelatte : Oui, ma première émission de radio était dans une toute petite station à Bordeaux avec quatre bouts de moquette accrochés au plafond, un micro et un tourne-disque. On passait des disques et on faisait des chroniques. Et ma première chronique était pour radio Aligre à Bordeaux. C'était pour raconter que les étudiants étaient de grands faux culs parce qu'ils négligeaient de dire une vérité universelle ! C'est que dans leurs chambres universitaires ils pissaient dans les lavabos la nuit au lieu d'aller aux toilettes ! J'ai donc écrit un texte de deux minutes sur ce sujet pour dire : *Fin du silence sur cette réalité tant partagée ! Tout le monde, la nuit, se lève et pisse dans son lavabo et renonce à aller aux toilettes communes qui sont dans le couloir !*

Philippe Bouvard : Enfin, tout le monde ne pisse pas dans un lavabo ! Il y en a qui n'arrivent pas jusque-là !

Citation

Qui a dit : « Depuis Adam se laissant enlever une côte jusqu'à Napoléon attendant Grouchy, toutes les grandes affaires qui ont foiré étaient basées sur la confiance. » ?

Michel Audiard

Question du jour

Comment voit-on très aisément que l'on est passé de France en Belgique ?

La Belgique est entièrement câblée, donc il n'y a pas d'antennes sur les toits.

Bouvardise

La Bourse ne remonte pas grâce aux exhortations à la modération des autorités mais lorsque les spéculateurs estiment que la baisse leur a suffisamment rapporté.

La honte de Luc Ferry

C'était la première fois que j'allais en boîte de nuit, j'avais 17 ans, c'était au *Paradise* au Lavandou.

J'avais un copain qui portait un nom un peu comme le mien, il était descendant de Victor Duruy, était plus vieux que moi et était skipper. On est allés tous les deux dans cette boîte ; pour moi, c'était la première fois de ma vie.

J'avais remarqué une jeune fille ravissante, charmante, avec un décolleté absolument fascinant et un corset qui était lacé du nombril jusqu'au cou, bien entrouvert comme il fallait… Elle laissait présager des lendemains délicieux !

Avec mon ami, on essaya de la draguer comme des fous jusqu'à deux heures du matin et, à deux heures du matin, mon copain a décidé de rentrer et me dit : « Je te laisse juste un petit souvenir ! »

Sur le moment, je n'ai pas percuté pourquoi il m'avait dit cela et, une demi-heure après, j'emmenai la jeune fille sur la plage. On s'assoit sur le sable et je commence à l'embrasser : à ma grande surprise, elle ne m'envoie pas balader. Alors, je pousse plus loin mon argument et essaye de défaire ce corset qui était lacé comme pour une chaussure. Ce con, il avait fait un nœud de cabestan, impossible à défaire ! Ce qui fait que, un quart d'heure après, j'étais encore en train d'essayer de m'escrimer sur la chose… Et la fille me sortit cette phrase hallucinante : « Quand on n'est pas foutu de défaire un nœud, on garde le sien dans sa poche ! »

Ce fut donc mon premier râteau, mais pas le dernier !

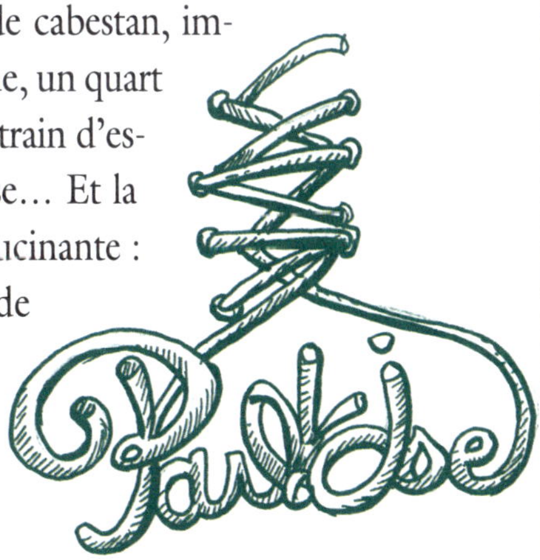

Citation

Qui a dit : « Sans prétention, je pense que je suis une femme très intelligente ! » ?

Céline Dion.

Question du jour

Qui appelait le pape « la grande prostituée de Babylone » ?

Martin Luther.

Bouvardise

L'éthylotest antidémarrage est à la fois une victoire du principe de précaution et une défaite de l'homme puisque le dispositif accorde à la machine une confiance qu'il refuse au conducteur.

Vendredi

5 Avril

SAINTE IRÈNE

Citation

Qui a dit : « L'humour, c'est comme une grenouille : quand on l'ouvre, on comprend comment cela marche mais cela ne marche plus. » ?

René Goscinny.

Question du jour

Quel est le sportif qui peut dépasser les 69 kilomètres par heure les cuisses écartées ?

Le driver sur son sulky.

Bouvardise

Première fournée littéraire de l'année. Mémoires des uns. Souvenirs des autres. Les rares romans sont autobiographiques. Les jeunes écrivains n'osent pas se lancer dans la fiction. Les chenus ne voient pas plus loin que leur propre vie.

Mabille milite pour une « journée du slip »

Je voudrais piquer un coup de sang contre les Belges qui vont manifester en solidarité avec les cinq millions de porcelets castrés sans anesthésie chaque année. Le principe de la manifestation est le suivant : journée sans slip. Slogan de la manifestation : « Laissez-les pendouiller ! » Inutile de dégrafer vos soutiens-gorge mesdames, ça ne s'adresse qu'à nous les hommes. Afin d'éviter tout incident, l'association organisatrice prodigue quelques conseils utiles :

– pas de pantalons transparents, des fois qu'un mec aurait envie de porter des falzars taillés dans une baie vitrée ;

– pas de short, car ça pourrait dépasser. En ce qui me concerne, sans me vanter, pas de bermuda non plus ;

– pas de fermeture éclair, au risque, la bistouquette alors en rondelles, de parodier Bourvil : « Forcément, elle va marcher moins bien maintenant ! » ;

– et surtout, disent les Belges, prenez garde avant de vous asseoir. Alors là, je ne sais pas comment le Belge est foutu, mais, s'il s'assied dessus, c'est qu'il a les miches montées à l'envers.

Quant aux épouses, elles sont invitées à planquer les sous-vêtements de leur conjoint dans un endroit secret. Si la mienne met ça dans le lave-linge, Popaul va rester SDF un moment.

Rigueur, vous avez dit rigueur : le président Sarkozy a montré l'exemple en déjeunant dans un relais routier. Bravo ! Prix du repas : 12,80 € (café, vin et serveuse compris). Ses invités, des gros culs, non non, pas Larcher et Boutin, mais Dédé, Lulu et Riton, conducteurs de camion. Le temps passé autour de la toile cirée aurait duré trente-neuf minutes chrono : deux minutes pour se laver les mains ; quatorze minutes à ne pas parler la bouche pleine ; vingt minutes accroché au téléphone portable ; il restait trois minutes au président pour écouter les problèmes des routiers. Bon prince, il leur a promis un treizième mois, les mecs vont devoir rajouter une gonzesse sur leur calendrier.

Nous vivons dans un curieux pays : d'un côté, on augmente la TVA sur les sodas pour éradiquer l'obésité, de l'autre, on se ruine pour sauver la Grèce. C'est à n'y rien comprendre !

Enfin, les laboratoires Servier arrêtent la fabrication de médicaments, ils se lancent dans la tapenade !

Samedi **6** SAINT MARCELLIN

Dimanche **7** **Avril** SAINT JEAN-BAPTISTE DE LA SALLE

Plaintes contre X

Philippe Bouvard : Les films X rendraient les hommes impuissants.
Jean-Jacques Peroni : On n'a pas envie de bourrer la télé, c'est tout !
Bernard Mabille : C'est-à-dire que quand on voit la taille des engins, on est un peu complexés quand même !
Philippe Bouvard : Non seulement ça, mais ça situe le problème sur le plan purement physique. Il n'y a plus tellement de sentiments, il n'y a plus de dialogue, il n'y a plus rien…
Princess Erika : Oh, des dialogues, il y en a…
Philippe Bouvard : Ils ne vont pas bien loin !
Princess Erika : Moi, ça me suffit ! Je pense que, pour les hommes, c'est différent. À trop s'exercer avant… après, effectivement, il ne reste plus grand-chose !
Philippe Bouvard : Quel est le dialogue que vous tolérez dans ces moments-là ?
Princess Erika : « Ne dis rien, laisse-moi faire, fais ci, fais ça », et moi, j'adore être soumise dans ces cas-là !
Philippe Bouvard : Ou alors « T'en fais pas, c'est un mauvais moment à passer », c'est comme chez le dentiste, ça fait du bien quand ça s'arrête.
Jean-Jacques Peroni : « Rapproche-toi de l'évier, pendant que je vais finir le plat à lasagnes, tu finiras la vaisselle. »
Philippe Chevallier : « Tu vas voir, je vais te montrer qui c'est le patron ! T'en as déjà vu des comme ça… des aussi petites ? »

UNE HISTOIRE DRÔLE

1er jour. Un homme sonne chez une femme et lui pose la question suivante :
– Bonjour madame, avez-vous un vagin ?
Elle lui claque la porte au nez.
2e jour. Même homme ; même question à la même femme qui lui claque à nouveau la porte au nez. Elle en parle à son mari.
3e jour. L'homme sonne chez la femme. Elle ouvre la porte, son mari se trouve derrière. L'homme lui pose la question :
– Bonjour madame, avez-vous un vagin ?
Son mari lui demande de répondre oui.
– Oui, j'en ai un.
L'homme lui répond alors :
– Pourriez-vous demander à votre mari qu'il l'utilise et qu'il arrête de coucher avec ma femme… ?!

Citation

Qui a dit : « Je tiens beaucoup à ma montre, c'est mon grand-père qui me l'a vendue sur son lit de mort. » ?

Woody Allen.

Question du jour

Quelle mesure le système métrique remplaça-t-il le 7 avril 1795 ?

Le pied de Charlemagne.

Bouvardise

Les vieilles centrales nucléaires qu'il va bien falloir fermer seront-elles remplacées par l'électricité bio produite par le grand-père pédalant dans la cave, comme au bon temps de l'Occupation ?

Lundi

8 Avril

SAINTE JULIE

Citation

Qui a dit : « Mon grand-père était plus grand que mon père. Mon père était plus grand que moi. On dégénère dans la famille. » ?

Jacques Chirac.

Question du jour

Quel est le plus petit territoire français dans une enclave étrangère ?

Sainte-Hélène, ½ hectare.

Bouvardise

Résultat tangible du dernier sommet social : l'apparition de la TPE, alias la « Très Petite Entreprise ». Providence des auto-entrepreneurs et bel exemple de promotion interne puisque, souvent, l'employeur et l'unique employé ne sont qu'une seule et même personne.

SNCF et transit

par Jacques Mailhot

La SNCF n'est pas très raisonnable, et moins encore judicieuse dans ses choix marketing.

Voici quelques jours, j'étais dans un TGV et j'ai vu le personnel proposer des plateaux-repas dans un train qui arrivait à Lyon à 12 h 30. Franchement, est-ce bien raisonnable et astucieux de la part de la SNCF de proposer à ses voyageurs une nourriture insipide et souvent médiocre dans un train qui arrive pile à l'heure du repas dans la capitale de la gastronomie française qui regorge, on le sait, de délicieux bouchons et de restaurants admirables ? Non, bien sûr ! C'est exactement comme si on vous proposait de déguster des saucisses dans le TGV allant à Strasbourg un jour où il y a un débat sur l'écologie au Parlement européen, ou bien de rencontrer une vierge dans un train qui se rend à Lourdes ! Vous me direz qu'il m'est arrivé de me faire coincer les nougats dans la portière d'un train qui s'arrêtait à Montélimar… Mais ce n'est quand même pas une raison pour en faire un principe commercial. À la grande époque des trains de luxe, jamais on n'aurait vu une voyageuse montrer son poilu dans un train qui partait pour Verdun. Chaque destination était subtilement gérée afin que l'offre corresponde parfaitement à la demande. Qu'on propose des tubes de vaseline dans le Paris-Athènes, à la rigueur… Pourquoi pas, ça pourrait nous aider à digérer la dette !

Je me souviens par exemple que, lorsque j'étais encore étudiant à Paris et que je regagnais mon Auvergne natale dans le fameux train Le Thermal, qui se rendait à Châtelguyon, une ville d'eau spécialisée dans le traitement de la constipation, eh bien, les W-C étaient fermés à l'aller et ouverts et payants au retour ! Ça, c'était de la bonne gestion. Alors qu'aujourd'hui, grâce sans doute aux technocrates de haut vol qui président à la destinée de notre compagnie nationale, on verra peut-être bientôt les TGV desservant la Côte d'Azur proposer des cabines de bronzage, ou des cabines de douche dans ceux partant pour la Bretagne, alors qu'on est sûrs de se faire arroser la couenne en descendant du train. Alors, de grâce, monsieur Pepy, faites preuve d'un peu de jugeote : ne proposez pas à un train de culs-de-jatte de s'arrêter à Romans pour visiter le musée de la chaussure, et ne mettez pas des dames de petite vertu à but lucratif dans les TGV qui vont à Lille, alors que c'est désormais une spécialité locale. Même lorsqu'on s'appelle Pepy, monsieur, on ne vend pas de la San Pellegrino dans les trains qui se rendent à Vichy, ni du Beaujolais dans ceux allant à Bordeaux !

Bref, plus que jamais, vous l'avez compris, la SNCF, la bien nommée, c'est bien la « Société Nationale de la Cuisine Frelatée » !

Les statistiques de Peroni

– 23 % des feignasses ne font même pas leur âge.
– Pour le Mardi gras, 28 % des grosses se déguisent en maigres.
– 98 % des paons qui ont des hémorroïdes ont très mal quand ils font la roue.
– 18 % des manchots lacent leurs chaussures avec les dents.
– 3 % des hommes prénommés « Robert » ont des gros seins.
– 2 % des restaurants ont des dames pipi alors que 100 % des restaurants n'ont pas de monsieur caca.
– 15 % des ivrognes ont peur des clowns à cause de leur nez rouge qui leur rappelle celui de leur papa.
– 43 % des écologistes deviennent verts dès qu'ils voient Eva Joly.
– 40 % des Français qui organisent des dîners de cons voudraient bien avoir Hervé Morin à leur table.
– 21 % des gens qui prennent l'avion pour la première fois croient que, dans l'aéroport, la salle de transit ce sont les cabinets.
– Dans l'esprit d'économiser l'eau, 60 % des pochtrons ne mettent plus d'eau dans le Pernod et plus de glaçons dans le whisky. 20 % se mettent le Nescafé en poudre directement dans la bouche, la salive diluant le produit. 30 % ne tirent plus la chasse d'eau qu'une fois par mois. 12 % des maris des femmes enceintes ont toujours sur eux des bidons pour récupérer quand Madame perdra les eaux. 43 % des femmes font la vaisselle en même temps qu'elles prennent un bain. Et 2 % des plus radicaux font tout ça, et, en plus, ont décidé de ne se laver qu'une fois par an !

Présentation des panélistes

Rétribué par la Matmut, bénévole à la SNCF.

Philippe Chevallier

Question du jour

Pour quel usage les Américains fabriquent-ils des gants en papier ?

Pour pouvoir manger le poulet et les frites avec les doigts sans se salir.

Bouvardise

La preuve que la politique est un spectacle : chaque tête d'affiche parade à la télé, se fait photographier avec sa famille et distribue gracieusement son programme. Quitte à le faire payer très cher une fois qu'il sera élu.

Citation

Qui a dit : « Y'a un truc dont on est sûr quand on est ministre, c'est qu'on retournera pas à l'école, tandis qu'en prison, faut voir ! » ?

Coluche.

Question du jour

Quel animal a la langue aussi longue que son corps ?

Le caméléon.

Bouvardise

Moins les autoroutes font gagner de temps et plus elles coûtent de l'argent. Quand la vitesse diminue jusqu'à 90 kilomètres à l'heure, le prix à payer n'est pas plus abaissé que celui des TGV qui, sur certaines portions de leurs parcours, et après avoir atteint précédemment 320 km/h, deviennent de véritables tortillards.

UNE HISTOIRE DRÔLE

Un homme joue au golf pour la première fois sur un terrain particulièrement compliqué. À un certain moment, alors qu'il est sur le premier neuf trous, il devient confus et n'est plus certain de l'endroit exact où il se trouve sur le parcours. En regardant autour, il aperçoit une femme qui joue devant lui. Il s'approche, s'excuse, lui explique sa confusion et lui demande si elle sait sur quel trou il joue. Elle répond:
— Eh bien, je suis sur le 7e et vous êtes un trou derrière moi, alors vous devez être sur le sixième.
L'homme la remercie et poursuit sa partie. Un peu plus tard, sur le deuxième neuf trous, la même situation se produit. Il s'approche encore une fois de la femme et lui pose la même question.
— Je suis présentement sur le 14e trou, répond la femme, et vous êtes un trou derrière moi. Vous devez donc être au 13e.
L'homme la remercie à nouveau et termine sa partie. Lorsqu'il entre au chalet, il aperçoit la femme assise au bar. Il demande au barman s'il la connaît. Il répond dans l'affirmative : elle est représentante et vient jouer à ce club régulièrement. Notre golfeur s'approche d'elle et lui offre un verre pour la remercier :
— Je crois comprendre que vous êtes représentante. Je suis également dans la vente. Qu'est-ce que vous vendez?
— Si je vous le dis, promettez-moi de ne pas rire.
— D'accord, répond l'homme.
— Eh bien, poursuit-elle un peu gênée, je travaille pour Tampax.
Sur ce, l'homme se met à rire à gorge déployée.
— Je savais que vous ririez de moi. Chaque fois que je dis ce que je vends, c'est la réaction que ça provoque.
— Non, non, répond l'homme après avoir essuyé ses larmes, je ne ris pas de votre profession ! C'est que je vends du papier hygiénique... encore un trou derrière vous !

Madame Mabille n'avait pas compris

Bernard Mabille : J'ai vécu avec une femme plus jeune que moi de vingt-six ans et ma mère ne le comprenait pas. Elle était donc persuadée que je vivais avec la mère de la jeune fille… Et quand nous allions en week-end chez ma mère, elle préparait une chambre pour la jeune fille et un grand lit pour sa mère et moi. Ça a duré environ six, sept mois !

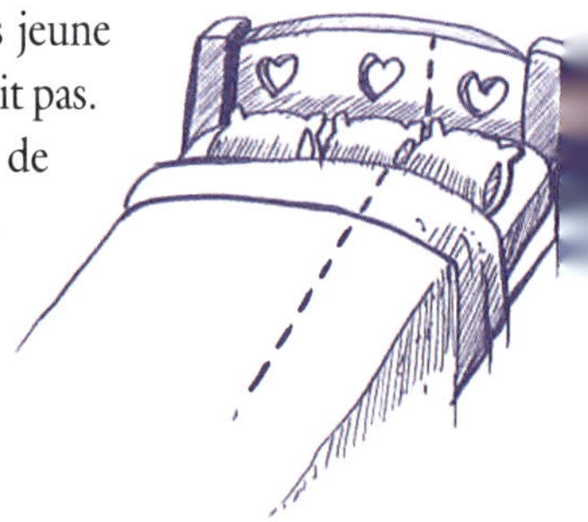

Jeudi
11 Avril
SAINT STANISLAS

Compteur menteur

Pierre Bellemare : La première voiture que j'ai eue était une voiture de location que j'avais rachetée à une société de location qui avait un nom corse. Donc, le jour où je l'ai achetée, je suis parti avec, mais, à un moment donné, comme il y avait du soleil sur le trajet, j'ai baissé le pare-soleil. Et là, une petite fiche était accrochée au pare-soleil, sur laquelle était inscrit : *Compteur à 75 000 remis à 4 000.*
Bernard Mabille : Et il y avait marqué : *N'oubliez pas de remettre de la sciure dans la boîte de vitesses* !

UNE HISTOIRE DRÔLE

C'est un couple de paysans qui participe à la remise des prix d'un concours de taureaux. Le présentateur annonce :
– Troisième prix, le taureau Gédéon, 3 ans, trois saillies par jour !
La femme, tapant du coude son mari :
– T'entends ? Trois fois par jour ! Tu devrais en prendre de la graine !
Le présentateur continue :
– Deuxième prix, le taureau Gérard, 5 ans, six saillies par jour !
La femme, excitée :
– T'entends ? T'entends ?
Le présentateur, enfin :
– Et le premier prix, le taureau Germain, quatre ans et demi, neuf saillies par jour !
La femme, de plus en plus excitée :
– T'entends ? T'entends ? T'entends ?
Le mari s'adresse alors au présentateur :
– Les neuf fois par jour, c'est avec la même vache ?
– Euh... Non.
Alors, il dit à sa femme :
– T'entends ?!

Présentation des panélistes

Sur son slip, il a fait broder *In cauda venenorm.*

Vincent Perrot

Question du jour

Quelle protection a imposé en 1984 la fédération internationale de rugby aux joueurs ?

L'obligation de porter un protège-dents.

Bouvardise

Un mannequin sublime (bien qu'ayant perdu à l'impression les quatre cinquièmes de sa taille) en dernière page du *Figaro*. Son corps est encore plus luxueux que les produits dont elle est censée encourager l'achat. Participera-t-elle à la campagne « cinq fruits et légumes par jour » quand, dans un demi-siècle, le soleil et le maquillage l'auront ridée comme une vieille pomme ?

Vendredi

12 Avril

PÂQUES

Citation

Qui a dit : « Le plus difficile dans la chanson ? Arriver à se faire payer. » ?

Jacques Dutronc.

Question du jour

Qu'a créé en 1893 le psychologue Alfred Binet ?

Le QI.

Bouvardise

La multiplication des suspensions dans le sport cycliste devrait rendre les vélos de course plus confortables.

Bellemare et Bouvard cherchent une place assise

Pierre Bellemare : C'était lors d'un voyage en train Intercités à destination de Caen. J'avais loué une place dans ce train-là dans la voiture n° 8. Arrivé à mon siège, un contrôleur m'attendait ; il me demanda : « Monsieur Bellemare, vous êtes dans la voiture 8 ? Eh bien, elle ne sera pas accrochée au train parce qu'il y a une panne dessus et ça pourrait retarder tout le train. Mais montez dans la voiture 9, il n'y a pas de problème. »

Bon, alors moi, je suis allé chercher une place dans la voiture 9, mais ils n'avaient pas prévenu les autres stations et, évidemment, il y avait des gens qui entraient dans la voiture 9 parce qu'ils avaient réservé des places dans cette voiture, mais celle-ci commençait à être pleine. Du coup, j'étais obligé de donner des explications à ces gens-là, parce que, bien sûr, la SNCF n'avait informé personne. Donc, on se faisait plus ou moins engueuler.

– Mais monsieur, j'ai réservé la place 52…

– Oui monsieur, mais vous voyez, il n'y a plus de voiture 8, je suis là, je suis vieux, j'ai 82 ans…

Philippe Bouvard : Oui mais ça, ça se voit, ce n'est pas la peine de le dire !

Pierre Bellemare : C'était quand même un foutoir indescriptible et je tenais à l'évoquer.

Philippe Bouvard : Eh bien, il y a trois mois, il m'est arrivé la même aventure sauf que moi j'ai quand même trois mois de moins que vous… Et à nos âges, ça compte ! Il y avait un wagon de moins, et puis finalement six wagons de moins, et enfin un train en moins. Alors, on m'avait proposé de monter dans un autre train et de m'asseoir à la place que je voulais. J'ai donc pris ma place habituelle qui correspondait à celle sur mon billet. Mais, à Avignon, une autre fournée arriva, celle qui devait monter dans le véritable train, celui que j'occupais en tant que squatter. Là, un mec vint vers moi et me dit :

– Monsieur, voulez-vous bien vous lever ?!

Et je lui répondis :

– Non, je ne veux pas me lever !

Bernard Mabille : Vous lui avez dit : « Je suis déjà debout ! »

Philippe Bouvard : Je lui ai dit que j'étais plus âgé que lui et qu'on m'avait dit de me placer où je voulais. On restait tous les deux sur notre position, sauf que ce monsieur, qui était très gros, s'est assis sur l'accoudoir à côté de moi, c'est-à-dire que je l'avais pratiquement sur les genoux. On n'a pas dit un mot !

Bernard Mabille : J'irais bien m'asseoir sur votre accoudoir, Philippe !

UNE HISTOIRE DRÔLE

Dans un bureau d'immigration :
– Nom ?
– Maurice dit Momo.
– Sexe ?
– 4 fois par semaine !
– Non, non ! Homme ou femme ?
– Homme, femme, et quelques fois les chèvres et les chameaux !

Citation

Qui a dit : « Je suis ancien combattant, militant socialiste et bistrot. C'est dire si j'en ai entendu des conneries dans ma vie... » ?

Michel Audiard.

Question du jour

Au tennis, quand surnomme-t-on un joueur « un crocodile » ?

Quand il reste au fond du court, comme le faisait René Lacoste.

Bouvardise

On s'y perd un peu entre autobiographies dialoguées, biographies autorisées et biographies sauvages. Sinon qu'il est toujours imprudent de confier à autrui le soin de dire tout le bien qu'on pense de soi-même.

UNE HISTOIRE DRÔLE

Au championnat du monde du lancer de marteau.

Un athlète allemand se présente, prend le marteau, tourne, virevolte, et lance le marteau au loin dans le stade : 120 mètres, record battu.

Un Français arrive à son tour ; concentré, il prend le marteau, tourne, virevolte, et lance le marteau dans les airs pour retomber : 145 mètres, record une nouvelle fois battu !

Un Corse se prépare à son tour, pour l'ultime épreuve lui aussi ; il tourne, virevolte, et lance le marteau en l'air avec une force phénoménale, au point que le marteau sort du stade et disparaît.

Étonnés, les journalistes sportifs se précipitent vers lui :

– Mais comment avez-vous fait ?

Et le corse, tout fier :

– Loin de moi les outils !

Bande à part

Fabien Lecœuvre, auteur du livre *Les Années podium* : J'ai commencé ma carrière en faisant du roman-photo pornographique. À l'époque, c'était plus facile que de vendre des téléviseurs. Je prêtais mon corps pour des romans-photos. Ce n'était pas publié en France, c'était vendu sous cellophane, ce qui m'arrangeait… J'ai fait ça pendant un an. Mais, avec ce métier, j'ai appris tous les trucs techniques dans le sexe. Par exemple, le nerf érectile ne peut pas tenir au-delà de vingt/vingt-cinq minutes, parce que, quand on fait des photos, ça dure longtemps, il faut pouvoir être actif longtemps. Donc, les astuces sont par exemple l'usage du Zan. Si vous avez une soirée au cours de laquelle vous devez honorer les dames plusieurs fois dans la soirée, le Zan est formidable.

Philippe Bouvard : Ah ! On va faire une cure de réglisse !

Philippe Chevallier : On invitera Cachou !

Fabien Lecœuvre : Non, mais surtout, ne le prenez pas le jour même. Parce que moi, j'ai fait l'erreur. Et surtout, si vous organisez des soirées à plusieurs, il ne faut jamais mélanger les 13 et les 19 parce que c'est impossible ! Les filles vont naturellement voir les garçons équipés en 19 (la taille du sexe).

Bernard Mabille : Alors, moi qui ai 25, je vais rester tout seul ?

Fabien Lecœuvre : Tiens, d'ailleurs, vous savez que, lors de réunions à plusieurs, on n'appelle jamais les hommes par leur nom mais par deux chiffres : leur longueur et leur diamètre.

Philippe Chevallier : Moi, on m'appelle 4/2.

Philippe Bouvard : Ce sont des numéros de godes !

Citation

Qui a dit : « Le véritable mélomane est l'homme qui, entendant une femme chanter dans sa salle de bains, s'approche du trou de la serrure et y colle… l'oreille. » ?

Question du jour

Qui fut majeur à 13 ans, marié à 15 et père à 17 ?

Bouvardise

Les écolos n'ont pas vu venir le refroidissement planétaire. Heureusement qu'on ne leur avait pas confié le salage des autoroutes.

Francis Blanche.

Louis XV.

Mardi **16** **Avril**

SAINT BENOÎT-JOSEPH

Après la borne, plus de limite

par Bernard Mabille

Alors que, grâce à l'intervention de Pierre Bellemare, un médiateur est installé à la SNCF, un coup de sang contre le mec qui a inventé la borne automatique présente dans nos gares, qui permet de retirer nos titres de transport. Avec un petit effort, il aurait pu inventer la borne automatique qui fonctionne !

Hier, gare de Lyon, quinze minutes avant de prendre mon train. Première borne, en dérangement ; deuxième borne, en panne ; troisième borne, naze ; quatrième, explosée ; cinquième, vingtième, trentième en révision… Ce serait trop facile de les réviser la nuit ! Quarantième borne, elle fonctionne, à condition d'y accéder : 150 personnes devant ! Une queue, mais une queue à vous rappeler feu Berlusconi devant un collège de jeunes filles prépubères.

Coup d'œil oblique sur les guichets : tous fermés ! Grève oblige. Ils faisaient grève hier pour avoir le droit de faire grève demain. Service minimum, sévices maximum.

Pas de chance alors de croiser l'un de ces guichetiers qui firent l'immense fortune de nos Chevallier/Laspalès humoristes du rail, employés dont l'amabilité légendaire fait à travers le monde la fierté de la SNCF :

– Bonjour, monsieur le guichetier !

– C'est pour quoi ?

Des fois que tu viendrais acheter un jambon/beurre.

– T'as vu la vitre, cause-moi plus fort !

– Je viens solliciter votre gentillesse afin de me délivrer un billet pour Avignon.

– Rien compris, montrez-moi d'abord votre carte senior !

À cet instant, la jolie fille qui m'accompagne, à laquelle j'avais raconté que je frisais les 40 ans, en profite pour se barrer en m'insultant :

– Ouais, gros salopard, il voulait niquer sa petite-fille !

Bref, je reviens à ma borne automatique pour retirer mon titre de transport. Une heure plus tard, je parviens à l'écran, mon train ayant depuis longtemps dépassé Dijon. Un écran dégueulasse, plus dégueulasse encore que les cacahuètes sur les zincs des bistrots péroniens. On y trouve de tout sur ces écrans : pipi, mayonnaise, boulettes nasales, crachats, caca, Ketchup, poils de cul et même liquide séminal… Eh oui, DSK prend le train lui aussi ! Ce mec-là, dès qu'il voit un train, il le prend… Alors, un écran dégueulasse avec des indications invisibles sous la crasse. J'appuie donc au hasard. Derrière moi, ça s'impatiente poliment :

– Alors le gros cul, on prend racine !

À suivre page suivante…

Présentation des panélistes

Née Gagarine, elle s'est envoyée en l'air bien avant son illustre cousin.

Macha Méril

Question du jour

Autrefois, à Madagascar, qu'appelait-on « réserve à viande » ?

La sœur d'une femme mariée qui devait rester célibataire pour la remplacer en cas de décès.

Bouvardise

Le parcours du combattant imposé à l'écrivain : trouver un sujet, trouver un bon titre, trouver le temps d'écrire, trouver un éditeur, trouver des journalistes qui trouveront assez réussi le bouquin pour que, grâce à eux, le bouquin trouve des lecteurs.

Mercredi 17 Avril

SAINT ANICET

Citation

Qui a dit : « Les hommes vieillissent toujours mal quand ils restent jeunes. » ?

Romain Gary.

Question du jour

À la cour de François 1er, une seule personne pouvait le tutoyer. Laquelle ?

Son bouffon Triboulet.

Bouvardise

Pourquoi l'antenne des oreillettes désormais sans fil dont on équipe les invités du quatrième âge dans les entretiens télévisés n'emprunterait-elle pas, afin de s'intégrer encore mieux au tympan, la forme d'un poil ?

Après la borne, plus de limite (suite et fin)

par Bernard Mabille

Pire encore, la hauteur des écrans ! Obligé de se mettre à genoux car, vous l'avez remarqué, Philippe, les bornes sont très basses. Ah non, vous ne l'avez pas remarqué !!!

Ces trucs-là doivent être fabriqués par des pygmées qui n'en n'ont pas l'emploi, n'ayant ni gare ni TGV. Alors, trente coups de pied et trente coups de boule plus tard, je me débats toujours avec la machine ; mon train est sûrement arrivé à Avignon. Quand un grand mec baraqué façon conducteur de 40 tonnes me propose gentiment son aide :

– Laisse-moi faire bouffon, sinon je te fais une fricassée de miches à la Santiag ! C'est quoi ta référence de dossier ?

Alors moi, tout timide, j'épelle :

– C O Q P D.

Même pas le temps de voir sa valise s'écraser !

Voilà pourquoi mon prochain coup de sang sera contre ceux qui inventent les références de dossier SNCF.

UNE HISTOIRE DRÔLE

C'est un monsieur et une dame du troisième âge qui viennent de se marier. Et tout de suite, ils se rendent compte qu'il y a un petit problème dans leur vie sexuelle. Alors ils vont consulter un psychologue.

Après les avoir entendus, le psychologue leur dit que le problème doit provenir du fait que «Madame est beaucoup plus grande que Monsieur». Alors il suggère à Monsieur de se faire réaliser des chaussures spéciales à semelles et talons compensés, de manière à rehausser son ego...

Le mois d'après, le psychologue les revoit et il leur demande comment leur vie amoureuse a évolué depuis l'achat des nouvelles chaussures.

La femme répond :

– Oh oui, ça va beaucoup mieux, mais bon sang, qu'est-ce que ça salit les draps !

Mes bonnes adresses

par Philippe Chevallier

Il existe une constance dans les hebdomadaires féminins, c'est l'interview *Coup de cœur* auprès d'un illustre inconnu du grand public, mais qui fait autorité dans un domaine réservé aux *happy few*. Ces personnes de qualité, donc interviewées, triées sur un volet de palissandre, ont des lieux publics qu'elles affectionnent, des commerces de prédilection, des fournisseurs attitrés, et elles nous font la gentillesse de nous les dévoiler.

Pour l'architecte par exemple, il n'est pas question d'acheter son thé en sachet au Prisunic du coin. Non ! Ce monsieur a la peau très fragile et seul le thé parfumé à la morue séchée, vendu en vrac dans la boutique du canal Saint-Martin tenue par une pakistano-écossaise, lui évite le prurit. Nous voilà avertis, ce gars-là ne se mouche pas du pied !

Idem pour la modiste ! On apprend de façon bien intéressante que Mémère ne se lave pas le minou avec du savon de Marseille… Madame a des exigences en matière d'intimité. Pour sa caverne…, savon au sésame ! Plus pratique pour l'ouverture sans doute. Pour les provisions de bouche, pas question de faire la queue à la caisse du Monoprix avec les pue-la-sueur, la señorita se fait livrer ses concombres et ses carottes bio à domicile. « C'est un gain de temps énorme, dit-elle, et le livreur est tellement sympa. » Quand elle sort dîner avec ses copains, Jeff acheteur d'art ou Lucas maquilleur pour Lagerfeld, elle choisit une cuisine *light* chic dans un restaurant de Belleville très glamour, ou le *Crillon* car elle raffole de la langoustine rôtie et de son jus corsé au yuzu.

À suivre page suivante…

Citation

Qui a dit : « Jouer sur scène présente deux risques majeurs : tomber dans la fosse ou tomber dans l'oubli. » ?

Michel Galabru.

Question du jour

Qu'y a-t-il en permanence dans les églises catholiques américaines et pas dans les nôtres ?

Le drapeau national.

Bouvardise

En d'autres temps, les parents se saignaient aux quatre veines durant plusieurs années pour mener leurs enfants les plus doués jusqu'à l'agrégation. Aujourd'hui, ils investissent 500 euros dans l'achat d'une tablette permettant au cancre de la famille de disposer instantanément de tout le savoir du monde.

Citation

Qui a dit : « L'oisiveté est la mère de tous les vices, mais le vice est le père de tous les arts. » ?

Alfred Capus.

Question du jour

Autrefois, qu'appelait-on une garce ?

Une femme qui montait à cheval à califourchon.

Bouvardise

Non-sens des éducateurs qui souhaitent refréner l'éthylisme des jeunes en les avertissant que l'alcool modifie les comportements alors que c'est pour cette raison qu'ils en consomment.

Mes bonnes adresses

(suite et fin)

par Philippe Chevallier

Eh bien moi, les amis, je rêve d'un carnet d'adresses moins sophistiquées, avec des commentaires moins tarabiscotés. On pourrait de temps en temps donner la parole à des citoyens normaux qui ont un travail normal avec le salaire qui va avec et qui ont des goûts normaux. Et ma morue, elle vient toujours de chez *Dodo la Saumure* ?

Par exemple, Justin Chombier, retraité SNCF à La Tranche-sur-Mer, nous ferait partager ses envies : « Moi, quand je veux manger une bonne andouillette avec ma femme, on va chez *Dédé la Frite* à côté du camping. La moutarde est à volonté, comme la mayonnaise, et ils ont un petit pinard du Massif central à 3 euros la bouteille d'un litre qui n'est pas piqué des hannetons. » Ou alors Josiane Trouniard, coiffeuse pour chiens à Méribel en hiver et à Villetaneuse en été : « Moi, forcément, avec l'odeur des bêtes que je subis en permanence au quotidien, il ne me faut pas un parfum de midinette. Toiletter les chiens, c'est pire que de vendre du poisson ! Mon secret pour séduire : je m'asperge d'eau de Javel trois fois par jour. Et, en ce moment, je suis avec un maître-nageur, il est ravi ! »

Ou encore Marcel, chauffeur de poids lourds : « Pour moi, la détente après une semaine de boulot sur les routes, c'est d'aller au *Macumba* de Bourg-La-Reine avec mes potes ! On se prend une dizaine de cannettes au bar, histoire de se mettre en condition, et après on se lâche sur la piste. La danse des canards, le petit bonhomme en mousse… Tout y passe ! Et quand je ramène une meuf à la maison, je suis tellement bourré que je ne peux plus rien faire. »

Eh bien, voilà ce que sont pour moi de vraies confidences et de vrais choix de vie avec des vrais gens, sans chichis ni manières.

UNE HISTOIRE DRÔLE

En 1917, en Russie, un vieil aristocrate sait que les rouges vont bientôt venir et le dilapider de sa fortune. Il ne voit pas comment faire lorsque sa fille trouve une idée :

— Papa, si vous voulez, je peux cacher les œufs de Fabergé dans ma foufoune, ils ne sont pas près de les trouver là.

— Ma fille tu es géniale, ton idée est excellente. Si seulement ta mère était encore là, nous aurions sauvé toute l'argenterie !

Peroni reconverti dans l'art contemporain

La semaine dernière se tenait la FIAC (Foire Internationale d'Art Contemporain). Mais ça pourrait aussi s'appeler la Foire de l'Attrape-Couillon ou la Foire de l'Arnaque Conifiante. Pour ceux qui ne sauraient pas ce qu'est l'art contemporain, c'est par exemple un homard rouge en ferraille dans les jardins de Versailles. Et dire qu'on se fout de la gueule des gens qui ont des nains de jardin ! C'est quand même moins cher et moins prétentieux. Parce que l'art contemporain, c'est quand même une grosse arnaque ! Alors, du coup, j'ai décidé de me prendre moi aussi pour un artiste contemporain, et je vais vous donner quelques exemples tirés du catalogue de mes œuvres issues de mon cerveau fécond. D'abord, une énorme paire de fesses en marbre de Carrare au-dessus d'un médius vengeur menaçant l'orifice central. Cette très belle allégorie est sobrement intitulée *La Grèce allant payer sa dette*. Ça va me faire en gros 500 000 euros que je ne toucherai jamais. J'expose aussi un tabouret en Formica posé sur un socle en velours rouge. Ça s'appelle *La Chaise sans dossier*. Et crac ! 50 000 euros dans ma foufouille !

Un bocal à poisson entièrement vide avec une loupe accrochée pour grossir le vide, finement intitulée *Réunion d'idées chez François Bayrou*. Et crac ! 200 000 sur mon compte.

J'ai aussi une œuvre d'une grande pureté, baptisée *Hommage à un président que nous n'aurons jamais eu*. Une éponge barrée d'une carte de visite sur laquelle on peut lire : *Jean-Louis Borloo*. Et pan ! J'ai de quoi me faire entrer une citerne de Pétrus ! Je donne aussi dans la symbolique forte : deux immenses cannes à pêche en fer forgé soudées par la base en forme de V comme « Victoire », intitulées *Hommage à de Gaullc*. Et badaboum ! Envoyez le pognon !

Et pour finir, le chef-d'œuvre qui, à mon sens, devrait clairement bien se vendre en cette période électorale : un isoloir, dont le rideau en velours bleu entrouvert laisse entrevoir sur la petite étagère un majestueux pot de vaseline, sur lequel est inscrit : « Ça vous fera moins mal » ! Avec ça, crac ! Il faut que je m'exile aux îles Caïman tellement je suis pété de tunes ! C'est-y pas beau, l'art contemporain ?

Citation

Qui a dit : « Les femmes, c'est comme les photos, j'aime bien les prendre, mais pas être dessus ! » ?

Franck Dubosc.

Question du jour

Qu'appelait-on le « divorce à la carolingienne » ?

L'époux faisait égorger sa femme.

Bouvardise

En créant des paris hippiques en ligne qui permettront aux turfistes d'encourager la race chevaline chez eux à califourchon devant leur ordinateur, la *Française des Jeux* les prive de leur principal alibi qui était de s'offrir un bol d'air à Longchamp ou à Vincennes.

Lundi

22 Avril

SAINT ALEXANDRE

Citation

Qui a dit : « Le luxe est une affaire d'argent. L'élégance est une question d'éducation. » ?

Sacha Guitry.

Question du jour

Que représentent les 13 rayures parallèles rouges et blanches sur le drapeau américain ?

Elles représentent les 13 colonies fondatrices des États-Unis.

Bouvardise

Lecture accélérée de la presse. Tous ces confrères – talentueux ou pas, je ne saurai jamais – que j'élimine d'un doigt à la fois léger et cruel parce que le titre ne m'accroche pas, parce que leur avis m'indiffère, parce que le sujet traité ne fait pas partie de mes préoccupations ou parce que j'ai envie de poursuivre mes rêves plutôt que d'entrer dans leurs cauchemars.

La « dernière » de Cyrano

par Jacques Weber

La dernière de *Cyrano* après 500 représentations au théâtre *Mogador* restera un très beau souvenir. Alors, traditionnellement, pour les dernières, on a des petits cadeaux, des fleurs, des télégrammes… Mais ce soir-là, il n'y avait rien. Je me suis dit : « Ils ne sont pas très gentils, mais bon ce n'est pas très grave, les mœurs changent ! » Et puis on joue, et toujours rien. Arrive le salut. Il était prévu qu'à la fin, j'avance vers mes partenaires car j'avais joué le rôle principal. À ce moment-là, chose totalement imprévue, le rideau tombe, je me retrouve tout seul sur la scène, les gens applaudissent très fort… Et quand le rideau s'est relevé, plus personne derrière moi ! Et tout d'un coup, les acteurs sont venus un par un avec des énormes bouquets de fleurs, des cintres tombaient des fleurs, des ouvreuses venaient de la salle également avec des violettes… Il y avait eu tellement de fleurs que je me suis retrouvé avec l'image d'un cercueil, ce qui est absolument épouvantable ! Je ne savais pas trop quoi faire, j'étais très touché ! Et là, je me suis pris pour Johnny Halliday : dans un grand geste spectaculaire, j'ai arraché mon faux-nez et je l'ai jeté dans la salle. Le hasard total a fait que le spectateur qui a récupéré cette relique n'était autre que Gérard Depardieu qui jouerait deux ans plus tard Cyrano au cinéma !

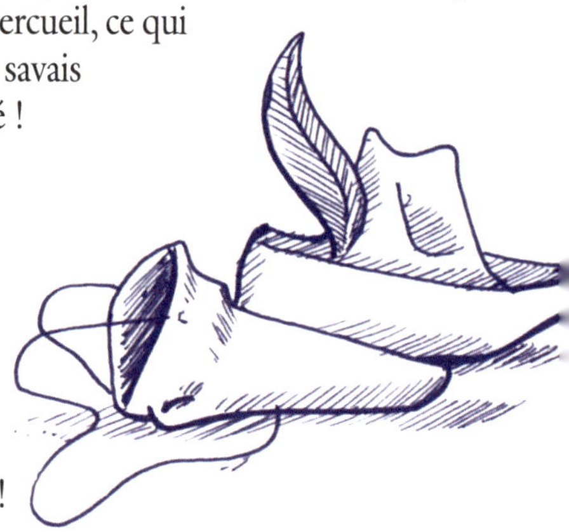

UNE HISTOIRE À BIDE

Un japonais demande à un anglais :
– Si on te disait que la fin du monde était prévue pour le mois prochain, que souhaiterais-tu avant ?
L'anglais :
– J'aimerais devenir français.
– C'est curieux ! Et pourquoi donc ?
– Parce qu'ils retardent de vingt ans… !

Mardi **23** **Avril**

SAINT GEORGES

Un espoir pour les moches

Philippe Bouvard : Un nouveau petit manuel de beauté à l'usage des femmes grosses et moches est sorti. Des conseils sont donnés à ces femmes.

Jean-Jacques Peroni : « Tu vas bientôt maigrir, grosse vache ! »

Philippe Chevallier : Le conseil, c'est : « Soyez vicieuses ! »

Philippe Bouvard : Ce sont plus que des conseils : « C'est plus facile de rester fidèle quand on est moche. On peut tomber enceinte sans se faire remarquer. Si vous n'êtes pas belle, au moins, les gens n'ont pas d'arrière-pensées dans la tête quand ils s'adressent à vous. » C'est une manière de leur remonter le moral.

Jean-Jacques Peroni *(s'adressant à Philippe Bouvard)* : Vous vous taperiez une grosse, vous ?

Philippe Bouvard : Écoutez, euh… sans mes lunettes, oui !

Princess Erika : Mais une grosse, c'est moelleux, c'est confortable, c'est spacieux !

Jean-Jacques Peroni : Quand il y a de la viande autour de l'os, je n'aime pas ça. Le jambon, je l'aime découenné !

Philippe Bouvard : Et puis, même si une femme n'est pas belle, elle a sa petite chance. Souvenez-vous de ce que disait Jules Renard : « Ah, le printemps, c'est la période de l'année où les petites femmes moches tombent enceintes ! »

UNE HISTOIRE DRÔLE

Une dame va renouveler son passeport. Le fonctionnaire lui demande :

– Combien d'enfants avez-vous ?

– Dix.

– Et leurs prénoms ?

– Bernard, Bernard, Bernard, Bernard, Bernard, Bernard, Bernard, Bernard, Bernard et Bernard.

– Ils s'appellent tous Bernard ? Et comment vous faites pour les appeler quand ils jouent tous dehors, par exemple ?

– Très simple, je crie « Bernard ! » et ils rentrent tous.

– Et si vous voulez qu'ils passent à table ?

– Pareil. Je crie « Bernard ! » et tous se mettent à table.

– Mais, et si vous voulez parler particulièrement avec l'un d'entre eux ? Comment vous faites ?

– Ah ! Dans ce cas-là, je les appelle par leur nom de famille… !

Présentation des panélistes

Elle est la diva des mâles à la main baladeuse et à la langue pendante.

Chantal Ladesou

Question du jour

Dans les romans de San-Antonio, comment se prénomme Bérurier ?

Alexandre-Benoît.

Bouvardise

Naguère, les intellectuels réfléchissaient chez eux aux difficultés que doivent affronter les bipèdes qui ne sont pas des intellectuels. Aujourd'hui, ils se placent en « immersion » dans une ville, dans une entreprise ou dans un immeuble. Certains d'entrer dans le vif du sujet. Et assurés d'en sortir, à la première lassitude.

Mercredi **24** **Avril**

SAINT FIDÈLE

UNE HISTOIRE DRÔLE

La prof est devant la classe et écrit un exercice au tableau.
Sur ce, le petit Paul crie :
– Mademoiselle, vous avez des poils sous le bras droit !
Furieuse, la prof renvoie Paul à la maison pour le restant de la journée.
Le lendemain, la prof pousse le tableau du bras gauche et Paul s'écrie :
– Mademoiselle, vous avez aussi des poils sous l'autre bras !
Là-dessus, Paul se retrouve à la maison pour le restant de la semaine.
Le lundi, la prof, un rien énervée, laisse tomber la craie. En la ramassant, elle entend Paul crier :
– Salut tout l'monde ! Avec ce que je viens de voir, on se reverra après les grandes vacances !

Élections pièges à cons

Gilles Carrez (rapporteur du budget à l'Assemblée nationale) : Je venais d'être élu conseiller général ; je n'avais jamais fait de politique avant et j'avais dans ma circonscription la ville de Champigny-sur-Marne. On m'avait chargé d'aller surveiller un bureau de vote dans l'école. Une fois sur place, je me rends compte que le président de bureau et ses assesseurs sont tous vêtus d'un imperméable. Et soudain surgit d'une porte dérobée un véritable pack d'individus qui se précipitent sur l'urne…, et je vois le président et ses assesseurs qui commencent à remplir les urnes de bulletins préparés préalablement. Je me précipite dehors voir le policier mais il me dit que c'est le président qui dirige et qu'il n'a pas le droit d'entrer. Quand je reviens, deux minutes après, l'assesseur (qui était une femme avec une poitrine opulente et qui détenait le cahier d'émargement) avait posé sa poitrine dessus ; quant à l'assesseur communiste, il essayait d'écrire dessus et de tourner les pages et elle, elle hurlait. Résultat : on a réussi à stopper en partie la fraude et, le soir, quand on est allé compter les bulletins, j'ai refusé que l'on ouvre l'urne avant d'avoir compté les émargements. Donc, une fois le compte effectué, on a ouvert l'urne : évidemment, il y avait 450 enveloppes pour 200 signatures. On a obtenu ainsi l'annulation de l'élection !

Citation

Qui a dit : « La mayonnaise a recouvert plus d'erreurs que la robe de la mariée. » ?

Question du jour

Pourquoi Elvis Presley n'a-t-il jamais donné un seul concert hors des États-Unis ?

Bouvardise

Tous les partis politiques couvent leurs associations de « jeunes ». En revanche, aucune structure d'accueil pour les seniors et nulle Université de printemps pour les indécis qui, en fin de compte, feront la décision.

Parce que son imprésario Thomas Andrew Parker était entré illégalement aux États-Unis. En situation irrégulière, il risquait de ne plus pouvoir y rentrer à nouveau s'il en sortait.

Paul Bocuse.

Ils sont foot au PSG !

par Jacques Mailhot

À un moment, il est de bon ton de s'indigner : c'est très mode, très tendance. Peut-être pourrait-on s'indigner d'une information qui tourne en rond dans les rédactions sans soulever la moindre réserve… Je veux parler des transferts, des achats, des marchandages, bref, du shopping quasi quotidien du PSG. Alors, nos présentateurs de journaux télévisés sont-ils vraiment des journalistes ? Rien n'est moins sûr ! Ils nous bassinent avec la rigueur, l'austérité, l'euro en déroute, l'Europe en berne, on en passe et des plus joyeuses… Personne, mais vraiment personne, ne s'offusque qu'un entraîneur de ballon rond chargé de motiver des joueurs – qui, je vous le rappelle, sont à peine payés entre 200 000 et 300 000 € par semaine, et qui, forcément, ont besoin d'être motivés parce que, à ce prix-là, on a besoin de l'être –, personne ne s'offusque qu'un tel garçon de bains soit payé lui-même 500 000 € par mois. Ça ne dérange personne ; et ça dérange si peu que nos bedeaux de l'information vous annoncent sans sourciller de tels salaires astronomiques et enchaînent aussitôt joyeusement avec les Restos du Cœur, passant sans aucun état d'âme de l'entraîneur bourré aux as à la mère célibataire incapable de s'acheter un paquet de petits-beurre pour nourrir ses cinq enfants qu'elle a eus avec ses quatre compagnons différents. Et la présentatrice du Journal, Marie-Cécile, de dire à son partenaire, son alter-zéro du Journal : « C'est quand même une véritable honte pour notre société de nos jours… Hein, pas vrai Gilles ? »

Alors, à force de faire dans le sensationnel, le racoleur, et de transformer le football en veau d'or des temps modernes et ses supporters benêts en atrophiés du bulbe, il semble bien que cette dégénérescence ait aussi atteint ceux qui sont en charge de nous informer… Cela est d'autant plus évident que ces mêmes thuriféraires de l'info qui pétille et frétille s'indignent dans le même temps du fait que les entreprises du CAC 40 dégagent des bénéfices et que, par voie de conséquence, elles vont devoir distribuer des dividendes à leurs actionnaires, ce qui est très gênant ! Si l'on comprend bien nos Chopin de la pensée prédigérée, il faudrait que ces entreprises évitent de gagner de l'argent et qu'elles ne distribuent aucun dividende à leurs actionnaires, dont l'action, je vous le rappelle, a souvent été divisée par 2, par 3, voire par 5 ; ou alors, que ces entreprises gagnent de l'argent, mais qu'elles le consacrent sans doute à l'achat de joueurs et d'entraîneurs pour nos clubs de football dont l'activité est vitale pour l'avenir économique du pays ! Ce serait tout de même plus juste et plus équitable, avouez-le, d'aller verser 42,50 € de dividende à Maurice Touchard des Deux-Sèvres, qui possède cinq actions au total sur son PEA ! Si ça, ça ne serait pas de la justice sociale, je m'y mordrais bien, comme diraient les nouveaux Bossuet du petit écran !

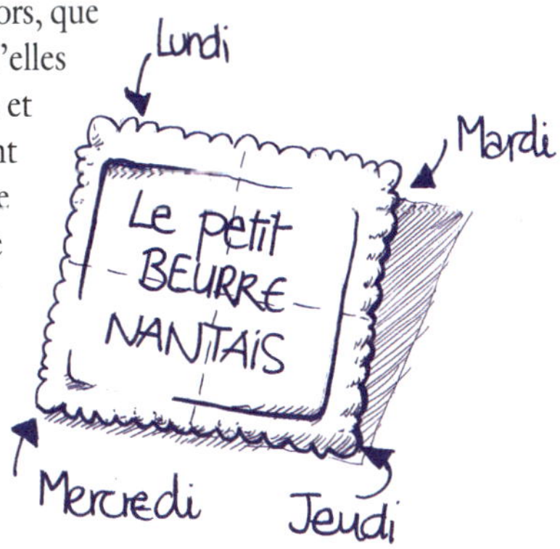

Citation

Qui a dit : « Et puis quoi, qu'importe la culture ? Quand il a écrit Hamlet, *Molière avait-il lu Rostand ? Non. » ?*

Pierre Desproges.

Question du jour

Avec quel objet Blaise Cendrars s'est-il fait enterrer ?

Un ballon de rugby.

Bouvardise

Si, comme le prétendent ceux qui travaillent dans la douleur, il faut choisir entre la facilité et le talent, je n'ai pas de quoi être fier tant je trouve de plaisir à écrire.

Vendredi

26 Avril

SAINTE ALIDA

UNE HISTOIRE DRÔLE

Fable africaine
Une fermière du Rwanda,
Qui était Hutu de surcroît,
Quitta sa case et sa smala
Pour le marché de Kampala.
Elle voulait honorer sa tribu
D'un beau chapon gras et dodu.
Mais elle était peu fortunée,
Et le marchand Tutsi, rusé,
Refusa de baisser le prix
Du chapon par elle choisi.
Me le donnerais-tu,
Dit la cliente Hutu,
Contre une gâterie
Sur ton beau bengali ?
À voir, dit le vendeur,
De cette gâterie quelle serait la valeur ?
Vaudrait-elle un chapon ?
Il m'en faudrait la preuve pour de bon.
Aussitôt la bougresse s'enfouit sous le boubou,
Et vite fait jaillir la sève du bambou.
J'ai gagné le chapon, s'exclame l'innocente,
À bouche encore pleine du produit de la vente.
Une nenni lui répond le volailler acerbe
Tout comme la figure, le chapon tu as perdu,
Car comme le dit notre si beau proverbe :
« Turlute Hutu, chapon point eu » !

Les urnes et les burnes

par Bernard Mabille

La campagne présidentielle qui ne volait pas haut est tombée bien bas à en juger par l'intérêt porté par nos politologues pour un sondage publié par *Hot Vidéo*. *Hot Vidéo*, c'est ce magazine à lire d'une seule main, que l'on achète toujours mais toujours par erreur, sous peine de scène de ménage. Qui n'a pas vécu ça ?

– Mais qu'est-ce que je vois, saligaud, Monsieur lit *Hot Vidéo*, mais t'es vraiment qu'un gros dégueulasse !

– Non, non, crois-moi ma chérie, j'avais demandé *Pèlerin magazine*… C'est le libraire qui s'est gouré.

Hot Vidéo donc, entrant dans la cour des grands, cité dans toutes les revues de presse sérieuses, nous révèle les penchants sexuels des Français en fonction de la façon dont ils bourrent l'urne, avant de faire la même chose à madame. Une sorte de « dis-moi pour qui tu votes et je te dirai comment tu baises ». Étude sérieuse menée par l'IFOP, là où on aurait pu attendre la SOFES… Reconnaissons-le, jusque-là les journalistes évitaient le sujet, l'effleurant tout juste, comme le révélaient certains titres :

« Nicolas Sarkozy vient de sauter François Hollande… »

« Personne ne peut plus empêcher Jean-Luc Mélenchon de grimper… »

« Marine Le Pen a du retard, ça l'inquiète… »

Que nous apprend *Hot Vidéo* ? Des trucs à nous re-titiller Strauss-Kahn, les observateurs l'ayant vu quitter Lille sans escort (girl). Qu'apprend-on donc ?

À suivre ci-contre…

Citation

Qui a dit : « Molière était un auteur dramatique qui jouait ses pièces. Sacha Guitry est un comédien qui écrit les siennes. » ?

Question du jour

En argot, que signifie « avoir le kangourou fané » ?

Marcel Pagnol.

Être impuissant.

Les urnes et les burnes
(suite et fin)
par Bernard Mabille

Qu'un électeur de Bayrou fait l'amour 5,9 fois par mois, un électeur de Sarkozy 6,7. Conclusion : plus on vote à gauche, plus on est attiré par le centre… À noter la précision de l'étude, j'imagine le sondeur planqué sous les draps un mois durant, sa calculette à la main, attendant que papa honore maman… « Et de 3, et de 4, et de 5… » Mais à quoi correspondent les 0,9, les 0,7, les 0,6, on ne sait pas ! Nombre de va-et-vient ou nombre de centimètres ? Tout cela va compliquer la mathématique de l'amour. « Allez, va donc applaudir ton Bayrou, tu m'as déjà prise 5,9 fois ce mois-ci ! », « Oui mais j'ai changé d'avis en fait. Je vais voter pour Mélenchon donc j'ai le droit d'aller jusqu'à 7,7 fois ! Et si ça continue, je vais voter pour Marine, on pourra aller jusqu'à 8 ! »

La fréquence des ébats amoureux diminuant avec la longévité du couple et l'intensité de la pratique religieuse – c'est ce que dit l'IFOP –, l'activité sexuelle est naturellement moins intense au sein d'un électorat de droite et du centre, plus âgé et plus pieux que la moyenne. Moralité : plus on est pieux, moins on y va !

Qu'apprend-on encore ? Que la sodomie est plus fréquente chez les sympathisants de gauche que de droite. À noter qu'aucun ne prétend ne pas la pratiquer. Preuve qu'un électeur l'aura toujours dans le fion…

Que les échangistes se trouvent plus à l'extrême gauche qu'ailleurs : un coup François, un coup Jean-Luc. On appelle ça le Mélenchisme !

Que la fellation est plus courante à gauche qu'à droite. Il n'y a donc pas que les promesses que les électrices sont prêtes à avaler…

Quant à moi, malheureux, je fais toujours tintin : je vis avec une abstentionniste….

Citation

Qui a dit : « Le meilleur régime politique est la monarchie absolue tempérée par l'assassinat. » ?

Stendhal.

Question du jour

Que désigne l'expression argotique « aller au café des deux colonnes » ?

Un baiser sur le sexe féminin.

Bouvardise

Projet de rétablissement d'une épreuve de culture générale au programme des grandes Écoles. En attendant de rendre obligatoire l'apprentissage de l'alphabet à ces énarques dont on prétend qu'ils sont parfois rebelles à la lecture.

Lundi **29** **Avril**

SAINTE CATHERINE DE SIENNE

Citation

Qui a dit : « L'ennemi le plus dangereux d'un souverain, c'est sa femme, si elle sait faire autre chose que des enfants. » ?

Diderot.

Question du jour

Pourquoi les phares des ports émettent-ils des signaux lumineux intermittents ?

Afin que les marins ne les confondent pas avec une étoile.

Bouvardise

La peur a changé de camp dans les casinos : appréhendant davantage de perdre de l'argent que des clients, les exploitants réduisent au minimum le plafond des mises. Comme si, par miracle, les règles du jeu étaient devenues favorables aux joueurs.

Elle est raide celle-là…

Philippe Bouvard : Qu'est-ce qu'on appelle le *petting* ?

Macha Méril : C'est flirter, c'est s'amuser, c'est-à-dire tout faire sans l'essentiel !

Bernard Mabille : C'est comme le tantrisme ?

Philippe Chevallier : Le tantrisme, c'est réussir à rester en érection pendant des heures et des heures sans qu'il y ait éjaculation !

Macha Méril : Ce qui est formidable, c'est l'orgasme sans se toucher !

Jean-Jacques Peroni : On doit se faire chier chez elle…

Macha Méril : J'ai déjà eu un orgasme mental à un dîner en face à face et on a joui tous les deux sans se toucher !

Philippe Chevalier : Et qui a nettoyé les sièges ? Ça vous fait une sacrée réputation !

Jacques Mailhot : Ça devait être propre !

Vincent Perrot : J'imagine que, dans le restaurant, tout le monde a voulu manger comme vous ?

Jean-Jacques Peroni : Attention, si vous recevez Macha, vous mettez du Gerflex par terre !

Philippe Chevalier : Et puis, on lui met une petite éponge à côté des couverts !

Bernard Mabille : La dernière fois qu'elle est venue, j'ai passé la salle à manger au Kärcher !

Citation

Qui a dit : « Un bon film, c'est celui qui vaut le prix du ticket, du restaurant et de la baby-sitter. » ?

Orson Welles.

Question du jour

Que se passe-t-il quand on passe le « détroit supérieur » ?

On naît : c'est le nom scientifique du bassin de la mère.

UNE HISTOIRE DRÔLE

C'est le roi Arthur qui propose sa fille en mariage à celui qui transpercera d'une flèche la pomme au-dessus de la tête de sa fille.
Le premier prétendant arrive et tire une flèche qui transperce la pomme. Il va près du roi et dit :
– Je suis Robin des Bois.
Le suivant arrive, tire et transperce la pomme. Il se rend près du roi et dit :
– Je suis Guillaume Tell.
Le troisième arrive, tire et transperce le front de la jeune fille. Il va près du roi et dit :
– Je suis désolé !

Bouvardise

Les membres du comité national d'éthique s'inquiètent des indiscrétions d'une imagerie qui autorisera bientôt à lire dans les pensées. Le nombre de pages blanches recelées par certains cerveaux devrait les rassurer.

Présentation des panélistes

Il est le seul, à notre connaissance, à faire voisiner aussi harmonieusement belle instruction et mauvaise éducation.

Jean-Jacques Peroni

Question du jour

Quelle règle Hitler imposa-t-il au cinéma nazi ?

Toute femme qui commettait l'adultère dans un film devait mourir avant la fin de celui-ci

Bouvardise

À ceux qui remarquent que la France est vingt fois moins peuplée que la Chine, je réponds que le rayonnement d'un pays est moins lié au nombre des vivants qu'à la qualité des morts.

Politique fiction

par Tanguy Pastureau

François Hollande, l'ex-Flanby transformé par le miracle du scrutin en une belle Danette au praliné pour laquelle tout le monde se lève, est devenu président et, normalement, c'était Strauss-Kahn qui devait avoir le poste. J'ai donc imaginé ce qu'aurait été son élection triomphale au soir du second tour.

Dimanche 6 mai, 18 heures : DSK reçoit un appel depuis la Belgique de Dodo la Saumure : « Tu as gagné avec 69 % des suffrages. » DSK : « 69, ça tombe bien, c'est mon numéro fétiche. » Dodo : « Bon, je t'en mets une au frais ? » DSK : « Tu ne vas pas quand même pas mettre une fille au frigo ? » Dodo : « Pas une fille, une bouteille ! On n'est quand même pas des bêtes ! »

Dimanche 6 mai, 20 heures : le visage du nouveau président DSK apparaît à l'écran. Claire Chazal retire aussitôt son chemisier avant de faire tourner son soutien-gorge au-dessus de sa tête en hurlant : « Tout le monde à poil ! » Sur France 2, David Pujadas se titille les tétons.

Dimanche 6 mai, minuit : à Paris, place Pigalle, la foule attend DSK de pied ferme. Pied que le candidat a pris douze fois dans l'avion. Les messages de félicitations se succèdent ! Depuis l'Italie, Rocco Siffredi (un collègue) l'assure de toute son affection ainsi que le golfeur américain Tiger Woods. L'ex-président américain Clinton l'appelle afin de lui conseiller une marque de cigare qui ne craint pas l'humidité.

À suivre ci-contre…

UNE HISTOIRE À BIDE

Une femme se rend chez son gynécologue.
— Docteur, j'ai des problèmes pour avoir un enfant.
— On va regarder cela. Déshabillez-vous.
— Heu… docteur. Je suis gênée. J'aurais aimé qu'il soit de mon mari.

Politique fiction (suite et fin)
par Tanguy Pastureau

Mardi 8 mai, 10 heures : le président Strauss-Kahn rejoint sous l'Arc de Triomphe le président Sarkozy. Préventivement, ce dernier a interdit à sa femme Carla d'approcher DSK sans être au minimum armée d'un fusil à seringue hypodermique pour éléphant (du PS). DSK : « Je voudrais rendre hommage au Soldat inconnu, mais avant tout… à sa femme. »
Jeudi 10 mai, 14 heures : Bayrou au téléphone, souhaitant devenir Premier ministre, lui propose en échange un rendez-vous avec Marielle de Sarnez (la dame aux dents aussi jaunes que ses cheveux). DSK, ulcéré : « Et pourquoi pas Éva Joly, tant que vous y êtes ? »
Mercredi 16 mai, 10 heures : DSK annonce la composition de son gouvernement. La parité n'est pas respectée car il y a 100 % de femmes. Brigitte Lahaie est nommée Premier ministre, Clara Morgane est à l'Intérieur, alors que pendant longtemps c'est son partenaire qui y était. Épuisé, le président, à la fin de la journée, repose son martinet, retire ses menottes en fourrure rose, s'écroule dans son fauteuil et dit : « Bon allez, Catherine, Sophie, Juliette, Charlotte, Justine, Farida, Louise, Lola, Manon, on va se coucher ! Demain, je dois me rendre très tôt au Conseil des ministres. »

UNE HISTOIRE DRÔLE

Deux hommes se baladent dans une plaine et discutent de leur position favorite au lit.
L'un deux dit :
— Moi ma préférée c'est la position « rodéo ».
— Jamais entendu parler de cette position, c'est comment ?
— Eh bien tu demandes à ta copine de se mettre à quatre pattes. Ensuite tu te penches en avant et tu attrapes ses deux seins avec tes mains et tu lui murmures à l'oreille : Hummm ! On dirait les seins de ta sœur... Ensuite tu essaies de tenir pendant 8 secondes !

Citation

Qui a dit : « Il vaut mieux être cocu que veuf : il y a moins de formalités ! » ?

Alphonse Allais.

Présentation des panélistes

Il a travaillé dur, sans jamais glander, pour s'offrir sa forêt de chênes.

Jacques Mailhot

Bouvardise

Il faut être vraiment attardé pour s'obstiner à croire aux vertus du travail dans une société où l'effort non sportif a perdu toute noblesse.

Vendredi
3 Mai
SAINT PHILIPPE

Citation

Qui a dit : « Rien n'est pire que le rêve qui ne débouche sur rien. » ?

Dominique Strauss-Kahn

Question du jour

Qu'est-ce que le murmure vésiculaire ?

C'est le bruit de la respiration.

Bouvardise

Heureux ceux qui n'ont jamais rien fait et qui n'ont pas d'avenir : ils ne risquent pas d'être rattrapés par leur passé.

Au salon de l'emballage

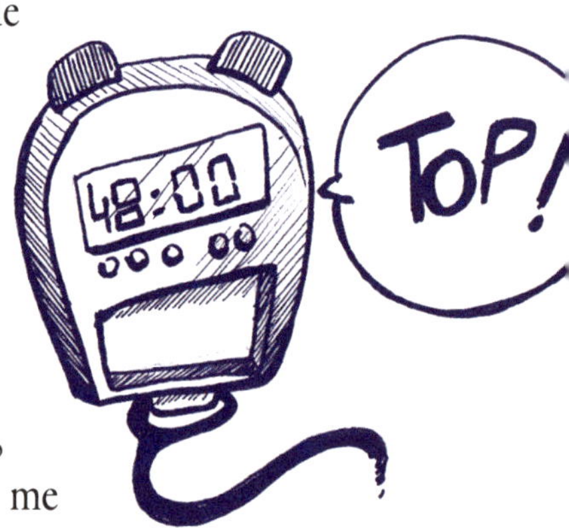

Philippe Bouvard : Combien de temps vous a-t-il fallu pour séduire votre femme Marie-Caroline ?

Luc Ferry : Quarante-huit heures, quelque chose comme ça !

Philippe Bouvard : Mais elle était mariée ?

Luc Ferry : Elle n'était pas mariée, mais elle vivait avec un monsieur. Je me souviens, c'était à l'île de Ré chez ses parents. Ils avaient organisé un très grand dîner gentiment pour moi et il y avait un garçon qui était avec elle, qui était d'ailleurs très beau gosse et avait trente ans de moins que moi… Le repas s'est bien passé et, 48 heures après, je suis reparti avec elle et on s'est mariés six mois après.

Philippe Bouvard : Elle a quitté son monsieur tout de suite ?

Luc Ferry : J'espère bien, oui !

Jacques Mailhot : Et puis, pour revenir de l'île de Ré, rien ne vaut… un ferry !

UNE HISTOIRE DRÔLE

Un cadre remarque soudainement que son collègue porte une boucle d'oreille.

Le sachant très conservateur, il trouve ce changement surprenant et l'interroge :

– Je ne savais pas que tu aimais les boucles d'oreilles !

– Ça va, n'en fais pas tout un plat, c'est juste une boucle d'oreille de femme, lui répond l'homme, manifestement gêné.

– Ah tiens ! Et depuis quand tu la portes ?

– Depuis que ma femme l'a trouvée dans notre lit… !

Elvis Presse-les !

Philippe Bouvard : Est-ce que vous saviez qu'Elvis Presley avait une fille cachée ?
Philippe Chevallier : Elle n'est pas tellement cachée, si on le sait !
Philippe Bouvard : Elle demande donc 130 millions de dollars aux enfants qui n'étaient pas cachés.
Jean-Jacques Peroni : Il n'en a eu qu'une… C'était Lisa Marie !
Bernard Mabille : C'est celle qui était mariée à Mickael Jackson ?
Jean-Jacques Peroni : Et c'est la fille de Priscilla !
Philippe Bouvard : Je vois que vous connaissez la famille !
Philippe Chevallier : Jean-Jacques, il connait tout sur le rock'n'roll et le paso-doble !
Bernard Mabille : Mais attends, Elvis, il a tellement plu aux femmes qu'il a dû avoir des tonnes d'enfants !
Jean-Jacques Peroni : Évidemment !
Bernard Mabille : Quand il leur faisait l'amour, il leur disait : « Presse-les ! Presse-les ! »
Jean-Jacques Peroni : À propos de rock'n'roll, c'est un gars qui va aux putes. La pute se dessape et elle a, tatoué à l'intérieur de la cuisse droite, Elvis. Le gars lui demande s'il peut embrasser Elvis et la pute lui répond que oui. À l'intérieur de la cuisse gauche, elle a tatoué Eddie Cochran. Le gars lui demande s'il peut embrasser Eddie et la pute lui répond encore une fois que oui. Un instant après, la pute lui demande : « Et Demis Roussos, tu ne l'embrasses pas ? »

UNE HISTOIRE DRÔLE

Un homme va chez son médecin : son testicule gauche est enflammé. Le toubib l'examine et lui dit d'un air assuré :
– C'est une inflammation du testicule gauche. Ce n'est pas grave, je vous donne le téléphone d'un ami urologue.
Mais le doc se trompe et lui donne le numéro de son avocat.
Le bonhomme prend rendez-vous et part voir le soi-disant spécialiste.
L'avocat lui demande :
– En quoi puis-je vous être utile, monsieur ?
Illico, le malade baisse son pantalon et lui montre son testicule :
– Je viens de la part de mon médecin traitant. Comme vous pouvez le constater docteur, j'ai le testicule gauche enflammé.
L'avocat le regarde, hébété.
Après un silence, il lui répond :
– Cher ami, excusez-moi, mais ma spécialité, c'est le droit !
Le malade s'énerve alors :
– Putain, c'est vraiment devenu un pays de cons ! Maintenant, il y a un spécialiste pour chaque couille !

Citation

Qui a dit : « On dit que la jeunesse ne croit plus à rien. Quelle tristesse… Et si, un jour, le Père Noël ne croyait plus aux enfants ? » ?

Question du jour

Qui a écrit la plus courte pièce de théâtre, *Le Souffle*, d'une durée de trente-cinq secondes ?

Bouvardise

Pourquoi les grandes douleurs sont-elles muettes ? Sans doute parce qu'après un crime, comme après l'amour, le premier qui parle prend le risque de proférer une ânerie.

Pierre Doris.

Samuel Beckett.

Lundi

6 Mai

SAINTE PRUDENCE

Citation

Qui a dit : « La naïveté grotesque des enfants fait peine à voir, surtout si l'on veut bien la comparer à la maturité sereine qui caractérise les adultes. Par exemple, l'enfant croit au Père Noël. L'adulte, non. L'adulte ne croit pas au Père Noël. Il vote. » ?

Pierre Desproges.

Question du jour

Dans quel unique film Claude François a-t-il joué, interprétant son propre rôle ?

Dans Drôles de zèbres, réalisé par Guy Lux.

Bouvardise

À nos transports aériens, il faut reconnaître trois qualités : d'abord, le respect d'un service véritablement minimum ; ensuite, l'organisation grâce à laquelle deux catégories de personnels ne font jamais la grève en même temps tout en réussissant à paralyser l'ensemble ; enfin, la régularité qui donne le bourdon aux contrôleurs à chaque fête carillonnée.

Voilà un an, jour pour jour, Mabille décrivait l'investiture

10 heures : François Hollande et Valérie Trierweiler sonnent à l'interphone de l'Élysée, dring dring ! Voix de Nicolas Sarkozy à l'autre bout : « Qui c'est ? » Réponse de Monsieur petites blagues : « C'est le plombier ! Non non, je rigole c'est François et Valérie. »

« François Valéry ? Tu te fous de ma gueule ? Et pourquoi pas Hervé Vilard ? Casse-toi, pauv'con ! »

Hollande : « Mais non, nous sommes les nouveaux locataires : François Hollande et Valérie, ma dame. La madame qui n'est pas vraiment madame mais qui se prend déjà pour madame… »

Sarkozy : « Bon alors entrez, le temps de calmer Giulia qui fait ses dents et je suis à vous. »

Premières impressions du nouveau président : « C'est grand ! » Faut dire qu'à côté du 65 mètres carrés loi Carrez dans le XVème, y a pas photo. Valérie note qu'il va falloir passer chez Ikéa et appeler Valérie Damidot. Selon TF1, le climat est serein. En effet, François Hollande, après avoir fait un doigt d'honneur à Sarko, serre à regret la main de Carla qui lui a un peu pris sa place. Eh oui, Ségolène élue, c'est lui qui aurait dû être première dame de France durant cinq ans ! La visite commence.

Sarkozy : « C'est votre bureau ». Une voix s'élève d'un placard :

« Putain Nico, arrête de me faire chier et sors-moi de là ! »

Sarko : « Ah François, faut que je vous dise, il faudra vous y faire, c'est Morano. Notre cadeau de pendaison de crémaillère… Même les chiffonniers d'Emmaüs ne veulent pas nous en débarrasser. »

Dernier conciliabule dans le couloir… « Alors, ça vous plaît ? » Le couple hésite : « On ne sait pas encore si on va le prendre, on aurait préféré rester dans le Vème, on va demander conseil à Stéphane Plaza. »

10 heures 30 : Le couple Sarkozy quitte l'Élysée comme un pet sur un tapis rouge. Personne pour les raccompagner à la bagnole. Le palais résonne d'un énorme « YOUPI ! Tout ça est à nous ! »

10 heures 45 : Premier discours du président modeste : « Je je je je je je… ». Ségolène, absente, garde les gosses de Bruno Masure et de Claude Sérillon.

11 heures : La DS présidentielle remonte les Champs-Élysées sous la flotte. Il en prend plein la poire. Il est Louis Bodin, la mèche est folle. Valérie note qu'il faudra lui acheter une barrette. Que d'eau, que d'eau ! aurait dit l'autre. Il en a jusqu'aux genoux. Et impossible de fermer cette maudite capote, elle est coincée. Hollande, tout sourire, grommelle : « Donnez-moi le nom du con qui m'a fait choisir une bagnole française… » Il descend de voiture emporté par une vague. Citroën vient d'inventer l'auto-baignoire à portes.

À suivre ci-contre…

Mardi

7 Mai

SAINTE GISÈLE

Voilà un an, jour pour jour, Mabille décrivait l'investiture

(suite et fin)

12 heures : Pied de nez à l'UMP, Hollande prouve déjà qu'il est président, qu'il sait se mouiller.
12 heures 30 : Une gerbe.
13 heures 30 : Une gerbe.
14 heures 30 : Une gerbe.
Une question : Pourquoi a-t-on élu un président si malade ?
15 heures : Attendu à l'Hôtel de Ville, François Hollande est en retard, il avait compris Bazar de l'Hôtel de Ville, il aime faire les courses. François serre les mains. Valérie, sa doublure, en profite pour serrer celles qu'il n'a pas pu serrer lui-même. Pour elle, le rôle est ingrat : « Suis-je première dame ou dame première ? dit-elle à France 2, j'attends vos propositions. » Aussitôt son téléphone sonne : « Bonjour Valérie, c'est DSK. J'ai une proposition à vous faire… »
17 heures : L'avion de François Hollande décolle et prend la foudre. Angela met la choucroute à réchauffer. Quelle journée ! Pluie, grêle et foudre ! On a failli avoir un président parachuté lors d'un voyage éclair ! Son téléphone sonne : « Bonjour c'est DSK, les coups de foudre ça me connaît, si vous avez besoin d'un renseignement ? »
17 heures 20 : Le Premier ministre est nommé. La gauche s'est trouvé un Ayrault. Un adepte du caravaning. L'hôtel Matignon débaptisé devient Camping Matignon. Fustigés hier, les gens du voyage applaudissent : « Il est des nôtres… » Franck Dubosc est nommé chef de cabinet, la France va exporter des paniers en osier.
18 heures : Devenu un Français comme vous et moi, Nicolas Sarkozy réapprend à vivre. Il s'arrête au feu rouge, cherche une place en crèche pour sa fille, attend chez le boulanger, espère un rendez-vous au Pôle Emploi. Il est parti courir tout seul au Bois de Boulogne. Son téléphone sonne : « Bonjour, c'est DSK ! Moi aussi, j'aime courir dans le Bois de Boulogne… »
21 heures : Hollande propose à Angela de tout mettre sur la table. Merkel lui fait comprendre qu'ils se connaissent à peine. Le téléphone sonne : « Bonjour, c'est DSK ! J'ai entendu qu'il fallait tout mettre sur la table : I am raidi ! »

Citation

Qui a dit : « C'est formidable le cinéma. On voit des filles avec des robes. Le cinéma arrive et on voit leurs culs… » ?

Jean-Luc Godard.

Question du jour

Que se passe-t-il quand le ramier passe la Garonne ?

Il change de nom : il devient palombe.

Bouvardise

Alors qu'on jette désormais les chaussettes trouées, les bas de laine n'espèrent toujours qu'en la reprise.

Mercredi
8 | # Mai
ARMISTICE 1945

Présentation des panélistes

Elle est encore plus belle à la radio qu'à la télé.

Princess Erika

Question du jour

À part les militaires, qui peut entrer armé à l'Élysée ?

Les académiciens.

Bouvardise

Le drame quand on a pris l'habitude de gagner de l'argent, c'est que plus rien n'est gratuit.

Les mots de l'amour

Philippe Bouvard : Quel discours tenez-vous pendant l'amour ?
Jean-Jacques Peroni : Ça dépend si la dame réclame !
Macha Méril : Moi, j'aime bien ceux qui ont de l'imagination !
Bernard Mabille : C'est quoi de l'imagination pour toi ?
Macha Méril : Un vocabulaire bien choisi…
Philippe Chevallier : Un vocabulaire choisi, ça ne veut pas dire un vocabulaire précieux.
Philippe Bouvard : Moi, j'ai un exemple. C'est l'histoire du type qui fait l'amour avec sa femme et, à un moment donné, sa femme lui demande : « Dis-moi quelque chose de sale ! » Alors, le type lui répond : « La cuisine ! »
Et après l'amour, vous pouvez dire quoi ?
Philippe Chevallier : Il y a la formule galante qui est quand même la plus fine : « Ah ! Ben voilà une bonne chose de faite ! »
Jean-Jacques Peroni : Il y a aussi, dans le même genre : « Eh bien, encore une qu'on ne refera pas ! »
Philippe Chevallier : Il y a aussi : « Ce n'est pas que je m'ennuie Simone, mais j'ai de la route ! »

UNE HISTOIRE DRÔLE

Le professeur a donné un travail à ses élèves d'une classe de cinquième :
– Demandez à vos parents de vous raconter une histoire avec une morale à la fin.
Le lendemain, tous les enfants sont revenus et, un par un, ont commencé à raconter leurs histoires.
Pierre se lève et dit :
– Mon papa m'a raconté une histoire au sujet de ma maman. Elle était pilote de chasse en Irak et son avion a été touché. Elle a dû s'éjecter au-dessus du territoire ennemi, et tout ce qu'elle avait c'était un flacon de whisky, un pistolet et un couteau de survie. Elle a bu le whisky en descendant afin que la bouteille ne se brise pas à l'atterrissage et puis son parachute s'est posé au milieu de 20 soldats irakiens. Elle en a abattu 12 avec son pistolet, jusqu'à ce qu'elle manque de munitions, puis, en a tué 4 de plus avec son couteau, jusqu'à ce que la lame se brise, et puis elle a tué les 4 derniers à mains nues.
– Seigneur! dit le professeur horrifié. Qu'est-ce que ton papa t'a dit au sujet de la morale de cette histoire horrible?
– Il a dit qu'il ne faut pas contrarier maman quand elle a bu !

Peroni rejoint les indignés

La mode est aux indignés. Moi-même, je suis un indigné chronique. Oui, je suis :

– indigné par les gens qui jettent leurs capsules de sodas au lieu de les envoyer en Somalie où ça leur ferait de jolis moules à tarte ;

– indigné par l'attitude de la Syrie qui n'arrête pas de couper des arbres ;

– indigné par le tribunal de La Haye qui juge l'ancien président Gbagbo sans sa canne blanche ni son chien alors que le président « ivoirien » ! ;

– indigné par la journée de la gentillesse qui donne envie d'envoyer des mandales à tout ce qui remue ! ;

– indigné par Roselyne Bachelot qui ne sert à rien ! Dans un Gouvernement qui veut faire des économies, faisons d'abord l'économie de Roselyne ;

– indigné par Cécile Duflot qui a de plus en plus le charisme d'une lessiveuse de riz complet ;

– indigné par les passages télé d'Hervé Morin qui sont un vrai gâchis parce que, dès que les gens le voient, ils vont davantage pisser que pendant les pubs ;

– indigné par les Restos du Cœur alors qu'il n'y a toujours pas de « Bistrot du Foie » ;

– indigné par l'effronterie des mendiants qui vous demandent une petite pièce pour manger alors que c'est pour boire ;

– indigné par ces députés qui veulent interdire la prostitution et qui, pour se faire élire, n'hésitent pas à racoler et à faire le trottoir ;

– indigné qu'on ne puisse pas savoir combien Dieu a d'amis sur Facebook ;

– indigné qu'on puisse dire encore, à l'approche des fêtes, « boudin noir » ou « boudin blanc ». Il y a des moches partout ! ;

– indigné par la feignasserie de ma femme qui n'arrête pas de soupirer à longueur de journée en répétant : « Je suis pompée », au lieu de me le faire.

Citation

Qui a dit : « Sur cent personnes à qui l'on souhaite bonne année, bonne santé le premier janvier, deux meurent d'atroces souffrances avant le pont de la Pentecôte. » ?

Pierre Desproges.

Question du jour

Quels sont les sportifs qui n'ont pas le droit de porter la moustache en compétition ?

Les boxeurs sur le ring.

Bouvardise

La propriété foncière et immobilière : à l'abri de tout sauf des glissements de terrain, des catastrophes naturelles, des erreurs de cadastre, des revers de fortune et des révolutions. C'est-à-dire terriblement aléatoire.

Vendredi

10 Mai

SAINTE SOLANGE

Citation

Qui a dit : « En France, on n'a que trois spécialités : la littérature, la fesse, la bouffe. » ?

Michel Audiard.

Question du jour

Quelle sorte de langage la langue française désigne-t-elle par le mot « hypocoristique » ?

L'emploi des diminutifs et petits noms d'amitié : Loulou, Dédé, Mimi…

Bouvardise

La mythologie contemporaine privilégie ceux qui, contre mauvaise fortune savent faire bon cœur. Plutôt le vœu de pauvreté que l'ambition de richesse.

Les cigares selon Raymond Barre

par André Santini

Une fois, j'avais eu une conversation sur les cigares avec Raymond Barre. Il m'avait demandé :

– Mais, dans votre club des parlementaires amateurs de havane, qu'est-ce que vous faites exactement ?

– De temps en temps, on fait venir un torsedor, c'est celui qui roule les cigares de La Havane.

– Ah oui ! Mais je croyais que ça se faisait sur la cuisse des femmes…

– Monsieur le Premier ministre, ça ne se fait plus !

– Ah oui, à cause du bourrelet !

UNE HISTOIRE DRÔLE

Mathias et Julie se marient mais ils n'ont pas les moyens de s'offrir une lune de miel, alors ils retournent chez les parents de Mathias pour leur première nuit ensemble.

Le matin, Théo, le petit frère de Mathias se lève et prend son petit déjeuner. Il est prêt à partir pour l'école et demande à sa maman si Mathias et Julie sont déjà debout.

Elle répond :

– Non.

– Tu sais ce que je pense ? demande Théo

– Je ne veux pas entendre à quoi tu penses ! Allez, file à l'école !

Théo revient à la maison pour le déjeuner et demande à sa maman :

– Mathias et Julie sont déjà debout ?

– Non, répond-elle.

– Tu sais ce que je pense ? demande Théo

– Je me fiche de ce que tu penses ! Fini ton déjeuner et retourne à l'école.

Après l'école, Théo revient à la maison et demande encore une fois :

– Mathias et Julie sont déjà debout ?

– Non

– Tu sais ce que je pense ?

– BON ! Alors, dis-moi à quoi tu penses ?

Il dit alors :

– La nuit dernière, Mathias est venu dans ma chambre pour prendre de la vaseline et je pense que… je lui ai donné la colle pour mes maquettes d'avion… !

Mireille Mathieu nous a pardonné

Philippe Bouvard : Il y a des années que l'on se moque de Mireille Mathieu, ça fait quarante ans. Elle n'est pas plus bête qu'une autre, pas plus intelligente non plus… Moi, je me suis fâché avec elle parce que j'avais dit que, chaque fois que nous avions échangé des idées, je me sentais le soir avec un grand vide dans la tête ! Elle avait dit que ce n'était pas gentil.

Philippe Chevallier : Comme quoi, elle comprend par moments !

Philippe Bouvard : Donc, pendant quarante ans, je me suis moqué de Mireille Mathieu… Et l'autre jour, quand le président de la République lui a remis la rosette de la Légion d'honneur, elle m'a invité en même temps que la famille ! J'étais le seul journaliste convié alors que c'était ma tête de Turc depuis quarante ans. J'ai trouvé que c'était très sport !

Philippe Chevallier : Ah, c'est le pardon !

Mireille Dumas : C'est très intelligent !

Jacques Mailhot : Mais ça ne m'étonne pas, elle nous écoute sans arrêt. Chaque fois que je la vois, Mireille Mathieu, elle me parle des *Grosses Têtes* !

UNE HISTOIRE DRÔLE

Le mari vient de terminer la lecture du livre *L'Homme de la maison*. Il arrive en toute hâte dans la cuisine, marche vers sa femme et, tout en lui pointant le doigt à la figure, lui dit :

– À partir de maintenant, je veux que tu saches que JE suis l'homme de la maison et ma parole est loi ! Je veux que tu me prépare un repas gourmet, et quand j'aurai terminé de manger mon repas, je m'attends à un somptueux dessert. Ensuite, après le souper, tu vas me faire couler un bon bain afin que je puisse me relaxer, et quand j'en aurai terminé avec mon bain, devine qui va me peigner et m'habiller ?

Et sa femme de répondre :

– Les pompes funèbres, connard !

Question du jour

Comment appelle-t-on la cravate faite d'un nœud et d'où sortent deux pans verticaux et superposés ?

Bouvardise

Aujourd'hui, à l'heure où le racolage n'est plus autorisé qu'à la télévision, l'indiscrétion tarifée tend à remplacer l'amour mercenaire.

Citation

Qui a dit : « Jack Lang, comme certains insectes, ne brille que dans la lumière. » ?

Une régate.

Michel Charasse.

Citation

Qui a dit : « Qu'est-ce que la France, je vous le demande ? Un coq sur un fumier. Ôtez le fumier, le coq meurt. » ?

Jean Cocteau.

Question du jour

Quelle est la différence entre un dôme et une coupole ?

Ces deux mots désignent la même chose mais on dit coupole lorsqu'on se trouve à l'intérieur et dôme lorsqu'on voit de l'extérieur.

Bouvardise

Dommage qu'on ait créé l'euro car, avec nos difficultés actuelles, le franc serait au plus bas et nos exportations au plus haut…

Mabille dans le pantalon de Johnny Hallyday

Philippe Bouvard : Que collectionniez-vous quand vous étiez un fan de Johnny ?
Bernard Mabille : J'étais très très fan de Johnny, aujourd'hui je le suis beaucoup moins parce que je pense qu'il s'arrête à Optic 2000. Je suis allé à son mariage, à Paris-Loconville (60), en Vélosolex. Et puis après, je suis devenu ami avec le gardien de la propriété de Johnny. Il me mettait de côté les vêtements de Johnny. J'avais une très belle collection de tenues de scène.
Philippe Bouvard : Et vous entriez dedans ?
Bernard Mabille : Un soir, pour aller en surprise-partie, je me suis dit, là je vais draguer… J'ai mis le pantalon en lamé que Johnny avait au Palais des Sports et puis j'ai commencé à danser le rock, le twist. Les filles étaient impressionnées, franchement ! Mais il avait tellement sué dedans que le truc s'est déchiré comme de la poussière et je me suis retrouvé en caleçon devant tout le monde !
Philippe Bouvard : Heureusement que vous aviez pris de l'Imodium !

UNE HISTOIRE DRÔLE

Deux jeunes mariés viennent passer leur nuit de noces dans un hôtel. Comme le veut la tradition, le marié porte sa femme dans ses bras. À la réception, l'hôtesse a l'air bien ennuyée :
— Je dois vous dire… votre chambre est au 35e étage et l'ascenseur est en panne.
— Cela ne fait rien, dit le mari, je la porterai jusque-là.
Et les deux amoureux grimpent…
Au premier étage, la femme murmure :
— Chéri, j'ai quelque chose à te dire…
— Tu me le diras plus tard, chérie, donne-moi plutôt un baiser.
Au deuxième étage, elle recommence :
— J'ai quelque chose à te dire.
— Oh! Je préfère un baiser.
Et ainsi de suite jusqu'au 35e étage. Là, la femme supplie :
— Chéri, il faut absolument que je te dise…
— Quoi, mon amour ?
— J'ai oublié la clé de la chambre en bas, à la réception !

Le mystère des tétons qui pointent

par Jacques Mailhot

Ce qui est bien avec Internet, c'est qu'on se pose un tas de questions fondamentales qu'on ne se serait jamais posées avant. Dernier exemple en date de ce bouillonnement spirituel et scientifique : « Pourquoi les tétons pointent-ils quand il fait froid ? »
Bien que je connaisse votre appétit pour les connaissances pour les uns et sa soif de savoir pour un autre, je suis certain que jamais vous ne vous étiez posé une telle question. Moi non plus… Eh bien, Internet s'est posé, lui, cette question, et nous donne cette réponse ô combien éclairante qui m'a laissé pantois : « Nul ne le sait. » Car c'est ça l'intérêt d'Internet : des interrogations éblouissantes et des réponses affligeantes… Je suis de mauvaise foi car, M. Internet, quand même, s'est penché sur le problème. Selon lui, ce serait dû à un « réflexe vestigial ». Alors, qu'est-ce qu'un « réflexe vestigial » ? M. Internet ne le dit pas non plus, mais on peut trouver la réponse dans le *Petit Robert*, ce qui est normal pour une question se rapportant au sein ! Ce serait plus précisément le fait des aréoles, ces parties colorées qui entourent les seins et qui contiennent des parties musculaires lisses se contractant quand il fait froid. Et lorsqu'on pince ces muscles, sachez-le, cela fait grossir les glandes de Montgomery… Montgomery qui était, je vous le rappelle, ce général britannique qui, justement, donnait les glandes à Rommel, le « Renard du désert » qui, lui, en pinçait non pas pour les tétons mais pour les Teutons dont il était l'un des plus brillants généraux. Or ces glandes seraient particulièrement sensibles au froid, ce qui explique sans doute que les Teutons, qui avaient voulu se pointer en Russie en plein hiver, ont pris une déculottée historique et hystérique pour leur chef, qui était pourtant fourreur de son état et qui aurait pu leur mettre les tétons au chaud !
Or, pour en revenir aux Alliés, je veux dire aux Britanniques, ces glandes de Montgomery sécrètent un fluide qui favoriserait l'allaitement. D'ailleurs, il paraît que lorsqu'une femme allaite, elle a les tétons qui se dressent ! Moi, je m'en souviens très bien quand j'étais petit. Or, cette situation engendre la production d'une hormone appelée « ocytocine » qui déclenche le réflexe pilomoteur, très à la mode dans les années 1960 où beaucoup de femmes et d'hommes circulaient précisément en pilomoteur ! Les célèbres mobylettes de couleur bleu ciel qui avaient justement pour particularité de vous remonter les sacoches… Donc, sachez que j'ai naturellement transmis cet épais dossier scientifique à M. Noël Mamère qui est le plus à même d'en faire bon usage. La semaine prochaine, toujours avec le concours de M. Internet, nous aborderons l'étonnant dilemme toujours non résolu : « Pourquoi les zigounettes se hérissent-elles quand elles croisent Clara Morgane et pourquoi se rétractent-elles quand elles aperçoivent Arlette Chabot ? »

Citation

Qui a dit : « Le seul menteur du Midi, s'il y en a un, c'est le soleil. Tout ce qu'il touche, il l'exagère. » ?

Alphonse Daudet.

Question du jour

Qu'est-ce qui se trouve sur l'île des Pélicans ?

La prison d'Alcatraz.

Bouvardise

Performance de la dernière Ferrari : elle va si vite qu'il faut désormais moins d'un quart d'heure pour aller du péage à la prison.

Mercredi

15 Mai

SAINTE DENISE

Citation

Qui a dit : « Il ne suffit pas d'être un grand homme, il faut l'être au bon moment. » ?

Georges Pompidou.

Question du jour

En 1913, pourquoi le président Deschanel prononça-t-il à Nice deux fois le même discours pendant deux heures ?

Il était devenu fou.

Bouvardise

Si l'amour est souvent décevant, c'est parce qu'il se fonde trop souvent sur les apparences trompeuses.

Peroni réinvente le festival de Cannes

Et voici revenu le temps du festival de Cannes, où les pauvres accrochent leurs pliants et leurs escabeaux aux arbres de la Croisette pour voir passer les stars riches dans leurs parures étincelantes des bijoux Chopard !

Festival de Cannes où les vedettes de la télé sont plus reconnues que les vedettes de cinéma :

— Qui c'est le petit lourdaud à côté de Julien Lepers ?

— C'est Robert de Niro, connard !

Le festival de Cannes avec nos actrices françaises à cheveux gras…

Et après le festival de Cannes, nous aurons droit à Roland-Garros !

Quinze jours d'emmerdement ferme, ponctués par les brillantes interviews de Nelson Monfort qui parle en anglais si châtié que même Philippe Bouvard le comprend…

Mais revenons au festival de Cannes où les films à messages vont se succéder, puisque même celui de Bazar-Henri Levy sera présenté.

Je vous rappelle, par pure honnêteté intellectuelle, que son premier film avait battu un record puisqu'il avait quitté l'affiche avant que la colle soit sèche…

Aussi, en cinéphile attentif, j'ai imaginé des films dont j'aurais aimé entendre parler :

Branlette d'Automne du suédois Skol Mamadoudenberg : en plein cercle polaire, trois femmes parlent de leur sécheresse vaginale en essayant d'apprivoiser un manchot…

Un voile aux poumons, film iranien qui raconte la vie quotidienne dans un sanatorium de la banlieue de Téhéran…

Les pétroleuses, film social où on voit les deux héroïnes, Martine et Ségolène, se disputer un bout de trottoir rue de Solférino…

Pour qui sonne le gras, la vie d'un charcutier parti sur les traces d'Ernest Hemingway avec des dialogues de PPDA…

Un nain à la Maison Blanche : un représentant de commerce corrézien vient vendre de la porcelaine de Limoges à la première dame des Etats-Unis. Une comédie à vous tirer les larmes !

Une saucisse dans la choucroute, un biopic sur le premier amour de Brigitte Bardot.

Une rondelle ne fait pas le printemps : une très belle parabole sur la crise qui touche la Grèce par le réalisateur Mikis Tusensqueçaglis.

Et puis *Les Choristes font du ski*. Le moment fort du film : quand tous ces petits crétins braillent *Étoile des neiges* avec un bâton de ski dans l'oignon. Allez, bon festival !

Jeudi 16 Mai

SAINT HONORÉ

Le fourreur et la fourrure

Vladimir Féderovski : Je me souviens d'une histoire avec Léonid Brejnev. Il était déjà âgé. Alors qu'il circulait dans le centre de la Russie avec un cortège de limousines, soudain, toutes ces voitures se sont arrêtées devant une petite maisonnette. Une vieille dame, très âgée mais très digne, très belle, sort, complètement étonnée. Brejnev attrape un paquet et jette un manteau de fourrure aux pieds de cette dame. Il m'a avoué qu'elle était sa maîtresse pendant la guerre et qu'il ne l'avait jamais oubliée. Mon estime pour cet homme vient donc d'une certaine manière de là.

Philippe Bouvard : Vous vous rendez compte, si DSK avait un fourreur attitré ?

Philippe Chevallier : Avec lui, ça ferait double emploi !

Jacques Mailhot : Il relancerait les Fourrures du Nord.

Philippe Bouvard : Il y aurait un camion qui le suivrait !

UNE HISTOIRE DRÔLE

Une jeune femme est à l'école d'infirmières. En cours de physiologie, le sujet du jour est : « Les muscles striés et lisses et la commande musculaire ».

Le prof, un boute-en-train doublé d'un obsédé sexuel, essaie d'intéresser les élèves au sujet du cours :

– Certains muscles, comme par exemple les sphincters, sont dotés d'un fonctionnement autonome... Vous, par exemple, mademoiselle, savez-vous ce que fait votre trou du cul lorsque vous avez un orgasme ?

– Bien sûr ! répond la jeune femme en grimaçant, il est à la maison et s'occupe des enfants !

Citation

Qui a dit : « La différence entre littérature et journalisme, c'est que le journalisme est illisible et que la littérature n'est pas lue. » ?

Oscar Wilde

Question du jour

Quel type de vocable ne trouve-t-on pas dans la langue esquimaude ?

Il n'y a aucune injure.

Bouvardise

Les moralistes du troisième millénaire noteront sans doute que c'est au moment précis où les hommes cessèrent d'épouser les femmes que les vêtements cessèrent d'épouser les corps.

Citation

Qui a dit : « Tout Français désire bénéficier d'un ou de plusieurs privilèges. C'est sa façon d'affirmer sa passion pour l'égalité. » ?

Charles de Gaulle.

Question du jour

Depuis la séparation de l'Église et de l'État, quel droit n'est plus reconnu aux églises ?

Le droit d'asile.

Bouvardise

Pour continuer à croire en l'amour après un certain âge, l'homme doit prendre le risque de fermer les yeux en se rasant le matin.

UNE HISTOIRE À BIDE

Une mère pleure toutes les larmes de son corps car son fils vient d'être mobilisé. Le curé la console :

– Soit il reste à l'arrière et il ne court aucun danger, soit il va au front. S'il y va, soit tout reste calme et c'est parfait, soit une bataille éclate. Si une bataille éclate, soit il n'est pas blessé et ça va, soit il est blessé.

S'il est blessé, soit la blessure est bénigne et il revient en convalescence, c'est comme s'il n'était pas parti, soit la blessure est grave. Si c'est le cas, soit il guérit et c'est comme s'il n'avait jamais été blessé, l'armée le renvoie à la vie civile, soit il ne guérit pas.

Si la blessure ne guérit pas, s'il ne meurt pas, vous le retrouvez !

S'il meurt, soit il va au Paradis et vous ne pouvez rien souhaiter de mieux. S'il n'y va pas... Eh bien, s'il n'y va pas, ce n'est pas la peine de pleurer, parce qu'avec la vie de bâton de chaise qu'il menait, je lui ai toujours dit qu'il irait en Enfer... !

À l'hôtel *Carton*

Philippe Bouvard : Pauline Carton habitait dans un petit hôtel rue de Rivoli et j'étais allé l'y interviewer. Elle avait une énorme malle ouverte dans sa chambre avec des vêtements encore à l'intérieur. Je lui avais demandé : « Quand est-ce que vous êtes arrivée ici ? » Elle m'avait répondu que cela faisait vingt ans qu'elle occupait cette chambre ! « Et pourquoi n'avez-vous pas vidé votre malle ? – Parce que je ne sais pas si je vais rester ! »

Samedi **18** SAINT ÉRIC

Dimanche **19** **Mai** SAINT YVES

UNE HISTOIRE DRÔLE

C'est un homme et une femme qui ont pas mal bu, alors forcément, ils se posent des questions existentielles comme celle-ci :
– Qui, de l'homme ou de la femme, prend le plus de plaisir pendant l'acte sexuel?
L'homme répond :
– Ce sont les hommes qui prennent le plus de plaisir! Sinon pourquoi penses-tu que les hommes ont toujours envie de baiser?
La femme réplique :
– Ça ne prouve rien du tout. Réfléchis deux secondes à ça : quand ton oreille te gratte et que tu utilises ton petit doigt, qui se sent mieux après? Ton petit doigt ou bien ton oreille?!

Présentation des panélistes

Le matin, il fait son marché, le reste du temps aussi.

Jacques Balutin

Question du jour

À quelle occasion Anne Boleyn lança-t-elle la mode des chignons ?

Le jour où elle fut décapitée : elle se fit faire un chignon pour faciliter la tâche du bourreau.

Bouvardise

Je l'aime depuis si longtemps qu'elle est de plus en plus la dame de mes pensées et de moins en moins celle de mes actes.

Lundi

20 Mai

SAINT BERNARDIN

Citation

Qui a dit : « Il faut avant tout être capable de rire et de pleurer à volonté. Moi, si je dois pleurer, je pense à ma vie sexuelle et, si je dois rire, je pense aussi à ma vie sexuelle. » ?

Woody Allen.

Question du jour

Pourquoi, même de nos jours, un maire doit-il détenir les clés de son église ?

Pour accéder au clocher, afin de prévenir la population en cas de danger.

Bouvardise

La femme ajoute, chaque année, un rang à son collier de perles pour masquer les rides des douze derniers mois.

UNE HISTOIRE DRÔLE

Un homme arrive dans un camp de nudiste, paye à l'entrée et dépose ses affaires. Il se promène nu au bord de la piscine lorsqu'il voit une magnifique femme nue. Il ne peut masquer son érection, confus.
Tout à coup cette sublime bombe vient vers lui et lui dit :
– Vous m'avez appelée ?
L'homme répond :
– Heu, non !
– Si, si vous m'avez appelé. La règle dans ce camp, c'est que lorsqu'un homme a envie d'une femme, il n'y a pas de raison pour qu'elle refuse donc je suis à vous.
L'homme devient fou de joie et ils font les 400 coups pendant 2 heures. Ereinté, il décide d'aller se reposer au sauna. Il est seul et ne peut retenir une flatulence. De toute façon, il n'y a personne alors...
Tout à coup, un grand noir arrive par une porte dérobée.
– Vous m'avez appelé?
– Euh, non, non.
– Si, si, c'est la règle dans ce camp, lorsqu'un homme a envie de se faire prendre, il flatule et voilà.
Notre homme se débat et essaye de se défendre du mieux qu'il peut, mais en vain. Après 30 minutes de douleur et supplice, il court vers la sortie du camp pour avoir ses affaires et se faire rembourser. La caissière lui demande pourquoi il veut partir, si le camp n'est pas bien ...
Et il répond :
– Écoutez, à 68 ans, j'ai une érection une fois par mois, mais par contre je flatule toutes les 20 minutes, alors... !

Sacrée famille !

Philippe Bouvard : Chez vous, qui portait la culotte : le papa ou la maman ?

Bernard Mabille : Le papa, parce que ma mère était strip-teaseuse, donc…

Méfiez-vous des psy !

par Philippe Chevallier

Quand on a du vague à l'âme, du bobo à son petit cœur, sa pauvre tête qui bringuebale à cause du patron qui vous fait des misères ou de la bonne qui menace de raconter à votre dame toutes les saloperies que vous lui faites subir dans le grenier, qu'est-ce qu'on fait ? On va voir un psy ! Il paraît que ça lave la tête et, en plus, c'est très à la mode. Ça coûte un peu cher, mais on n'a rien sans rien !

Entre le psychanalyste pur et dur qui écoute dans votre dos pendant vingt minutes toutes vos turpitudes sans vous adresser la parole, à part : « C'est 150 euros en liquide comme d'habitude ; à la semaine prochaine ! » et le psy comportementaliste qui vous conseillera de vous séparer de votre femme si vous avez des problèmes avec, il existe maintenant une multitude de techniques thérapeutiques plus révolutionnaires les unes que les autres. Citons l'haptonomie : très en vogue à Saint-Germain-des-Prés, elle consiste à se faire mettre un doigt dans le cul pour retrouver son assise sensorielle. Et surtout une déferlante en ce moment : la « psychogénéalogie » ou « analyse transgénérationnelle ». Rien que l'intitulé force le respect ! Il s'agit d'expliquer au patient que les maux, les échecs et les frustrations en tout genre dont il est l'objet sont en fait la répétition de phénomènes déjà survenus dans un passé lointain chez un membre de sa famille. Un exemple : vous souffrez d'une disgrâce physique, mettons des oreilles décollées, et vous êtes porté sur la bouteille. Le psy transgénérationnel va vous demander : « Dites donc, vous n'auriez pas une photo de votre pépé ou de votre arrière-grand-père ? » Si ça se trouve, ils étaient alcooliques tous les deux, avec des bonnes trognes de poivrots et des oreilles en feuilles de chou… Vous voilà rassuré !

À suivre page suivante…

Citation

Qui a dit : « Au théâtre, ni le directeur ni les acteurs ne comprennent la ridicule manie des auteurs de tenir à leur texte. » ?

Tristan Bernard.

Question du jour

Quelle innovation doit-on à Wagner en matière de spectacle ?

C'est lui qui, le premier, mit une salle dans le noir pour assister à un spectacle ; auparavant, la salle était toujours éclairée.

Bouvardise

La performance des politiciens accourant sur le lieu d'une catastrophe naturelle : tirer à eux la couverture qu'ils font semblant de tendre aux sinistrés.

Mercredi

22 Mai

SAINT ÉMILE

UNE HISTOIRE DRÔLE

Un paysan hindou va voir le yogi :

– Je n'en peux plus. Nous vivons à neuf dans une petite cabane branlante. Les enfants hurlent. On a faim. On est tous couverts de plaies. On n'a pour toute nourriture que le lait de la vache. Qu'est-ce que je dois faire ?

– Prends la vache, dit le yogi, et fais-la entrer dans la cabane.

– Mais enfin, réplique l'autre, c'est de la folie ! On est déjà les uns sur les autres là-dedans...

– Fais ce que je te dis.

Quinze jours après, le paysan revient et dit :

– Maintenant, c'est l'enfer. Les enfants sont malades. La cabane est pleine de crottin. La vache nous réveille plusieurs fois dans la nuit. Je ne sais plus quoi faire.

Et le yogi dit :

– Mène la vache dehors !

Méfiez-vous des psy !
(suite et fin)

par Philippe Chevallier

Vous menez alors une enquête auprès d'une vieille tante de province qui a bien connu votre papi. Elle vous avoue après trois verres de porto et deux petits Lu que vous ne sortez pas vraiment de la cuisse de Jupiter. « Quelle famille ! Un ramassis de dégénérés, alcooliques et fainéants, aussi pervers que brutaux, malhonnêtes et vicieux, sans aucune morale ! Oh, mon oncle Ernest, qui était ton arrière-grand-père, il avait failli me coincer près de la fosse à purin. Je me suis débattue et j'ai réussi, tellement qu'il était bourré, à le pousser dans l'eau aux cochons. Les bêtes lui ont mordu l'arrière-train, même qu'il a toujours eu la cicatrice et qu'il ne s'en est jamais expliqué à personne. Sa pauvre femme s'est toujours demandée ce que c'était, vu que ça ne pouvait pas être une blessure de guerre étant donné que son mari s'était fait réformer pour inaptitude intellectuelle. »

Vous voilà donc content d'apprendre le passé glorieux de ceux qui ont le mérite d'exister puisque, sans eux, vous ne seriez pas là. Même s'ils ont été jusque-là bien gardés, vous allez partager avec votre thérapeute ces secrets de famille qui étaient la source de vos malheurs sans que vous le sussiez. Ouh ! La vilaine famille ! Ouh ! Le vilain pépé ! C'est de sa faute à ce blaireau si j'ai des mauvaises pulsions et si je ne peux pas me retenir. Le brillant psy vous fera alors faire un brillant travail sur vous-même, et, dans quatre ou cinq ans, vos oreilles ne seront pas recollées, vous serez toujours un soûlaud, mais, au moins, si on vous fait un reproche, vous pourrez rétorquer fièrement : « Je suis peut-être comme ça mais c'est de famille ! »

Citation

Qui a dit : « On croit souvent qu'un appartement est bas de plafond, alors qu'il est tout simplement haut de plancher. » ?

Question du jour

Que doit faire la femme du Premier ministre en arrivant à Matignon ?

Bouvardise

Les groupes et les entreprises se regardent, s'estiment, se plaisent, se déclarent leur amour, s'agressent, fusionnent, explosent en une gigantesque partouze industrielle.

Pierre Dac.

Planter un arbre.

Jeudi **23** **Mai**

SAINT DIDIER

Pendant l'amour, éloignez les animaux de compagnie

Philippe Bouvard : Est-ce qu'il faut parler pendant l'amour ? Et qu'est-ce qu'il faut dire ? On peut également adopter le silence total. C'est là où on dit le moins de conneries.

Philippe Chevallier : Surtout quand la fille est bâillonnée !

Bernard Mabille : On est sûr de ne pas se gourer de prénom !

Jean-Jacques Peroni : Ah non ! C'est terrible ça, s'il n'y a pas un bruit ! On n'entend que le chien qui se lèche les couilles !

Bernard Mabille : Ta gonzesse travaille à la SPA ?

Jean-Jacques Peroni : À la maison, on a adopté une petite levrette !

Philippe Chevallier : Ça en fait au moins deux qui remuent la queue…

Pierre Bellemare : Non, mais le chien qui veut participer aux ébats, moi, j'ai connu !

Bernard Mabille : Et il t'a fait mal ?

Pierre Bellemare : Non, mais c'est très très désagréable !

Philippe Bouvard : Parce que le chien monte et demande sa part de gâteau ?

Philippe Chevallier : Bah oui, il aime bien sa maîtresse ! C'était un gros chien ou un petit modèle ?

Pierre Bellemare : C'était un petit…

Jacques Mailhot : Tu as eu du bol de ne pas tomber sur un saint-bernard, parce que là, c'est le tonneau qui fait mal !

Citation

Qui a dit à une personne laide : « Je n'oublie jamais un visage, mais pour vous, je ferai une exception. » ?

Groucho Marx.

Question du jour

Quel objet fut interdit au théâtre, par décret, à partir de 1820 ?

Le bilboquet.

Bouvardise

C'est dans les gares que les couples se bécotent le plus ardemment. Comme si les sentiments étaient exacerbés par les séparations. Quand elles ne constituent pas des ruptures…

Vendredi

24 Mai

SAINT DONATIEN

Les quatre âges de la vie

par Jacques Mailhot

C'est l'histoire du vieux monsieur qui raconte :

— Quand j'avais 20 ans, je prenais mon pénis et je n'arrivais pas à le tordre.

Quand j'ai eu 30 ans, je prenais mon pénis et je n'arrivais pas à le tordre.

Quand j'ai eu 50 ans, je prenais mon pénis et je n'arrivais pas à le tordre.

Ben, maintenant, j'ai 80 ans, je prends mon pénis, je le tords, pas beaucoup, mais je le tords un tout petit peu. Ce qui veut bien dire qu'on a plus de force dans les mains à 80 ans qu'à 20 ans !

UNE HISTOIRE DRÔLE

Marius a invité Olive à venir passer quelques jours dans son cabanon. Cependant, au fur et à mesure que le week-end passe, un malaise s'installe entre les deux amis.

Au bout de trois jours, Marius est complètement crispé et s'arrange pour éviter Olive. Alors, Olive le prend par le bras et lui dit :

– Écoute, tu m'as invité ; mais si ça ne te plaît plus, il vaut mieux le dire au lieu de me faire une tronche pareille !

– Ce n'est pas ça ! Tu es seulement un peu inconscient. Samedi, tu t'es tapé ma femme. Bon, je ne lui cavale plus après depuis longtemps alors je t'ai laissé faire. Dimanche, tu t'es tapé ma fille de 17 ans alors qu'elle était vierge. J'ai fermé ma gueule, parce que tu es un ami. Lundi matin, tu t'es fait la bonne. Lundi soir, tu t'es envoyé mon fils de 17 ans. Alors, résumons-nous : ma femme, ma fille, ma bonne, mon fils… Et moi, un ami de vingt ans… rien !

Citation

Qui a dit : « En France, l'argent est un vilain péché, c'est pour ça que de plus en plus de Français vont se confesser en Suisse. » ?

Jacques Mailhot.

Question du jour

Qu'ont en commun les présidents de la République Poincaré et Doumergue ?

Chacun est redevenu Premier ministre après avoir été président de la République.

Bouvardise

À la Bourse, la moitié des investisseurs joue sur les actions et l'autre moitié à se faire peur. L'or, qui a cessé d'être une valeur refuge, ne peut plus servir qu'à fabriquer des dents pour les rentiers dans la purée.

Samedi **25** SAINTE SOPHIE

Dimanche **26** **Mai** SAINT BÉRENGER

Les indignations de Peroni

Vous savez, je suis indigné… et ça ne s'arrange pas ! Indigné par le prétentieux Antoine de Caunes qui pérore sur le cinéma français, alors que, dès qu'il fait un film, il quitte l'affiche avant que la colle ne soit sèche !

Indigné que notre vénéré président de la République parle sur six chaînes de télé en même temps, ce que même en Corée du Nord ils n'auraient pas osé !

Indigné que, plus d'un mois après Noël, on nous impose encore un mec qui s'appelle Sapin !

Indigné que, pour la Chandeleur, les crêpes sautent, alors que ma femme m'a dit que je pouvais faire ceinture !

Indigné par Hervé Morin qui prétend qu'en Normandie il a vu Jeanne d'Arc se faire brûler à Rouen !

Indigné par le plombier qui met trois semaines à m'amener un joint, alors qu'en un quart d'heure, mon fils en trouve un au bord de la rue !

Indigné qu'il y ait autant de bruit pour un film MUET !

Indigné par tous ces reportages sur les prothèses mammaires, alors qu'on est à table en train de manger de la tétine de vache !

Indigné par ces pages sportives qui n'en finissent plus, ce qui prouve qu'en France la fuite des cerveaux a déjà eu lieu !

Indigné par ce froid qui me fait une toute petite belette qui me fait honte devant les dames…

UNE HISTOIRE DRÔLE

Un Belge s'arrête sur une aire de repos à côté d'un camping et frappe à la porte. Une prostituée lui ouvre.

– Bonjour, que puis-je avoir pour 10 euros ?

– Eh ben mon p'tit gars, pour 10 euros, tu vas te branler…

Et elle referme la porte.

Dix minutes plus tard, de nouveau, quelqu'un frappe à la porte. Elle ouvre et se retrouver nez à nez avec le même Belge.

– Qu'est-ce que tu veux encore, mon p'tit gars ?

– Je viens vous payer, madame !

Citation

Qui a dit : « Les deux mamelles du journalisme moderne sont l'information et le démenti. » ?

Question du jour

Comment s'appelle la rondelle de cuir située à l'extrémité de la queue de billard ?

Bouvardise

La culture en *prime time* à la télévision, pourquoi pas ? Aucun citoyen de bonne volonté ne réclame d'être tiré vers le bas. Reste que d'être tiré tous les soirs par le haut peut abîmer le bulbe.

Pierre Lazareff.

Le procédé.

Lundi

27 Mai

SAINT AUGUSTIN

Citation

Qui a dit : « Je sais que, pour une femme, c'est difficile de rendre un homme heureux, mais si ce travail vous paraît trop dur toute seule, mettez-vous à plusieurs. » ?

Jean Yanne.

Question du jour

Au Québec, qu'est-ce qu'un pouceur ou une pouceuse ?

Un ou une auto-stoppeur(se).

Bouvardise

En matière de théâtre, la postérité commence dès l'entracte et s'achève le lendemain matin.

Mabille n'achète plus français

Je voudrais piquer un coup de sang contre François Bayrou qui, décidément, nous pompe l'air. « Il faut acheter français », qu'il nous dit. Moi, je veux bien, mais en quoi il roule le Bayrou ? En Audi, une grosse allemande ! Ça vous en boche un coin ça, non ? Alors Bayrou, elles ne sont pas bien nos voitures françaises avec leurs pièces détachées fabriquées au Maroc et remontées en Pologne par des ouvriers pakistanais ? Est-ce que c'est de ma faute si la Poste achète des scooters chinois et si les cartes Orange sont imprimées en Inde ? Ah… les bagnoles françaises que tu achètes sur soixante mois et dont tu passes quatre ans à payer le volant et le klaxon…, car c'est tout ce qui reste. Elles ne sont pas économiques nos voitures françaises ? Pas besoin de clim, tu as l'air frais qui passe par le bas des portes. Et, en option, cette lunette arrière chauffante pour éviter de te geler les pognes quand tu les pousses l'hiver. Et pas besoin d'autoradio : la musique est couverte par le bruit du moteur. J'en ai une qui compte 60 000 kilomètres, sans jamais avoir changé les pneus avant. Les roues à 1,50 m du sol derrière une dépanneuse. Et je ne parle pas des voitures de collaborateur d'usine que tu payes 30 % de moins grâce à un syndiqué ! Ne faites jamais ça ! Des emmerdements avec la direction, sans arrêt, sans arrêt. Non, achetez français, suivez Bayrou, Sarkozy, Le Pen, Hollande, Villepin et les autres ! Virez de chez vous vos sales produits étrangers, l'ordinateur, la télé, le frigo, la cuisinière, le téléphone : à la poubelle ! Vive le pigeon voyageur, le feu de camp et le garde-manger sur la fenêtre. Bouffez français : plus de pizza, de couscous, de paella, de tiramisu…, mais du boudin purée. Cultivez-vous français, oubliez Shakespeare, Beckett, Tennessee Williams ; zappez Tom Cruise, Angelina Jolie, Scorsese, Woody Allen ; baissez les yeux en passant devant un Velasquez, Goya, Warhol, Dali… Et écoutez Dorothée, Tino Rossi, Marcel Amont, Yvette Horner, Christian Morin. Lisez Marc Levy et Guy des Cars, et ayez le QI d'une moule.

Habillez-vous français : plus de chemise, plus de pantalon, de godasses, de slip, de chaussettes, de baskets… Tout le monde à poil !

Baisez français, et au diable les capotes anglaises !

Enfilez des vessies de porc de Bretagne.

Votons pour ces gens-là et nous nous retrouverons tous en mai 2012 *Homo sapiens* à Tautavel.

Mardi **28** **Mai**

SAINT GERMAIN

Des poils de cul sur la tête

Fabien Lecœuvre : Un jour, lors d'une interview, un journaliste demande à Johnny ce qu'il pense de la chirurgie esthétique. Johnny, alors qu'il était fâché avec Michel Sardou, répond : « Moi, je n'ai pas envie de faire comme Sardou et de me faire mettre des poils de cul sur la tête ! »

Philippe Bouvard : Regardez, notre ami Chevallier les porte sous le nez et ce n'est pas laid d'ailleurs…

Philippe Chevallier : Moi, j'ai encore quelques cheveux parce que je n'ai plus rien au derrière ! On m'a tout pris…

UNE HISTOIRE DRÔLE

Pendant l'étude du soir, Toto n'arrête pas de se lécher la main pour s'humecter le front tout en apprenant ses leçons. L'observant depuis un moment, intrigué, le surveillant lui demande pourquoi il fait cela.

– J'apprends mes leçons m'sieur, lui répond le jeune garçon…

– Je vois bien, dit le surveillant, mais arrête donc de te barbouiller le front de salive !

– C'est pour mieux apprendre m'sieur ! Hier soir, j'ai entendu maman dire à papa que lorsqu'on mouillait la tête, ça rentrait mieux !

Citation

Qui a dit : « Je boirai du lait le jour où les vaches mangeront du raisin. » ?

Jean Gabin.

Question du jour

Que sont les « œufs de Nuremberg » ?

Les premières montres à gousset.

Bouvardise

Le comble de la démagogie : Élisabeth II, surnommée la « gelée royale », s'enquérant auprès des badauds venus l'applaudir de l'endroit où ils habitent alors qu'elle n'ira jamais leur rendre visite !…

Citation

Qui a dit : « Je suis allé en Laponie. J'ai été réveillé un matin : "Police ! Qu'est-ce que vous avez fait dans la nuit du 23 novembre au 27 avril ?". » ?

Coluche.

Question du jour

La vente à la bougie ne concerne que les biens immobiliers, à une exception près. Laquelle ?

La vente des vins des hospices de Beaune.

Bouvardise

Aujourd'hui, 90% des personnalités qu'on questionne à la télévision ou à la radio commencent leur réponse par « C'est vrai que… ». La dixième, elle, précise : « Il est faux de dire que… »

Quand ça branle dans le manche, le désir s'émousse

par Philippe Chevallier

Ce qui inonde les radios, les chaînes de télé, les magazines, ce sont les débats autour de la relance du couple. Que vous soyez mariés ou pacsés, en concubinage ou à la colle depuis trente ans, trois ans ou trois jours, la grande question est : « Il y a du mou dans la gâchette entre bobonne et vous, ça branle dans le manche, le désir s'émousse, Popaul est en berne et Simone a la migraine, qu'est-ce que c'est-t'y qu'il faut faire pour relancer tout ça ? »

Dans la série débat/dialogue/discussion, la parole est aux professionnels de la spécialité, les conseils « sexopédagogues » de tout poil s'en donnent à cœur joie. Et tout ça dans la moralité ! On ne conseillera jamais au mari qui s'ennuie d'aller aux filles pour se changer les idées… Ni à la ménagère languissante de se faire prendre par le plombier pendant qu'elle est penchée sur le bidet ! Pourtant, on le sait, changement d'herbage réjouit les veaux ; mais ce n'est pas le but. Il s'agit au contraire de recoller les morceaux pour repartir du bon pied et faire du neuf avec du vieux. Le mot clé de cette reconquête, d'après nos experts, c'est « romantisme » ! Il s'agit pour les intéressés de retrouver l'impulsion première, cette envie qu'on avait au début de faire plaisir à l'autre… C'est de cette manière qu'on va retrouver tout ça ! C'est ainsi qu'une invitation au restaurant dans un cadre intime est chaudement recommandée. N'invitez pas votre bonne femme à la cafétéria du supermarché, la lumière est trop crue : vous verriez bien qu'elle n'a pas changé de gueule et que c'est la même ! Si le restaurant est trop cher, améliorez l'ordinaire chez vous avec les moyens du bord. À la campagne par exemple, vous pouvez dire : « Janine, ce soir, tu vas faire un peu de vaisselle, il y en marre de bouffer tout dans la même assiette ou de retourner l'assiette à soupe pour manger la viande. Et, dorénavant, je ne veux pas que tu prennes le même bol pour mon café au lait et pour me couper les cheveux ! »

À suivre ci-contre…

Quand ça branle dans le manche, le désir s'émousse (suite et fin)

par Philippe Chevallier

Ce sont ces petits détails apparemment insignifiants qui pourront vous aider à recréer votre désir. L'achat d'un nouveau linge de corps pour vous monsieur et d'une lingerie un peu coquine pour vous madame est déterminant dans le processus de relance du couple. N'hésitez pas à accompagner votre épouse dans la boutique afin de l'aider dans ses choix. N'oubliez pas que ce petit string affriolant sur lequel elle a jeté son dévolu doit aussi vous plaire ! Et si, une fois qu'elle l'a mis, vous ne le voyez pas parce qu'il s'est perdu dans la graisse, n'hésitez pas à lui tourner un petit compliment dans la cabine d'essayage, du style : « Oh, c'est rudement bien ce truc-là, on a l'impression que tu n'as pas de culotte ! » Très en vogue aussi aux dires de nos experts en relance de couple, le fameux *sextoy* ! Là aussi, laissez tomber vos préjugés. Comme on dit chez nous, il n'y a pas de mal à se faire du bien ! Au godemichet traditionnel et de forme classique, préférez plutôt pour madame (et toujours dans un paquet cadeau, ça a beaucoup plus de classe) le jouet de bain en forme de canard. Votre épouse en raffolera mais, attention, prenez-le assez gros. Beaucoup de ces ustensiles trop petits se sont noyés, on ne les a jamais retrouvés. Puissent ces conseils, chers amis, redonner souffle et vigueur à votre couple afin qu'il se pérennise. Si vous avez un doute, regardez la femme de votre voisin : avec un peu de chance, elle sera encore plus moche que la vôtre ! C'est pas un message d'espoir, ça ?

UNE HISTOIRE DRÔLE

Un homme engage une nouvelle bonne. Elle sert très bien, fait la cuisine et toutes les tâches ménagères.
Un jour, cet homme organise une réception, mais tout ne se passe pas comme il l'avait prévu. En effet, plus le repas avance, plus la bonne marche bizarrement, en arquant de plus en plus les jambes.
L'homme est un peu gêné car les invités trouvent le spectacle très drôle. Il se rend donc à la cuisine :
– Écoutez Linda, vous avez un comportement très étrange ce soir. Puis-je vous demander pourquoi vous marchez de la sorte ?
– C'est parce que je chante monsieur et, ce soir, j'ai rendez-vous avec un producteur.
– Cela n'explique en rien ni votre démarche ni votre comportement.
– Vous savez, pour chanter, il faut savoir faire des sacrifices. C'est pourquoi j'ai mis des bigoudis… !

Citation

Qui a dit : « De plus en plus de nos importations viennent de l'étranger. » ?

Question du jour

Qu'est devenue la maison viennoise dans laquelle la musique de *La Flûte enchantée* a été composée par Mozart ?

Bouvardise

Les idées vous arrivent soudainement d'ailleurs et repartent de même pour une destination inconnue.

Elle a été démontée et remontée à Salzbourg.

George W. Bush.

Citation

Qui a dit : « Reagan ne se souvient plus d'avoir été président de la République. Giscard s'en souvient mais nous pas. » ?

Question du jour

Après Lully, qui a assuré la partie musicale des pièces de Molière ?

Bouvardise

On interroge une charmante présentatrice de journal télévisé sur son cursus. Elle évoque l'école communale, le lycée et Sciences Po. À voir ses mimiques lorsqu'elle délivre l'actualité du jour, elle a dû passer aussi par l'École des mines…

Jean Yanne.

Marc-Antoine Charpentier.

Samedi **1er** SAINT JUSTIN — Dimanche **2** **Juin** SAINTE BLANDINE

Sa première fiancée se nommait Sopaline

Philippe Bouvard : Est-ce que c'est le fait d'être né dans l'Aisne qui vous a donné le goût des plaisanteries sous la ceinture ?
Sébastien Cauet : En tout cas, c'est peut-être le fait d'avoir passé des années dans mon petit village, étant adolescent, de longues soirées tout seul, en pleine puberté, avec un rouleau de Sopalin… Comme beaucoup d'ados. On s'ennuie beaucoup quand on est jeune, et, à l'époque, il n'y avait pas Internet.
Philippe Bouvard : À l'époque, vous avez vécu maritalement avec un rouleau de Sopalin ?
Sébastien Cauet : Oui… On les achetait par quatre. Il n'y avait pas Internet, il n'existait que les catalogues de vente par correspondance.
Jean-Jacques Peroni : *La Redoute*, le catalogue de la biroute !
Sébastien Cauet : On avait quand même les cassettes vidéo… Mais, pour en louer une dans un petit village dans lequel il n'existe qu'un seul magasin, qui fait à la fois bureau de tabac, fruits et légumes, boucher, épicier… D'autant que le vendeur connaît en général l'intégralité de votre famille. C'était donc du sport pour aller chercher une cassette vidéo…
Philippe Chevallier : Dans ces cas-là, tu dis : « C'est pour mes parents. »
Sébastien Cauet : « Non, ils l'ont déjà louée hier ! »
Philippe Bouvard : Ou alors, vous expliquez : « C'est pour ma petite sœur Sopaline ! »

UNE HISTOIRE DRÔLE

Un homme se confie à la boulangère du village :
– Rendez-vous compte, je suis amoureux de la bonne sœur et j'ai beau lui exprimer ma flamme il n'y a rien à faire.
– Écoutez, je peux vous aider car voyez-vous la bonne sœur va se recueillir tous les soirs sur une tombe à minuit. Il vous suffit de louer un habit du bon Dieu et de lui apparaître, elle ne pourra pas vous refuser un petit baiser.
Le soir venu, le type se planque avec son déguisement et à minuit effectivement la bonne sœur vient se recueillir. Le type surgit alors et il obtient tout ce qu'il désire. Le couple se jette dans la luxure et dans le vice.
Au bout d'un moment, le type a tout de même des remords.
– Il faut que je vous avoue quelque chose, je ne suis pas le bon Dieu.
– Il faut aussi que je vous avoue quelque chose, je suis la boulangère !

Citation

Qui a dit : « Le verbe aimer est difficile à conjuguer : son passé n'est pas simple, son présent n'est qu'indicatif, et son futur est toujours conditionnel. » ?

Jean Cocteau.

Question du jour

Le 1er juin 1988, qu'ont échangé avant de se quitter Gorbatchev et Reagan à Moscou ?

Leurs stylos.

Bouvardise

Le public semble plus demandeur de premières idylles que de nouveaux talents.

Lundi

3 Juin

SAINT KÉVIN

Citation

Qui a dit : « Ma vie est une énorme injustice : je suis trop heureux. » ?

Jean Marais.

Question du jour

Quel est le personnage de Molière dont le nom est passé dans le langage littéraire pour désigner un intendant ?

Maître Jacques.

Bouvardise

La notion d'intelligence est-elle obscène ? Ou cinq syllabes écorchent-elles à ce point les lèvres pour que les contemporains dotés d'un QI convenable soient seulement estimés malins ou futés ?

À quatre pattes chez le proctologue

Philippe Bouvard : Qu'est-ce qui vous a incité à demander un rendez-vous chez le proctologue ?

Sébastien Cauet : Quand on est connu, certains endroits sont gênants… Déjà, aller chez le proctologue, c'est un peu humiliant…. On est en position de ski, tout schuss, le pantalon baissé. Il y a la belle assistante qu'on a vue à l'entrée, qu'on avait commencé à chiner, qui arrive derrière et qui dit : « C'est bon monsieur Cauet, je vous adore, je vous regarde toujours à la télé ! »

Jean-Jacques Peroni : Si elle passe derrière et vous dit qu'elle vous admire à la télé, répondez-lui : « Ben, regarde donc la mire. »

Sébastien Cauet : Le pire c'est quand on est comme ça et qu'elle demande : « Je prends une photo avec vous ? »

Vincent Perrot : C'est vrai qu'elle est toute contente, la petite assistante, parce que, pour une fois, elle peut voir la petite lucarne !

Sébastien Cauet : Oui, et le plus gênant, c'est quand on est de dos et que le gars fait : « Oh, monsieur Cauet ! » Et le pire, c'est que, quand je dis ça en public, je sens bien que de nombreux spectateurs ne voient pas ce que signifie le terme « proctologue » !

Jean-Jacques Peroni : Ah ! Le gars qui ne fait pas la différence entre un proctologue et un dentiste, c'est qu'il a mauvaise haleine !

Vincent Perrot : En tout cas, dans les deux cas, tu peux te faire plomber !

Sébastien Cauet : Quand il met le petit bâtonnet en bois, ça ne sert à rien de faire « aaaah »…

Philippe Chevallier : Et s'ils ne savent pas ce que c'est, il faut leur dire : « Prenez le dictionnaire et cherchez à la lettre Q ! »

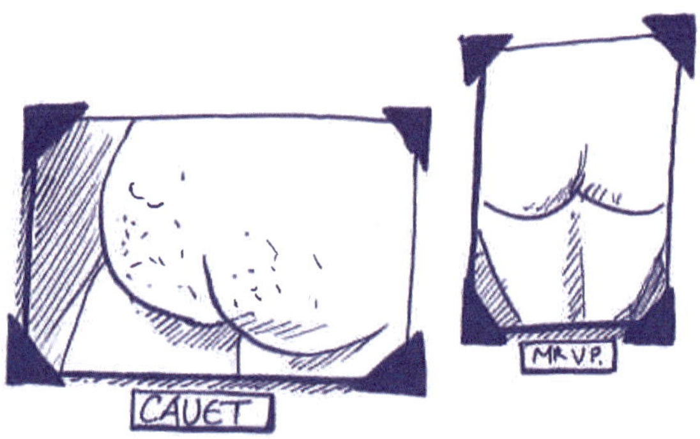

Les traqueurs

Philippe Bouvard : Questions courtes appelant des réponses pas trop longues ! Avez-vous, en tant que journaliste, déjà relaté des événements que vous n'avez pas vécus ?

Christophe Hondelatte : Non, jamais ! Enfin si, une fois… Une grève de métro. J'ai couvert une fois une grève depuis le haut de la station, sans jamais descendre dans la station, en interrogeant mon technicien-motard. Il faisait le type énervé en disant : « Ouais, c'est dégueulasse ! Ce matin, je n'ai pas eu mon métro, alors les gens ne travaillent pas »… Mais je n'ai fait ça qu'une seule fois !

Philippe Bouvard : En effet, quelquefois, il faut que les journalistes soient des bruiteurs. Je me souviens d'un confrère d'une station concurrente qui, dans la salle de bains de son hôtel d'Alger, imitait des bruits de bombes avec un magnétophone. Et je peux vous dire que, pour l'avoir écouté, on s'y croyait ! Les bruits de cuillères dans le lavabo, c'était génial !

UNE HISTOIRE DRÔLE

Deux hommes arrivent au Paradis et se mettent à discuter :

– Comment êtes-vous arrivé ici ?

– Je suis mort de froid ; et vous ?

– Moi, j'étais persuadé que ma femme me trompait ; alors un jour, je suis rentré plus tôt à la maison pour la prendre sur le fait. J'ai cherché partout et je n'ai rien trouvé. Pris de remords et honteux d'avoir douté de ma femme, j'ai fait une crise cardiaque.

Alors, l'autre homme rétorque :

– C'est malin, vous auriez dû penser à regarder dans le congélateur, on serait en vie tous les deux !

Question du jour

En Angleterre, pendant la session parlementaire, que font les députés de 14 h 30 à 14 h 35 ?

Bouvardise

Hier, on écrivait ses Mémoires en fouillant la sienne. Aujourd'hui, on ravaude ses vieux agendas en tirant à la ligne.

Ils prient.

Mercredi

5 Juin

SAINT IGOR

UNE HISTOIRE DRÔLE

À l'école, la maîtresse annonce aux élèves :

— Aujourd'hui, les enfants, nous allons faire de la compote aux pommes. Quelqu'un connaît-il la recette ?

Sophie se lève et dit :

— Il faut cuire des pommes, les écraser et ajouter le sucre.

— Bien, félicite la maîtresse.

Au fond de la classe, Toto répond :

— Pas du tout, il faut une lime et un oignon.

— Qu'est-ce que tu nous racontes là ? demande la maîtresse avec étonnement et agacement.

— Eh bien, l'autre soir, mes parents étaient dans leur chambre et j'ai entendu ma mère qui disait à mon père : “Arrête de limer, j'ai l'oignon en compote”... !

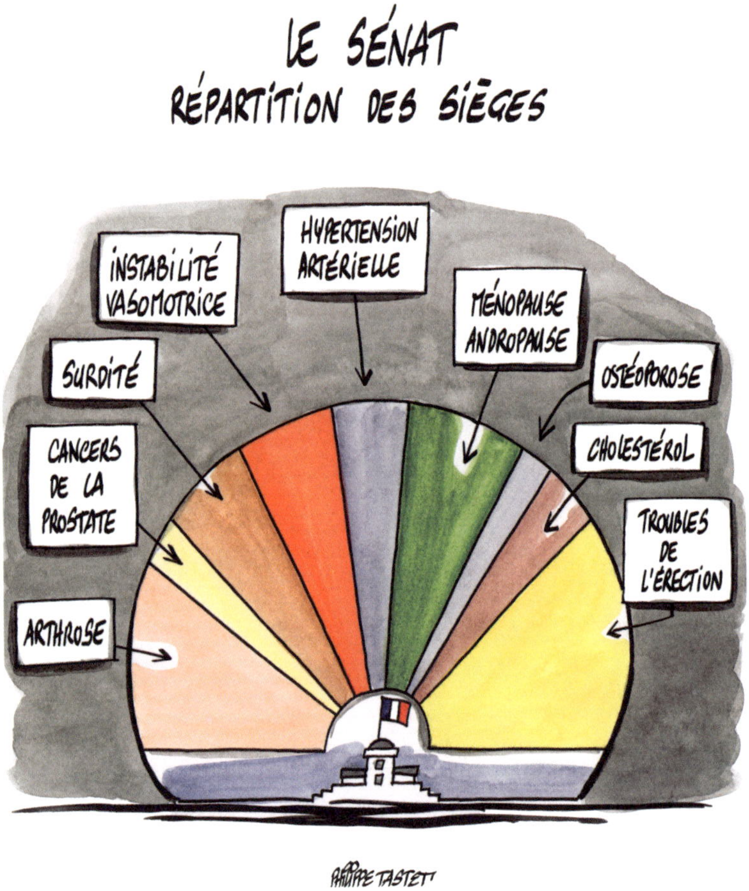

Citation

Qui a dit : « Tout le talent de l'acteur consiste à faire éprouver aux spectateurs des émotions qu'il ne ressent pas lui-même. » ?

Question du jour

Où Voltaire apprit-il à tisser la soie avant de se lancer dans l'industrie des bas de soie ?

Bouvardise

Les gens connus qui expriment sans complexe le souci qu'ils ont de « leur image » la détériorent déjà.

Sacha Guitry.

À la Bastille où il avait été emprisonné pour avoir critiqué le régent.

Jeudi
6 Juin
SAINT NORBERT

C'est la fête aux neuneus
par Jacques Mailhot

Une chose me hérisse le poil à chaque fois que je regarde le journal télévisé, c'est cette façon un peu neuneu qu'ont certains présentateurs à la fin du journal de demander à leur confrère en charge de la météo : « Alors, Jean-Christophe… Est-ce qu'il va faire beau ? »

Comme tout un chacun, j'ai une nette préférence pour le soleil par rapport à la pluie ; mais, de là à en faire une sorte de religion à l'image des Incas en Amérique centrale, il y a peut-être une demi-mesure à observer ! Il est d'ailleurs assez étrange de voir les mêmes nous annoncer en amont, avec une jubilation retenue, voire une componction de faux-derche diplômé, les pires nouvelles ! Du genre : « Nous avons appris tout à l'heure par le procureur de la République de Vesoul qu'avant d'être étranglée par un lacet de chaussure de sport, la petite Sylviane a bien été violée à trois reprises par son agresseur, comme l'indiquent les traces retrouvées sur son corps atrocement mutilé. » Ou bien encore : « En Syrie, les massacres s'accélèrent ! Alors que les informations se font rares, nous avons tenu à vous montrer au titre de la liberté d'information les quelques rares images au caractère insoutenable que nous recevons naturellement au compte-gouttes. »

Alors, quand on entend, juste après ces horreurs bien senties, et sur un ton benêt : « Alors Jean-Christophe… Est-ce qu'au moins il va faire beau demain ? », là, le sang a tendance à vous monter à la tête ! Et il y monte encore deux fois plus vite quand Jean-Christophe répond sur un ton tout aussi gnangnan : « Eh bien oui, ma chère Jocelyne, on aura même 14 à Chambourcy, vous vous rendez compte ! 12 à Béthune en milieu d'après-midi avec un beau soleil voilé comme on l'aime dans les banlieues qui pratiquent ! » Et Jocelyne, ajoutant d'un ton de plus en plus enjoué, frôlant l'orgasme : « Et vous pensez que ça va durer, Jean-Christophe ? » L'autre, sentant bien qu'elle n'en peut plus, lui répond : « Mais oui, Jocelyne, une grosse partie de la semaine, si vous voyez ce que je veux dire… » **À suivre…**

Citation

Qui a dit : « Je n'ai jamais dit que les acteurs étaient des animaux ; ce que j'ai dit, c'est que les acteurs devraient être traités comme du bétail. » ?

Alfred Hitchcock.

Question du jour

Pourquoi Louis XII fit-il fermer tous les bains publics ?

Car ils étaient devenus lieux de luxure.

Bouvardise

On n'intéresse les contemporains vertueux que si l'on est pervers. On n'est lu que si on s'est montré assez rapide pour publier le récit de sa dernière nuit d'amour avant même de s'être rhabillé.

Vendredi

7 Juin

SAINT GILBERT

Citation

Qui a dit : « L'erreur est humaine mais un véritable désastre nécessite un ordinateur. » ?

Bill Gates.

Question du jour

Qui écrivit en prison un ouvrage intitulé *Comment vaincre le hasard et comment gagner au jeu* ?

Landru en prison avant son procès.

Bouvardise

Il en est du comique comme du vin : il y a les bonnes années et les autres…

C'est la fête aux neuneus

(suite et fin)

par Jacques Mailhot

Ça, si ce n'est pas de l'info bien sentie, je ne m'y connais pas ! D'autant que la même, huit jours plus tard, va consacrer une partie de son journal aux effets catastrophiques de la sécheresse avec la baisse inquiétante des nappes phréatiques, conséquence, naturellement, du réchauffement de la planète, lui-même conséquence d'une politique énergétique désastreuse. Et vas-y ma poule, plus c'est gros, plus ça fait attitude citoyenne et responsable !

Je ne vous parle pas des mêmes qui, dans la semaine, vous dresseront un tableau apocalyptique des premières chutes de neige sur le réseau autoroutier, alors que l'avant-veille, ils avaient fait un reportage sur les conséquences économiques tout aussi désastreuses de l'absence de neige dans les stations de sports d'hiver à l'aube des départs en vacances ! Alors, est-ce qu'il va faire beau ? Franchement, on s'en fout ! S'il fait beau tant mieux, s'il pleut tant pis ! Mais cessons d'ériger le beau temps en norme, au même titre que l'on érige la ligne mannequin en règle pour tout le monde, et surtout pour les dames, du 1er juillet au 31 août. Il faut simplement se rappeler, comme on aurait dû théoriquement l'apprendre à l'école à ces besogneux de l'information audimatée, que nous vivons sous un climat tempéré et que, s'il est tempéré, c'est précisément parce qu'il alterne entre ciel bleu et nuages, entre soleil et pluie ! Et que, sans eau, pas de vie possible ! Alors, si j'étais à la place de toutes les Jocelyne qui demandent à tous les Jean-Christophe s'il pleuvra demain, je prendrais tout de suite mon billet pour Mars ou Vénus, planètes où il n'y a pas une seule goutte d'eau et où, forcément, la niaiserie ne peut pas transpirer !

Le homard l'a tué

Philippe Bouvard : Est-ce que le convive d'un de vos dîners-spectacles qui a rendu l'âme durant votre numéro est mort de rire ?
Bernard Mabille : Non, hélas… Il était à la deuxième table et il est mort en se tapant un homard. Il a avalé un bout de la carapace.
Jacques Mailhot : C'est « Homard m'a tué » en fait !
Philippe Bouvard : Mais après, quand il faut remonter sur scène…
Bernard Mabille : Vous ne savez plus quoi faire… Il toussait, il toussait, il se débattait, sa femme lui tapait dans le dos très fort… Les pompiers sont arrivés, ils l'ont sorti et puis il est mort en bas.
Philippe Chevallier : Ils n'ont pas essayé de lui enlever le morceau avec une pince ?
Bernard Mabille : Oh ben écoute, je n'étais pas là à regarder !
Jean-Jacques Peroni : La pince, le homard, oh Bernard… Quand même !
Bernard Mabille : Oui, il y a un évêque qui a essayé de le lui retirer, c'était la pince-monseigneur !

UNE HISTOIRE DRÔLE

Un cabot du music-hall raconte ses souvenirs à un ami :
– J'avais un numéro sensationnel ! Je sciais ma femme en deux ! J'ai fait ça sur toutes les scènes du monde… Hélas ! Maintenant, nous sommes séparés…
– Ah, tiens ! Et où vit-elle maintenant ?
– À Marseille et à Lyon !

Citation

Qui a dit : « Il ne faut pas que le président de la République soit élu au suffrage universel car il se croirait si puissant qu'il transformerait la République en Empire. » ?

Napoléon III.

Question du jour

Où fut signé l'édit qui portait révocation de l'édit de Nantes le 18 octobre 1685 ?

À Fontainebleau.

Bouvardise

L'amour, comme les autres activités humaines, est soumis à la loi de l'offre à la demande. L'offre est majoritairement physique, la demande souvent financière. Caractéristique qui explique que les femmes honnêtes se contentent d'un actionnaire unique et que les autres fonctionnent en société.

Lundi 10 Juin

SAINT LANDRY

Citation

Qui a dit : « Le président de la République est gardien de la Constitution et pendant qu'il fait ça, il n'est pas au bistrot. » ?

Pierre Desproges.

Question du jour

Que s'est-il passé sur les terres du fermier américain Max Yasgur en août 1969 ?

Le festival de Woodstock.

Bouvardise

L'herbe doit apprécier qu'on la laisse tranquille puisqu'elle n'est jamais aussi prospère que sous la binette distraite des jardiniers municipaux.

Les statistiques de Peroni

– 85 % des personnes qui pètent dans les ascenseurs sifflotent gaiement pendant que leurs compagnons de voyage ont les yeux qui pleurent.
– 18 % des snobs qui possèdent des mouchoirs en dentelle se mouchent directement dans leurs doigts, ça va plus vite et ça fait des lessives en moins.
– D'après un dernier sondage de *Paris Turf*, même les chevaux d'Hervé Morin ne parient pas sur lui !
– Pour ne pas donner d'idée à leurs clients suicidaires, 20 % des restaurants ne servent plus de cervelles sautées.
– 4 % des charcutières sont des boudins.
– 100 % des gens qui n'aiment pas les écolos ont toujours un Vert dans le nez !
– Pour Noël, 3 % des dindes qui seront fourrées s'appelleront Gisèle.
– À force de pousser, 55 % des constipés sont au bout du rouleau sans même l'avoir utilisé.
– 45 % des femmes qui ont arrêté la cigarette continuent d'avaler la fumée.
– Après une cuite, 85 % des chauves ont mal aux cheveux.
– 80 % des marchandes de poisson n'aiment pas qu'on leur demande si leur raie est bouclée.
– Quand le boulanger est dans le pétrin, 58 % des boulangères sont obligées de vendre leurs miches.
– 4 % des hommes qui habitent l'île Maurice s'appellent Robert.
– Et enfin, 20 % des forcenés de la poupée gonflable ont des coups de pompe et des rustines sur le kiki !

UNE HISTOIRE DRÔLE

Le Titanic vient de heurter l'iceberg. Un Français se précipite pour sauter parmi les premiers dans un canot de sauvetage. Un Anglais le retient et lui dit :
– Avez-vous remarqué qu'il y a encore des femmes à bord ?
Le Français lui répond :
– Si vous croyez que j'ai envie de baiser dans un moment pareil !

Panique à bord
par Bernard Mabille

Je voudrais piquer un coup de sang contre le capitaine du *Costa Concordia* qui a quitté son navire en perdition caché sous une couverture, cinq heures avant ses passagers. Se tirer de son bateau quand celui-ci prend l'eau, ça s'appelle un délit de fuite ! Ce n'est plus le « capitaine à la barre » mais le « capitaine se barre » ! Il y a du Jospin chez cet homme-là… Qui s'est cassé entre les deux tours, en laissant ses camarades ramer seuls, plusieurs années à la dérive, pour finalement s'échouer en Hollande.
À propos de Costa Croisières, jamais une publicité n'a été aussi proche du produit qu'elle vante. Je cite le slogan entendu sur toutes les chaînes de télévision : « Quand vous avez goûté à une croisière Costa, c'est difficile de revenir à la vie de tous les jours ! » C'est vrai qu'il faut, pour revenir à la vie de tous les jours après avoir goûté au Costa, trouver son gilet de sauvetage planqué au fond d'un placard dont la porte est bloquée par tes valoches, faute de place pour les ranger dans une cabine de 8 mètres carrés… ; savoir courir un marathon le long des 26 kilomètres de couloirs tous semblables ; comprendre le philippin, le thaïlandais, le cambodgien, le vietnamien, le coréen, seules langues parlées à bord par le personnel chargé de vous indiquer les issues de secours… ; attendre au pied de la chaloupe de 40 places que les 4 500 personnes qui vous précèdent aient pu s'asseoir à son bord… ; et avoir obtenu une médaille d'or au 100 mètres papillon aux derniers Jeux olympiques. « Costa, les croisières qui vous manquent », disent-ils. Je rajouterais « qui vous manquent, mais qui ne vous ratent pas ! ». Mais que faisait ce navire de 300 mètres de long rempli de 4 500 personnes si près d'une île, à slalomer entre les rochers ? On l'explique : il est dans la tradition de se rapprocher de la côte pour balancer deux coups de sirène, sorte de bonjour amical aux habitants. « Tutuuuuuute !!! » **À suivre…**

UNE HISTOIRE DRÔLE

Le Diable fait visiter l'enfer à saint Pierre. Et le gardien du paradis est très étonné. Le premier spectacle qu'il voit est celui d'un criminel endurci qui se pavane avec une bouteille de whisky à la main et une belle fille nue entre les bras.
— Comment ? dit saint Pierre. C'est tout le châtiment que vous lui avez trouvé ?
— Oh ! Ne vous y fiez pas trop, dit le Diable. La bouteille a un trou au fond et la fille n'en a pas… !

Citation

Qui a dit : « L'amour tue l'intelligence. Le cerveau fait sablier avec le cœur. L'un ne se remplit que pour vider l'autre. » ?

Jules Renard.

Question du jour

Quel homme politique confiait à ses amis qu'il n'était pas parvenu, malgré la souplesse de sa partenaire, à faire le « jardinier amoureux », acrobatie rustique et libertine qui consistait à transformer sa partenaire en brouette ?

Léon Gambetta.

Bouvardise

Les palaces consolent de ne pas avoir connu les palais.

Mercredi
12 Juin
SAINT GUY

Citation

Qui a dit : « Le mariage est comme le restaurant : à peine est-on servi qu'on regarde ce qu'il y a dans l'assiette du voisin. » ?

Sacha Guitry.

Question du jour

Où peut-on lire cette phrase : « Nous avons confiance en Dieu » ?

Sur les dollars

Bouvardise

L'affirmation d'un bonheur illusoire constitue un premier pas sur le chemin de la félicité.

Panique à bord
(suite et fin)
par Bernard Mabille

– Julietta, lève le nez de tes raviolis, il y a le capitaine du *Concordia* qui passe nous dire un petit bonjour !

– Putino, il n'a jamais été aussi près. Sa cheminée vient d'écraser la cabane au fond du jardin !

Qui pilotait alors le *Costa Concordia* ? François Hollande ? Non ! On le sait capitaine de pédalo, pas de sous-marin ! Et puis, Hollande a un alibi : il tenait à ce moment-là un meeting en Guadeloupe devant un bon millier de chaises vides, alors que les coupures d'électricité ponctuaient chacune de ses phrases… Je l'ai vu à la télé. Au moment où il promettait de faire toute la lumière… paf, coupure ! Tout le monde dans le noir ! Les Antillais manquent de bol avec les hommes politiques venus de métropole. Souvenez-vous de Laporte, ministre des Sports qui, arrivant à Fort-de-France, avait lancé : « Je suis heureux de voir les Antilles de vive voix ! » De Ségolène Royal promettant de « prendre le problème de la banane à pleine main ! » Aujourd'hui, Hollande est victime de courant et pas de courant socialiste… Les Antillais se révoltent : « Ce n'est pas parce qu'on habite Pointe-à-Pitre qu'il faut nous envoyer des clowns ! » Car c'est à Pointe-à-Pitre que les pitres se pointent…

UNE HISTOIRE DRÔLE

C'est un papa qui est en train de faire l'éducation sexuelle de son gamin. Il lui parle des préservatifs et lui montre même plusieurs exemplaires, pour qu'il voie ce que c'est. Le fils demande :

– Papa, ceux qui sont vendus à l'unité, c'est pour quoi faire?

– Ceux-là, ce sont plutôt pour les jeunes qui sortent en boîte le samedi soir.

– Et ceux qui sont vendus par 3, papa ?

– Ceux-là sont plutôt pour les étudiants lorsqu'ils rentrent les week-ends. Il y en a un pour vendredi, un pour samedi, et un pour dimanche.

– Et cette boîte-ci qui en contient 12. À qui sert-elle ?

– Ah celle-ci, c'est pour les couples mariés : Janvier, Février, Mars... !

Quand Bouvard faisait du lèche-vitrine

Philippe Bouvard : Au cours d'un voyage en Thaïlande, je me suis rendu, dans le cadre d'une enquête professionnelle, dans un institut de massage. Je suis donc allé dans un grand magasin qui avait une grande vitrine et, dans cette grande vitrine, il y avait des mannequins comme chez nous… sauf que là, ce sont des mannequins vivants en robe du soir et chacune avait un petit numéro. Je suis donc rentré et j'ai demandé aux vendeurs de me mettre de côté les numéros 14, 17, 22… J'étais jeune à l'époque !
Bernard Mabille : Oui, aujourd'hui, vous commandez plutôt la moitié du 22, voire le quart !
Philippe Bouvard : Donc, le gars prend la commande et m'indique de monter au 6e étage où les dames vont me rejoindre. J'entre alors dans une petite salle d'attente dans laquelle se trouvent un homme en train de lire un journal et une hôtesse très peu vêtue qui vient nous servir une boisson locale. L'homme qui lit le journal me regarde et me dit : « Vous êtes monsieur Bouvard ? Eh bien, figurez-vous que nous avons en Normandie la même femme de ménage ! » Ça a foutu tout par terre…

UNE HISTOIRE DRÔLE

C'est un fermier qui découvre un beau jour que l'une de ses poules ne pond plus que des œufs carrés.
Décidant d'exploiter cette anomalie spectaculaire, Il prévient l'INRA de son cas, lequel vivement intéressé, prend la poule en pension contre une bonne compensation.
Le problème, c'est qu'une fois installée à l'INRA, la poule recommence à pondre des œufs ovales.
Convoqué pour constater le fait, le fermier va voir sa poule et lui demande ce qui ne va pas. Laquelle lui répond alors :
– Eh alors... tu crois que j'vais continuer à me casser le cul, maintenant que je suis fonctionnaire ?!

Citation

Qui a dit : « L'Angleterre, c'est un pays extraordinaire. Tandis qu'en France, nous donnons à nos rues des noms de victoires : Wagram, Austerlitz…, là-bas, on leur colle des noms de défaites : Trafalgar Square, Waterloo Place. » ?

Alphonse Allais.

Question du jour

Pourquoi frappe-t-on deux fois les coups avant le lever de rideau à la Comédie-Française ?

On le fait depuis la mort de Molière en hommage à l'Hôtel de Bourgogne et à la troupe de Molière, qui, en fusionnant, ont créé la Comédie-Française.

Bouvardise

Les coiffeurs, simples jardiniers du système pileux supérieur, sont devenus les phares d'un État-bigoudi soumis à la dictature du peigne et placé sous la souveraineté du séchoir.

Vendredi

14 Juin

SAINTE ÉLISÉE

Citation

Qui a dit : « Le sexe est le polo du pauvre. » ?

Le prince Charles d'Angleterre.

Question du jour

Qui fut le premier évêque de Marseille ?

Saint Lazare, frère de Marthe et Marie.

Bouvardise

Un État qui doit d'abord faire vivre cinq millions de fonctionnaires et assimilés n'a plus guère les moyens de secourir les autres citoyens.

Cauet, le chaud Picard

Philippe Bouvard : Comment le touriste s'aperçoit-il qu'il est en Picardie ?

Sébastien Cauet : Déjà, il faut que le GPS veuille bien y aller… Moi, je viens d'une région sauvage qui s'appelle La Thiérache et un GPS normal en ville va indiquer : « Dans 100 mètres, tournez à droite… » Chez nous, quand il arrive, il peut dire : « Zone inconnue non répertoriée sur la carte, faites demi-tour ! »

Philippe Bouvard : Est-ce qu'on pleure vraiment deux fois quand on visite la région ?

Sébastien Cauet : Ah oui, on a un accueil vraiment adorable ! Ce qu'on n'a pas dans le thermomètre, on l'a dans le cœur… Et c'est vrai qu'il n'est pas rare, quand une voiture de Parisien arrive dans un petit village, de voir un rideau qui bouge derrière une fenêtre avec la pointe du fusil… On pleure donc deux fois chez nous : une fois quand on arrive et une fois quand on prend une balle dans le cul !

Philippe Bouvard : Est-ce que vous ne faites pas du tort au tourisme local en disant que, dans votre pays, le soleil est mou du rayon ?

Sébastien Cauet : Oui, c'est vrai que, dans notre région, le soleil ne se lève pas et ne se couche pas… Il n'y qu'à voir le résultat d'un Picard sur la plage l'été, c'est blanc quand même ! À côté de nous, un albinos, c'est un Africain. Première heure de la matinée de vacances sur les plages : à 9 heures, le Picard est blanc, à 12 heures, il est rouge comme une queue d'écrevisse, à 15 heures, il est brûlé au deuxième degré. Si vous cherchez un Picard le 15 août, allez au service « grands brûlés » de l'hôpital, on est tous là-bas !

Des nouvelles de la fille à papa

Philippe Bouvard : La fille Clinton, qui a 31 ans…

Jean-Jacques Peroni : Elle n'est pas très belle !

Philippe Bouvard : Elle ressemble à sa maman, mais en moins bien.

Jean-Jacques Peroni : Je trouve qu'elle ressemble à Céline Dion avant les travaux de façade !

Philippe Bouvard : Alors, ses parents s'étaient ruinés, enfin…, façon de parler, parce qu'ils ont quand même du blé dans la famille, pour l'envoyer à l'Université. Et finalement, après avoir bien réfléchi et pas trouvé autre chose, elle a décidé de devenir journaliste !

Bernard Mabille : Vous savez pourquoi elle est fille unique ? Parce que Monica a avalé tous ses frères et sœurs !!!

UNE HISTOIRE DRÔLE

Deux Belges regardent le catalogue *La Redoute* et voient les mannequins.
L'un dit à l'autre :
– As-tu vu les belles filles dans le catalogue ?
– Oh oui, qu'est-ce qu'elles sont belles !
– As-tu vu le prix ?
– En effet, elles ne sont vraiment pas chères ; à ce prix, moi, je m'en achète une.
– Bonne idée ! Commande-la, et si elle est aussi belle que dans le catalogue, moi aussi je m'en achète une !
Trois semaines plus tard, le Belge demande à son ami :
– Au fait, la fille que tu as commandée dans le catalogue *La Redoute* est-elle arrivée ?
– Non ! Mais ça ne devrait pas tarder car j'ai reçu ses vêtements hier !

Citation

Qui a dit : « Ceux qui aiment marcher en rangs sur une musique : ce ne peut être que par erreur qu'ils ont reçu un cerveau, une moelle épinière leur suffirait amplement. » ?

Question du jour

Quelle est la particularité des porcs servant à faire les rillettes du Mans ?

Bouvardise

Pour désengorger les tribunaux, il ne faut pas seulement que ceux qui ont fauté plaident coupable, on doit aussi relaxer automatiquement tous ceux qui protestent de leur innocence.

Albert Einstein

Ce sont des porcs femelles ayant eu des petits.

Citation

Qui a dit : « Quel animal admirable que le cochon ! Il ne lui manque que de savoir faire lui-même son boudin. » ?

Jules Renard

Question du jour

Qui fut lancé avec ce slogan publicitaire : « Sucez-moi, je ferai le reste » ?

L'esquimau Gervais, la première glace en bâtonnet.

Bouvardise

Qu'elle est pathétique cette obsession des principaux hommes politiques de paraître humains alors qu'ils n'ont pu se hisser jusqu'aux sommets qu'en écrasant leurs ennemis et surtout leurs amis !...

UNE HISTOIRE DRÔLE

À quatre heures du matin, un homme rentre au domicile conjugal un peu torché...

– Putain, elle ne va pas encore être contente, je vais déjà me faire un jus de citron pour masquer l'odeur d'alcool...

Le matin, sa femme l'engueule :

– T'as encore bu comme un trou hier ! T'es rentré pochtronné !

– Mais non, comment peux-tu dire ça ?

– Le canari écrasé dans le presse-citron, il s'est suicidé ?!

Les statistiques de Peroni

– 13 % des gens pensent qu'un sarcophage, c'est quelqu'un qui bouffe du Sarko.
– 88 % des amateurs de sports d'hiver sont des casse-couilles. Quand il n'y a pas de neige, ils gueulent, et quand il neige, ils gueulent qu'il y en a de trop !
– Après la suppression de l'épreuve de culture générale à Sciences Po, 90 % des étudiants sortiront prétentieux, hautains et incultes mais diplômés !
– Pour se reposer après les fêtes, on peut penser que, courant janvier, chez les fonctionnaires, 30 % auront la gastro, 50 % la grippe et le reste accouchera !
– 100 % des capitaines de soirée sont en colère : non seulement, pour le réveillon, ils n'ont pas pu picoler mais, en plus, en ramenant les pochtrons, ils se sont fait tirer leur gonzesse !
– 97 % des proctologues sont formels : avec tous ces trous du cul qui nous dirigent, nous vivons en anusocratie.
– 100 % des gens qui ont souhaité une bonne année à Hervé Morin avouent s'être foutus de sa gueule.
– Et enfin, 18 % des militants contre le racisme veulent qu'on arrête le scandale des cases noires dans les mots croisés.

UNE HISTOIRE DRÔLE

Chez le spécialiste, le patient attend les résultats :
– Nous avons un petit souci avec le résultat des analyses de votre femme, M. Smith. En fait, il semble qu'au labo, ils se soient mélangé les pinceaux avec les analyses d'une autre Mme Smith, ce qui fait que nous ne savons plus lesquelles sont celles de votre épouse. Tout ce que je peux vous dire, c'est que, dans les deux cas, ce n'est pas folichon !
– Mais docteur, qu'est-ce qu'elle a ma femme ?
– Euh… Eh bien, votre femme a soit la maladie d'Alzheimer, soit une maladie sexuellement transmissible ! Pour plus de précisions, il faudrait refaire les examens.
– Hein ? Je n'ai pas les moyens, toubib, de refaire des examens !
– Dans ce cas, je ne vois qu'une solution : je vous suggère d'abandonner votre femme en rase campagne. Et si elle retrouve le chemin de votre domicile, surtout, surtout, ne la baisez pas !

Citation

Qui a dit : « Qui promène son chien est au bout de la laisse. » ?

Serge Gainsbourg

Question du jour

Qui ne fut sous-secrétaire d'État que pendant onze jours, sans même avoir eu l'occasion d'assister à un conseil des ministres ?

De Gaulle : nommé sous-secrétaire d'État à la Guerre le 7 juin 1940, il ne le fut que jusqu'au 18 juin.

Bouvardise

Imprudente démocratie qui a donné aux citoyens le pouvoir de voter contre elle sans prévoir que le suffrage universel serait capable de la menacer davantage qu'une hypothétique dictature.

Mercredi **19** **Juin**

SAINT ROMUALD

Citation

Qui a dit : « La langue est un organe sexuel dont on se sert occasionnellement pour parler. » ?

Boris Vian

Question du jour

Pourquoi n'a-t-on jamais vu le film de 1922 intitulé *Arènes sanglantes*, avec Rudolph Valentino ?

Parce que R. Valentino l'a racheté, car il s'y trouvait médiocre.

Bouvardise

Une photographie sous le titre « La France perd un grand commis». Je ne peux pourtant pas m'empêcher d'imaginer l'illustre défunt en train d'empiler les assiettes au beurre au fond d'une cuisine électorale.

La vie des seins

par Jacques Mailhot

Lorsque j'ai entendu parler du scandale des prothèses mammaires, j'ai cru au départ qu'il s'agissait d'une querelle au sein du parti Europe Écologie-Les Verts et que c'était le maire de Bègles qui avait battu Eva Joly d'une courte poitrine. Mais il n'en était rien. Lorsque j'ai enfin mis ma tête près des bonnets, je me suis rendu compte qu'il s'agissait en fait d'un nouveau scandale digne du Médiator et de quelques autres entourloupes médicales notoires dont notre pays semble avoir la propriété. Cette histoire est d'autant plus irritante, au même titre que les prothèses incriminées, que le seul nom de la société qui les fabriquait aurait dû quand même attirer l'attention puisqu'il s'agissait de la « PIP ». Poly Implant Prothèse, une société à l'évidence trop « poly » pour être honnête. Fait encore plus grave et inquiétant : son fondateur était en fait un ancien apprenti charcutier reconverti dans la chirurgie. Vous me direz, de la charcuterie au charcutage, il n'y a qu'une seule syllabe de différence, et un charcutier qui embellit les saucisses, ça semble normal. Mais que des femmes aillent se faire bricoler la poitrine par un ancien fabriquant de boudins, je trouve cela un peu hasardeux. Alors, comme aurait dit un ancien président de la République, qui ne se souvient même plus en avoir palpé : c'est une entreprise abracadabrantesque qui avait toutes les chances de faire « pschitt », ce qu'ont fait lesdites prothèses en éclatant purement et simplement. Et ça, c'est encore plus frustrant, parce qu'on se couche avec Rita Hayworth et on se réveille avec Jane Birkin ! Le responsable de cette escroquerie manifeste serait un certain Jean-Claude Mas réputé pour son fameux coup, le coup de masse, qui aurait dû éveiller les soupçons, mais en vain. Ce néo-professeur « Nimbus », comme l'avaient surnommé certains praticiens méfiants, aurait eu en effet la fulgurante idée de remplacer le gel médical utilisé habituellement dans ce type d'implant par un gel industriel à base d'eau savonneuse et de silicone, ce qui lui aurait permis d'économiser 1 million d'euros sur son chiffre d'affaires, non pas sur le dos mais sur la poitrine de centaines de milliers de pauvres femmes ayant eu la malchance de se faire greffer des prothèses. Ce docteur Mabuse s'inscrit finalement dans la grande lignée des escrocs de la santé, comme le très regretté Jacques Crozemarie et comme, plus proche de nous, le grand humaniste Jacques Servier, des laboratoires du même nom. Et lorsque vous saurez que ce nouvel imposteur est tarbais d'origine, vous ne serez pas surpris que ses prothèses aient fini par péter. Il n'empêche que c'est tout de même à cause de ce type de pseudo-docteurs que, lorsqu'on dit qu'elle est morte Adèle, elle l'est peut-être vraiment… Et ça, c'est carrément honteux !

Jeudi **20 Juin**

SAINT SILVÈRE

Mabille crie haro sur l'Autolib'

Génial ! J'ai pris l'Autolib' ! La Blue Car… Pourquoi ne pas lui avoir collé un nom français, un nom écolo ? On l'aurait appelée « la Joly ». Ça aurait eu de la gueule, non ? Quoique ça ne donne pas envie de monter dedans. Et à l'image, ça fait tôle froissée.

C'est génial l'Autolib' ! Je l'ai prise d'Issy-les-Moulineaux à RTL. Arrivé à la radio, pas de place lib'… Plus l'auto est lib', plus les places de stationnement sont occupées !

Une voix m'a alors guidé vers un emplacement Porte de Vincennes. Et, de là, j'ai pris un taxi pour revenir à RTL ! Demain, je vous parlerai de la nouvelle invention de Hollande : après le Vélib' et l'Autolib', il lance la chute lib' !

UNE HISTOIRE DRÔLE

Un petit garçon est sur une plage nudiste avec ses parents pour la première fois.

Il est très intéressé et finit par demander à sa mère :

– Maman, pourquoi certaines femmes ont-elles des seins plus gros que les tiens ?

Gênée, la mère bafouille :

– Euh, eh bien, comment dire… C'est que, vois-tu, plus les seins sont gros, plus la femme est idiote.

– Ah bon ! Merci.

Un peu plus tard…

– Maman, pourquoi certains hommes ont-ils un zizi plus gros que celui de papa ?

Nouvelle gêne, mais l'idée de précédemment est toujours là :

– Eh bien, c'est comme pour les femmes : plus les zizis sont gros, plus le monsieur est con.

– Ah bon ! Merci.

Un peu plus tard, la mère s'inquiète :

– Dis donc, tu ne saurais pas où est ton père ?

– Si, maman, il est derrière les rochers en train de discuter avec la femme la plus idiote de la plage, et plus ils parlent, plus il devient con… !

Citation

Qui a dit : « L'avarice commence où la pauvreté cesse. » ?

Honoré de Balzac

Question du jour

Quelle est la différence entre une grotte et une caverne ?

La grotte est creusée par l'homme, la caverne est creusée par la nature.

Bouvardise

Deviennent obligatoirement ennemis deux hommes d'État qui, pour guigner la même place, finissent par en oublier qu'ils aiment le même pays.

Vendredi

21 Juin

ÉTÉ

Citation

Qui a dit : « Avec toutes les promesses que font nos députés, le budget total des États-Unis serait insuffisant pour un seul département français. » ?

Pierre Doris

Question du jour

Qui a battu le record du monde à moto de vitesse du kilomètre lancé sur piste, le 29 septembre 1985 ?

Coluche. Il a atteint 252,087 km/h.

Bouvardise

Les titres qui collent à la peau jusqu'à la fin d'une existence : président de la République, Premier ministre, médaillé olympique. Les assassins, eux, ont droit à l'oubli.

UNE HISTOIRE À BIDE

Deux types discutent au bar et l'un se confie à son vieux pote :

– Quand nous vieillissons, nos priorités changent. L'autre jour, j'arrive à la maison et je suis accueilli par ma femme, habillée seulement de sous-vêtements très sexy. Elle tenait deux petites cordes en velours. Elle me dit : « Attache-moi, et tu peux faire tout ce que tu veux… » Alors, je l'ai attachée puis suis allé jouer au golf !

La folie des glandeurs
par Bernard Mabille

Je voudrais piquer un coup de sang contre ces fainéants des médias audiovisuels qui désertent micros et caméras durant les vacances de fin d'année pour partir en vacances de fin d'année, plantant une dizaine de jours durant auditeurs et téléspectateurs qui ne peuvent pas, eux, s'offrir des vacances de fin d'année. Le style « on glande pour vous » ! Il faudrait peut-être leur dire que la vie ne s'arrête pas du 23 au 31 décembre. Les radios et télés entre Noël et le Jour de l'an, c'est l'art d'accommoder les restes, de faire du neuf avec du vieux, de hisser la conserve au rang du produit frais, de faire passer pour meilleurs moments des instants bouche-trous d'une banalité affligeante. Imagine-t-on un maître pâtissier vous refiler une bûche de Noël fabriquée fin août ? Un artisan poissonnier vous proposer une raie du jour pêchée en septembre ? Les quotidiens nous fourguer leurs numéros d'octobre et ma femme me laisser une photo d'elle en nuisette en m'écrivant : « Pendant que je suis partie, fais comme si j'étais là : prends-moi comme un grand fou ! » ?

Hier, zappant sur ma télé, j'ai appris en vrac et en moins de deux heures : l'arrestation de Ben Laden, la sortie du film *Ben-Hur*, la nomination de DSK au FMI, la mort de Claude François, l'élection de Jacques Chirac à la présidence et le mariage de Johnny Hallyday avec Sylvie Vartan. Je dis « beurk beurk beurk » quand le scoop sent le congelé. **À suivre…**

UNE HISTOIRE DRÔLE

Dans le compartiment d'un train, un homme porte deux bébés, un dans chaque bras. Une femme s'installe devant lui et entame la conversation :
— Quels beaux bébés ! Comment s'appellent-ils ?
L'homme lance un regard agacé à la dame et répond :
— Je ne sais pas...
La dame continue malgré tout :
— Ce sont des petits garçons ou des petites filles ?
L'homme semble encore plus agacé et répond :
— Je ne sais pas...
— Mais enfin, quelle sorte de père êtes-vous donc ?
— Je ne suis pas leur père, je suis représentant en préservatifs et eux, ce sont deux « plaintes » que je vais déposer à la direction !

Citation

Qui a dit : « A l'égard de celui qui vous prend votre femme, il n'est de pire vengeance que de la lui laisser. » ?

Sacha Guitry

Question du jour

Qu'est-ce qui tue 150 personnes chaque année dans le monde, soit 15 fois plus que les attaques des requins ?

Les chutes de noix de coco.

Bouvardise

Les justiciables qui n'ont rien à se reprocher doivent redouter davantage que d'autres les erreurs judiciaires.

Lundi

24 Juin

SAINT JEAN-BAPTISTE

UNE HISTOIRE À BIDE

Un homme entre 85 et 90 ans est assis sur un banc dans un jardin public. Il est en train de pleurer tout seul lorsqu'un jeune homme s'avance vers lui et lui demande ce qui ne va pas :

– Je suis amoureux d'une jeune fille de 22 ans...

– Qu'y a-t-il de mal à cela ? demande le jeune homme.

Tout en sanglotant, le vieil homme répond :

– Vous ne pouvez pas comprendre. Chaque matin, avant qu'elle aille travailler, nous faisons l'amour. À midi, elle rentre à la maison et nous refaisons l'amour, puis elle me prépare un de mes plats favoris. Dans l'après-midi, si elle a le temps de faire une pause, elle rentre à la maison et nous faisons l'amour, et Dieu sait qu'elle sait s'y prendre. Et enfin, le soir et toute la nuit, nous faisons l'amour.

Là, le vieil homme s'arrête, incapable de sortir un mot de plus.

Alors le jeune homme lui passe le bras autour de ses épaules en lui demandant :

– Je ne comprends pas. Il me semble que vous vivez une relation parfaite tous les deux. Pourquoi pleurez-vous ?

Le vieil homme lui répond en pleurant :

– J'ai oublié où j'habite !

La folie des glandeurs (suite et fin)

par Bernard Mabille

Aussi, je voudrais saluer ici le seul vrai professionnel du PAF : Philippe Bouvard. Il travaille en direct tous les jours, repoussant les limites du perfectionnisme jusqu'à abandonner son 3 500 mètres carrés dans un quartier chic de Paris pour vivre sur place à RTL. Bivouaquant dans la cabine d'ascenseur, couchant dans un duvet acheté au Vieux Campeur, nourri à la pizza Hut livrée à motocyclette, dopé à l'eau du robinet, douché dans le lavabo, pour être là ! Philippe Bouvard et ses sociétaires esclaves, logés eux aussi sur place dans un débarras. Au fait Jacques, j'ai retrouvé ton slip, il était planqué sous le tas de collants sales de Chantal. Les sociétaires assurant, bien que crevés, le bonheur quotidien des chers auditeurs, loin du vin chaud et du reblochon fermier rôti, spécialités des cimes enneigées. Personnellement, j'ai bousillé ma vie de famille pour être fidèle au poste. J'entends encore mon épouse : « Chéri, nous partons pour Courchevel, on t'attend ! – Au cul Courchevel, j'ai *Les Grosses Têtes* ! – Chéri, les gosses veulent que tu leur apprennes à faire du ski ! – Au cul le ski, j'ai *Les Grosses Têtes* ! – Chéri, je prendrai alors un moniteur. – J'ai *Les Grosses Têtes*, au cul le moniteur ! » C'est ce qu'elle fit, vivant aujourd'hui avec lui dans un chalet savoyard. Tant pis Philippe si j'ai perdu femme et enfants, mais je préfère être là à vos côtés, ramant sur ces foutus *Coups de sang*, grimpant sur cette putain de chaise d'arbitre, répondant à des questions à la con : on appelle cela le respect de l'auditeur, car nous sommes en direct, mesdames, messieurs. Et ne vous y trompez pas : si vous entendez cet après-midi encore *6 + 3 = 9. 9 Mailhot !*, n'allez pas croire à une rediffusion, c'est simplement que notre gentil Chevallier est monté en boucle et que, quand il croit en tenir une bonne, il ne la lâche plus. Avec Phiphi, pendant les vacances, les jeux de mots continuent. Mais reconnaissez que, pour renoncer à la raclette, il faut être un peu fondu.

Question du jour

Quelle mode fut lancée par saint François d'Assise ?

Celle des crèches à Noël.

Bouvardise

Il est devenu plus facile de se séparer d'un conjoint que d'un salarié et moins onéreux d'entretenir une danseuse non déclarée qu'un cadre moyen avec charges.

Mardi

25 Juin

SAINT PROSPER

Chevallier a dîné chez un ami de son beau-frère

Mon dernier dîner gratuit a eu lieu chez un ami de mon beau-frère qui a le double privilège de lui fournir ses asticots pour la pêche et d'habiter en banlieue est. Ma sœur et son mari, invités eux aussi, n'ont malheureusement pas pu faire le voyage puisque mon cher beau-frère est interdit de déplacement depuis quelque temps : un vilain furoncle l'empêche de s'asseoir et on ne vient pas du Cantal à pied. Cela dit, à table il fait un très mauvais convive, car il ne parle que le patois de son pays et quand il sourit, on ne sait jamais si c'est parce qu'il est hébété ou qu'il a mal au cul ! Je me rends donc seul samedi dernier, entre Draveil et Drancy, au lieu-dit « Les abattoirs », près de la zone industrielle Beau Séjour, dans un secteur pavillonnaire en construction coincé entre un ancien Jardiflore transformé en squat et une déchetterie désaffectée mais pas encore désinfectée.

Au 22 de la rue Karl Marx, la maison de mes amis, la seule à peu près terminée, m'accueille avec son écriteau : Si tu viens en ami amène une bouteille, si tu viens en ennemi, on te pète la gueule ! On est tout de suite saisi en entrant par la chaleur de l'accueil ! La décoration intérieure est à l'image de l'architecture, pas prétentieuse. Avant de voir la maîtresse de la maison, on sent déjà l'odeur de la caisse du chat, et pendant que le copain de mon beau-frère me broie la main pour me témoigner son affection, le berger allemand en fait autant en me léchant la braguette ! En passant devant la cuisine, on ne peut pas éviter les effluves mélangés de ragoût et de vomi qui vous font regretter le pipi de chat du début. **À suivre…**

UNE HISTOIRE DRÔLE

Dans un bistrot d'Édimbourg, un Écossais appelle le garçon :
– Dites donc, je n'ai pas encore trouvé de jambon dans le sandwich que vous m'avez donné !
– Oh ! Monsieur, c'est étonnant ! Essayez encore une autre bouchée.
Le client mord encore une fois et dit :
– Non ! Toujours pas de jambon…
– Ben alors, répond le garçon, c'est que maintenant, vous l'avez dépassé… !

Citation

Qui a dit : « L'estomac a deux utilisations. Il contient votre dîner et, ce qui n'est pas le moins important, sert à retenir votre pantalon. » ?

Groucho Marx

Question du jour

Comment s'intitulait à l'origine *La Marseillaise* ?

Chant de guerre pour l'armée du Rhin.

Bouvardise

La légitimité du journalisme dit « d'investigation » est mince quand elle ne procède que de la curiosité malsaine du public.

Citation

Qui a dit : « L'automobiliste manque de civilité. Personne n'a encore eu l'idée d'installer les jours de départ en vacances un poste de télévision sur la plage arrière afin que celui qui le suit puisse se détendre pendant les longues heures d'attente. » ?

Jean Yanne

Question du jour

Lors d'un repas russe, de quoi une femme est-elle dispensée ?

De boire cul sec lors des toasts.

Bouvardise

Vieillir est une occupation à plein temps.

Chevallier a dîné chez un ami de son beau-frère

(suite et fin)

Trois enfants au regard torve, au nez qui coule et aux oreilles décollées qui en disent long sur l'hérédité ambiante, ainsi qu'un couple d'amis déformés par le Ricard constituent l'assistance. L'ambiance est au beau fixe, les mioches se foutent des beignes sournoisement, pendant que les deux bonnes femmes enfilent pastis sur pastis en tirant négligemment sur le cache-nez qui leur sert de jupe. Le repas était délicieux : en entrée salade de champignons, de haricots et de brocolis. Que des trucs qui donnent des gaz. Le cassoulet qui a suivi n'était pas mauvais, juste un peu gras. « Je rajoute toujours un peu d'huile », dit la patronne avec une voix de soiffarde. « Ça permet de faire passer le tarbais. » Après des considérations d'ordre général sur l'opportunité de manger des andouillettes au mois d'août et la qualité de la photo officielle de notre président, la conversation a vite tourné au guilleret. Le fournisseur en asticots de mon beau-frère a voulu montrer le sien ! « Tenez ! » qu'il disait en tenant la malheureuse saucisse de Toulouse qui baignait dans l'huile. « Je suis sûr que ma saucisse à moi elle est plus grosse que celle-là. » « Ta gueule ! » lui répondait sa femme dans un français irréprochable. « Toi, ce n'est pas une saucisse que tu as, c'est une chipolata. »

Là-dessus, la femme du couple invité intervient : « C'est de ta faute si ton mari a une merguez dans le pantalon, tu ne sais pas y faire ! Le mien quand je l'ai connu il avait un jésus de Morteau, maintenant il a un salami ! » Devant la pertinence des propos et la profondeur des sujets abordés, je décidai de prendre congé et après avoir surpris sous la table le berger allemand en train de se faire une gâterie, je lançai tout fort : « Ce n'est pas que je m'ennuie, mais j'ai de la route, merci pour tout ! J'ai les dents du fond qui baignent et une fois chez moi je serai plus tranquille pour péter ! »

UNE HISTOIRE À BIDE

Un brave homme s'arrête dans la rue devant un petit garçon assis par terre :

– Eh bien, mon petit, lui dit-il, tu as l'air bien malheureux ! Tu as perdu ta maman ?

– Je n'ai pas de maman, réplique le gosse en grinçant des dents.

– Mon Dieu, quel malheur ! Et ton papa, où est-il ?

– Je n'ai pas de papa !

– Qu'est-ce que tu racontes ? Ni maman, ni papa ? Mais alors, comment es-tu venu au monde ?

– C'est un sale coup que pépé a fait à tantine... !

Jeudi
27 Juin
SAINT FERNAND

Couche-t-on le premier soir ?

Philippe Bouvard : La question est : « Est-ce qu'il faut coucher le premier soir ? »
Bernard Mabille : Pour moi, la question serait plutôt : « Est-ce qu'il faut coucher la première année ? »
Jacques Mailhot : Moi, je ne couche jamais le premier soir… Elle ne vient pas !
Bernard Mabille : C'est vrai qu'elles nous baladent des fois… Le restaurant…
Jean-Jacques Peroni : Il ne faut jamais remettre au lendemain ce qu'on peut faire avec une seule !

UNE HISTOIRE DRÔLE

Un matin, à la SNCF, un agent de maintenance arrive en retard, avec des cernes sous les yeux.
Ses collègues lui demandent :
– Eh bien, Fernand ! T'as fait la fête toute la nuit ou quoi ?
– Ah ! M'en parlez pas !
– Ben, te fais pas prier. Raconte !
– Hier soir, je faisais une petite intervention au niveau de l'aiguillage B13 lorsque j'ai découvert une femme attachée sur les voies.
– Incroyable !
– Si ! J'vous jure !
– Et qu'est-ce que t'as fait ?
– Je l'ai ramenée chez moi. Et comme elle avait froid, je lui ai fait couler un bain bien chaud. Après, je l'ai mise au lit. Elle avait encore froid. Alors, je l'ai massée pour la réchauffer, et puis ça a dérapé. On a fait l'amour toute la nuit.
– C'est dingue comme histoire. Et elle était jolie ?
– Ben, j'sais pas. J'ai pas retrouvé sa tête !

Citation

Qui a dit : « Nous devons vivre nos vies comme si le Christ allait venir cet après-midi. » ?

Jimmy Carter

Question du jour

Quelle boisson fabrique-t-on avec l'agave ?

La téquila.

Bouvardise

Le ménage moderne est supérieur à l'être humain puisque sa décomposition n'est jamais définitive : il débouche statistiquement deux fois sur trois sur ces familles recomposées où les enfants ont autant de pères que la maison de leur mère compte de divans.

Présentation des panélistes

Un cinéma d'art et d'essais a été sa première garçonnière.

Vincent Perrot

Question du jour

Qui avait acheté la bibliothèque de Diderot de son vivant tout en lui en laissant la jouissance sa vie durant ?

Catherine II de Russie.

Bouvardise

Les vieux démons s'accrochent puisqu'on compte encore aujourd'hui moins de bureaux sans papiers que de forêts sans arbres.

Les prix flambent quand la terrasse chauffe

Question : quel est le con qui a inventé les terrasses chauffées ? 3° dehors, 35° en terrasse… Tu as les pieds au pôle Nord et le torse au Sahel ! Après avoir retiré ta doudoune, tes moufles, ton écharpe, tu rejoins tes futurs camarades en bras de chemise. Mais où t'installer ? Voilà la question ! Sous le radiateur à gaz ? Là, tu crames aussitôt… J'ai même vu les pompiers intervenir pour un feu de moumoute en nylon !

À côté du radiateur, tu as en moins de six minutes la joue droite façon toast grillé. C'est alors qu'il faut te retourner pour tendre l'autre joue, au risque de repartir la gueule bicolore, blanche et marron. Un voisin japonais qui s'était mal assis en est ressorti jaune devant et marron derrière. Une tronche de slip ! Alors là, armez-vous de patience, le serveur débordé met des plombes à vous servir ! Ce n'est plus un expresso mais un « omnibusso ». J'ai personnellement attendu une bonne heure sous la rôtissoire, revivant le calvaire de Jeanne au bûcher, coincé entre une femme parlant au téléphone de ses problèmes d'hémorroïdes et un mec apprenant la mort de son père. C'est là que tu regrettes *La Grande Vadrouille*, même si tu l'as vu 256 fois. Quand le café vous est enfin servi, jetez-vous sur la tasse : trois minutes sur la table et il se met à bouillir. Par contre, en terrasse, tu as de la visite… Tu ne peux pas t'ennuyer ! Entre le sourd-muet qui propose un porte-clés et te traite de fils de pute si tu le refuses et les SDF qui te réclament ta clope, ta montre, ton téléphone, ton fric, ta femme même si elle est moche… Arrive l'addition : 7,86 euros le petit noir, près de 6 000 centimes de francs. « Il n'y aurait pas une erreur, monsieur le garçon ? – Eh, vous n'avez pas vu qu'on est sur une terrasse chauffée ?! »

Moralité : plus la terrasse est chauffée et plus les prix flambent !

Samedi **29** PIERRE, PAUL

Dimanche **30** **Juin** SAINT MARTIAL

Vélib', Autolib' et femmelib'

par Jean-Jacques Peroni

Bientôt l'été et les longues périodes de lecture au bord de l'eau. Voici quelques livres à emmener à la plage pour caler le parasol et graisser les pages à l'Ambre solaire :

Les Antilles du puits de André Sansfrapper, une saga retraçant l'immigration d'une famille auvergnate dans une île des Antilles où ils vont faire pousser des lentilles au lieu des bananes. Avec ce gros problème : on peut peler les bananes et le jonc mais pas les lentilles !

La pierre levée de Ramone Moilognon : une jeune femme découvre qu'en se masturbant sur le menhir de Carnac, elle retrouve sa virginité. Tous les mystères du celtisme.

Ça baise à Suez de Moctar Oujamais : une danseuse du ventre a des petits problèmes de gastro et ça fait tache !

Elles sont belles mes boules, mémoires de Raymond Lebâton, marchand de glace sur les plages du Cap d'Agde.

Le blues de la pelouse de Valérie de Lamotte : deux jeunes femmes découvrent leur homosexualité en regardant deux vaches brouter de l'herbe.

Une bêtise à Cambrai d'Yvan Duvaux : un jeune homme naïf a une aventure avec une Cambraisienne qui lui fait croire qu'elle est tombée enceinte parce qu'il lui a sucé le bonbon.

Vélib', Autoli'b et femmelib', les origines de la grande partouze chez les bobos bio-écolo-socialos entre le Marais et l'île Saint-Louis, Paris par Isabelle Alonzo Pageot.

Les grelots dans la culotte, l'histoire d'une femme dont la culotte se met à sonner dès qu'elle a envie d'un homme. Dans le métro aux heures de pointe, on dirait la clarine des vaches pendant la transhumance, et comme cette personne est très pieuse, ça trouble l'office du dimanche.

Comme sur une toile cirée de Lucien Lacaisse, roman métaphysique dans lequel la famille Prout se demande où vont ses pets.

Les aventures du roi Pignouf Ier, de Simon Neubandait. Pignouf est un roi normal, il ne vit pas dans son château, il se déplace en patinette et Pignoufette, la reine, n'arrête pas de lui faire des misères et en plus les caisses du royaume sont vides. Un bon moment pour les enfants, moins pour les parents qui comprendront la parabole.

L'évêché était fermé de l'intérieur : un évêque est retrouvé mort dans ses cabinets avec un président au bout de la mitre. L'inspecteur Durex mène l'enquête.

Ça glisse dans la vallée de Sabine Moibien. Après une avalanche, des skieurs enfouis sous la neige se demandent à qui on mettra le bâton de ski dans le fion pour faire antenne afin d'appeler les secours.

Alors bonne lecture !

Présentation des panélistes

Je la soupçonne, chaque fois qu'elle a participé à nos petits sacrilèges, d'aller brûler un cierge dans sa paroisse.

Mireille Dumas

Question du jour

Qui avait pris pour devise « Vivre en travaillant, ou mourir en combattant » ?

Les canuts de Lyon.

Bouvardise

Il existe un moyen très sûr de réduire la pollution automobile : c'est de permettre aux véhicules de débarrasser l'asphalte le plus rapidement possible au lieu de les immobiliser, moteur tournant, dans les embouteillages.

Présentation des panélistes

Il vit paisiblement entre une épouse, douze chèvres et un intendant.

Pierre Bellemare

Question du jour

Que donne le croisement d'un épagneul et d'un barbet ?

Le bichon.

Bouvardise

Les hommes doivent arrêter de se conduire comme des taupes affolées en creusant des trous partout.

Peroni se paie les festivals

Bientôt l'été et son cortège de festivals, de fêtes locales et autres manifestations régionales pour distraire le péquin incapable de s'amuser ou de se cultiver seul. Pour le mois de juillet, je vous en ai choisi quelques-uns, à mon sens des rendez-vous incontournables.

À tout seigneur tout honneur, le festival d'Avignon : avec ses pignoleurs enculturés, ses sodomiseurs de diptères, toute la culture de gauche (pléonasme !) qui danse et qui pétille, ses metteurs en scène et ses comédiens qui, quand ils ont le choix entre succès et subvention, choisissent toujours la subvention… Alors bon courage à tous les campeurs égarés dans la cour du palais des Papes, ça va vous changer du dîner de cons.

Le 6 juillet, surtout ne pas manquer ce grand moment d'écologie participative qu'est la transhumance des huîtres entre Marennes et Oléron.

Le 7 juillet à Strasbourg, la célèbre cueillette annuelle de la choucroute à marée basse sur les bords du Rhin.

Le 8 juillet à Prends-moi-le-Petit dans l'Aisne, le festival des marionnettes qui bougent la tête et les mains quand on leur met un doigt… Les enfants adorent !

Les 10, 11 et 12 juillet à Pornic, les fêtes de la moule avec l'élection de Miss Moule en string mouillé !

Le 14 juillet dans toute la France, les bals des pompiers. Attention à ne pas vous asseoir sur une bouteille, les pompiers sont taquins…

Le 15 à Casseburnes-sur-Brisemenu en Haute-Loire, grande fête de la castration des moutons avec les dents !

Le 16 à Chiemou, dans le Poitou, le grand pardon à Saint Robert, patron des gros nichons, avec le défilé des plus fortes poitrines de la région.

Le 17 à Lonbaise, grande foire à la saucisse animée par l'orchestre de Johnny Braquemart et ses Craquettes.

Le 18 à Foix, grande kermesse de la cirrhose, avec le bal des soiffards et la remise du prix Biturin qui récompense la plus belle couperose du département.

À suivre ci-contre…

Mardi **2** **Juillet**

SAINT MARTINIEN

Peroni se paie les festivals
(suite et fin)

Le 20 à Pétasson-sous-la-Couette, dans le Morbihan, le festival des vieilles morues. Toutes les vieilles tapineuses des cantons alentour organisent une journée Jambes ouvertes. Des dégustations à l'aveugle sont prévues.

Le 21 à Pont-l'Évêque, le festival de la mauvaise haleine. Tout le monde mange du fromage local et c'est celui qui pue le plus de la gueule qui remportera le prix Refoule du goulot !

Le même jour dans le Finistère, à Pignole-Sec sur Saucisson-sec, le grand fest-noz dans lequel ce sont les femmes qui soufflent dans le biniou des hommes.

Et enfin le 22 à Châtel-Guyon, la grande foire aux constipés avec dégustation de pruneaux et grand concours de fin de soirée. Le premier qui arrive gagne un rouleau de papier !

UNE HISTOIRE DRÔLE

Simon ne se lasse pas de vanter dans tout le Sentier les capacités exceptionnelles de son chien :

– Il est formidable : tous les matins, il va au kiosque et me ramène le journal en me rendant la monnaie. Il sait aussi tenir le magasin quand je vais boire le thé et je pense même lui apprendre à jouer aux échecs.

– Il est formidable ! s'exclame Abraham, je t'en offre 500 euros !

– 500 euros ? Mais tu es fou ! Je ne le céderai pas à moins de 5 000 euros !

– Je t'en propose 2 000.

– Allez, je te le laisse à 3 000 et n'en parlons plus.

Et voilà le chien de Simon qui se retrouve chez Abraham.

Deux semaines plus tard, Abraham croise à nouveau Simon :

– Dis-moi Simon, ton chien, que tu m'as vendu à prix d'or, qui d'après toi faisait des miracles, eh bien il n'est bon qu'à manger et dormir. Les seules fois où il veut bien se lever, c'est pour aller pisser. Alors, qu'est-ce que tu dis de ça ?

– J'en dis que si c'est comme ça que tu parles de ton chien, tu n'arriveras jamais à le revendre !

Présentation des panélistes

Il a commencé à boire pour oublier qu'on le traitait de poivrot.

Jean-Jacques Peroni

Question du jour

Qui parle le picard dans les comédies de Molière ?

Les domestiques.

Bouvardise

La parole doit être belle en soi, indépendamment de l'usage qu'on en fait, puisque les plus beaux esprits de notre époque s'en servent pour ne rien dire.

Présentation des panélistes

Le gouffre de la sécu s'est creusé alors qu'il trépignait devant un de ses guichets.

Bernard Mabille

Question du jour

Autrefois, quelle était la fonction d'un « grand veneur » ?

C'était le chasseur qui dirigeait une chasse à coure.

Bouvardise

La vie dégage aussi parfois des odeurs de décomposition.

Bouvard se trompe de femme

Philippe Bouvard : Une fois, à Saint-Tropez, des copains étaient au courant qu'une superbe fille qui était à la terrasse du *Sénéquier* n'était pas une vraie fille. Et ils m'avaient persuadé qu'elle avait un faible pour moi ! Alors, j'étais allé l'inviter pour faire une petite promenade vespérale dans les vignes autour de la ville… C'était Marilyn Monroe avec un décolleté sublime, une minijupe, de très hauts talons… Alors, j'arrête la voiture, je mets mon moteur personnel en marche, et là, je tombe non pas sur une grappe de raisin mais sur les olives ! Je me rends compte à ce moment-là que je me suis complétement fourvoyé. Tout en ouvrant la porte de la voiture, je dis alors à cette créature de rêve : « Descendez, monsieur ! »

Bernard Mabille : Vous l'avez largué(e) au milieu des vignes ? Ah, c'est élégant !

Philippe Bouvard : Mais j'ai honte, encore aujourd'hui ! J'aurais pu la(le) ramener en ville, mais c'était très loin…

Philippe Chevallier : Ce n'est pas grave, vous auriez pu la(le) retourner et l'affaire était faite !

UNE HISTOIRE DRÔLE

C'est un couple qui va fêter ses 25 ans de mariage et l'épouse demande à son mari :

— Mon amour, que vas-tu m'offrir pour nos noces d'argent ?

Le mari répond :

— Un voyage en Chine.

La femme, très surprise par ce cadeau magnifique, lui demande :

— Mais mon amour, si pour nos 25 ans tu m'offres ça, que feras-tu pour nos 50 ans ?

— J'irais te rechercher !

Jeudi **4** **Juillet**

SAINT FLORENT

Mabille préfère le compost au compostage

Je voudrais piquer un coup de sang contre le mec qui a inventé et surtout réussi à fourguer à la SNCF la fameuse borne jaune, en forme de pissoir pour chiens, faite pour composter nos billets de train.
Ces billets qu'aujourd'hui, si vous n'avez ni Internet ni ordinateur ni imprimante, vous devez acheter « à l'ancienne » au seul guichet ouvert parmi une quinzaine résolument clos et qui, au moment de l'atteindre après une attente d'une bonne trentaine de minutes à vous en faire péter les bas de rétention, ferme toujours, mais toujours, sous votre nez, l'employé vous balançant à la tronche, la voix déformée par une sono du genre « on vient de m'opérer des cordes vocales » : « C'est l'heure de ma pause syndicale, allez voir en face si j'y suis ! » Et là, vous devez vous retaper une heure de poireautage avant d'être servi…
Mais revenons à la borne jaune, terreur de l'usager SNCF : d'abord, il faut trouver la bonne ; puis, il faut trouver la fente… Tout le monde n'étant pas aussi rapide que DSK en matière de compostage !
Un mec normal – je veux dire d'au moins 1,85 m – doit se plier en quatre ! Ce truc-là a dû être fabriqué pour les Pygmées qui, ne prenant jamais le train, ont dû nous le refiler sur eBay ! Le billet introduit – comme papa dans maman –, vous pourrez alors lire, à condition d'avoir une bonne vue : « Retournez votre billet. » D'accord, mais dans quel sens ?! La machine ne te le dit pas, ce serait trop facile. Et là, tu réinventes le mouvement perpétuel sous le regard des gilets rouges chargés de t'aider mais qui se marrent, le téléphone collé à l'oreille. Tu le tournes, tu le retournes, dans un sens et dans l'autre, à l'endroit à l'envers : rien ! Ton train doit partir… Pas de bol, tu dois prendre le seul train qui démarre à l'heure ! Et c'est là que le contrôleur t'apprend que toutes les bornes de l'étage sont en panne et qu'il te faut essayer celles du sous-sol sans passer par l'escalator, en rade lui aussi, mais en empruntant l'escalier. « Soyez sympa, monsieur, compostez-le, je vais rater le train ! » implorez-vous alors, presque en larmes. « Impossible ! Moi, je suis en service voie N ! Pour le 9 heures, vos contrôleurs sont en voie Z, à la hauteur de la voiture 24 ! – Mais ma place est réservée en voiture 1 ! Si je dois traîner ma valise jusqu'à la voiture 24 et revenir à la voiture 1, autant que j'aille jusqu'à Nevers à pied ! – Ah, c'est comme ça monsieur. Sinon, vous paierez une amende. Douze fois le prix du billet multiplié par l'âge du conducteur, augmenté du nombre de ses enfants. »
Vous n'y croyez pas ? Et pourtant, tout ça se passait samedi, gare de Bercy à Paris, la plus récente des gares de la capitale, inaugurée en 2011.

À suivre page suivante…

Présentation des panélistes

Dans un demi-siècle, il mettra encore enceintes toutes les centenaires de l'hospice.

Vincent Perrot

Question du jour

Que lança Richard Cœur de Lion pour gagner plus rapidement la bataille sur ses ennemis ?

Des essaims d'abeilles.

Bouvardise

Inutile de demander la France. Elle est aux préposés absents.

Vendredi

5 Juillet

SAINT ANTOINE

Présentation des panélistes

Contrairement à Madame de Sévigné, pour être célèbre, il lui a fallu rater sa correspondance.

Pierre Bellemare

Question du jour

Quel record sportif détiennent Laurel et Hardy ?

Celui du lancer de tartes à la crème (4 000 dans La Bataille du siècle).

Bouvardise

Un pays où, sous prétexte de patrimoine, les horreurs s'accumulent, est comparable à ces hôtels mal tenus où l'on oublie de changer les draps.

Mabille préfère le compost au compostage (suite et fin)

Un coup de sang aussi contre l'architecte du lieu, qui n'a sans doute jamais pris le train. Pas une salle d'attente. Douze banquettes au total, prises d'assaut par des vieux qui ont connu la vapeur, qui sont arrivés sept heures en avance, qui ne sont pas prêts à lâcher la place, souriants comme des pitbulls… « Faut aller au bar ! » me direz-vous. Ouais… En guise de bar, juste une vitrine bourrée de sandwichs élastiques, pas un comptoir pour poser son café, pas une table, pas une chaise !

Reste plus qu'à poser ton cul sur ta valise. La mienne est à roulettes… À peine assis, sous la pression de mes énormes fesses, elle se débine à 35 mètres façon missile, traversant le hall, écrasant un clebs, pulvérisant trois paires de béquilles comme au bowling, avant de finir sur les genoux d'une grosse dame assise sur son sac de voyage, qui s'aérait les méninges en écartant les cuisses…

Je n'ai jamais vu Nevers !…. Le seul taxi étant pris d'assaut, je suis rentré chez moi en métro, lâchant alors 4 euros pour le ticket. « Vous me donnez trop, monsieur, le ticket de métro est à 1,70 €. » Nathalie Kosciusko-Morizet, ex-ministre des Transports, se serait donc gourée en parlant de 4 € le ticket ? Pas du tout, elle nous a donné le prix du ticket sitôt notre nouveau président élu.

On n'est pas près de voir le bout du tunnel…

UNE HISTOIRE DRÔLE

Une dame fait des reproches à son boulanger :

— Je suis désolée de vous le dire, mais votre pain est rassis !

— Un peu de respect, Madame, je faisais du pain avant que vous ne soyez née !

— Justement, ce que je vous reproche, c'est de ne le vendre que maintenant !

Samedi **6** SAINTE MARIETTE — Dimanche **7** **Juillet** SAINT RAOUL

Sardine ou turbo ?

Philippe Bouvard : Il m'est arrivé une mésaventure avec une voiture neuve dont j'étais très fier. Je l'avais laissée stationnée devant le journal et beaucoup de copains étaient descendus de la rédaction en me demandant de soulever le capot pour admirer le moteur… Alors, j'avais fait ça sans me méfier. Et puis je prends la route pour partir en week-end et je sens une odeur bizarre ; je m'arrête devant une station-service. Je sors, je fais le tour de la voiture et je dis d'un air futé au pompiste : « Ah ! Vous, vous allez manger du poisson à midi ! » Il soulève alors le capot et me répond : « Vous avez une sardine sur le pot d'échappement ! »

UNE HISTOIRE DRÔLE

Un Français et un Belge sont dans une discothèque et aperçoivent deux superbes créatures. Le Français dit alors :
– On va les draguer !
– Moi j'veux bien, mais je suis très très timide et je ne sais vraiment pas comment faire pour emballer une fille…
– Bon, ok ! Laisse-moi faire… Tu regardes comment je fais et tu fais pareil.
Le Français s'approche alors de la plus belle des deux filles et lui dit :
– Salut, choisissez un chiffre entre 1 et 9 !
– Je n'sais pas moi, 5.
– Bravo ! Vous venez de gagner le droit de danser avec moi toute la soirée !
Le Belge, voyant son copain avec la première fille, se décide à aborder l'autre. Il lui dit :
– Salut, choisissez un chiffre entre 1 et 9 !
– Ben… 8.
– Ah, dommage ! C'est perdu !

Présentation des panélistes

La culture est aussi bien rangée dans son cerveau que les bouteilles dans sa cave.

Jean-Jacques Peroni

Question du jour

Comment s'appelait le journal de Camille Desmoulins ?

Le vieux Cordelier

Bouvardise

Le nouvel équilibre mondial : plus de guerres ni de tués nulle part ; des explosions et des cadavres partout.

Présentation des panélistes

En coulisses, il fume. En scène, il fulmine.

Bernard Mabille

Question du jour

Pourquoi les danses folkloriques marocaines se dansent-elles à genoux ?

Parce qu'à l'origine, elles étaient représentées dans des tentes, ce qui obligeait les danseuses à officier à genoux, le plafond étant trop bas.

Bouvardise

Il n'y a qu'à observer ses contemporains et parcourir les gazettes pour constater que le nombre des corbeaux en activité dépasse singulièrement celui des Airbus en vol.

Ne nous demandez jamais si « c'était bon »

par Macha Méril

La dernière leçon était sur les préliminaires et je vous avais laissé à poil sur la femme que vous aviez décidé de rendre heureuse, déjà en bonne posture. Retenez votre souffle, calmez vos ardeurs, prenez le temps de la rendre folle. Si la nature risque de vous déborder, pensez à autre chose, à votre expert-comptable, à votre belle-mère, au PV que vous risquez de trouver sur votre voiture garée hâtivement. Arrive l'apothéose. Souriez, soyez radieux, solaire, poétique, car ce n'est pas fini !….

Maintenant commence la dernière phase… Ne ruinez pas l'ambiance avec des commentaires prosaïques ou graveleux, ne dites surtout pas « C'était bon… » ni « Quelle heure il est ? » ni « Tu es une belle salope, je ne l'aurais jamais cru ! ». Au contraire, c'est le moment d'être modeste, délicat, reconnaissant… Dites : « C'est toujours comme au premier jour » (si c'est votre femme) ou bien : « Tu me donnes des ailes » (si c'est une nouvelle conquête). Soyez humble, tendre, filial. Posez votre tête sur son épaule, elle sera attendrie. Et si vous vous endormez, elle ne vous en voudra pas. Elle pensera que vous vous sentez en confiance dans ses bras.

Je suis bonne avec vous, je vous donne des petits secrets de femme ! Mais, comme je vois que vous prenez goût à mes enseignements, la prochaine fois, je vous dirai comment faire pour conserver le désir conjugal. Ça, c'est une autre affaire…

On se fait des cheveux quand on les perd

Philippe Bouvard : Jude Law est superbe, mais, aujourd'hui, pour la première fois, on voit sa calvitie.

Vincent Perrot : Il est un peu comme Marlon Brando, il a un petit souci de ce côté-là, comme Sean Connery…

Jean-Jacques Peroni : Il faut qu'il se mette un toupet. Regardez : Franck Sinatra avait un toupet, John Wayne avait un toupet !

Vincent Perrot : Attends… Pour avoir des implants, il faut avoir suffisamment de cheveux pour se les faire réimplanter !

Bernard Mabille : Ah ça, ils peuvent les prendre ailleurs !

Philippe Chevallier : Oui, mais enfin, après, tu as les poils de cul sur le haut du crâne, ce n'est pas ce qu'il y a de plus flatteur non plus !

Jean-Jacques Peroni : C'est vrai, au lieu de te mettre une casquette, tu te mets un slip !

Vincent Perrot : Tu imagines chez le coiffeur : « Alors, monsieur Jude Law, je vous fais une deuxième raie ? »

Jean-Jacques Peroni : Et puis, si tu as des poils de cul sur la tête, c'est plus des poux que tu as ! C'est des morbaques !

Présentation des panélistes

Vieux camarade de bonne compagnie et d'excellent commerce.

Pierre Bellemare

Question du jour

Quel est l'animal qui avale de l'eau de mer pendant sa vie et de l'eau douce après sa mort ?

L'éponge.

Bouvardise

J'essaie de me dénicher un nouvel ennemi bon an mal an afin de montrer à mes amis que je n'aime pas tout le monde.

UNE HISTOIRE À BIDE

Une femme compose le 18 :
– Allô les pompiers ? Il faut que vous veniez car il y a un homme qui essaie d'entrer dans ma chambre par la fenêtre.
– Mais ce n'est pas nous qu'il faut prévenir ! Il faut appeler la police.
– Non, c'est vous ! Son échelle n'est pas assez longue et il n'arrive pas à entrer !

Tickets, SVP !

Philippe Bouvard demande à son invité si les tickets de métro qu'il a dans sa poche sont utilisés, ou s'il en a juste pour montrer aux gens.

Jacques Mailhot : Philippe, il ne sait pas comment c'est fait ! Il n'en a jamais vu !

Jean-Jacques Peroni : Il en est resté au temps où il y avait encore des 3e classes dans le métro…

Philippe Bouvard : Le dernier ticket de métro que j'ai vu, c'était sur la toison pubienne d'une dame !

Jean-Jacques Peroni : Il a peur ! Il croit qu'il y a encore des Allemands en uniforme à l'intérieur… Et il évite de descendre à la station de métro Colonel-Fabien !

Bernard Mabille : Il cherche les premières classes !

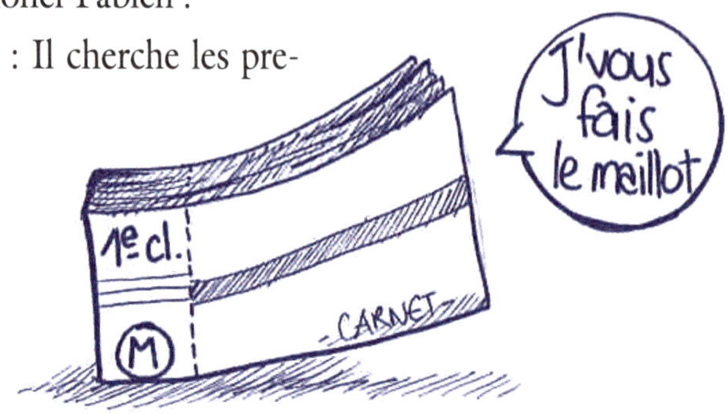

Citation

Qui a dit : « Y a des gens qui ont des enfants parce qu'ils n'ont pas les moyens de s'offrir un chien. » ?

Question du jour

Comment s'appelaient les deux méchantes sœurs de Cendrillon ?

Bouvardise

Conversation avec un poivrot distingué et digne : j'ai su qu'il buvait par les confidences de son haleine.

Coluche

Anastasie et Javotte.

Jeudi

11 Juillet

SAINT BENOÎT

Peroni sabote vos vacances

Je vous propose quelques blagues de mauvais goût pour faire rire et surtout pour énerver. Alors un truc qui marche toujours, c'est de faire ouvrir les oursins par tonton Marcel qui est hémophile ! C'est la poilade assurée !

Vous avez des invités, Janine la femme de votre ami n'est pas un prix de beauté, aussi servez du thon en boîte en lui lançant : « Tiens Janine, mange ! Ce n'est pas la première fois qu'on te met en boîte ! »

Si vous êtes dans un camping hyper bondé, organisez un apéritif et faites des toasts à base de confiture laxative. Les sanitaires risquent de faire nocturne et en plus vous pourrez miser sur ceux qui y arriveront à temps et les autres !

Pour le bal du 14 Juillet, si vous êtes dans une région d'élevage bovin, je vous recommande la boîte de conserve pour quatre personnes, vidée de son cassoulet mais remplie de bouses de vache bien fraîches avec deux gros pétards reliés entre eux bien cachés dedans ! Quand le bal bat son plein et que tout le monde danse, que les pétards fusent, allumez les vôtres au milieu de la piste ! Et boum ! Tous les danseurs et les passants seront crépis.

À la plage allez donc vous baignez avec une poupée gonflable. Si les gens gueulent, répondez-leur : « Excusez-moi, je ne sais pas nager, je n'ai ni femme ni enfant, et comme je ne veux pas me noyer, j'ai pris le premier truc qui flottait que j'avais sous la main ! »

Si vous êtes en villégiature à Cannes, mettez-vous sur la tête une serviette de pizzeria, rouge et blanche, tenue par un serre-tête noir et allez à l'hôtel Martinez en expliquant que vous êtes du Qatar… C'est bien le diable si vous n'avez pas une suite à l'œil !

Si vous êtes en vacances à La Rochelle, amusez-vous à demander aux passants et dans les bistros où se trouve l'impasse Royal.

Et puis surtout, riez avec les randonneurs ! C'est très simple, il suffit d'inverser les panneaux ; avec un peu de chance tous ces crétins à sac à dos et bâton de ski iront se casser la gueule dans les chemins creux ou dans une décharge publique, voire se rétamer la tronche du haut des falaises d'Étretat !

UNE HISTOIRE DRÔLE

C'est un jeune couple puritain qui se promène en campagne. Tous les deux sont de la blondeur des blés…

Ils arrivent devant un pré et ils voient un âne avec le sexe entièrement dehors.

La fille demande à son conjoint :

– Mais chéri, qu'est-ce que c'est ce truc qui sort de l'âne ?

Son ami lui répond :

– Tu vois mon amour, c… c… c'est le sexe de l'âne.

Tout à coup, la femme tombe dans les pommes et son amoureux, après de longues minutes, parvient à la réanimer. Il lui demande alors :

– Qu'est-ce qui t'arrive ?

Et elle lui répond :

– Mais chéri, si un âne en a une comme ça, je n'ose même pas imaginer la tienne, toi qui es ingénieur !

Question du jour

D'où vient l'expression « qui dort dîne » ?

Des auberges espagnoles, où il était obligatoire de dîner pour obtenir une chambre.

Bouvardise

Je m'endors plus facilement depuis que je lis, le soir, des auteurs qui ne sont pas des lumières.

Citation

Qui a dit : « Dieu a sagement agi en plaçant la naissance avant la mort ; sans cela, que saurait-on de la vie ? » ?

Alphonse Allais

Vendredi 12 Juillet

SAINT OLIVIER

UNE HISTOIRE DRÔLE

Une femme se réveille pendant la nuit et constate que son mari n'est pas au lit. Elle enfile son peignoir et descend voir où il est.

Elle le trouve dans la cuisine, assis devant une tasse de café.

Il paraît bouleversé et fixe le mur.

Elle le voit essuyer une larme comme il avale une gorgée de café,

– Qu'est-ce qui ne va pas chéri ?

Le mari lève les yeux de son café, il lui demande solennellement :

– Tu te souviens il y a 20 ans, quand on s'était donné rendez-vous, tu n'avais alors que 16 ans ?

– Oui je m'en souviens, répond-elle.

Le mari fait une pause, les mots lui viennent difficilement.

– Te souviens-tu que ton père nous a surpris en train de faire l'amour à l'arrière de la voiture ?

– Oui je m'en souviens !, dit la femme en s'asseyant à ses côtés.

Le mari continue :

– Te souviens-tu, quand il a pointé son flingue sur ma tempe et qu'il a dit : « Ou tu épouses ma fille, ou je t'envoie en tôle pour 20 ans ».

– Je m'en souviens aussi !, répond-elle doucement.

Il essuie une autre larme et dit :

– J'aurais été libéré aujourd'hui !

No sport !
par Bernard Mabille

Je voudrais porter un coup de sang contre ces footballeurs, enfants pourris gâtés du sport professionnel, payés des millions d'euros pour squatter l'infirmerie, glander sur le banc de touche et assurer les jours de grande forme beaucoup moins de passes que notre grande Lulu un soir de sortie de match !

Ces footballeurs – et là, j'enrage – pour lesquels on chauffe les pelouses soigneusement bâchées alors que tant de sans-abris grelottent sur nos trottoirs et que l'on nous explique qu'il faut impérativement économiser l'énergie, faute d'avoir l'esprit citoyen…

Car, il faut le savoir, ces grands dadais en short, forts d'un QI proche de la limace, ces pièges à bimbos et supporters décérébrés – pléonasme – ne peuvent jouer à la baballe que sur un gazon servi à point ! Ni trop chaud, ni trop froid ; ni trop dur, ni trop mou…

Faudrait quand même pas que les mollets en or de ces nouveaux riches risquent l'entorse, la contracture, la foulure, la déchirure, la fracture, à défaut d'être sponsorisés par Synthol, Urgo et Arnica. Il n'y a pas que le ministre des Sports qui soit douillet…

Alors, pourquoi, ce serait plus simple, pourquoi ne pas annuler tous les matchs ? Eh bien, car beaucoup de pognon est en jeu dans le ballon rond. Les ronds sont maintenant plus importants que le ballon.

Chauffage de la pelouse aujourd'hui, climatisation des stades demain au Qatar… Le football s'assied sur l'écologie. *Fuck* Eva Joly ! Il est loin le temps où, en regardant l'équipe de Saint-Étienne, on lançait : « Allez les Verts ! »

À suivre ci-contre…

Question du jour

Pourquoi Racine passait-il de nombreuses nuits dans la chambre de Louis XIV ?

Parce que Sa Majesté avait des insomnies et que le poète était son lecteur attitré.

Bouvardise

Dommage que l'on obtienne le même réflexe d'hilarité en chatouillant les pieds qu'en titillant le cerveau…

No sport ! (suite et fin)
par Bernard Mabille

Un coup de sang contre le laboratoire antidopage qui n'a mis pas moins de seize mois pour réaliser que le cycliste Contador s'était chargé. Seize mois ! « Bonjour madame, je viens chercher mes résultats d'analyse d'urine… – Oh ! On ne les a pas encore monsieur, revenez le 28 février 2014 ! » Enfoncés par d'anciens coureurs professionnels hurlant contre la triche, je les ai vus hier à la télé, alors qu'ils ont encore des seringues dans les miches, fiers de leur belles perfs (performances et perfusions). Contador a affirmé son innocence : « J'avais, dit-il, bouffé un steak haché. » C'est vrai qu'avant d'attaquer le Tourmalet, il est prudent de se taper un steak haché, de la purée, un plateau de fromages, une charlotte aux fraises et sa chantilly. Un steak haché, donc… Un steak dopé, peut-être, car il a été taillé dans la cuisse d'un canasson vainqueur de l'Arc de Triomphe. Jusque-là, on peut le croire. Mais, là où ça se gâte, c'est qu'on a retrouvé aussi des traces de matière plastique. Ce qui voudrait dire que Contador bouffe le steak avec son emballage… Ce monsieur Tador porte bien son nom : il est vraiment con !
Un scoop, quand même : demain, l'organisation du Tour de France nous annoncera les vainqueurs du Tour 1954, 1955 et 1956.
Enfin, un coup de sang contre la mairie de Paris qui vient d'autoriser depuis hier les Vélib' à passer au feu rouge. Déjà qu'ils avaient le droit de zigzaguer de gauche à droite, de prendre les rues en sens interdit, de rayer ta bagnole sur toute la longueur, de foutre des coups de pompe dans ta portière pour que tu les laisses passer, alors je hurle ! J'ai appelé la mairie pour gueuler et on m'a répondu : « Soyez gentil, monsieur, écrasez-vous. » Moi, je dis : « Écrasez-les ! »

Citation

Qui a dit : « Beaucoup de politiciens montent dans les sondages parce qu'à leur stade, pour descendre, il faudrait creuser » ?

Coluche

Question du jour

Sous le Premier Empire, à quelle date avait lieu la Fête nationale ?

Au 15 août, date de naissance de Napoléon.

Bouvardise

Ah ! La fausse modestie des stars qui, à la sortie d'un film, saluent le dévouement et la compétence de techniciens sur lesquels, durant le tournage, ils n'ont pas daigné poser leur regard…

Lundi

15 Juillet

SAINT DONALD

Citation

Qui a dit : « Les films français, c'est toujours la même chose. Machin couche avec Jeanne parce que Bernadette l'a fait cocu avec Christophe. À la fin, ils se retrouvent tous au restaurant. » ?

Sophie Marceau

Question du jour

Qu'est-ce que les Français consomment à raison de 7,3 kg par habitant et par an ?

Le papier toilette.

Bouvardise

J'envie les gens qui ne savent pas écrire. Ils sont obligés de recourir à la parole – volatile par excellence – pour dire de leurs contemporains des méchancetés qui ne laissent nulle trace.

Droit de veto

par Jacques Mailhot

Très belle idée, celle de Françoise Tenenbaum, député socialiste de Dijon, qui a proposé d'utiliser les vétérinaires à la place des médecins dans les régions rurales. Cela va forcément bouleverser la vie de nos campagnes, et les rapports déjà très étroits entretenus entre certains animaux de la ferme et leurs propriétaires vont donc s'en trouver renforcés. Imaginons la scène : nous sommes au cœur du Périgord, à quelques kilomètres de Bergerac, dans un immense domaine dont le propriétaire vient de faire appel ce matin-là aux services éclairés de Jean-Marie Chouffard, vétérinaire à Libourne.

– Mais qu'est ce qui va donc pas ce matin, monsieur Pierre ?

– Ben, j'aurais aimé que vous puissiez examiner ma Roselyne.

– Votre Roselyne ? Votre chèvre favorite ? Celle à qui vous donnez des cachous quand elle s'est montrée gentille avec vous, monsieur Pierre ?

– Non, non, Roselyne ma femme. Parce qu'elle m'inquiète…

– Mais qu'est-ce qu'elle a donc, votre femme ?

– Eh ben, elle broute sans arrêt ! Alors, comme il disait régulièrement le docteur Mélenchon avant qu'il prenne sa retraite et ferme son cabinet : « Ce n'est pas bon de grignoter sans arrêt ! » Or, elle n'arrête pas.

– Ne vous faites pas de soucis, monsieur Pierre, je m'en vais vérifier tout ça. Amenez-moi la bête, je vais l'examiner.

– Oh, Roselyne, viens donc là, n'aie pas peur, c'est le vétérinaire qui veut te causer, viens petite !

– Alors, comment ça va, madame Roselyne ?

– Ben moi, ça va bien, c'est surtout mon Pierre qui rouspète sans arrêt parce que je broute trop !

– Et pourquoi vous broutez sans arrêt comme ça ? Vous avez toujours un petit creux ?

– Ah ben oui, surtout depuis que mon Pierre il est moins vaillant qu'avant ! Et qu'il préfère aller voir la petite Blandine, la petite dernière de son troupeau de biquettes…

À suivre ci-contre…

Droit de veto
par Jacques Mailhot (suite et fin)

Oh, ce n'est pas bien méchant madame Roselyne. Votre voisine, Madame Chombier, elle a les mêmes problèmes avec son mari. Lui, c'est avec son canard de Barbarie. Mais vous savez, tout rentre rapidement dans l'ordre, si je puis dire… Alors, voyons voir que je vous examine, madame Roselyne. Pas de douleurs particulières aux mamelles ? Enfin pardon, je veux dire, à la poitrine ? Pas de douleurs non plus aux pattes arrière ? Ni d'infection aux sabots ?

– Non.

– Alors c'est parfait !

– Et qu'est-ce qu'il pourrait faire, monsieur Chouffard, pour lui couper la faim ?

– Alors, avant tout, je crois qu'il faut vous couper la vôtre, monsieur Pierre. Faudrait qu'on remplace vos chèvres par deux, trois belles bouvardes. Vous savez, ces vaches qui sont davantage attirées par les femelles que par les mâles. Ça vous calmerait un peu le DSK, parce qu'il paraît qu'il est toujours en ébullition votre DSK !

– Des bouvardes ?! Ah, surtout pas, docteur ! Il a déjà un bouvard, mon Pierre, à la capitale, ça fait plus de trente-cinq ans qu'il me trompe avec dans une ancienne maison de rendez-vous de la rue Bayard à Paris. Alors, les bouvardes, non merci, fini !

Naturellement, je précise que toute ressemblance avec des personnages existants ou ayant existé serait purement fortuite.

Question du jour

Pourquoi le crâne de la statue de Winston Churchill devant le parlement de Londres est-il électrifié ?

Pour éviter que les pigeons se posent dessus.

Bouvardise

La haine du client est en train de remplacer la lutte des classes.

UNE HISTOIRE DRÔLE

Joëlle commence une partie de golf.

Elle frappe sa balle qui vient heurter un homme en train de jouer son parcours non loin d'elle. L'individu met immédiatement ses mains serrées entre ses deux jambes et tombe au sol.

Elle se presse d'aller le voir.

Il est tordu de douleur, au sol, en position fœtale.

Elle lui demande pardon et lui explique ensuite qu'elle est physiothérapeute et qu'elle pourrait diminuer sa douleur s'il la laissait faire.

– Oaouooh… Nnooon… Non… Ce n'est pas nécessaire, tout va aller pour le mieux tout à l'heure, répond-il, le souffle court.

Mais elle insiste pour lui faire un traitement ; finalement, il se laisse faire.

Gentiment, elle lui enlève les mains d'entre les jambes, ouvre son pantalon et place ses mains à l'intérieur en le massant… délicatement…

Après quelques minutes, elle lui demande :

– Comment vous sentez-vous ?

– Ça fait du bien, mais j'ai toujours mal au pouce !

UNE HISTOIRE À BIDE

Un patient est interrogé par le directeur de l'hôpital :
– Dites donc, pourquoi avez-vous quitté la salle d'opération juste avant l'intervention ?
– Oh, c'est très simple ! Avant que le chirurgien m'opère, l'infirmière a dit : « Soyez courageux ! C'est une opération toute simple et surtout pas douloureuse... »
– Eh bien, où est le problème ? Elle vous a dit cela pour vous rassurer.
– Oui, mais ce n'est pas à moi qu'elle parlait, c'est au chirurgien... !

Le lapsus de Michèle Laroque

Pierre Palmade : À la deuxième représentation de la pièce *Ils s'aiment*, elle doit m'engueuler et me lancer : « C'est pas dans le four que je vais la mettre la pintade, mais dans ta gueule ! » Au lieu de quoi elle me dit : « C'est pas dans le foutre que je vais la mettre la pintade, mais dans ta gueule ! » Et là, je vois ses yeux, et, dans ses yeux, cette interrogation : « Est-ce que tu crois que les gens ont entendu ? »

Effectivement, ça bruisse un peu dans la salle, on trouve qu'elle va un peu loin, et elle, elle se barre de scène en me faisant signe de continuer. Je ne savais pas comment poursuivre, j'allais pas refaire le sketch du Scrabble ! Elle m'a un peu laissé en plan ce jour-là...

Citation

Qui a dit : « Aujourd'hui, la patrie est devenue l'Hexagone. On ne meurt pas pour une figure géométrique. » ?

Question du jour

Que trouve-t-on dans les cuisines des restaurants chinois et dans aucun autre restaurant ?

Bouvardise

Il n'y a aucune raison de priver de son record un cycliste qui roule aux amphétamines alors qu'on publie sans sourciller les œuvres d'un poète qui puise notoirement son inspiration dans les spiritueux.

Jean Dutourd

Des pompes à vélo pour gonfler les canards laqués.

Les Grosses Têtes font le mur (de la vie privée)

Philippe Chevallier : Moi, j'ai des fenêtres et je les ferme…
Philippe Bouvard : Et le barbu, alors *(Laspalès)* ?
Philippe Chevallier : Lui alors, c'est Fort Knox ! Personne ne sait où il habite à part moi ! Si vous voulez des renseignements, je pourrai vous les donner tout à l'heure. Il n'a pas de téléphone portable, juste un téléphone sans répondeur. Il se planque en permanence et ne risque pas d'être découvert ! Mais enfin, il y a des informations que je peux monnayer grassement.
Philippe Bouvard : Et alors, qu'est-ce que vous pensez des politiciens qui posent aujourd'hui dans la cuisine en famille ?
Bernard Mabille : C'est un peu ridicule…
Philippe Bouvard : Mais on avait l'autre jour un spécialiste en communication qui nous a dit qu'aujourd'hui, un candidat, s'il veut être élu, doit sacrifier au *people*.
Philippe Chevallier : Bientôt, on les verra… sur leurs cabinets !
Jacques Mailhot : C'est triste cette campagne présidentielle… C'est extrêmement bas, les coups sont de plus en plus bas, les sujets sont pitoyables, alors qu'on est dans une période très difficile sur le plan économique. On a un débat au ras des pâquerettes.

UNE HISTOIRE DRÔLE

C'est un type qui rentre du travail. Sa femme lui dit :
– Il y a l'étagère du placard qui est toute cassée, pourras tu me la réparer ?
Le mari lui répond :
– Ça va pas, je ne suis pas menuisier !
Le lendemain il arrive à nouveau du travail, son épouse la serpillière à la main lui dit :
– Il y a une fuite à l'évacuation de l'évier, pourras-tu me la réparer ?
Le mari tout grincheux lui dit :
– Ah mais je ne suis pas plombier !
Et le lendemain rebelotte, la lampe de chevet qui n'éclaire plus.
– Dis chéri, lui dit tendrement son épouse, tu vas pouvoir réparer la lampe ?
Le mari furieux lui dit :
– Tu commences à m'énerver toujours quelque chose à réparer, je ne suis pas électricien !
Le lendemain lorsque le mari arrive, l'épouse toute contente lui dit :
– Tu sais le voisin du dessus, le petit jeune, qu'est-ce qu'il est bricoleur, en moins de deux il a tout mis en place. Et tu sais ce qu'il m'a dit pour le remerciement : soit je couchais avec lui, soit je lui faisais une tarte.
– Tu lui as fait une tarte à quoi ?
– Tu plaisantes, je ne suis pas pâtissière !

Question du jour

Dans l'Antiquité, quel spectacle était appelé une « naumachie » ?

Bouvardise

Il court après le prix Goncourt et les petits garçons sans avoir jamais rattrapé que les seconds.

Citation

Qui a dit : « J'ai été enfant de chœur et militant socialiste. C'est dire si j'ai entendu des conneries… » ?

Un spectacle de combat naval.

Michel Audiard

UNE HISTOIRE À BIDE

– Maman ! Maman ! Raconte-moi une histoire !
– Écoute, non, je ne peux pas, je dois préparer le dîner.
– Maman ! Maman ! Raconte-moi une histoire !
– Bon bon... Il était une fois...
– Maman ! Maman ! Est-ce que toutes les histoires commencent par « Il était une fois » ?
– Non, ma puce, parfois, elles commencent par "Chérie, j'ai une réunion ce soir et je vais rentrer tard du bureau..." ! »

Question du jour

Quelle était la particularité du film *Polyester* de John Waters sorti en 1981 ?

C'était un film odorant. En entrant dans la salle, les spectateurs recevaient un carton numéroté. Chaque fois qu'un numéro apparaissait à l'écran, ils frottaient l'emplacement indiqué avec leur doigt.

Bouvardise

Gardons-nous de donner la parole aux cons. Ils ne veulent jamais la rendre.

Vincent Perrot victime des paparazzis

Vincent Perrot : Vous vous souvenez de la chanteuse Indra ? Eh bien, c'était une très bonne copine, on est parti tous les deux à la Réunion. Et quand on est à l'autre bout du monde comme ça, on est persuadé que personne ne vous connaît. On était au bord de la piscine et on n'a absolument pas vu qu'un mec de l'autre côté de la piscine avait fait plein de photos alors qu'on se faisait un bisou, un petit massage, etc. Et il s'est avéré qu'on avait un peu oublié qu'on était en territoire français, la Réunion, et que, finalement, Indra et moi, on était amené à être reconnus ! Et figurez-vous que je reçois – et là, ils ont été super cool – un coup de fil d'*Ici-Paris* quinze jours plus tard : « Voilà Vincent, on vient de recevoir sur notre bureau... » Un client de l'hôtel s'était substitué aux paparazzis ! Et pour lui couper l'herbe sous le pied à cet enfoiré, on a fait passer nos photos qu'on avait prises nous-mêmes à la place des siennes.

Bernard Mabille : Moi, il m'est arrivé un truc comme ça aussi. Vous vous souvenez de la cuisinière qui s'appelle Maïté ?

Philippe Chevallier : Ah oui ! Moi, je me rappelle, tu n'étais pas content !

Bernard Mabille : Dans un hôtel de Palavas...

Vincent Perrot : C'était pas la Grande-Motte ?

Philippe Chevallier : Il n'y avait pas la place sur la couverture pour vous mettre tous les deux !

Samedi **20** SAINTE MARINA

Dimanche **21** SAINT VICTOR

Juillet

Des nouvelles de Laspalès

Philippe Bouvard : Comment il va le barbu ?
Jean-Jacques Peroni : Il a fini les travaux dans son appartement ?
Philippe Chevallier : Non, ça fait un an que ça dure parce qu'il demande un robinet qui vient d'une partie sud de l'Italie, un tuyau de douche qui vient du nord de l'Espagne… Les pauvres ouvriers sont claqués !
Bernard Mabille : Il paraît qu'il passe une grande partie de ses après-midi au Bon Marché ?
Philippe Chevallier : Ah oui, il est toujours fourré au Bon Marché.
Bernard Mabille : En chaussons…
Philippe Chevallier : Peut-être pas en chaussons, il doit avoir des chaussures molletonnées. Il ne sort pas en chaussons parce qu'il est très coquet. En général, il part avec son filet à provisions… Il achète un fromage qu'il met du temps à choisir. Moi, je l'ai accompagné un jour dans une pharmacie, il avait oublié sa brosse à dents pendant une tournée de spectacle… Le pharmacien et la pharmacienne sont très heureux de nous voir… Régis demande une brosse à dents souple. Seulement, le coloris ne lui plaisait pas. Parce qu'il fallait que le manche soit marron clair.
Bernard Mabille : Ah, comme ses dents !
Philippe Chevallier : Et, du coup, il n'a pas pris de brosse à dents ! Il a décrété : « Je ferai avec le doigt. » Ah non, il n'est pas facile à vivre !!!

UNE HISTOIRE DRÔLE

C'est une mère de famille qui vient d'avoir son septième enfant en 7 ans et qui, accablée, arrive chez son médecin pour lui demander un remède infaillible pour ne plus avoir de descendants.
Le médecin l'ausculte, l'observe et lui conseille vivement d'acheter, dès à présent, une paire de sabots neufs au marché. Il lui certifie un résultat garanti.
Contente, la patiente s'en va illico acheter ses sabots. Mais elle revient voir son médecin 2 mois plus tard car elle est de nouveau enceinte.
Le docteur lui demande :
– Vous avez bien fait ce que je vous avais dit ? Vous avez acheté une paire de sabots neufs ?
– Ben oui.
Et le médecin, lui tirant gentiment l'oreille :
– Mais il ne fallait pas couper la ficelle entre les deux sabots !

Question du jour

Que sont les perles d'Hélix ?

Des œufs d'escargot, mets raffiné surnommé « caviar blanc ».

Bouvardise

Si la politesse consiste à baiser la main de dondons ineptes et à serrer les doigts de contemporains malhonnêtes, qu'on ne compte plus sur moi pour ce qu'il faut bien appeler le « consensus social minimum ».

Présentation des panélistes

Il a découvert Molière grâce à son pavillon et Racine en bêchant son jardin.

Jacques Balutin

Lundi

22 Juillet

SAINTE MARIE-MADELEINE

UNE HISTOIRE DRÔLE

Des amis ont décidé de se retrouver tous les dix ans.

À 40 ans :

– On va où ?

– Aux Grands Ducs. Il y a une serveuse avec un de ces décolletés...

À 50 ans :

– On va où ?

– Aux Grands Ducs, ils ont de ces vins...

À 60 ans :

– On va où ?

– Aux Grands Ducs, c'est calme et à l'ombre.

À 70 ans :

– On va où ?

– Aux Grands Ducs, les portes sont assez larges pour passer avec le déambulateur.

À 80 ans :

– On va où ?

– Aux Grands Ducs, il y a un ascenseur.

À 90 ans :

– On va où ?

– Aux Grands Ducs, on n'y est jamais allés... !

Le plus bête des deux...

Philippe Bouvard : Vous savez comment on fait aboyer un chat ? On lui donne un peu de lait dans une soucoupe et... il la boit !

Philippe Chevallier : Vous savez comment on chasse le rhinocéros ? En effet, c'est très difficile de tuer un rhinocéros parce qu'il faut lui tirer une balle dans l'œil. Oui, mais alors, comment viser l'œil ? Ce n'est pas compliqué, il faut aller dans la savane où vit le rhinocéros et lui mettre au pied de l'arbre un gros chou. Alors, tous les jours, il va manger son chou, et puis un jour, on arrive avec un tout petit chou de Bruxelles. Alors le rhinocéros s'approche, voit le chou de Bruxelles et dit : « Ce n'est pas un chou ça ! » Et on lui répond : « Mais si, c'est un chou de Bruxelles ! », et le rhinocéros réplique : « Ça, un chou ? Mon œil ! » Et PAN !!!

Bernard Mabille : Elle est mieux que celle du chat qui boit le lait !

Philippe Chevallier : Elle n'est pas plus drôle mais elle est plus longue !

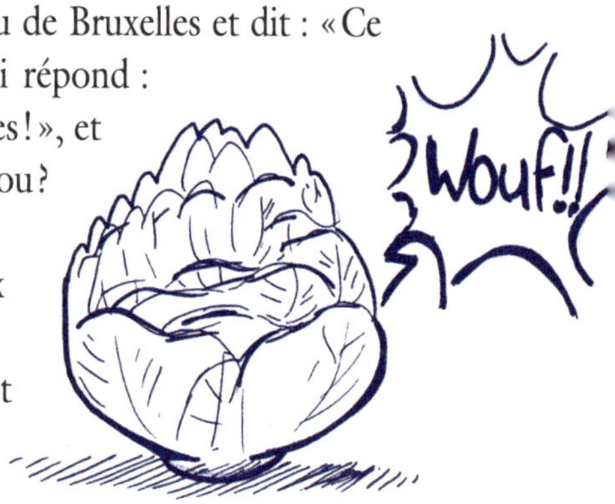

Question du jour

Qui a besoin de 11 années pour parcourir un kilomètre ?

Une éponge.

Bouvardise

À la lumière des records thermiques battus cet automne, on peut mieux imaginer comment se dérouleront les derniers jours de la Terre condamnée à mort par le réchauffement climatique : terrasses des restaurants bondées, plages ayant retrouvé l'affluence estivale. Notre ultime drame sera sans doute plus festif que prévu.

Mabille décompte les pauses

Un coup de sang contre les restaurateurs pas contents du tout de devoir signaler sur leurs cartes, d'un astérisque, les produits frais ! Alors, un astérisque pour les produits frais, un petit piolet pour les produits surgelés et une grosse gerbe pour les produits dégueulasses !
Ça risque de relancer les ventes du Guide *Dégobillot* !
Un coup de sang contre les patrons belges qui vont décompter la pause cigarette du temps de travail. Aussi, pourquoi vous arrêter là messieurs ? Décomptez encore la pause pipi, la pause-café, la pause popo, la pause *j'ai mon rouge à lèvres qui déborde*, la pause je me mets les doigts dans le nez, la pause je me gratte les burnes, la pause je te raconte mon week-end… Bref ! Toutes les pauses ! Neuf heures de pause pour huit heures de travail ! Demain, c'est l'employé belge qui devra filer du pognon à son patron !

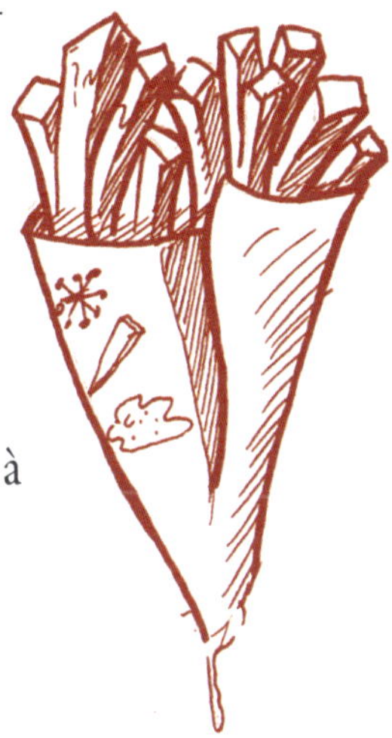

UNE HISTOIRE DRÔLE

C'est l'histoire du fonctionnaire qui arrivait de plus en plus tard le matin à son bureau et qui partait de plus en plus tôt le soir chez lui. Et un jour, il a fini par se croiser dans le couloir !

Citation

Qui a dit : « Entre le soutien-gorge et la culotte s'étend cette brève zone de chair nue, boursouflée par les élastiques : étonnante erreur de la mode qui scie en deux le tronc féminin ! » ?

Hervé Bazin.

Question du jour

Qu'appelle-t-on les animaux anoures ?

Des animaux adultes dépourvus de queue.

Bouvardise

Débat à propos de la théorie du genre ou – en termes moins pompeux – du droit de choisir sa sexualité à la puberté, sinon son sexe à la naissance. L'option est au moins aussi importante que celle pour un métier ou pour un lieu de résidence. Mais, comme chaque fois qu'il y a antagonisme entre l'inné et l'acquis, les moralistes ne sont pas loin.

Mercredi

24 Juillet

SAINTE CHRISTINE

Citation

Qui a dit : « Ma taxe de télévision, je ne la paie qu'à la toute dernière extrémité parce que j'estime que la télévision me doit moralement beaucoup depuis qu'elle diffuse mes films sans me donner un sou. » ?

Jean Gabin

Question du jour

Quand passe-t-on gratuitement le péage d'autoroute ?

Lorsqu'on est en panne et remorqué.

Bouvardise

Deux formes très différentes de la pensée unique empêchent de nombreux individus d'affirmer leur fantaisie : le prêt-à-porter et le prêt-à-prier.

Pierre Palmade doit tout à Chantal Ladesou

Pierre Palmade : Chantal, je lui dois ma rencontre avec l'émission *La Classe*, c'est elle qui m'a branché pour les auditions.

Chantal Ladesou : Est-ce que tu te souviens quand même de ce que tu m'as fait ? Tu m'as dit : « Je viens à *La Classe*, je viens à *La Classe* ! » Bon, j'explique que j'ai rencontré un garçon formidable, qui écrit des sketches magnifiques, etc. On me dit : « Vas-y, vas-y, emmène-le ! » On prend donc rendez-vous et, le matin même, Palmade me déclare : « Je ne viens pas, je n'ai pas envie… Finalement, je ne viens pas. » Du coup, moi, je dois me rendre à la production et inventer un mensonge énorme. Pierre me propose : « Tu n'as qu'à dire que je me suis cassé la jambe hier ! »

J'arrive alors à *La Classe* en disant : « Je suis désolée, mon partenaire est à l'hôpital, il s'est cassé la jambe, il est tombé de la scène… » Bref, je commence à mentir et…

Pierre Palmade : Et entre-temps, je me dis que je suis trop con quand même…

Chantal Ladesou : Il est arrivé en pleine forme derrière moi !

Pierre Palmade : J'avais changé d'avis.

Chantal Ladesou : Ils ne m'ont plus jamais crue !

UNE HISTOIRE DRÔLE

Un gamin demande à son père :

– Papa, est ce que je peux sortir avec Julie notre voisine ?

Le père répond :

– Non mon fils, j'ai couché avec sa mère, ça pourrait être ta sœur !

Alors, le gamin tente avec une autre de ses copines :

– Et Aurore, la fille du boulanger ?

– Bah, elle aussi, j'ai couché avec sa mère.

– Alors, Sandra, la fille de Pascal ?

– Bah… non plus, c'est peut être ta sœur…

C'est alors que la mère sort de la cuisine en s'exclamant :

– Fais ce que tu veux, mon ange, ce n'est pas ton père !

Jeudi

25 Juillet

SAINT JACQUES

Vive l'habitat urbain

par Jacques Mailhot

Depuis quelques jours, je parcours la France, ses belles provinces, et je dois reconnaître que chaque jour, le dépaysement est total et l'aventure au coin de la rue. Prenons Angers, avec son centre piétonnier réhabilité, ses trottoirs en pierre gris clair à trois niveaux d'accès qui permettent aux chirurgiens orthopédiques de la ville de s'acheter une seconde résidence secondaire, ses jolis trottoirs avec leurs boules, leurs bites et leurs poteaux en fonte pour empêcher les voitures de stationner. Et puis, bien sûr, ses boutiques typiquement angevines : SFR, Benetton, Yves Rocher, Lacoste, Bouygues, Orange, Sephora, Kiabi… Et, en guise d'apothéose, le tramway ; car, sans tramway, point de modernité. Prenons Le Mans, avec son centre piétonnier réhabilité, ses trottoirs en pierre gris clair avec leurs boules, leurs bites, leurs poteaux en fonte, et ses boutiques typiquement mancelles : SFR, Benetton, Yves Rocher, Lacoste… Et puis surtout, son tramway ; car, sans tramway, il n'y a pas de modernité. Prenons Poitiers avec son centre qui, idée originale, est en train lui aussi de devenir piétonnier avec ses trottoirs en pierre gris clair, leurs boules, leurs bites ; ça vous change quand même du Mans ou d'Angers. Elle est vraiment pleine de charme cette nouvelle France de la diversité urbaine. Et je ne vous parle pas de ces incomparables zones commerciales qui entourent ces villes, telles des écrins rutilants aux lignes saisissantes, d'une beauté majeure à vous couper le souffle et ceux qui dépassent en même temps.

Ah ! Les zones commerciales avec leurs « Buffalo Food », leurs « Bouffe minute », leurs « Qui vend tout », leurs « Rois du pot d'échappement minute », leurs « Jardi-pelouse », leurs « Bricoland » ! On ne sait plus où poser les yeux tellement c'est beau ! Il y a du discount à perte de vue, du hard à vous enflammer les bourses, avec des enseignes minimalistes et discrètes. C'est tellement beau qu'on dirait du Valérie Damidot !

À suivre page suivante…

Une histoire à bide

Un gars entre dans un restaurant et demande à l'écailler :

– Je voudrais une douzaine d'huîtres, mais faites attention ! Je les veux grasses, mais pas trop. Je les veux vertes, mais pas verdâtres. Je les veux vivantes, mais endormies tout de même. Et puis, faites vite, parce que j'ai faim !

– D'accord, réplique l'écailler. Je vous les sers avec ou sans perles ?!

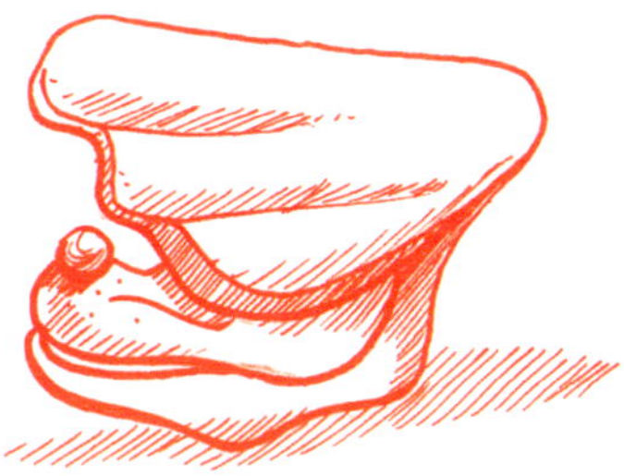

Question du jour

Qu'est-ce qui est à l'origine d'une perte de l'audition chez 46 % des motards ?

Présentation des panélistes

Compte tenu de ses innombrables retards, il est surprenant qu'il n'ait jamais eu d'enfant.

Philippe Chevallier

Citation

Qui a dit : « Les Français sont faits pour composer de la musique d'opéra, les Italiens pour la chanter, les allemands pour la jouer, les anglais pour l'entendre et les américains pour la payer » ?

Le bruit du vent.

Caruso

Vendredi 26 Juillet

SAINTE ANNE, SAINT JOACHIM

UNE HISTOIRE DRÔLE

Dans un restaurant québécois très chic, un homme a un besoin urgent d'aller aux toilettes. Toutes les cabines étant occupées, le maître d'hôtel, compatissant, lui propose exceptionnellement d'utiliser celles des dames.
– Attention, lui dit-il, il ne faut pas toucher aux boutons situés à gauche sur le mur, portant les lettres « E.C », « A.C », « H.P » et « E.T.A ».
– Promis. Promis. Merci.
Et l'homme disparaît derrière la porte. Une fois qu'il a satisfait ses besoins, plus détendu, il commence à lire les lettres inscrites sur les boutons.
Et sa curiosité l'emporte. Il appuie sur le bouton marqué « E.C ». Immédiatement, un jet d'EAU CHAUDE lui caresse doucement les fesses.
– Mon Dieu, pense-t-il, les femmes sont gâtées...
Sur sa lancée, il presse ensuite le bouton suivant, marqué « A.C ». Un souffle d'AIR CHAUD lui assèche alors le derrière.
– Wow ! Hé hé ! Magnifique !
Enhardi par ce succès, il appuie ensuite sur le bouton « H.P » : très délicatement, une large HOUPETTE de POUDRE parfumée lui tapote le derrière.
– Merveilleux !
Il décide donc d'essayer le dernier bouton, marqué « E.T.A ». Là, il ressent une énorme douleur qui le fait hurler comme peu de bêtes le font, et il s'évanouit... Il se réveille sur un lit d'hôpital. Confus et ébranlé, il sonne l'infirmière :
– Qu'est-ce qui m'est arrivé ?
– Eh bien, vous étiez dans les toilettes du Chic Grand Restaurant et vous avez appuyé sur des boutons interdits...
– Mais voyons ! Chaque bouton me procurait des sensations si agréables...
– Oui, oui, c'est vrai ! Mais le dernier, identifié par les lettres « E.T.A », signifie « Enlève Tampax Automatique »... Ah ! J'oubliais : votre pénis est sous votre oreiller... ! »

Vive l'habitat urbain (suite et fin)

par Jacques Mailhot

Et tout ça sent bon la France, doux pays de notre enfance. C'est en contemplant ces monuments de tôles ondulées et de charpentes emboîtées que l'on mesure l'ampleur et la qualité du patrimoine architectural que nous allons léguer à nos petits-enfants, et cela explique sans doute que notre jeunesse se soit inquiétée cette année de ses futures retraites car, dans un tel environnement, on comprend qu'ils aient envie qu'elles durent le plus longtemps possible. C'est pourquoi, face à tant de génie créatif, qui montre de façon éclatante que, loin d'être en décadence, nous sommes au contraire en pleine effervescence créatrice, je tiens à lancer cette mise en garde : il faut que les maires et les élus se montrent de plus en plus vigilants quant au respect de ce patrimoine naissant et qu'ils ne laissent pas faire n'importe quoi. Tenez, l'autre jour, j'étais à Tours, son centre piétonnier, ses trottoirs... J'ai découvert une véritable horreur, une boutique hideuse en chêne massif verni qui n'avait plus d'âge, sur laquelle on pouvait lire en lettres de bronze : « Adrien Lessage & Fils – Quincaillerie Générale – Maison fondée en 1923 ». Avec ses poignées en cuivre et ses vitres sablées, je dois dire qu'entre la boutique Franck Provost et la Taverne de Maître Kanter, ça faisait tache ! C'est bien simple : je me serais cru nulle part. Alors, heureusement, je me suis retourné et j'ai vu une boutique SFR. Ouf, je m'étais retrouvé !

Question du jour

Pourquoi, dans certaines pâtisseries américaines, vend-on des gâteaux un peu brûlés ou avec une présentation un peu ratée ?

Pour que la maîtresse de maison puisse faire croire à ses convives qu'elle a cuisiné ces desserts elle-même.

Bouvardise

L'invention de la gastronomie, composante de l'humanisme, a donné bonne conscience aux goinfres.

Samedi **27** SAINTE NATHALIE

Dimanche **28** **Juillet** SAINT SAMSON

Peroni dirige les programmes télé

Tout d'abord *Le jour du Seigneur* : fini les étoles, les chasubles, en cette saison pour les prêtres un string violet et des tongs suffiront pour célébrer l'office en plein air. Les enfants de chœur enduisant à tour de rôle le corps de l'officiant d'Ambre solaire, celui-ci dira son homélie sous un parasol Saint-Emilion qui aura sponsorisé le vin de messe.

On pourrait aussi penser pour le 15 août à la bénédiction des caravanes du camping Sainte Thérèse de Lisieux, le camping qui est juste en face du golf 18 trous, ce qui fait dire aux locaux : « On a les yeux en face des trous. »

Et puis *Thalassa*, le magazine de la mer, pourrait nous donner des conseils de beauté et de maintien qui seraient de fort bon aloi. Par exemple : « Comment je m'épile le maillot pour pas que le varech dépasse de l'épuisette ? » - « Vous êtes hémorroïdaire ? Alors pas de string sur la plage parce que vu de dos ça fait partage des cépages. » - « Comment être la reine de la plage quand on fait 120 kilos et que les gosses vous refoutent à l'eau en criant joyeusement « Il faut sauver Willy » ?

Et *Des chiffres et des lettres*, qu'ils se mettent enfin à l'heure d'été avec des tirages qui rappelleraient la belle saison. Que ça ferait du bien d'entendre : « Neuf lettres : BRONZETTE – Pas mieux, neuf lettres : BRANLETTE ».

Et Julien Lepers à qui je propose d'organiser un concours entre campings où ça partouze fort. Ça s'appellerait *Questions pour un morpion* !

Et aussi *Mauvaise Haleine et les glaçons* : tous les soirs, deux familles dans un village de vacances différent prennent l'apéritif en même temps, animé par Jean-Pierre Pernaud. Le but du jeu est simple : la première famille qui est bourrée gagne une caisse de rosé bien chaud ! Mais attention le règlement est très sévère, les enfants de moins de 6 ans ne peuvent pas boire plus de six pastis et ça sera arbitré par Jean-Claude Bourret ! Il nous faudrait aussi des documentaires historiques pour l'été : Comment Jeanne d'Arc a inventé le barbecue ? Comment les Allemands ont trouvé des locations en Normandie en juin 1940 alors qu'ils n'avaient pas réservé ? Pourquoi le Front Populaire a été le premier pollueur de plage en inventant les congés payés ?

Et puis pensons enfin à la météo, s'il fait beau la présentatrice est à poil ! S'il pleut, la présentatrice est à poil avec un parapluie, après elle se le met où elle veut !

Voilà, on peut faire de très bonnes émissions pendant l'été !

Question du jour

Qui avait payé la caution de Marie Besnard pour la faire libérer ?

Charles Trenet.

Bouvardise

Dis-moi dans quel quartier tu es mort et je te dirai comment tu vivais.

Citation

Qui a dit : « Si je préfère les chats aux chiens, c'est parce qu'il n'y a pas de chat policier. » ?

Jean Cocteau

UNE HISTOIRE À BIDE

Un Écossais est en train de lire un livre qu'il a emprunté à un ami. Toutes les deux minutes, il se lève de son fauteuil, va éteindre l'électricité, se rassied, se relève, rallume la lampe.

– Murdoch, s'étonne sa femme, que fais-tu donc ?

– Des économies. Crois-tu que j'aie besoin de lumière pour tourner les pages ?!

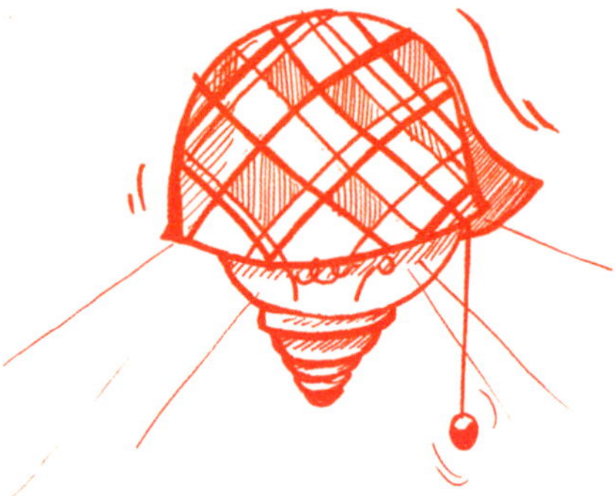

Perrot a mis son Pétrus dans Petra

Vincent Perrot : Il m'est arrivé une drôle d'aventure figurez-vous. Un lundi matin, vers 8 heures 30, je reçois un coup de fil d'un copain qui me demande : « Putain, t'as vu *Voici* ce matin ? » Je lui réponds : « Écoute non, tu me réveilles, j'ai pas vu *Voici* ce matin, j'irai au kiosque à côté. » Je vais au kiosque à côté, c'était dix/quinze jours après le festival de Cannes, il y a une dizaine d'années à peu près. Je sortais à l'époque avec une ravissante jeune fille suédoise qui s'appelait Petra et…

Jean-Jacques Peroni : Ça y est, il se la pète encore, lui…

Vincent Perrot : Et, du coup, je regarde le magazine : à un moment donné, il y avait une demi-page dont le titre était…

Philippe Bouvard : « *Il a mis son Pétrus dans Petra !* »

Vincent Perrot : C'est vrai qu'elle aimait le bon vin… Mais le titre était : « *Avec qui est-elle exactement ?* » Et il s'est avéré que, la semaine précédente, on avait monté les marches du palais au festival bras dessus, bras dessous, c'était très sympa. Sauf que, trois jours avant, alors qu'elle n'était pas coiffée pareil, pas maquillée pareil, pas habillée pareil, ils avaient réussi à voir qu'il s'agissait de la même fille qui avait monté les marches avec Luc Besson trois/quatre jours avant ! Elle avait en réalité un peu une double vie entre Luc et moi…

Philippe Bouvard : En tout cas, on ne peut pas dire qu'elle ait été prisonnière d'un type d'homme…

Bernard Mabille : Tu peux aller au Salon de l'agriculture, au Salon des bêtes à cornes !

Citation

Qui a dit : « Il vaut mieux être à poil dans un chef d'œuvre qu'habillée dans un navet. » ?

Victoria Abril

Question du jour

Chez les catholiques, qu'est-ce qu'une vigile ?

La veille d'une fête religieuse importante.

Bouvardise

Dans notre société frileuse, coincée, méfiante et tragiquement dépourvue de chaleur humaine, il n'y a plus que trois catégories de contemporains capables de se faire des amis très chers en moins de cinq minutes : les enfants, les sportifs et les putes.

Mardi **30** **Juillet**

SAINTE JULIETTE

Chevallier revisite l'histoire de France

On a retrouvé récemment, chers amis, un enregistrement radiophonique de la voix du chancelier Bismarck, authentifié par une équipe de scientifiques berlinois, et qui date de 1889. L'enregistrement, qui dure deux minutes et que j'ai écouté sur Internet, laisse entendre une voix peu audible, couverte par le rouleau de cire ; le joyeux chancelier y parlerait quatre langues en terminant par *La Marseillaise* en français… Pourquoi pas ? J'ai bien chez moi une vidéo inédite où les sept nains de Blanche-Neige infligent les derniers outrages à Bécassine, sous l'œil attendri de DSK !

On pourrait ainsi remonter dans le temps et imaginer ce que nos illustres prédécesseurs auraient pu laisser comme message vocal s'ils en avaient eu la possibilité. Par exemple :

– **Vercingétorix** : « Ça y est, j'ai encore la Gaule ! »

– **Jules César** : « Je suis venu, j'ai vu, j'ai vaincu… C'est plus facile pour s'asseoir ! »

– **Clovis** : « S'il y a de la vase à Soissons, qu'est-ce que ça doit être au Mont-Saint-Michel… »

– **Roland à Roncevaux** : « Faites quelque chose docteur, j'ai mon cor qui me lance ! »

– **Charlemagne** : « C'est pas la barbe que j'ai de fleurie, c'est l'oignon ! »

– **Pépin le Bref** : « Je ne dirai qu'un mot. »

– **Louis XI** : « J'ai toujours aimé les jeunes, surtout les fillettes ! »

– **Jeanne d'Arc** : « Je leur ai pourtant dit : le chauffage par les pieds, ça me donne des varices ! »

– **François Ier** : « Pas vit, pas pris ! »

– **Le chevalier Bayard** : « Je suis sans peur, sans reproche, pas une tache sur le pantalon, et malgré ça, j'ai pas la grosse tête ! »

– **Shakespeare** : « J'ai invité des amis à dîner. Ils ne sont pas venus. J'ai fait une Hamlet sans eux. »

– **Molière** : « C'est moi qui ai écrit le premier livre de science-fiction : *Les Femmes savantes* ! »

À suivre page suivante…

UNE HISTOIRE À BIDE

Un gars raconte à un copain :

– J'ai dragué une fille extraordinaire. Je lui paie un verre. Je l'emmène au cinéma. Et puis, je lui propose d'aller faire un tour en voiture avec moi. Elle me répond : « D'accord ! » On va chercher la voiture. Elle me dit : « Il fait chaud ! Ça ne vous ferait rien de décapoter la bagnole ? » Je lui réponds : « D'accord. » Eh bien, tu ne vas pas vouloir me croire : le temps de décapoter la voiture, elle avait foutu le camp !

– Mais enfin, ça ne tient pas debout ! À moi aussi, il m'est arrivé des coups de ce genre. Mais ce n'est pas dans les trois ou quatre secondes qu'il me faut pour décapoter la voiture que la fille peut se barrer !

– Ah ! Peut-être ! Mais toi, tu as une voiture décapotable, pas moi !

Présentation des panélistes

Il ne recule pas plus devant un bon mot cru que devant une bonne cuite.

Jean-Jacques Peroni

Bouvardise

Ce qui reste de l'entente cordiale au bout d'un siècle : une reine dont le blason affiche bibis et dadas ; une famille régnante ravagée par l'oisiveté et les tabloïds.

Mercredi

31 Juillet

SAINT IGNACE DE LOYOLA

UNE HISTOIRE DRÔLE

Une belle jeune fille arriviste de 23 ans avait envie de devenir riche très rapidement. Elle décide donc d'épouser un homme de 93 ans, milliardaire, en se promettant de lui faire l'amour à mort dès leur nuit de noces.

La cérémonie est grandiose, avec tout le gratin naturellement. Puis vient la première nuit.

La jeune fille se déshabille et attend son mari de 93 ans sur le lit, nue. Lorsqu'il sort de la salle de bain, il est nu lui aussi, et la mariée découvre avec stupéfaction que son mari est en érection, que son sexe fait bien 25 cm de long et qu'il l'a déjà coiffé d'un préservatif. En complément de ce tableau incroyable, elle constate que son mari a des boules Quies et un pince-nez dans les mains.

Évidemment, elle lui demande :

– Chéri, qu'est-ce que tu vas faire avec ça ?

Et le mari répond :

– Il y a deux choses que je ne peux pas supporter dans la vie : le bruit d'une femme qui hurle et l'odeur du caoutchouc brûlé !

Chevallier revisite l'histoire de France (suite et fin)

– **Louis XIV** : « Le tas, c'est moi. »
– **Louis XVI** : « Oh, j'ai encore oublié mes pantoufles… J'ai plus ma tête ! »
– **Marat** : « Un bon bain et au lit ! »
– **Napoléon** : « Quand je vois Joséphine, mon petit cœur fait boum ! »
– **Chateaubriand** : « J'en ai marre qu'on ne parle de moi qu'au restaurant en prenant la commande… »
– **Victor Hugo** : « Si vous voulez, on peut faire un brin de Cosette ! »
– **Alexandre Dumas** : « C'est parce que je suis métis que j'ai écrit *Les Trois Moustiquaires.* »
– **Ingres** : « C'est pas la peine de faire de la peinture si c'est pour être connu pour son violon. »
– **Général Bugeaud** : « Hier soir, j'ai trop bu, j'ai une de ces casquettes… »
– **Margaret Mitchell** : « C'est après un bon cassoulet que j'ai écrit *Autant en emporte le vent.* »
– **Frédéric Mistral** : « Pareil. »
– **Marcel Proust** : « Une lettre en moins à mon nom et je ne faisais pas carrière ! »
– **Jésus-Christ** : « Dites 33 ! »
– **Denis Papin** : « Je me ferais bien un petit sauna. »
– **Pasteur** : « Ce que j'aime bien dans la corrida, c'est quand on crie "Au lait !". »
– **Et enfin, Bouddha** : « J'ai fait le régime Dukan : un bide ! »

Question du jour

Quelle comédienne utilisa 65 costumes différents dans le même film ?

Elizabeth Taylor dans Cléopâtre.

Bouvardise

Rien de plus paradoxal à une époque où la liberté est unanimement reconnue comme le plus précieux des biens que l'enfermement soit devenu le principal moteur du divertissement télévisé.

Jeudi

1er Août

SAINT ALPHONSE

Message direct à un président normal

par Bernard Mabille

« Dans un an, vient de dire Nicolas Sarkozy, les Français m'adoreront. » Eh bien moi, monsieur le Président jusqu'à demain 10 heures, je n'ai pas attendu un an pour vous regretter et pourtant je ne vous adorais pas. Pour tout dire, j'en ai déjà marre de notre futur président normal. Que Fanfan la Tulipe pense à l'avenir des plus pauvres, passe encore, c'est son fonds de commerce. Mais qu'il occulte, par une conduite exemplaire, l'avenir des humoristes pétés de tunes, là, ça ne va pas du tout !

Depuis une semaine pas le moindre grain à moudre, rien à nous mettre sous la dent dure. Monsieur Hollande, il est temps de vous sarkozyfier ! De remettre en marche la machine à conneries, le moulin à bourdes. Passez le turbo ! Vous en trouverez le mode d'emploi demain dans le tiroir à droite dans le bureau d'Henri Guaino, entre boîtes de cirage et dictionnaire de citations de Jaurès et de Péguy. Faites-nous vite des grosses bêtises ! Imaginez notre ami Mailhot dans le métro (un mode de transport dont il a oublié l'existence depuis au moins cinq ans), transformé en petit expatrié roumain : « Mesdames et Messieurs, s'il vous plaît ! Je suis un chansonnier dans le besoin, j'ai des ouvreuses à nourrir, une Ferrari à faire rouler, les enfants de mes maîtresses à entretenir… Après un petit sketch, je passerai parmi vous. J'accepte les pièces de cinq centimes, les tickets resto, les chèques vacances, les jetons de casino… Aidez-moi à survivre jusqu'au retour de la droite ! »

Allez monsieur le Président, du courage ! Plus de plateaux-repas commandés au bistrot d'en bas. Bouffez chez Robuchon ! Mieux, faites-vous livrer par Maïté ! Partez en croisière ! Et même si vos potes ont déjà planqué leurs yachts, qu'importe, faites-vous relooker votre pédalo par Hermès et Cartier !

À suivre page suivante…

Bouvardise

La conjoncture : ce « pas de chance » des dirigeants de haut niveau.

Question du jour

Qu'appelait-on au Moyen Age « le vin de Lune » ?

C'est le vin que les pauvres fabriquaient avec le raisin qu'ils avaient volé la nuit dans les vignes du Bordelais

UNE HISTOIRE DRÔLE

Marié depuis deux semaines, un homme a très envie d'aller retrouver ses copains. Il dit à sa femme :

— Chérie, je faire un tour en ville !

— Où vas-tu chéri ?

— Je vais, au Café des Sports, boire une bière.

— Tu veux une bière, mon amour ? Tiens, pour te faire plaisir, j'en ai acheté six sortes différentes, elles sont dans le frigo.

— Mais ma chérie, au bistrot ils la servent dans des verres gelés !

— Tu veux un verre gelé mon chéri ?

Elle sort aussitôt du congélateur une énorme chope.

Très embarrassé, son mari la regarde et dit :

— Mais chérie, au bar avec les potes, on dit des gros mots, on déconne entre hommes !

— Ah tu veux entendre des gros mots ! Alors tu vas être servi, parce que tu commences à me faire chier à vouloir aller te saouler la gueule avec tes enfoirés de copains de merde. Je te préviens que si tu t'en vas, tu pourras te la mettre sous le bras pendant une semaine ! T'as compris connard ?!

Vendredi
2 **Août**
SAINT JULIEN EYM.

Citation

Qui a dit : « Vous savez comment Elisabeth Taylor a perdu dix kilos en une seule soirée ? Elle s'est démaquillée » ?

Coluche

Présentation des panélistes

Elle est belle comme la femme d'un autre qu'on ne possédera jamais.

Chantal Ladesou

Bouvardise

Les hommes politiques s'ennuient à mourir dès qu'ils ne peuvent plus s'écouter parler.

Message direct à un président normal

par Bernard Mabille (suite et fin)

Votre Valérie est mignonnette mais virez-là ! Épousez une star, une vraie ! Il y en a des livres : Annie Cordy ! Juliette ! Susan Boyle ! Geneviève de Fontenay ! Filez voir le pape avec Lagaf' ! Passez un week-end sur le grand huit du Parc Astérix ! On a besoin de faire rire nos spectateurs ! Arrêtez les bains de foule, la léchouille, ça suffit ! Nous on veut du dur, du saignant, du désagréable ! Du « Descends de là connard, que je te cogne une branlée ! » ou mieux encore « Barre-toi sale mec avant que je ne t'explose les burnes ! »

Au besoin, faites-vous coacher par le fameux Louis Nicollin, que vous pourriez mettre ministre de la Culture !

Non vraiment, à bien y réfléchir, il n'y avait pas que du mauvais chez Nicolas Sarkozy. Plutôt que de flirter avec Merkel ou Obama, de gentils démocrates, invitez le charmant président de l'Iran ou l'héritier de la Corée du Nord. Les dictateurs ne manquent pas, au besoin fabriquez-en ! Cela nous fera des saisons entières à jouer devant des salles pleines.

Ne roulez pas en DS5 mais en DSK ! Demain, recueillez-vous place des Vosges, vous lui devez bien ça, même si l'homme préfère les culs ronds au curry. Imposez le jeune prince Thomas au royaume de Corrèze, roulez des patins à Marine, sortez Kouchner du congélateur, imposez le Flanby dans les cantines scolaires, arrangez-vous pour qu'Éva Joly nous mette au monde un enfant dont on ne connaîtrait pas le papa !

Mieux encore : faites-vous bizuter par les pompiers de Paris !

UNE HISTOIRE DRÔLE

Une maman revient chez elle après une semaine d'absence.

— Alors mon petit Julien, tout s'est bien passé pendant mon absence ?

— Oui maman mais quand il y a eu le gros orage, on a couché ensemble moi et papa.

La bonne entend ça et dit :

— Ce n'est pas correct Julien, il faut dire « papa et moi ».

— Non, ce n'est pas vrai. Papa et vous, c'était lundi, moi je parle de mercredi !

Samedi **3** SAINTE LYDIE

Dimanche **4** **Août** SAINT J.-M. VIANNEY

Ça sent l'homme !

Princess Erika : Moi, il y a un truc qui m'excite dans l'odeur d'un homme. Il n'a même pas besoin de me parler ou de me toucher, je suis déjà à lui…

Chantal Ladesou : Ça s'appelle les phéromones.

Jean-Jacques Peroni : Ce ne sont pas les phéromones ; c'est péter au lit, c'est tout !

Philippe Bouvard : Avant d'aller dépenser de l'argent dans une parfumerie, j'aimerais connaître les odeurs qui mettent Princess Erika en transe.

Princess Erika : Je ne peux pas vous dire, parce que c'est un mélange… Par exemple, j'aime bien quand mon mec sent un peu la cigarette.

Chantal Ladesou : Pas moi, je n'ai pas envie d'avoir un cendrier dans mon lit !

Princess Erika : Un truc viril, un peu d'alcool, de la sueur et un peu de parfum !

Chantal Ladesou : Eh bien, je te les donnerai, ceux qui sentent ça, parce que moi, je n'aime pas !!!

Philippe Chevallier : Et une odeur de transpiration de pieds, ça aussi c'est sympa !

Princess Erika : Ça par exemple… Pas du tout !

Bernard Mabille : Et s'il a des petites boulettes entre les orteils ?

Philippe Chevallier : Ah ! C'est le fin du fin !

Princess Erika : Mais je vous parle d'une odeur virile !

Philippe Chevallier : Et s'il a entre les doigts des mains ce qu'on a entre les doigts de pieds, ça vous excite beaucoup ?

Princess Erika : Non ; moi, ce que j'aime, c'est qu'il ait une odeur virile et, après, que nos deux odeurs se mélangent…

Jean-Jacques Peroni : Oh ! Mais c'est dégueulasse !

Question du jour

Pourquoi les Russes jettent-ils leur verre après avoir consommé leur boisson ?

Pour que l'ouïe soit également de la fête.

Bouvardise

On recense aujourd'hui en France plus de casseurs de cabanes idéologiques que de bâtisseurs de logements sociaux. Ainsi s'explique qu'on trouve moins facilement un appartement où l'on puisse être heureux qu'un bouquin recensant les raisons de désespérer.

Citation

Qui a dit : « C'est dur de faire un film, mais travailler pour de bon, c'est pire ! » ?

Woody Allen

UNE HISTOIRE À BIDE

C'est un gars qui vient de bouffer comme un prince et quand le garçon apporte l'addition, s'apprête à payer avec des capsules de Coca-Cola. Alors le patron du restaurant commence à s'emporter.

Mais un type lui met la main sur l'épaule et lui explique :

— Ne vous mettez pas en colère ! Ce client-là, je le connais bien, c'est un original. Il est un peu détraqué, mais il n'est pas méchant. De toute façon, je vais payer pour lui. Combien ça fait ?

Du coup, le patron se calme et il dit :

— Ça fait quatre-vingt-quinze...

— Quatre-vingt-quinze ? réplique l'autre. Oh ! là, là ! Je ne vais pas avoir assez de capsules ! Vous avez la monnaie sur une plaque d'égout ?

Quand on s'envoyait en l'air

Philippe Bouvard : J'ai le souvenir d'avoir fait l'amour dans un avion, à 6 000 mètres. C'était dans un vieil appareil à hélices…

Princess Erika : Vous parlez de la femme ou de….?

Philippe Bouvard : Non, c'était un Paris-Rio et des couchettes étaient installées au-dessus des passagers.

Chantal Ladesou : C'était le train ?

Bernard Mabille : Et la dame est tombée de la couchette ?

Jean-Jacques Peroni : Mais qui pilotait ? C'était Nungesser et Coli votre truc…

Philippe Bouvard : Mais non ! Il y avait un couvercle et, quand nous sommes arrivés, Clément Ader nous a félicités !

Citation

Qui a dit : « Ce film était tellement mauvais que les gens faisaient la queue pour sortir. » ?

Question du jour

Qui sont les « saints innocents » que l'on fête chaque année le 28 décembre ?

Bouvardise

Célébrons l'aura dont, dans une société de simulacres, ceux qui ne lisent plus gratifient ceux qui écrivent.

Pierre Doris

Les nouveau-nés mis à mort par Hérode qui voulait éliminer l'enfant Jésus.

À bord du yacht d'Aristote Onassis, l'eau montait…

Philippe Bouvard : Je me souviens d'une croisière à bord du yacht d'Aristote Onassis, ça en jetait !
Bernard Mabille : Vous étiez dans le canot de sauvetage ?
Jacques Mailhot : Il suivait dans un petit pédalo derrière…
Philippe Bouvard : Non, j'ai fait la croisière de Cannes à Antibes…
Jacques Mailhot : Vous preniez des risques, Philippe !
Bernard Mabille : Vous n'avez pas eu le temps de souffrir du mal de mer !
Philippe Bouvard : C'était à l'époque où il était marié avec une dame prénommée Christina et c'était le nom du bateau. Un orchestre jouait en permanence des sirtakis et, quand il appuyait sur un bouton, la piste de danse, qui était une mosaïque, descendait et se transformait en piscine !
Bernard Mabille : Donc, vous avez dansé le sirtaki dans une piscine…
Philippe Chevallier : Et vous aviez votre costume marin ?
Philippe Bouvard : Oui… Et quand on n'était pas prévenu, on avait l'impression qu'on allait faire naufrage car on voyait l'eau qui montait…
Bernard Mabille : Moi, j'ai un bateau, mais il est devant mon garage !

UNE HISTOIRE À BIDE

En faisant ses courses à la supérette, Josette voit avec étonnement un chien payer à la caisse et sauter dans un bus avec ses commissions. Intriguée, elle décide de suivre l'animal.
Le chien descend à l'arrêt suivant et, après une courte filature, Josette voit le quadrupède surdoué sauter sur le bouton de la sonnette d'un pavillon.
Mais, voyant qu'on ne lui ouvre pas, le chien se met à aboyer, puis il prend un caillou dans sa gueule et le lance sur la vitre. Cette fois, la porte s'ouvre sur un homme furibond qui attrape le chien par la peau du cou et lui flanque une raclée.
– Arrêtez ! hurle Josette, révoltée. Vous n'avez pas honte de frapper cet animal surdoué ?
– Surdoué ? s'exclame l'homme, cela fait trois fois cette semaine qu'il oublie ses clés !

Question du jour

Sur l'île de Java, que rappelle le gong au moment où le soleil se couche ?

Bouvardise

Ah ! La machine à jouer aux échecs qui gagne toujours et qui ne triomphe jamais…

Citation

Qui a dit : C'est avec plaisir que l'Académie Française accueille des communistes, surtout quand ils ne le sont plus. » ?

L'heure où les femmes doivent prendre leur pilule contraceptive.

Jean d'Ormesson

Mercredi

7 Août

SAINT GAÉTAN

UNE HISTOIRE DRÔLE

Un voyou s'est taillé la réputation de plus grand chauffard des États-Unis. La première fois qu'il conduit une voiture, à 16 ans, il amoche une petite fille, puis il renverse un vieillard, puis un pasteur. On lui retire alors son permis. On lui colle des amendes exorbitantes. On le condamne à la prison.

Rien à faire ! Dès qu'il se retrouve libre, il provoque un horrible accident. Cette fois-ci, il tue trois flics. Il passe en jugement et plaide coupable. Naturellement, le jury le condamne à mort. Le jour de l'exécution, on l'attache sur la chaise et on branche le courant. Mais le courant ne passe pas. Le type est tout faraud sur sa chaise : pas d'électrocution ! Alors, il se retrouve libre.

Son avocat lui court après et lui dit :

– Naturellement, vous saviez ce qui allait se passer ?!

– Naturellement.

– Mais expliquez-moi au moins comment vous avez empêché le courant de passer...

– Ce n'est pas compliqué, dit le gars, je suis mauvais conducteur... !

Peroni s'indigne

Vous le savez, je suis indigné… et ce n'est pas près de s'arranger !

Je suis indigné par ces proctologues qui, après le travail, vont dîner d'une soupe à l'oignon !

Indigné par la libération de Dominique Strauss-Kahn pour permettre à ce vieux cochon d'aller s'exposer au Salon agricole !

Indigné par ce Salon de l'Agriculture qui accepte les politiques alors que dans chaque étable, chaque écurie, chaque porcherie, il y a des tas de fumiers qui ferment leur gueule, EUX !

Indigné par cette publicité télé pour un produit contre la mycose vaginale alors qu'on est à table en train de se taper une omelette aux champignons !

Indigné par cet épicier qui, à chaque fois qu'on lui demande s'il a de l'huile de colza, répond en rigolant : « *Colza mon cul, ma tête est malade !* »

Indigné par ces écologistes qui, en période électorale, arrivent même à nous polluer la campagne !

Indigné par ces propriétaires de chiens méchants qui tiendront leur congrès annuel… à Morlaix !

Indigné par tous ces dégueulasses qui toussent dans la rue sans mettre la main devant leur bouche au risque de vous balancer en pleine face leur molard vérolé !

Indigné qu'au royaume des aveugles Le Pen soit roi !

Indigné par le délire écologique de Paris qui veut faire pousser des poireaux dans les salles d'attente !

Indigné par tous ces gynécologues qui se réunissent le soir pour regarder des films pornos alors qu'ils font croire à leurs femmes qu'ils sont en séminaire !

Indigné par Ségolène Royal qui, au Salon de l'Agriculture, n'a pas eu un regard de compassion pour ses petites sœurs les dindes !

Oui, je suis indigné !!!

Citation

Qui a dit : « Quatre-vingts ans c'est l'âge de la puberté académique. » ?

Bouvardise

Bizarrerie anatomique : on ne trouve plus l'oreille de ses contemporains sans flatter d'abord leur encolure.

Question du jour

Pour quelle raison un mariage peut-il être déclaré nul, alors que les mariés sont consentants et en règle ?

Paul Claudel

Si la porte de la mairie est fermée pendant la cérémonie.

Gages d'amour

Philippe Bouvard : Qu'appelez-vous, Frédéric Ploton, les « jeux de soumission » ?

Frédéric Ploton : Tous les petits jeux sadomasos *soft* ! Qui consistent soit à lier l'autre ou à lui mettre des menottes… Mais ça reste *soft*, parce que, dès qu'on va dans le SM pur, on ne rigole plus tellement ! Et puis, il existe aussi les gages qu'on peut se donner dans le couple…

Jean-Jacques Peroni : Ah oui ! Ça c'est bien ! Tiens, si tu jouis, tu feras la vaisselle !

Bernard Mabille : Si tu jouis, tu feras la vaisselle ; si je jouis, tu feras le ménage !

UNE HISTOIRE DRÔLE

Deux dames du troisième âge prennent le thé devant des petits gâteaux.

– Alors, quoi de neuf depuis la dernière fois ?

– Oh ! Tu sais ce monsieur qui vient tout juste d'emménager à côté de chez moi, eh bien, hier soir, nous sommes sortis ensemble. Il est arrivé sur le pas de ma porte avec un bouquet de roses à la main. Ensuite, en vrai gentleman, il m'a emmenée au restaurant. Puis, toujours en gentleman, il m'a invitée à prendre un verre au piano-bar. Sur le coup de minuit, il m'a raccompagnée jusque chez moi. Là, je l'ai invité à entrer prendre un dernier verre. À ce moment-là, il s'est approché de moi et m'a arraché tous mes vêtements, il m'a tiré de force sur le lit et m'a fait subir les pires outrages !

– Oh ! Mon Dieu ! répond l'autre, et dire qu'il m'a donné rendez-vous ce soir ! Qu'est-ce que tu crois que je dois faire ?

– Ben, si j'étais toi, je mettrais des vieux vêtements…

Citation

Qui était le responsable de la Cour des miracles dans le quartier du Sentier à Paris ?

Le roi Pétaud.

Bouvardise

Mieux vaut être ridicule un quart d'heure avec une serviette autour du cou que sale toute la journée en offrant les peu ragoûtants stigmates de la fusion entre textile et agro-alimentaire.

Question du jour

Quel fut le 13e travail d'Hercule, qui valait les 12 autres travaux ?

En l'espace d'une nuit, il a honoré 50 jeunes filles vierges

UNE HISTOIRE DRÔLE

Une très belle femme se balade avec deux chiens de montagne énormes et magnifiques.
Un ado passe par là, s'arrête net devant les animaux, la bouche ouverte, en admiration.
La dame lui demande :
— Tu veux caresser mes saint-bernard ?
L'ado lui répond :
— Oui, je veux bien ! Mais moi, c'est Didier, pas Bernard !

Bouvardise

Il n'y a que ceux qui n'ont jamais tenté de pactiser avec le hasard pour s'imaginer que l'on s'amuse en jouant.

Question du jour

Autrefois, en Angleterre, lors de certains repas, quand les convives déposaient-ils quelquefois leur couteau sur leur verre ?

Quand un invité racontait une histoire drôle que les autres connaissaient déjà.

Timides comme des violettes

Philippe Bouvard : Ce spray active les testostérones qui, paraît-il, sont des agents inhibiteurs de l'assurance que vous pouvez manifester. Donc, avant de partir à un rendez-vous galant ou à un entretien d'embauche…

Jean-Jacques Peroni : Un petit coup de bombe, tac tac ! « *Alors, salope, on baise ?* »

Philippe Chevallier : Mais oui, ça va débrider le gars !

Bernard Mabille : C'est pour ça que ça s'appelle inhibiteur !

Philippe Bouvard : On a tous eu des problèmes de timidité !

Jean-Jacques Peroni : Mais oui ! On est timide comme des petites violettes de Parme, nous…

Jacques Mailhot : Mais il y a des trucs qu'on n'aime pas faire, c'est vrai… Moi, par exemple, les magasins, je n'aime pas ça.

Philippe Bouvard : C'est vrai que, quand je vais dans un magasin et qu'on me montre une chose qui ne me plaît pas, je n'ose pas sortir sans rien acheter.

Philippe Chevallier : Sinon on passe pour un radin !

Jacques Mailhot : Mais ils savent y faire… Il y a plein de Pierre Bellemarre qui rôdent dans les magasins…

Philippe Chevallier : Et quand il faut essayer un pantalon ! C'est très embêtant d'essayer un pantalon dans une cabine…

Jacques Mailhot : Bah essaie une robe !

Philippe Chevallier : Non mais c'est vrai : Il faut enlever son manteau, se dessaper complètement, enlever puis remettre les lacets…

Philippe Bouvard : Quand on faisait des costumes sur mesure, en d'autres temps, et que le tailleur vous mettait la main où je pense pour prendre vos mesures, il vous demandait de quel côté vous portiez, c'était très gênant !

Pierre Bellemarre : Bah ça dépend de la personne qui vous faisait ça…

Philippe Chevallier : On a dit un tailleur, pas une tailleuse !

UNE HISTOIRE À BIDE

C'est Gérard qui revient au bureau après 15 jours d'arrêt maladie.

— Alors tu vas mieux ?

— Oui et ça a été pour moi une expérience magnifique !

— La grippe, une expérience magnifique ?

— Oui parce que j'ai compris à quel point ma femme m'aimait !

— Comment ça ?

— Ben à chaque fois que le facteur sonnait, elle ne pouvait s'empêcher de crier sa joie : Mon mari est à la maison, mon mari est à la maison !

Présentation des panélistes

Ses conquêtes sont de plus en plus jeunes afin de maintenir la moyenne d'âge de son couple.

Vincent Perrot

Bouvardise

Le cœur ne bat pas de la même façon derrière une cravate ou sous un tee-shirt.

Question du jour

Sous quel pseudonyme Francis Blanche faisait-il ses fameux canulars téléphoniques ?

Monsieur Marchepot.

Lundi

12 Août

SAINTE CLARISSE

UNE HISTOIRE DRÔLE

Un jeune garçon demande à son père :

– Papa, est-ce que c'est normal, pour nous les garçons, de classifier les différentes sortes de seins ?

Surpris, le papa répond :

– Bien sûr, mon garçon, sinon, on ne serait pas normaux.... Il y a trois sortes de poitrines... Tout dépend de l'âge de la femme.

Dans les vingt ans, ses seins sont comme des melons, ronds et fermes.

Entre la trentaine et la quarantaine, ils sont comme des poires, encore beaux, mais un peu pendants.

Après la cinquantaine, ils sont comme des oignons.

Et le fils, tout intrigué, demande à son père :

– Des oignons, papa ? Mais pourquoi ?

Et le père de répliquer :

– Quand je regarde les seins de ta mère, ils me font pleurer... !

L'addition SVP !

Philippe Bouvard : Quand vous invitez une dame à dîner, vous assurez-vous que le maître d'hôtel lui présente une carte sans prix ?

Bernard Mabille : Moi, je regarde si elle est indisposée avant... Parce que, si c'est le cas, je ne l'invite pas à bouffer !

Macha Méril : Il n'y a plus de restaurants qui fassent ça... Ce sont les femmes qui payent maintenant !

Philippe Chevallier : Des femmes qui payent ?! Tu m'en présenteras !

Bernard Mabille : Tu vas nous en ramener parce que je n'en ai jamais vu !

Macha Méril : C'est pour ne pas « devoir »...

Bernard Mabille : Mais je te jure que c'est toujours moi qui paye ! En même temps, tu me diras, vu ma gueule, c'est peut-être possible... C'est toujours moi qui paye !!!

Citation

Qui a dit : « On compare souvent les hommes politiques à des acteurs. C'est très injuste pour les acteurs. » ?

Question du jour

Au point de vue vestimentaire, qu'est-ce que les hommes doivent à lord Mountbatten, cousin d'Élisabeth II ?

Bouvardise

Ce qui me désespère et me console à la fois dans toutes les manifestations du racisme, c'est que la victime n'attend que le moment de devenir à son tour bourreau.

Guy Bedos

Il fit remplacer les boutons de la braguette par la fermeture Éclair.

Mathurin Chougnard répond à Proust
par Philippe Chevallier

Si tout le monde n'a pas lu Proust, il faut avouer que, pour lire Marcel dans son intégralité, il faut apprendre à se coucher de bonne heure… Les journaux et les magazines n'hésitent pas à plagier son fameux questionnaire pour en savoir plus sur la personnalité passionnante de tel acteur confirmé dans les salles obscures de moins de 20 spectateurs payants ou de la dernière pétasse qui fait fureur à Saint-Germain-des-Prés avec sa ligne de chapeaux en peau de phoque ! C'est ainsi qu'à la sempiternelle question des qualités et des défauts, on est content d'apprendre que Dimitriou Areltakis, le nouveau directeur de l'Observatoire national des arts plastiques et de la cuillère en bois, est, dit-il de lui-même, « un homme persévérant, mais qui peut piquer une colère quand son coiffeur rate sa mise en plis ».
Une petite gueule d'ange un peu boudeuse qui a toujours rêvé d'être comédienne – tiens, cette bonne blague… Tu ne voulais pas plutôt être bonniche ? Au *Sofitel*, tu aurais pu rencontrer les grands de ce monde… – nous annonce que, quand elle était petite, elle jouait à l'élastique dans la cour de l'école. Enfin un point commun avec la señorita : moi aussi, à son âge, je me tirais sur l'élastique ! J'aimerais que ce questionnaire appelle des réponses moins fabriquées et qu'on interroge des gens plus francs du collier, par exemple Mathurin Chougnard, agriculteur à Parthenay. À la question récurrente « Quels sont les basiques de votre dressing ? », il pourrait apporter un éclairage intéressant sur le goût des Français en matière vestimentaire. Finis le blazer en laine d'Écosse et les Berlutti ; Mathurin, ce qu'il veut, c'est, « comme pour sa femme, être bien dedans ! Un pantalon solide pour la ville comme pour les champs, été comme hiver, avec des bonnes chaussures fourrées qu'on ouvre avec une fermeture éclair pour y rentrer mieux si on a gonflé des picds ! Un bon maillot de corps car, si on a chaud dedans, on n'abîme pas la chemise et on peut la garder plusieurs jours tant elle tient toute seule sans cintre ».

À suivre page suivvante…

UNE HISTOIRE À BIDE

Un homme et une femme sont devant le tribunal dans le cadre d'une affaire de divorce. Le problème est de savoir qui va obtenir la garde de l'enfant.
L'épouse se défend la première :
– Votre Honneur, j'ai mis au monde cet enfant dans la douleur. Ce fut un dur labeur.... Il est normal que j'en aie la garde.
Le juge se tourne alors vers son mari et lui demande :
– Qu'avez-vous à dire pour votre défense ?
L'homme contemple autour de lui un moment... puis se lève lentement :
– Votre Honneur, si je mets un euro dans un distributeur automatique et qu'un Coca-Cola en sort, à qui le Coca-Cola appartient-il ? À la machine ou à moi ?!

Question du jour

Que faisait Henri III lorsqu'il fut assassiné ?

Il était sur sa chaise percée.

Bouvardise

Les vilaines manières des dictatures promues démocraties consistent à bourrer les urnes quand elles n'ont pas suffisamment bourré les crânes.

UNE HISTOIRE À BIDE

Un plongeur à bouteille est en train de contempler la faune sous-marine.
Il est à – 15 mètres lorsqu'il remarque un mec à côté de lui, en apnée.
Aucune bouteille d'oxygène ou quoi que ce soit de l'équipement du plongeur traditionnel.
Le plongeur à bouteille descend alors à – 20 mètres… mais se fait rapidement rejoindre par le gars en apnée.
Alors, un peu vexé, le plongeur descend à – 30 mètres.
Mais il ne tarde pas à voir l'apnéiste se rapprocher de lui.
Énervé, il saisit sa craie, son ardoise, et il écrit :
– Qu'est-ce que vous foutez si bas sans équipement ?
Et l'autre lui prend la craie pour répondre :
– Je me noie, connard !

Mathurin Chougnard répond à Proust

par Philippe Chevallier (suite et fin)

Et pour Simone, sa femme, le basique, c'est « une belle robe imprimée pour sortir et une blouse en rayonne pour éplucher les patates. Comme la toile cirée, un coup d'éponge, et le tour est joué ! ». Les jours de pluie, pas de capeline ou de chapeau comme on en voit dans les mariages à la télé, mais la capuche en plastique délicatement posée, attachée sous le menton pour ne pas abîmer la mise en plis.
À la question idiote : « Si vous étiez une fleur ou un animal ? », le Mathurin, il n'irait pas chercher l'orchidée du Bengale ou l'opossum. Avec un air bien finaud, il évoquerait l'éléphant… à cause de sa grosse trompe ! Et le Mathurin, il ne ferait pas comme ces maniérés qui inventent de ces trucs quand on leur demande : « Quel est votre premier geste du matin ? – Euh, j'ouvre la fenêtre pour voir le temps qu'il fait, j'avale un grand verre d'eau citronné, j'embrasse délicatement le cou de ma bien-aimée qui est encore endormie… » C'est sûr, c'est une feignasse sa bonne femme, elle se lève à midi ! « Je fais quelques exercices de gymnastique chinoise avant de boire une grande tasse de thé au jasmin… » Je t'en foutrais, moi ! Vous savez ce qu'il nous dirait lui, le Mathurin ? Il nous dirait la vérité : le matin, il se lève et il écoute RTL !

Citation

Qui a dit : « Le plus désagréable dans la vie de célibataire, ce sont les maris » ?

Question du jour

Qui est l'auteur de cette chanson : « Nous n'irons plus au bois / Les lauriers sont coupés / La belle que voilà / Ira les ramasser. » ?

Bouvardise

Si mes œuvres complètes reflétaient mieux mes conditions de travail, elles seraient à tordre : toutes les idées me viennent dans mon bain.

Feydeau

La marquise de Pompadour.

Un facteur de désordre

Élie Semoun : J'étais facteur parce que mon père travaillait à la Poste. Je devais avoir 17 ou 18 ans et j'oubliais des quartiers entiers ! J'arrivais en vélo et je voyais à la sortie de leur maison des gens qui m'attendaient…
Philippe Chevallier : C'était à Paris ?
Élie Semoun : Non, à Antony…
Philippe Chevallier : Comment va-t-il ?
Élie Semoun : Qui ça ?
Philippe Chevallier : Anthony !
Bernard Mabille : Il est toujours richard ?
Élie Semoun : Et quand je croisais des chiens méchants derrière les grilles, je balançais parfois les lettres : les chiens se jetaient dessus et les déchiquetaient ! À l'époque, quand je livrais des *France Soir* ou des *Figaro*, je les ouvrais, j'écrivais des insultes et je remettais le bandeau !!! J'étais un peu rebelle…

UNE HISTOIRE DRÔLE

C'est un gars vraiment pas favorisé par la nature.
Il a une jambe plus courte que l'autre, les yeux qui se disent bonjour, les cheveux qui tombent par plaques, la peau grumeleuse et des tics plein la figure.
Il a aussi une bosse dans le dos et un gros trou béant à la place du nez.
Un jour, après bien des recherches, il sonne chez une dame et lui demande :
– Vous n'auriez pas, par hasard, fait une fausse couche en 1961, et ce petit, vous ne l'auriez pas, par hasard, foutu à la poubelle ?
– Mon Dieu, fait la dame, mais oui ! Comment le savez-vous ?
Alors, le gars fond en larmes et crie :
– Maman !

Question du jour

Pour quel enterrement a-t-on besoin de la signature du président de la République, de celle du Premier ministre et de celle du ministre de la Culture ?

Pour un enterrement au Panthéon.

Bouvardise

Le temps n'est pas seulement la quatrième dimension de notre univers. Il est aussi l'arbitre souverain de nos indignations et de nos peines.

Citation

Qui a dit : « La politique est supposée être la seconde plus ancienne profession. J'ai réalisé qu'elle ressemble beaucoup à la première. » ?

Ronald Reagan

Citation

Qui a dit : « Quand j'étais môme, la chaîne météo, ça existait déjà. On appelait ça la fenêtre. » ?

Jean Yanne

Question du jour

À quel détail voit-on que la garde républicaine s'apprête à accompagner le président de la République ?

Elle met un pantalon blanc, au lieu du bleu habituel.

Bouvardise

Presse : recèle l'actualité avant d'envelopper le poisson.

Entretien d'embauche

Guillaume Gallienne : Mademoiselle Béatrice Bretty alla un jour auditionner chez Bernstein pour obtenir un rôle. Elle raconte : « Je suis arrivée chez lui, il était 10 heures du matin et il était en robe de chambre. Visiblement nu dessous… Ce qui m'a un peu surprise quand même ! Je lis la pièce, on parle du rôle et je lui dis que le rôle me plaît beaucoup. Sur ce, il me dit : “Eh bien mademoiselle, il ne tient qu'à vous…” Et il a ouvert sa robe de chambre… Je l'ai fait… mais quand même ! »
Bernard Mabille : Tu vois ce qui t'attend, Chantal !
Chantal Ladesou : Oui ! Je ne demande que ça !
Philippe Bouvard : Béatrice Bretty qui, à la fin de sa carrière, était imposante au point que, quand Robert Hirsch faisait visiter la Comédie-Française et qu'elle était dans la salle, assistant à une répétition, il s'écriait : « À la place 24, il y a Béatrice Bretty, et, à la place 26, c'est toujours Béatrice Bretty ! »

UNE HISTOIRE DRÔLE

Dans un grand magasin, une femme perd son sac à main dans la cohue du premier jour des soldes.
Rentrée à la maison et désespérée, on sonne à la porte. Un jeune homme apparaît, son sac à main sous le bras !
– Je rêve ! Il existe donc encore des gens honnêtes en ce monde ! Merci ! Merci beaucoup !
Devant lui, elle l'ouvre : tout y est ! Cependant, en ouvrant son portefeuille, son billet de 50 euros a disparu. À sa place s'y trouvent deux billets de 10, un de 20 et deux de 5 euros.
N'y comprenant rien du tout, elle demande au jeune homme :
– Comment cela se fait-il donc ?
Et le jeune de rétorquer :
– L'autre fois, j'avais ramené un sac à main à une personne qui m'a remercié sans me récompenser. Elle n'avait pas de monnaie…

Bouvard et Bourdon

Philippe Bouvard : Un jour, j'avais invité Sylvia Bourdon à une émission de télévision en direct. Je crois que j'étais le premier que l'on avait autorisé à inviter une star du cinéma X. À l'époque, la télévision était très pudibonde. Sylvia m'avait raconté sa vie avec beaucoup de pudeur et de culture, avec notamment des références littéraires… Au moment de nous quitter, je lui dis pour conclure : « En somme, madame, vous avez eu une vie bien remplie ! », et elle me répondit : « Oui, par tous les orifices ! »

J'ai écopé d'un mois d'interdiction d'antenne !

UNE HISTOIRE À BIDE

Lulu se prostitue mais ne veut pas que sa grand-mère le sache. Un soir, la police fait un raid dans l'hôtel et Lulu se trouve parmi les filles. La police les aligne sur le trottoir. La grand-mère de Lulu passe par hasard et voit sa petite-fille.

– Pourquoi restez-vous debout en ligne ici ?

Ne voulant pas dire la vérité à sa grand-mère, Lulu lui dit que les policiers distribuent des oranges gratuitement.

– Que c'est gentil de leur part ! J'en veux aussi.

Et elle se place au bout de la rangée, tandis qu'un policier demande des informations aux demoiselles.

Lorsqu'il arrive à la grand-mère, il s'écrie :

– Wow, encore à votre âge ?! Comment faites-vous ça ?!

Grand-mère réplique :

– Oh, c'est facile mon cher monsieur. J'enlève mes dentiers, je repousse la peau et je suce tout le jus !

Citation

Qui a dit : « Faut faire rire toutes les 4 secondes. Si tu laisses passer 8 secondes, ça s'appelle un effet. Si tu laisses 12 secondes, ça s'appelle un bide. » ?

Coluche

Question du jour

Quelle est la particularité du chameau par rapport aux autres animaux ?

Il peut fermer complètement ses narines si une tempête de sable survient.

Bouvardise

L'auto-indiscrétion, née des amours sordides de la promotion à tout prix et de l'édition crapoteuse, va beaucoup plus loin et vise encore plus bas que la presse spécialisée.

Lundi

19 Août

SAINT JEAN-EUDES

UNE HISTOIRE DRÔLE

Une nana laide et très méchante va à Carrefour avec ses deux gamins super laids et très méchants ! Elle passe à la caisse et l'hôtesse lui demande :

– Bonjour madame. Charmants, vos enfants. Ce sont des jumeaux ?

La dame répond :

– Connasse, y'en a un qui a 7 ans et l'autre 5. Comment peuvent-ils être jumeaux, grosse conne ?!

L'hôtesse répond :

– Je ne suis pas conne, j'ai juste du mal à croire qu'on t'ait baisée deux fois !

Question du jour

En Asie, que signifie le fait de rire ?

C'est une réaction de gêne.

Bouvardise

Ils me font rire les confrères qui croient qu'ils sont supérieurs aux autres parce que leurs employeurs les affectent aux sujets nobles. Comme si les héraldistes devenaient aristocrates. Comme s'il suffisait de ne pas savoir rire pour être sérieux.

Galienne : c'était sa tournée…

Philippe Bouvard : Pourquoi vous êtes-vous remis à fumer ?

Guillaume Galienne : J'étais en tournée pour mon spectacle, j'étais seul ; mon régisseur était obligé d'être continuellement en montage et en démontage du décor, ce qui fait que j'étais dans toutes les villes de France seul à la Taverne de Maître Kanter parce qu'il n'y avait que ça d'ouvert dans la plupart des villes.

Un soir, à la Taverne de Maître Kanter à Niort, j'avais à côté de moi une femme obèse qui s'appelait Cindy, qui était ivre morte et qui hurlait qu'elle allait se suicider le lendemain parce que son mec ne la baisait plus. Ledit mec avait la tronche plongée dans la glace d'un plateau de fruits de mer tandis qu'elle se faisait chauffer par trois VRP de matériel de boulangerie qui lui disaient : « Il va t'honorer ton mec, Cindy ! » Et elle, elle répondait : « Mais non, il ne bande plus ! » C'était tellement glauque… J'étais là, avec mes bulots, et j'ai pensé : « À un moment, je vais me flinguer ! » – donc, c'était soit la clope soit le Prozac… À minuit, à Niort, accroche-toi pour trouver du Prozac… Il ne restait donc que les clopes ! J'ai dit : « Mademoiselle, vous avez des cigarettes ? » Elle m'a répondu : « On n'a que des Lucky ! » Je suis sorti pour m'en fumer une, les trois VRP m'ont suivi, m'ont reconnu et ont dit : « Mais c'est le mec de Canal ! », etc. Au bout d'un moment, l'un des trois m'a avoué : « Non mais vous savez, nous, on est des beaufs ! » Et moi de le consoler : « Oh non, faut pas dire ça ! » Du coup, je me suis fait le paquet pratiquement dans la journée !

Princess Erika : Le paquet des trois ?

Philippe Bouvard : C'est gai la vie de tournée dites donc…

Guillaume Gallienne : Oui… Et puis, l'hôtel avec le petit verre en plastique dans son sachet en plastique, le critérium rouge ou vert selon les villes : au bout d'un moment, je n'en pouvais plus…

Mardi **20** **Août**

SAINT BERNARD

Préliminaires et calories

Philippe Bouvard : Quand il touche une femme, qu'est-ce qui fait dépenser 11 calories à un homme avant même de passer à l'acte ?

Bernard Mabille : L'excitation ?

Jean-Jacques Peroni : La main aux fesses ?

Philippe Chevallier : C'est un exercice dans lequel tous les hommes n'excellent pas !

Bernard Mabille : La sodomie ?

Jean-Jacques Peroni : Lui enlever son soutien-gorge !

Philippe Bouvard : Bonne réponse de Jean-Jacques Peroni !

Philippe Chevallier : Et lui enlever la culotte, c'est combien de calories alors ?

Jacques Mailhot : Ah, c'est donc pour ça que les gens étaient plus maigres à l'époque, parce que les femmes avaient des gaines !

Philippe Chevalier : Il y avait la gaine « 18 heures » de Playtex. Elle la gardait 18 heures, mémère.

Jean-Jacques Peroni : Au bout de 18 heures, il fallait l'enlever avec une décolleuse à papier peint !

Question du jour

Quelle est la particularité de la galette des rois offerte au président de la République ?

Elle n'a pas de fève (cela rappellerait l'Ancien Régime).

Bouvardise

Les gens heureux n'intéressent personne. Et d'ailleurs, s'ils sont heureux, c'est peut-être parce qu'on ne parle jamais d'eux…

UNE HISTOIRE DRÔLE

C'est un gars qui voulait se trouver une blonde pour la soirée.

Alors il rentre dans un bar et, aussitôt arrivé, il va voir une belle blonde assise dans un coin. Ils discutent pendant quelques instants puis décident d'aller dans l'auto du gars.

Là, ils commencent à s'embrasser et à se caresser sans relâche… Le gars, voulant aller plus loin, demande à la belle :

– Ça te dirait d'aller faire un petit tour sur la banquette arrière ?

Mais la blonde lui répond :

– Non… Pas vraiment !

Le gars est déçu mais redouble d'ardeur et continue à embrasser la fille.

Trente minutes plus tard, il repose sa question :

– Dis, tu ne veux pas aller sur le siège arrière ?

Elle répond :

– Ben… Non !

Le gars ne comprend pas. Il lui demande alors :

– Mais, dis-moi donc, pourquoi tu refuses d'aller derrière ? À l'avant, ce n'est pas pratique, tu sais ?!

Et elle lui rétorque :

– Ben, c'est parce que je veux rester avec toi !

Mercredi

21 Août

SAINT CHRISTOPHE

UNE HISTOIRE À BIDE

Durant le Salon de l'agriculture, un visiteur interroge un éleveur de vaches qui vient de remporter le grand prix pour la qualité de leur lait :
— Bravo ! C'est formidable ! Mais comment arrivez-vous à obtenir un si bon lait ?
— Oh ! C'est très facile. Tous les jours, je les motive en disant : « Bonjour mesdames, alors qu'est-ce qu'on donne aujourd'hui, du bon lait ou de la bonne viande ? »

Présentation des panélistes

On connaît sa fière devise : tête bien faite et jambes en l'air.

Macha Méril

Bouvardise

Qu'il est triste le monde du travail quand il n'y a plus de boulot !

Mabille rompt le Secret Story

Un coup de sang contre la direction des programmes de TF1 qui, par excès de pudibonderie, nous interdit cette saison de voir ce qui se passe sous la douche de Secret Story. Qu'on se le dise, les seuls poils visibles cette année seront dans la cuisine. Et déjà le téléspectateur grogne : « Ouais, ne plus montrer de zigounettes, de foufounettes, de coucougnettes dans une téléréalité, c'est comme filmer le tiercé sans montrer les chevaux ! » Le téléspectateur de TF1 est finaud ! Bonne nouvelle quand même, si TF1 nous prive de nudité, TF1 nous laisse le son. Aussi je vous en supplie, n'éteignez pas votre poste, profitez pleinement des dialogues car, de « C'est qui qu'a pété ? » à « Arrête de monter sur tes grands cheveux », les candidats nous prouvent que le ministère de l'Éducation est une mission impossible et ministre de la Culture un emploi fictif. *Best of* des saillies d'une belle jeunesse française, les enfants de nos voisins, le malheur n'arrivant qu'aux autres.

La petite Vanessa : « Je ne comprends pas pourquoi mon maquillage il coule ! Je ne pleure pas des cils, je pleure des yeux ! »

Vanessa toujours : « Oui, je déconne, aujourd'hui c'est ma journée de moquage ! ». Elle a 26 ans.

Jonathan : « Ne me traite pas de ta gueule ! »

Jonathan encore : « Elle est froide l'eau chaude ! ». Le mec court après un prix Nobel : « Arrête de parler avec ta bouche ! »

À suivre ci-contre...

Jeudi

22 Août

SAINT FABRICE

Mabille rompt le Secret Story (suite et fin)

Marilyn, la délicieuse Marilyn : « Je ne t'embrasse pas, je sens mauvais des dents ! » ; « Constipée depuis 3 jours, je vais devoir me motiver l'anus ! » Ce n'est pas une fille, c'est un lavement ! Ou le « Je cherche un mec qui me tire vers le haut ! »
Chose que ne lui fera pas Hayder qui confesse : « Je ne peux pas faire l'amour ici, j'ai les couilles trop relaxes ! »
Alexandra qui n'est pas mal non plus : « C'est mignon une huître, je préférerais avoir le QI d'une huître à celui d'une débile... » Trop tard ! « Avant de conclure, j'ai toujours peur de dire des sauteries ! » Elle pourrait être miss France...
Alors je n'oublierai pas Matthias, le gymnaste révisant le Kâma Sûtra qui dit : « J'aime bien commencer calme en missionnaire, ça me permet de prendre la température de ma copine... ». Il ne dit pas avec quoi ! « Et de finir accroché au lustre, en levrette ! ». Le genre de truc qui se termine dans le plâtre. Mathias toujours : « Oh ! bah elle, elle roule des pelles comme un berger allemand ! » Ce mec-là aurait collaboré durant la guerre !
Enfin la vedette incontestée de Secret Story 3, c'est Cindy : « Je suis une fille qui n'a pas sa langue dans sa bouche ! Quand j'ai quelque chose dans la tête, je ne l'ai pas dans les pieds ! » Jusqu'au mémorable : « Je suis têtue comme une moule ! »
Alors cette année encore, les candidats ont leurs secrets dévoilés sur Internet avant la première diffusion : Fanny a des tatouages plein le corps, Isabelle est descendante de samouraïs, Ginie est née avec douze doigts et Sacha a eu son bac à quatorze ans. Au milieu des génies, ça va lui faire drôle !

UNE HISTOIRE À BIDE

Un Anglais raconte à un ami Français :
— Nous autres, Britanniques, sommes très formalistes. Ainsi, quand une femme nous plaît, il nous arrive souvent d'attendre un an avant de solliciter d'elle le premier baiser.
— Ah ! ah ! s'esclaffe son interlocuteur. À ce moment-là, il y a longtemps qu'un Français a commencé à toucher les allocations familiales.

Citation

Qui a dit : « Les chiens vous regardent tous avec vénération. Les chats vous toisent tous avec dédain. Il n'y a que les cochons qui vous considèrent comme leurs égaux. » ?

Winston Churchill

Question du jour

Quand les Chinois boivent-ils le cognac ?

Ils le boivent au cours des repas, et pas en digestif.

Bouvardise

S'il n'en reste qu'un pour croire encore que je fais plus jeune que mon âge, je serai celui-là.

Vendredi

23 Août

SAINTE ROSE DE LIMA

UNE HISTOIRE DRÔLE

Une femme se rend tous les jours au cimetière de son village pour y arroser les fleurs sur la tombe de son défunt mari. À la fin de sa visite, elle a pour habitude de quitter le cimetière en reculant.

Un jour, sa copine lui demande :

– Pourquoi quittes-tu toujours le cimetière à reculons ?

Elle lui répond alors :

– Lorsque mon mari était encore en vie, il me disait tout le temps : « Tu as un cul à réveiller un mort ! », alors, je ne voudrais pas prendre de risques !

Question du jour

Dans le Languedoc, qu'indique un chou cloué sur la porte d'une maison ?

Que l'homme qui y habite est cocu.

Bouvardise

Le livre est avec la religion la seule façon de faire de l'argent avec la morale.

Valls n'a pas dansé avec Sarko

Six mois avant de devenir ministre de l'Intérieur de Hollande, Manuel Valls raconte son embarras après avoir refusé la proposition d'entrer dans le Gouvernement du président Nicolas Sarkozy.

« Donc, j'ai dit non. Or, j'ai un voisin, maire de Corbeil, que j'ai battu aux élections législatives de 2002, Serge Dassault, qui m'aime bien et qui a appris mon refus. Alors il m'appelle et me demande : « Manuel, pourquoi as-tu refusé de rentrer au Gouvernement ? »

Et là, comme un idiot, au lieu de lui dire : « Parce que je suis de gauche et que je n'ai rien à faire dans ce Gouvernement », je lui réponds : « Parce que tu n'es pas au Gouvernement, sinon, j'aurais accepté. » Je voulais faire un bon mot… Et lui de me répliquer : « Mais ce n'est pas un problème ! J'appelle Nicolas, il me prend au Gouvernement, et toi, tu viens avec moi ! »

Il l'avait pris au premier degré ! Ce n'était pas de l'humour du tout ! Ne le prenez pas aux *Grosses Têtes*, il ne marchera jamais ! »

UNE HISTOIRE À BIDE

Deux pêcheurs à la retraite viennent tous les jours pêcher, chacun d'un côté d'une rivière. Ils ne se sont jamais parlé mais ont l'habitude de se voir et ce, depuis maintenant dix ans.
Un après-midi, l'un des deux pêcheurs est absent. Le soir venu, le pêcheur rentre chez lui où l'attend sa femme qui lui demande :
– Qu'est-ce que tu as ? Tu es tout triste !
– Rien, rien ! Enfin... Tu sais, le copain de l'autre côté dont je t'ai parlé ? Eh ben, cet après-midi, il n'était pas là !
Le lendemain après-midi, personne. Le surlendemain, toujours personne. L'homme en perd l'appétit. La pêche ne lui plaît même plus. Le temps passe, puis, un bel après-midi, en arrivant de son côté, le pêcheur aperçoit son copain, installé sur sa chaise. De sa main en porte-voix, il lance :
– Vous étiez malade ?
– Non. Ma femme. Je suis allé la voir à l'hôpital.
– Ah ? Elle va mieux ?
– Non ! Elle est morte. Elle est au cimetière. Mais j'attendais...
– Vous attendiez quoi ?
– Les vers !

N'oubliez pas le service...

Philippe Bouvard : Je me souviens que, quand je faisais mon service militaire en Allemagne, il y avait dans la chambrée un grand séducteur... et les petites Allemandes n'étaient pas farouches... Il avait eu une petite culotte en dentelle qu'il avait rapportée d'une escapade amoureuse et, tous les matins, tandis que la trompette sonnait le réveil, on montait la petite culotte dans la chambre comme un drapeau !
Jean-Jacques Peroni : Les souvenirs de service militaire de Philippe Bouvard...
Philippe Chevallier : Quelle belle vengeance !
Bernard Mabille : Angela Merkel cherche toujours le mec qui lui a piqué sa culotte !

Présentation des panélistes

Pour se rapprocher un peu plus de ses chèvres, il songe à se laisser pousser le bouc.

Pierre Bellemare

Question du jour

En Chine, qu'est-ce que le « petit printemps » et le « grand printemps » ?

Le petit, c'est la récolte de l'opium ; le grand, c'est la récolte du riz.

Bouvardise

J'écris ce que j'aurais envie de lire. Gros risque : si je suis un lecteur sans goût, je serai un écrivain sans talent.

Lundi

26 Août

SAINTE NATACHA

UNE HISTOIRE DRÔLE

Un bidasse se rend à la visite médicale. On lui a expliqué que, s'il voulait tirer au flanc, il fallait dire au médecin militaire qu'il souffrait d'hémorroïdes. Le gars est debout, tout nu, en train d'attendre. Et devant lui, deux autres recrues sont en train de passer :

– J'ai des hémorroïdes...

– Internes ou externes ? demande le major.

– Euh... Internes !

– Simulateur ! fait le major. Quinze jours de prison !

Le second s'amène et dit :

– J'ai des... Moi aussi, j'ai des hémorroïdes...

– Internes ou externes ?

– Ben, externes...

– Simulateur ! fait le major. Quinze jours de prison !

Inutile de dire que le troisième n'en mène pas large. Mais c'est trop tard pour changer de tactique. Il s'avance et déclare :

– J'ai des hémorroïdes...

– Internes ou externes ?

– Euh... Elles sont plutôt demi-pensionnaires... !

À l'hôpital

Isaure, femme de ménage-écrivain : C'était mon premier jour et je travaillais dans le service vasculaire, celui des amputés. Je nettoyais la chambre d'un patient en passant le balai. J'avais déplacé des trucs et, avant de partir, j'ai donc voulu lui rassembler ses affaires. Et je cherchais partout le deuxième chausson, je ne le trouvais pas. Au bout d'un moment, il me demande ce que je cherche. « Votre deuxième chausson », lui dis-je. Il se retourne alors dans son lit en me mettant bien en avant son moignon : seul le genou dépassait ! Et il m'explique : « Bah, je n'en aurai pas besoin ! »

Présentation des panélistes

La mode des cols ouverts l'a dissuadé de continuer à vendre des cravates à la sauvette.

Pierre Bellemare

Question du jour

Qu'ensemence-t-on avec de l'iodure d'argent ?

Des nuages pour faire pleuvoir.

Au volant du char de l'État

Philippe Bouvard : Est-ce que les chauffeurs présidentiels ont péché parfois par leur indiscrétion ?

Patrice Duhamel : C'est une fonction absolument essentielle. Ils font partie des personnes les plus proches du président. Il y en a deux célèbres qui ont écrit des livres. Tourlier, le chauffeur de Mitterrand, qui avait aussi eu une double vie et qui avait pour particularité de n'avoir jamais passé son permis de conduire ! Et puis il y a eu le chauffeur de Jacques Chirac, Laumond, qui a lui aussi fait un livre et qui, lui, savait beaucoup de choses. C'est d'ailleurs pourquoi il a été légèrement écarté et est parti vivre très loin, à Tahiti ou en Nouvelle-Calédonie je crois. Il est revenu très vite et on lui a confié une mission sur l'état des vespasiennes dans les cimetières parisiens. Et son bureau était au Père-Lachaise…

Présentation des panélistes

Il disparaîtra un jour sans avoir connu la conduite automobile ni l'*aqua simplex*.

Jean-Jacques Peroni

Question du jour

Comment se pratique la médecine « expectante » ?

En laissant agir la nature.

UNE HISTOIRE DRÔLE

Un couple est marié depuis 15 ans et a toujours eu une vie sexuelle régulière et de très bonnes relations.
Un soir, après avoir fait l'amour, l'homme dit à sa femme :
– Tu sais, après avoir eu nos trois enfants, ton vagin n'est plus aussi étroit qu'il était au début de notre mariage.
Comme cela était dit sur un ton très précautionneux, la femme ne s'est pas trop sentie vexée.
Le jour suivant, pour continuer à donner du plaisir à son mari, elle décide de consulter le gynécologue afin de savoir ce qu'elle pourrait faire contre les dégâts occasionnés par les grossesses et accouchements successifs.
Le gynécologue après l'avoir examiné lui propose deux solutions : la chirurgie réparatrice (efficace, rapide mais très douloureux) ou bien des exercices très spécifiques pour remuscler exclusivement la région concernée.
La femme opte pour les exercices physiques.
Elle rentre chez elle avec une liste d'instructions détaillées.
Sans attendre, elle commence à suivre les recommandations :
1. Se déshabiller 2. Placer un miroir sur le sol. 3. S'accroupir au-dessus du miroir, contracter les muscles de la région et regarder les effets de ces contractions.
À ce moment très précis, le mari entre.
Le mari est surpris de voir sa femme dans cette position. Il lui dit :
– Bonjour chérie, tu peux me dire ce que tu fais ?
– Oh, ça ? Eh bien, j'ai été voir le gynéco qui m'a prescrit des exercices à faire pour resserrer mon vagin.
– Ah d'accord. Je te laisse travailler alors. Mais fais juste attention à ne pas tomber au fond de ce grand trou que je vois dans le parquet !

Mercredi **28** **Août**

SAINT AUGUSTIN

UNE HISTOIRE DRÔLE

Une femme entre dans une pharmacie et demande de l'arsenic...
– Que comptez-vous en faire ? lui demande le pharmacien, soupçonneux.
– Tuer mon mari...
– Quoi ? Vous plaisantez ! Je ne peux pas vous vendre de quoi commettre un meurtre !
Très calmement, la femme ouvre alors son sac à main et en sort une photo de son mari en train de coucher avec la femme du pharmacien...
– Ah, évidement, lui dit ce dernier, si vous avez une ordonnance, c'est différent... !

Présentation des panélistes

À Pigalle, entre deux sex-shops, il tient boutique d'esprit.

Jacques Mailhot

Question du jour

De quel droit bénéficiaient les trente-sept premiers papes ?

Du droit de se marier.

La honte de Jean Tulard

Pendant mon service militaire, j'ai été affecté un temps au stage du chiffre à Montélimar. On y formait les chiffreurs, vous savez, ceux qui cryptent les messages. On y trouvait des agrégés, des ingénieurs, des gens qui avaient un QI très élevé car ce sont parfois des exercices très difficiles. Comme c'était pendant la guerre d'Algérie et qu'on manquait de troupes pour le défilé du 14 juillet, on a eu l'idée étrange de faire venir ces quarante jeunes gens, tous bardés de diplômes, pour défiler.

Et ça a été une véritable catastrophe ! Jamais moi-même je n'avais défilé, je n'avais pas été scout... L'un levait la jambe droite pendant que l'autre levait la gauche, et le sergent qui nous encadrait donnait le mouvement, terrorisé, parce qu'il se disait : « S'il lève la jambe droite, c'est donc qu'il faut lever la jambe droite. » Et lui-même levait alors la jambe droite en même temps que nous, ce qui a provoqué une confusion totale, sous les huées des gens.

À un virage se trouvait une rue latérale : on nous a évacués et le défilé a continué sans nous !

Jeudi

29 Août

SAINTE SABINE

DSK sur le retour

par Jacques Mailhot

Ce n'est pas nouveau : le Français, vous le savez, avec son esprit gaulois, a toujours admiré les costauds de la quéquette, les géants du gourdin ou les virtuoses du trombone à coulisse. On peut donc se demander s'il n'a pas trouvé son nouveau héros national en la personne de notre forcené des palaces, je veux bien sûr parler de Dominique Strauss-Kahn.

Lorsqu'on voit comment a été organisé son retour triomphal à Paris, digne de celui des plus grands champions tels Marcel Cerdan, Borotra ou Alain Mimoun, sous l'œil gourmand des télévisions et des photographes, on est en droit de s'interroger, car on ne savait plus si on était dans une pièce de Feydeau ou aux Oscars de Hollywood. DSK à Roissy, c'était Raymond Latringle au festival de Cannes.

Pourtant, il n'y a pas de quoi pavoiser : s'il suffit de sauter sur le premier boudin qui passe dans un *Sofitel* pour faire la une de la presse nationale, n'importe quel charcutier-traiteur va pouvoir disputer le titre et venir s'en expliquer au Journal de 20 heures. Parce que, sans jouer les précieuses ou les délicats, la Nafissatou, même après six mois de cachot à Fleury-Mérogis, on n'a pas forcément envie de lui déglutiner le Velcro ! « Bah non ! », comme diraient nos amis du *Canard Enchaîné*.

Quand on voit la gravure, on se demande si c'est bien intelligent de la part de nos députés de vouloir surtaxer les chambres dans les palaces : 4 % de taxe supplémentaire pour se faire astiquer la plomberie par un truc pareil, moi, je le dis, autant se payer un *Formule 1*. Bien sûr, vous m'objecterez que le James Bond du Faitmimi, il en a visiblement inscrit plein d'autres à son palmarès : les mères comme les filles, les tantes comme les nièces, les cousines comme les belles-sœurs... C'est le laboureur et ses enfants version tuyau de poêle. Et d'après ce que certaines racontent parmi celles à qui il a voulu faire découvrir les grandes tensions de l'économie internationale, c'était plutôt pas mal ! « Moi aussi, il m'a collée au mur et, quand j'ai senti arriver sa Super Glu, j'ai vécu la dette de la Grèce grandeur nature ! » Forcément, des témoignages comme ça, ça excite les rédactions. Mais de là à venir pavoiser à Roissy ou place des Vosges, c'est peut-être un peu beaucoup !

À suivre page suivante...

UNE HISTOIRE À BIDE

Un prêtre fait son sermon sur les ravages de l'alcool.

– Je vous le dis, mes frères, qu'existe-t-il de pire que la boisson ?

Une voix s'élève alors du fond de l'église :

– La soif... !

Présentation des panélistes

Depuis qu'il a changé de rasoir, seule la bêtise le hérisse.

Bernard Mabille

Question du jour

Quel accessoire trouvait-on autrefois dans un confessionnal ?

Un crachoir.

UNE HISTOIRE DRÔLE

Un type se tient debout sur le bord d'une route déserte au milieu d'une sombre nuit en faisant du stop.

Tout à coup, une terrible tempête se déchaîne.

Les rares voitures qui passent ne s'arrêtent pas.

L'orage est si fort qu'il est impossible d'y voir à plus de trois mètres devant soi.

Tout à coup, une voiture s'approche lentement et s'arrête.

Le gars, sans se poser de questions, monte dans la voiture et ferme la portière.

Lorsqu'il se retourne, il se rend compte qu'il n'y a personne à la place du conducteur.

La voiture démarre doucement et roule lentement.

Tout à coup, un virage approche. Effrayé, l'homme commence à prier.

Juste avant d'arriver au virage, la porte du conducteur s'entrouvre et une main entre pour faire tourner le volant dans le virage !

Paralysé par la peur, il s'accroche de toutes ses forces à son siège.

Terrorisé, il voit que la même chose arrive à chaque fois qu'il se trouve un virage sur la route.

La tempête augmente encore en force et le gars est complètement paniqué. Il finit par descendre de la voiture et s'enfuit en courant jusqu'au village le plus proche.

Il entre dans un bar, demande deux doubles whiskies et, en tremblant, commence à raconter à tous ce qui lui est arrivé.

Environ une demi-heure plus tard arrivent deux gars complètement trempés, l'air exténué. L'un dit à l'autre :

– Regarde là-bas ! C'est le connard qui est monté dans la voiture pendant qu'on la poussait !

DSK sur le retour

par Jacques Mailhot (suite et fin)

Et je ne vous parle pas de maman toujours à côté du forcené, qui faisait coucou aux journalistes avec un sourire éclatant… On sait que ça porte bonheur, mais, de là à se taper sur les cuisses, tout de même… Quant à leur héros, certains socialistes disent déjà qu'il aurait mieux fait de rentrer à Paris discrètement, la perceuse basse entre les jambes, sauf qu'il paraît qu'il ne peut pas, le pauvre pépère. Sa zigounette serait plus forte que lui. Dès qu'elle aperçoit un popotin, elle se transforme en Fenwick. Et même avec de l'eau froide et des glaçons, ça ne part pas. Un vrai calvaire ! Le pire, c'est que ça risque de ne pas s'arranger depuis qu'on sait que pépère, dès qu'on le relâche, se jette sur les pâtes aux truffes ; or, la truffe, tous les cuisiniers vous le diront, il n'y a rien de pire pour vous amidonner le cabestan ! N'empêche que dimanche matin, à Roissy, certains voyageurs étrangers interloqués ont demandé au personnel d'Air France : « Dites donc, qu'est-ce qui se passe ? C'est le retour d'un de vos otages au Pakistan ? », et les hôtesses leur ont répondu : « Non, non, c'est celui d'un terroriste au Bouckistan ! »

Présentation des panélistes

Il connaît sur le bout des doigts les films qu'il a vus en galante compagnie.

Vincent Perrot

Question du jour

Qui a dit : « Les blagues du 1er avril, je les fais fin août. Comme ça, j'attrape beaucoup plus de gens. » ?

Coluche.

Samedi **31** **Août**

SAINT ARISTIDE

Dimanche **1er** **Septembre**

SAINT GILLES

Conseils pour rédiger vos lettres de rupture

par Jean-Jacques Peroni

En cette époque de lâcheté qui vous permet d'annoncer à votre femme que vous la quittez par un simple SMS, je vais vous donner un modèle de lettre de rupture qui sera quand même plus classieux qu'un simple mail :

Chère Josiane, tu ne t'en es peut-être pas rendu compte, mais cela fait bientôt quinze jours que je ne suis pas rentré à la maison. J'en avais marre de devoir enjamber les cadavres de blanc et d'écraser les chips sur la moquette. J'en avais marre de te voir à peine bouger ton quintal enrobé dans 4 m^2 de mousseline façon nuisette en me disant, l'haleine chargée : « Ben quoi Maurice ? Je te plais pas ? Même qu'ils ont dit à M6 que les grosses c'est tendance ! On baise ou t'es pas à la mode ? »

Sans compter ta collection de disques de Christophe Maé, qu'à chaque fois que tu les passes plein pot notre voisin croit qu'on torture une bête ! Et puis, cette idée à la con de vouloir participer à l'émission *Un dîner presque parfait*. Un coq au vin que tu voulais leur faire… Mais ma pauvre Josiane, t'aurais déjà bu toute la sauce avant que les invités ne soient arrivés…

Je te quitte aussi à cause de ta sœur et de ton beau-frère. Deux beaux sujets de pendule, ces deux-là. Ils auront plus de cals aux mains pendant leur vie de retraite que pendant leurs années de boulot ! En plus prétentieux et vindicatifs, la gauche populaire était de sortie. À chaque fin de repas du dimanche, chez nous bien sûr, ils nous traitaient de nantis. Et, au troisième digestif, ils entonnaient *L'Internationale* en nous menaçant de nationaliser notre pavillon le lendemain du jour du grand soir.

Et puis il y a ta mère… Tu te souviens qu'en vacances, on l'avait emmenée avec nous au *Camping des Épluchures* ? Elle nous avait dit que, pour ne pas être une charge pour nous, elle avait trouvé un petit boulot de dame pipi aux sanitaires du camping. En fait, la vieille seringue taillait des pipes à tout le monde. Si bien qu'au camping, on disait : « La Josiane, elle picole, et sa mère ne suce pas que de la glace ! »

Je te rappelle aussi tes blagues finaudes : mettre des tapettes à rat dans le tiroir au milieu de mes slips et de mes chaussettes. Un matin sur deux, au bureau, j'avais des poupées à chaque doigt. Et tes glaçons refaits à base de suppositoires fondus, qui donnaient une odeur d'eucalyptus à nos apéritifs.

Entre autres choses, je te quitte Josiane.

Signé Marcel.

Citation

Qui a dit : « La statistique a démontré que la mortalité dans l'armée augmente sensiblement en temps de guerre » ?

Alphonse Allais

Présentation des panélistes

Sa voix nous donne plus de frissons que l'hiver.

Chantal Ladesou

Question du jour

Qu'est-ce qu'un *corpus alienum* ?

Tout objet oublié par les chirurgiens dans le corps des patients lors d'opérations.

UNE HISTOIRE DRÔLE

Dans un supermarché, un vendeur répond à une cliente :

– Eh bien, non. Je n'en ai plus depuis le mois dernier !

Mais le gérant, qui passait par là, se met dans une colère noire. Il engueule l'employé :

– Vous êtes foutu à la porte, mon pauvre ami ! Nous avons toujours ce que demandent les clients et, si nous ne l'avons pas en rayon, nous le faisons venir pour le lendemain.

Puis, changeant complètement de visage, il se tourne vers la dame et lui dit avec une exquise gentillesse :

– Veuillez m'excuser... Vous allez me laisser votre adresse et on vous livrera l'article demain matin !

Du coup, la bonne femme est complètement estomaquée. Elle bredouille son nom et son adresse, puis part à reculons...

Alors, le gérant se retourne vers le vendeur en braillant :

– Eh bien ?! Ne restez pas là la bouche ouverte comme un imbécile ! Dites-moi au moins ce qu'elle vous a demandé...

– Euh... C'est ma voisine de palier... Elle voulait savoir si j'avais encore des morpions... !

Bellemarre le bien nommé

Philippe Bouvard : Qu'est-ce que vous avez pris comme précaution ce matin, monsieur Bellemarre ?

Pierre Bellemarre *(prenant une voix efféminée)* : Ce matin, j'ai fait comme tout le monde, ma toilette sous la douche. Je me nettoie de la tête aux pieds, si vous voyez ce que je veux dire...

Philippe Chevallier : Sans oublier les étapes intermédiaires ?

Pierre Bellemarre : ... avec une savonnette spéciale parce que j'ai une peau très fragile. Je n'ai jamais utilisé de gant de ma vie. Ce sont toujours mes mains qui me nettoient.

Bernard Mabille : Vu le ton que tu prends, ce n'est pas une savonnette, c'est un suppositoire !

Pierre Bellemarre : Toi, assez ! Tu es jalouse ! Et donc, ensuite, qu'est-ce que j'ai fait ?

Jean-Jacques Peroni *(prenant le même ton)* : Bah, tu t'es séché !

Pierre Bellemarre : Oui, ensuite, je me suis coiffé... Alors là, je prends un séchoir que je me passe dans les cheveux, c'est un moment merveilleux !

Bernard Mabille *(s'adressant aux autres sociétaires)* : Ne vous tapez jamais de chèvre !

Pierre Bellemarre : Et puis, comme je ne me fais pas de raie...

Philippe Chevallier : Ah oui, il en a déjà une !

Pierre Bellemarre : ... pas plus au beurre noir qu'autrement, alors, je me peigne en lissant les cheveux et en me regardant dans les miroirs...

Philippe Chevallier : Tel un éphèbe...

Pierre Bellemarre : C'est un très grand moment mais, malheureusement, un moment solitaire, car je suis seul à Paris et je le signale à toute personne qui aurait le courage de bien vouloir m'accompagner. Merci !

Présentation des panélistes

Elle apprécie les hommes à femmes et les spaghettis à la tomate.

Macha Méril

Question du jour

Quelle est la seule élection au monde où il n'y a ni candidat, ni campagne, ni programme ?

Celle du pape par le conclave.

Gaz de France…

Philippe Bouvard : Qu'appelle-t-on « le météorisme » ?

Philippe Chevallier : C'est quand on a des ballonnements !

Jean-Jacques Peroni : C'est péter !

Jacques Mailhot : Ils sont incollables là-dessus… Dès qu'on approche du chou-fleur, de l'artichaut…

Bernard Mabille : C'est dû à la bière Météor…

Jean-Jacques Peroni : Ce n'est pas qu'on soit incollable là-dessus, mais c'est connu, quand même… Et puis, il faut se méfier du pet du maçon, parce que le torchis colle au caleçon !

Philippe Bouvard : Jean-Jacques Peroni, retraité du Gaz de France.

Philippe Chevallier : Ce sont des maximes qui te donnent une conduite dans la vie !

UNE HISTOIRE DRÔLE

Dans son lit, un homme agonise. À son chevet, sa femme en pleurs et un médecin qui, après s'être penché sur la poitrine du moribond, se redresse et annonce, tristement :

– Madame, votre mari est mort...

À ce moment, l'agonisant, qui semble avoir repris du poil de la bête, se redresse et dit :

– Pas du tout. Je suis encore vivant.

Alors, d'un ton sans appel, sa femme lui lance :

– Tais-toi. Monsieur est docteur ; il sait mieux que toi… !

Présentation des panélistes

Sa salle d'attente ne désemplit pas plus que Peroni.

Vincent Perrot

Question du jour

Qu'est-ce que Van Gogh surnommait son « tremblement de terre » ?

L'absinthe qu'il mélangeait au cognac.

Bouvardise

Je ne comprends rien au présent sinon qu'en une décennie, il nous aura éloignés définitivement de tous les millénaires passés.

Mercredi
4 Septembre
SAINTE ROSALIE

Présentation des panélistes

Depuis qu'elle nous a rejoints, nous ne commettons plus un péché sans l'espoir de le lui confesser.

Mireille Dumas

Question du jour

Au Togo, qu'est-ce qu'une « balle perdue » ?

Un enfant naturel.

Bouvardise

Il y a d'autant d'immodestie à écrire pour les autres que d'illogisme à n'écrire que pour soi.

Debout les vivants !

par Philippe Chevallier

Chers amis : on savait qu'il ne fallait pas boire, pas fumer, pas manger trop gras ni trop sucré, pas faire l'amour à une inconnue sans protéger son petit oiseau, qu'il fallait manger cinq fruits et légumes par jour, faire de l'exercice, dire bonjour à la dame et payer ses impôts, avoir une démarche orthopédique d'éco-citoyen et éviter de péter au lit… Mais tout ça n'est rien à côté de ce que viennent de nous apprendre les chercheurs américains : la position assise est mauvaise pour la santé et son maintien prolongé réduit sensiblement la durée de la vie. Cette découverte risque d'avoir des conséquences importantes sur notre mode de vie professionnelle ou privée. Finie la position du fonctionnaire avachi derrière son bureau ; dorénavant, l'employé des services publics devra se tenir droit comme un i derrière son lutrin. À moins qu'il ne soit obligé de se dandiner d'une patte sur l'autre pour éviter les varices car, si la position perpétuellement assise a sans doute des inconvénients comme celui de mener au diabète, la station debout peut vite devenir pénible.

Imaginons que vous invitiez des amis à dîner sans qu'ils puissent s'asseoir nulle part puisque, pour des raisons d'hygiène et de santé, vous avez retiré de chez vous chaises, fauteuils et tabourets. Je ne dis pas que l'ambiance serait forcément guillerette, mais, au moins, vous n'aurez pas d'attardés qui prennent sur votre temps de sommeil jusqu'à pas d'heure. Au restaurant, pareil : plus de chaises, tout le monde debout les coudes posés sur une table surélevée. Plus difficile pour faire du pied à sa voisine mais tellement meilleur pour la digestion. À ce propos, nos amis turcs étaient dans le vrai. Quand je pense que nous passons notre temps, ici même, à les brocarder parce qu'il n'y pas de trône dans leurs toilettes !

À suivre ci-contre…

Debout les vivants !
par Philippe Chevallier (suite et fin)

Il faudra réinventer l'automobile et les moyens de transport dans leur ensemble. Apprendre à conduire debout avec des voitures plus hautes que longues où l'on pourra entasser un maximum de passagers. Pendant la période de transition, tant que la RATP n'aura pas complètement changé son parc automobile, on distribuera aux personnes invalides et aux femmes enceintes des cartes avec la mention « Station assise pénible ». Ce qui donnera lieu à de nouvelles scènes de mœurs : « Dis donc, petit saligaud, tu ne pourrais pas me laisser ta place debout ? Il y a un quart d'heure que je suis assis et c'est très mauvais pour mon cholestérol. » Bien sûr, les fabricants de fauteuils et de tabourets pourront s'asseoir sur leur chiffre d'affaires mais ils se reconvertiront dans la table surélevée. Si, pour les chercheurs américains, la position assise est à proscrire, ils ne font heureusement aucune allusion à la position couchée. On aura donc encore le droit d'honorer sa dame à l'ancienne sur un bon plumard posé à l'horizontale dans une position recommandée depuis longtemps par l'association des missionnaires, avant de piquer un bon roupillon, comme on le fait depuis des générations. Il ne manquerait plus qu'on nous oblige à dormir comme les chevaux pour des raisons médicales ! Méfions-nous de ces enquêtes qui viennent d'outre-Atlantique, ce sont souvent des histoires à dormir debout.

UNE HISTOIRE DRÔLE

Un homme d'affaires rentre au bureau, furieux.

– J'ai rarement vu un restaurant où les portions sont aussi ridicules. À midi, je commande un châteaubriant. Le garçon me l'apporte. Je regarde attentivement ce qu'il venait de me servir et, franchement, cela m'intriguait. Le châteaubriant, d'habitude, a la belle teinte dorée des grillades.

Or, celui-ci était d'un blanc crémeux, avec des petites taches rouges et bleues qui ressemblaient à des roses pompons et à des myosotis. Finalement, j'ai eu le fin mot de l'énigme.

C'était le fond de l'assiette que j'apercevais au travers de la viande !

Présentation des panélistes

Elle connaît les hommes, elle connaît le camping, elle connaît la chanson.

Princess Erika

Bouvardise

Règle d'or du roman à clés : le trou de serrure appartient au premier qui a l'idée d'y visser son œil.

Vendredi **6** | **Septembre**

SAINT BERTRAND

Présentation des panélistes

Son coccyx ne supporterait pas un régime sans selle.

Jacques Balutin

Question du jour

Au Japon, qu'est-ce qu'un haïku ?

Un petit poème.

Bouvardise

Quand j'écris des choses intelligentes, j'ai toujours l'impression que quelqu'un me tient la main. Quand ma plume s'égare, c'est que je suis seul.

Mabille fustige les grossesses tardives

Un coup de sang contre cette jeune et nouvelle maman de 66 ans, je dis bien 66 ans : on croit rêver ! Madame fait des enfants à l'âge où, en tant que grand-mère, elle devrait se contenter de faire du bon café.

Et attention ! Cette grossesse n'est pas accidentelle, du style : « Robert m'a prise sauvagement sur la banquette de sa 403 à la sortie du thé dansant où l'on venait d'écouter Yvette Horner… » Non ! Cette grossesse était programmée pour le lendemain du jour de sa retraite !

« Ginette, tu veux quoi pour ton pot de départ ? Croisière Costa ou baignoire à porte ? » Bon, le résultat, dans les deux cas, est le même : tu prends l'eau. « Ah non, tu rigoles ! Je veux des couches, du lait en poudre et de la layette ! »

Aussi, n'ayant pas trouvé d'expert en marteau-piqueur pour lui percuter le berlingot, ni même de spéléologue pour se risquer dans la descente de la grande crevasse, la dame est allée faire ses courses en Ukraine pour s'y procurer un *pack-baby*, car on y vend là-bas les ovocytes comme chez nous la bière : en pack !! Et comme l'Ukrainien n'est pas radin, elle en a eu deux pour le prix d'un ! Des jumeaux !

Tchernobyl n'étant pas loin du magasin, elle a pu choisir entre plusieurs modèles : le gosse à trois têtes, celui à dix-sept doigts, à cinq pattes. Ou sans bras ni jambes, avec sac intégré pour pouvoir aller faire ses courses… Elle a choisi le modèle lumineux, facile à repérer dans le noir pour une maman dont la vue baisse, le marchand insistant sur l'économie de veilleuse ainsi faite. Nés à la maternité de la maison de retraite *Les Fils d'argent*, à deux pas du cimetière, les enfants vont bien ! Bercés par une voisine de chambre atteinte de Parkinson, ce qui est pratique, ils mangent déjà comme maman : de la bouillie ! Ils attendent la visite de leur marraine, pas encore remise de sa fracture du col du fémur, et celle de leur parrain, tout juste sorti d'une opération de la cataracte. Pauvres gosses, la belle jeunesse qu'elle leur prépare… Aller embrasser une maman percluse de douleurs dans un lit placé sous un poster dédicacé de Franck Michael, jouer aux dominos avec les amis de leur mère, faire de la balançoire suspendus à ses mamelles pendantes, planquer son rasoir pour une partie de cache-tampon, sauter en parachute avec son soutien-gorge gros bonnet, construire une cabane dans sa gaine XXL et expliquer leur retard à la maîtresse : « Parce que maman n'a pas pu faire démarrer son déambulateur ! »

Que l'on arrête cette mode, comme aime à le dire Philippe Bouvard, où les mamans fabriquent leurs petits-enfants elles-mêmes !

Samedi **7** SAINTE REINE

Dimanche **8** NATIVITÉ

Septembre

À cheval sur nos bidets

Philippe Bouvard : Alors monsieur Mailhot, vous qui êtes visiblement le plus propre d'entre nous, qu'est-ce que vous avez fait ce matin ?
Jacques Mailhot : J'ai pris ma douche, je me suis fait un shampooing aux œufs…
Philippe Chevallier : Ah bon, pas à la tête ?
Philippe Bouvard : Parce que vous avez une eau de toilette très reconnaissable…
Bernard Mabille : Regarde-les ces deux-là !
Jean-Jacques Peroni : C'est comme les clébards, ils se reniflent !
Philippe Bouvard : Quelques détails, s'il vous plaît : shampooing, hygiène intime ?
Jacques Mailhot : Oui oui, shampooing, j'adore les shampooings. J'en fais trop d'ailleurs, je me fais engueuler par mon coiffeur.
Philippe Chevallier : Ah oui, il paraît qu'il ne faut pas en faire tous les jours. Pas plus d'une fois par mois il paraît !
Philippe Bouvard : Hygiène intime ?
Jacques Mailhot : Euh oui, oh pas spécialement…
Jean-Jacques Peroni : Ah, parce que tu ne te laves pas le fion, toi ?
Jacques Mailhot : Par contre, j'adore les brosses à dents électriques !
Bernard Mabille : Tu t'es mis les burnes dans le bidet ?
Jacques Mailhot : C'est-à-dire que j'ai un bidet à jet rotatif, ça vous les masse !
Pierre Bellemarre : Est-ce que tu as la brosse à dents électrique qui te dénonce si tu n'as pas assez passé de temps à les nettoyer ? Tu as un petit compteur que tu colles sur le mur et il faut les brosser quatre fois trente secondes…
Philippe Bouvard : Moi, j'ai la même, mais elle n'indique pas ça. Elle signale le nombre de dents qui restent… Et vous, monsieur Mabille, vous nous avez dit que vous vous laviez…
Bernard Mabille : Moi, j'ai pris ma douche ce matin et je l'ai descendue sur le trottoir aux encombrants.

Présentation des panélistes

Avec l'âge, son bandage herniaire a atteint les dimensions du boulevard périphérique.

Pierre Bellemare

Question du jour

De quoi parlait Madonna lorsqu'elle disait : « J'aime ça parce qu'il y a un nu dessus. » ?

Du crucifix.

Bouvardise

Alors que les auteurs cultivés recopient souvent – sans les citer – leurs auteurs favoris, les analphabètes, qui publient de plus en plus, peuvent marcher le front haut et la plume basse.

Lundi
9 Septembre
SAINT ALAIN

Présentation des panélistes

À la grande foire de l'humour, il tient le stand de tir sur les ambulances.

Jean-Jacques Peroni

Question du jour

Qui présenta sa candidature aux élections législatives en chansons ?

Aristide Bruant.

Bouvardise

« Un seul être vous manque et tout est dépeuplé » : la grande chance de cette nunucherie, pour passer à la postérité, a été de se limiter à douze syllabes. Les prosateurs, eux, font toujours trop long.

Les statistiques de Peroni

– 83 % des hommes qui se prénomment Nicolas ne sont pas des marchands de vin.

– D'après la revue *Astronomie et Sexualité*, pendant l'éclipse de soleil, 35 % des femmes prennent un coup sur la lune.

– Pendant la cérémonie d'incinération, 47 % des proches du défunt résistent à l'envie de fumer.

– 20 % des Français se demandent avec inquiétude pourquoi on connaît l'adresse des services secrets.

– 30 % des sourds se prennent pour Beethoven, ce qui gêne profondément les voisins lorsqu'ils se mettent au piano à dix heures du soir.

– Après le match, 76 % des joueurs de tennis ont les patates au fond du filet.

– À Venise, 98 % des aveugles ont des bouées pour traverser la rue.

– En Égypte, 100 % des momies sont mortes. En France, on en a encore deux ou trois qui chantent.

– 12 % des Allemands qui ont une maison de campagne en Normandie la doivent à leur père qui était venu faire du repérage en 1944.

– 98 % des voitures ne démarrent plus à la manivelle. Alors que 10 % des femmes, oui.

– 18 % des conducteurs de rouleaux compresseurs regardent leur grosse femme de façon inquiétante.

– D'après la revue *Alcoolisme et Sécurité routière*, 76 % des pochtrons passent au rouge même s'ils ont bu du blanc.

– 48 % des scouts qui se sont fait totémiser n'osent pas le dire à leurs parents.

– 5 % des huîtres ont des perles alors que 95 % des ostréiculteurs en lâchent.

Mardi

10 | Septembre

SAINTE INÈS

Sortez couverts !

Philippe Bouvard : Alors, il y a l'hygiène sexuelle…

Jean-Jacques Peroni : Ah bah ! Il faut se laver le kiki !

Philippe Bouvard : Il faut se laver le kiki et faire attention à celui des autres aussi !

Jean-Jacques Peroni : C'est pour ça que la position 69 a été inventée : c'est le moment où on rince les outils !

Philippe Bouvard : Est-ce que vous avez toujours des préservatifs sur vous ?

Jacques Mailhot : Moi, non, parce que je ne fais pas partie de cette génération. Alors, je ne me balade pas systématiquement avec des préservatifs.

Philippe Chevallier : Moi non plus. Qui voulez-vous qu'on rencontre ? Ce n'est pas dans le studio de RTL qu'on va trouver un chopin, hein… (*huées du public*).

Jacques Mailhot : On peut toujours avoir des préservatifs dans sa valise mais pas sur soi quand même…

Philippe Bouvard : Pourquoi ? Vous n'avez tout de même pas tous les jours votre valise à la main ! Je vous vois avec une dame en train de chercher les clés de la valise !

Bernard Mabille : Pour moi, le préservatif a une mauvaise influence sur l'érection. Enfin, je ne vais pas vous raconter ma vie mais… Bref, je me balade avec un préservatif et un tuteur !

Philippe Chevallier : Oui, car tu n'en trouves pas à ta taille : ils sont toujours trop grands…

Présentation des panélistes

Précédé par sa réputation et suivi par son eau de toilette.

Jacques Mailhot

Question du jour

En 1974, quel candidat à la présidence de la République se déclarait partisan du *coitus interruptus* ?

Jean Royer.

Bouvardise

L'allégresse que j'éprouve à vivre en France et qui me dissuade d'aller chercher mon bonheur ailleurs assure les habitants des pays limitrophes qu'on ne me trouvera jamais dans les rangs de leurs envahisseurs.

Mercredi 11 Septembre

SAINT ADELPHE

Citation

Qui a dit : « Faire parler un homme politique sur ses projets et son programme, c'est comme demander à un garçon de restaurant si le menu est bon » ?

Jean Dutourd

Question du jour

Que signifie l'expression *in petto* ?

« Dans le secret du cœur ».

Bouvardise

César, Louis XIV et Napoléon demeurent les meilleurs filons des historiens : bibliographie abondante et aucun risque de rectificatif.

Là où il y a de l'hygiène…

Philippe Chevallier : Par exemple, quand je vois un gars qui veut me serrer la main (ça m'est arrivé il n'y a pas très longtemps), un gars très gentil mais qui n'avait pas l'air de revenir de la douche, je lui ai dit : « Oh monsieur, je suis désolé, je ne peux pas vous serrer la main, je me suis luxé le poignet. »

Jean-Jacques Peroni : « En me branlant ! »

Philippe Chevallier : Oui, voilà, par exemple. Donc, en général, j'évite le contact. Mais si, en revanche, je me fais piéger, car c'est très délicat, très difficile de refuser une poignée de main, à ce moment-là, comme ça m'est arrivé il y a deux-trois jours, je vais dans une pharmacie pour m'acheter un gel hydraulique.

Jean-Jacques Peroni : Ce n'est pas un gel hydraulique !! C'est un gel…

Philippe Chevallier : Hydro-alcoolique, c'est ça !

Jean-Jacques Peroni : Alors que moi, c'est l'inverse qui me gêne. Vous avez des gens que vous connaissez qui vous embrassent le matin, ça arrive souvent en Bretagne : « Alors, comment ça va ? Patati patata… » Pif paf, ils te tapent la bise. « Oh, pas terrible en ce moment, je me tape une de ces gastros… ! » Connard ! Mais rentre chez toi, merde !

Jeudi

12 Septembre

SAINT APOLLINAIRE

La honte au cabinet

Bastien Millot : J'étais jeune directeur de cabinet à la mairie de Meaux et on avait eu la chance d'accueillir un jeu télévisé intitulé *Capitales d'un soir*, un lointain héritier d'*Intervilles*.

En tant que directeur du cabinet du maire, j'étais chargé de gérer le *back-office* et, après l'émission, il avait été prévu une grande réception en mairie, où Jean-François Copé accueillait tous les participants. Parmi eux, j'avais le nom de Miss France, et Jean-François Copé m'avait demandé de prévoir un cadeau pour chaque participant pour le remercier d'être venu à Meaux. Miss France arrive ; moi, j'avais prévu un cadeau pour elle et pour les autres invités, mais je me rendis compte que j'avais oublié la chaperonne de Miss France, madame de Fontenay. Il y avait donc six personnes sur scène et cinq cadeaux… Et là, Jean-François Copé se tourne très amicalement vers moi, me lance un regard extrêmement bienveillant (comme vous pouvez l'imaginer) et me jette : « Il y a cinq cadeaux, ils sont six : démerdez-vous ! » Quand un homme politique vous dit de vous débrouiller et quand vous êtes son collaborateur, vous jouez votre destin dans les trente secondes qui suivent. Là, je me suis dit : « Mon petit gars, tu n'as pas le choix, il faut que tu trouves un cadeau pour Geneviève dans ton champ de vision. » On était dans une des salles des fêtes de la mairie et je vois, là où était dressé le buffet, un magnifique rondin de bois planté de trois superbes jacinthes avec des petits pères Noël. C'était la décoration florale de la table…

J'ai pensé : « Bastien, tu n'as pas le choix, elle ne peut pas ne pas avoir de cadeau. » Je me suis alors emparé du rondin qui pesait minimum huit kilos. Je l'ai amené jusqu'à Geneviève de Fontenay qui était tétanisée, elle qui portait un superbe tailleur noir tandis que le rondin était bourré de neige artificielle… Elle m'a vu avancer… Elle voyait… Belzébuth !

J'ai foncé sur elle avec mon rondin et lui ai déclaré : « Avec les compliments de la mairie de Meaux ! » Et son tailleur noir s'est retrouvé incrusté de neige artificielle et de pères Noël : j'ai eu la pire honte de ma vie !

Présentation des panélistes

Tirant la morale de ses différentes expériences, il a fermé son restaurant et gardé ouvert son pantalon.

Vincent Perrot

Question du jour

Quelle est l'origine de l'expression « tirer le bon numéro » ?

Du système de l'ancienne conscription : quand on tirait un bon numéro, on était exempté.

Bouvardise

L'avantage du livre sur le disque doit résider dans le fait que le premier, même sans intérêt, n'abîme jamais la vue alors que le second, même classé au hit-parade, casse souvent les oreilles.

Vendredi

13 Septembre

SAINT AIMÉ

Présentation des panélistes

En d'autres temps, elle nous aurait menacés avec un rouleau à pâtisserie.

Chantal Ladesou

Question du jour

À qui doit-on la devise de la police : « Elle veille pour que vous dormiez en paix. » ?

Saint Louis.

Bouvardise

La recette de l'écrivain n'est pas sans rapport avec la formule du pastis : cinquante volumes de songes creux pour mille volumes d'encre.

Les Grosses Têtes ne se piquent pas d'élégance

Philippe Bouvard : Une statistique pour laquelle j'aimerais avoir votre avis : 29 % des hommes pensent à leur apparence physique au moins cinq fois par jour.

Jacques Mailhot : Vous savez, on est beaux naturellement, on n'a pas besoin d'y penser.

Philippe Bouvard : C'est vrai que si on regarde Peroni, ce n'est visiblement pas son souci principal !

Jean-Jacques Peroni : Et vous savez ce qu'il vous dit, Peroni ?! Je vais m'en aller moi ! Je suis un pauvre martyr !

Philippe Bouvard : Chez nous, l'arbitre des élégances, c'est Jacques Mailhot… Vous apportez un certain soin à votre tenue.

Bernard Mabille : Il a un côté bourgeois…

Philippe Chevallier : Oui, il est toujours bien emmailloté !

Philippe Bouvard : On sent l'homme qui prend au moins une douche par mois…

Jacques Mailhot : Exactement, que j'en aie besoin ou non.

Bernard Mabille : Philippe Chevallier, il a des beaux vêtements, mais ils ne vont pas ensemble.

Philippe Chevallier : Oui, c'est-à-dire que j'ai toujours une veste, mais qui ne s'accorde pas avec mon pantalon !

Philippe Bouvard : Est-ce que Macha est sensible aux tentatives d'élégance masculine ?

Macha Méril : Moi, j'aime les hommes classiques. Comme vous, Philippe ! C'est-à-dire la chaussette longue, le mocassin bien ciré…

Philippe Bouvard : Il n'y a pas que la chaussette qui soit longue !

Bernard Mabille : Et le mocassin qui ait des glands !

Macha Méril : Je ne suis pas trop col roulé, quoique Jacques Mailhot le porte très bien.

Jacques Mailhot : Et puis, c'est beau, un chauve avec un col roulé, ça rappelle des trucs !

Philippe Bouvard : Oui, ça rappelle des choses ! Giscard avec un col roulé !

Philippe Chevallier : Le col roulé a un inconvénient : quand on sort, on ne peut pas mettre d'écharpe en plus. Je trouve que ça fait double emploi. Et si, par-dessus, on a une capuche de duffle-coat, là, on ne peut plus respirer !

Jean-Jacques Peroni : C'était un épisode de la vie de con de Philippe Chevallier…

Bernard Mabille : Il a travaillé à la Belle Jardinière…

Philippe Chevallier : Non, je t'avais donné l'adresse de mon tailleur, c'était au Soldat Laboureur !

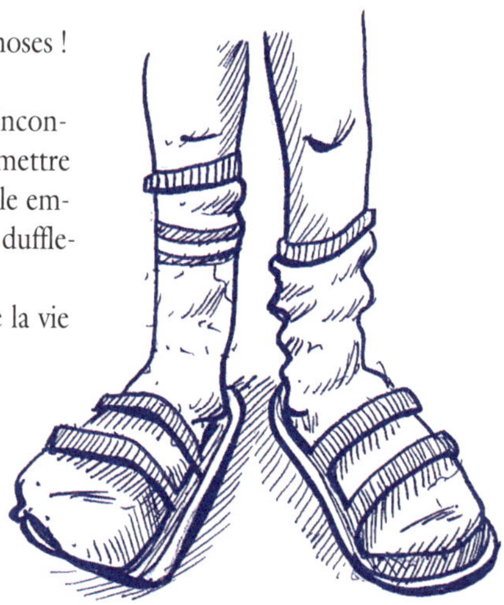

Mailhot achète ses fromages avec Hollande

À peine était-il rentré de son voyage aux États-Unis que je suis allé faire mes courses au supermarché avec François Hollande. Vous savez qu'il adore ça, il adore faire ses courses.

On a pris un panier parce que s'il prend un caddie, il est obligé de vous parler à travers les grilles et ce n'est pas pratique !

On a commencé par le rayon frais avec un fromage, vous savez qu'il a un gros faible pour les fromages à pâte dure, moi je voulais goûter au brie mais il n'a pas voulu… Lui, il est plutôt gouda ou mimolette.

On a quand même pris un camembert : avant il prenait du Le Petit maintenant il prend du Président…

Après, on a pris de la feta light: « *C'est pour aider la Grèce* », qu'il m'a dit.., « *et éviter la mienne !* »

Il est marrant, il est rigolo, Hollande.

Il ne touche pas au yaourt, il laisse ça à DSK…

On a pris deux cabécous du Périgord - pour faire plaisir à Pierre Bellemarre - qui sont vendus groupés avec deux livres de Pierre !

Et puis on a pris une motte de beurre, du beurre des Charentes, par gratitude pour Ségolène qui l'a soutenu pendant toute la campagne, mais il m'a dit : « *Vous mettez la motte sous les autres paquets pour ne pas agacer Valérie, qui serait plutôt soupe au lait que velouté à la crème !* »

Après nous sommes allés au rayon boucherie on a pris des côtes de porc de Corrèze entièrement nourri aux glands dans un pôle emploi biologique subventionné par le Conseil Général. Et nous avons filé au poisson et il a pris deux carrelets : « *Après Carla, un carrelet ça changera !* » qu'il m'a dit. Il est très marrant, François Hollande, et surtout on a acheté un gros merlan : « *J'adore le merlan, c'est lui qui me refait ma couleur tous les lundis matins avant de partir au bureau* ». Au rayon fruit on a trouvé des queues de cerises qu'on a envoyées aussitôt à Bercy, puis nous sommes directement allés au rayon surgelés où il a acheté un paquet de frites qu'il veut envoyer à Obama, des McCain naturellement. On a surtout acheté pas mal de soupes en boîte car il m'a dit : « *Quand on devient président de la République, ceux qui vont à la soupe sont de plus en plus nombreux, Fadela Amara, François Bayrou, enfin bref tant d'autres…* » En revanche on n'a pas acheté de farine, il lui en restait du meeting du Bourget !

À suivre page suivante…

Présentation des panélistes

Elle aurait pu devenir grand-mère ; elle a choisi de demeurer petite fille.

Macha Méril

Question du jour

De qui parlait le général de Gaulle en disant : « Il peut s'asseoir sur un morceau de glace sans le faire fondre. » ?

De Maurice Couve de Murville.

Bouvardise

Il existe un abus que je ne peux dénoncer qu'en y ajoutant : la pollution imprimée.

Lundi

16 Septembre

SAINTE ÉDITH

Présentation des panélistes

Avec le prénom d'une chanteuse et le nom d'un ancien ministre, elle s'est fabriquée l'un des plus jolis patronymes de l'audiovisuel.

Mireille Dumas

Question du jour

Pourquoi Pompidou avait-il dans sa voiture un seau rempli de glaçons durant ses campagnes ?

Pour y tremper sa main droite fatiguée d'avoir serré celles des électeurs.

Bouvardise

Personnage clé de la mythologie contemporaine, le gestionnaire de portefeuilles (de fortunes à partir de neuf zéros) mélange le jargon des dealers et celui des marchands de tableaux :

« Je vais vous prendre une ligne qui vous fera gagner trois points. »

Mailhot achète ses fromages avec Hollande (suite et fin)

Moi je voulais acheter des croissants mais François m'a dit : « *Ce n'est pas la peine, Fabius ira me les chercher en pantoufles et 2 CV Charleston, il a l'habitude, il pourra même nous rapporter des carottes râpées si tu en as envie !* ». Moi j'ai acheté, sans lui dire, deux paquets de boudoirs, un pour Martine Aubry et un autre pour Jean-Vincent Placé ! Et puis François a pris, à l'attention de vous Philippe, une petite tablette de chocolat au lait, du chocolat Poulain parce qu'il m'a dit : « *Quand on est socialiste, quand y en a Poulain y en pour l'autre !* » Il est très rigolo.

En passant devant le rayon boisson, on a acheté un pack de lait de coco qu'on a envoyé à Mélenchon à sa permanence d'Hénin-Beaumont avec une boîte de Vache qui rit couleur marine. Après nous sommes allés au rayon beauté et hygiène du corps, il a pris du gel douche. Depuis sa remontée des Champs-Elysées, s'il a du mal à se mettre dans le bain, il n'a pas de problème de douche… On a pris un tube de gel coiffant fixation forte. Moi je voulais prendre un brumisateur, il m'a dit : « *Je n'en ai pas besoin, j'ai le toit ouvrant de ma DS5 qui fait ça très bien.* » Et puis au rayon papier toilette, on a pris douze rouleaux de Moltonel triple épaisseur car, m'a-t-il dit, « *Je veux bien mettre les doigts dans le cambouis mais il y a quand même des limites.* » Surtout on a passé beaucoup de temps au rayon des produits d'entretien, il m'a dit : « *J'ai un gros ménage à faire, il faut que je décape l'appareil de l'État qui a été recouvert de faux vernis en trompe-l'œil* ». Comme lessive on a pris du Génie, on ne sait jamais ça peut déteindre, il s'est pris deux bidons de Soupline pour quand il retournera voir Angela Merkel ! Moi j'avais pris deux serpillières et François m'a dit : « *Ce n'est pas la peine, il y en a pleins les ministères, on peut même s'en servir comme tapis-brosse !* »

Juste avant de partir, en passant à la caisse, j'ai pris des paquets de pastilles de Vichy qu'on a envoyés à Gilbert Collard avec l'aval du nouveau président ! Et puis lui, il a rajouté dans notre panier une belle plaquette de Baygon anti-cafard en me disant : « *Tiens, je vais l'offrir à Nicolas pour lui remonter le moral !* »

En sortant, j'ai dit à François : « *On a fait un beau marché, François.* » Sauf que je me suis rendu compte qu'il n'y avait plus rien dans notre panier. Mais il m'a dit : « *Ça c'est normal, nous les socialistes on est toujours un peu panier percé, la prochaine fois rassurez-vous, on ira faire nos courses au G20* ». Je vous le dis, il est vraiment très drôle, le Woody Allen de Corrèze !

Mardi 17 Septembre

SAINT RENAUD

Présentation des panélistes

Son classique favori est le beau vélo de Ravel.

Jacques Balutin

Bouvardise

Les agonisants célèbres sont priés de ne pas lambiner et de trépasser de préférence avant le mardi à midi s'ils souhaitent obtenir une couverture en couleurs en guise de suaire.

UNE HISTOIRE À BIDE

Dans un commerce de spiritueux, un patron avait organisé un recrutement pour trouver un goûteur. Il vit arriver un type complètement bourré, avec un look impossible, qui postulait pour la place. Le directeur se demandait déjà comment s'en débarrasser mais, malgré tout, il le soumit à des tests. Il lui présenta un verre. Le type goûta et dit :

– C'est un vin blanc, un muscat, trois ans d'âge, cultivé sur un versant nord, mûri en conteneur acier.

– Correct ! répondit le patron. Un autre verre.

– C'est un vin rouge, cépage cabernet, cultivé sur un versant ouest, mûri en fût de chêne.

– Correct, dit encore le directeur. Ce dernier demanda en douce à sa secrétaire de lui trouver un moyen de se débarrasser du type en le prenant en défaut. Elle quitta la pièce et revint avec un verre rempli d'urine.

Le soulard goûta, fit claquer sa langue contre son palais et décréta :

– C'est une blonde, 26 ans d'âge, enceinte de trois mois… Et si je n'obtiens pas ce putain de job, je révèle le nom du père !

Mercredi **18** | # Septembre

SAINTE NADÈGE

Présentation des panélistes

À son trousseau, la clé de sol voisine désormais avec la clé des champs.

Pierre Bellemare

Question du jour

Qu'est-ce qui fut interdit à l'école par la loi de 1969 ?

La distribution des prix.

Bouvardise

Aujourd'hui, et pour la première fois depuis très longtemps, je n'ai pas écouté les informations. Qu'importe qu'on s'étripe partout dans le monde si j'ai la paix en moi.

Peroni marche dedans du pied gauche !

La superstition touche tout le monde. Par exemple ma belle-soeur qui est née un vendredi 13, eh bien tous les vendredis 13, elle se ruine au Loto, au Gros Lot, au Bingo, au Vegas et à tous les autres grattages et tirages. Elle y perd régulièrement son string et son pèse-mou !

Par contre, dans sa vie amoureuse à tous les coups elle gagne !

Elle ramasse tout : les gonos, les staphylos, les morbaques… Dès qu'elle tire, elle se gratte ! Pour la baise, c'est toujours le vendredi 13 !

Autre superstition : le pied gauche dans le caca…

Mme Gros-Soutif, en sortant son chien, marche du pied gauche dans l'étron canin. Elle glisse et se fracture le col du fémur tout en s'emplâtrant les mains de la matière à Kiki…

Même du pied gauche, marcher dedans ne porte pas bonheur !

J'ai connu un gars très superstitieux qui avait toujours sur lui deux pattes de lapin comme porte-bonheur : un jour, il est passé sous l'autobus… Les deux jambes broyées, il est devenu cul-de-jatte !

Mais on lui disait en rigolant, pour lui remonter le moral : « *Tu peux toujours courir, t'as tes deux pattes de lapin !!!* »

Il y a aussi cet homme très superstitieux qui décide de divorcer pendant la nuit de noces parce que la jeune épousée avait le chat noir… Certaines femmes ont comme superstition que quand elles font les carreaux le lundi, il pleut le mardi ! Ma mère, la dernière fois qu'elle a fait ses carreaux, c'était en 1939, le lendemain il n'a pas plu mais c'était la guerre ! Et treize à table, ça porte malheur ! Certains disent que cette superstition vient de la Cène, le dernier repas de Jésus, moi je pense plutôt que ça vient des hospices où les petits vieux au réfectoire sont souvent treize à table alors ils parient sur celui qui va mourir dans la nuit ! Et puis il y a le trèfle à quatre feuilles, ça aussi ça porte bonheur mais il faut le trouver… J'ai connu une gonzesse un peu simplette qui allait les chercher dans les prés, toujours penchée à quatre pattes, si bien que de temps en temps elle s'en prenait un petit coup par derrière. Eh bien elle me l'a confié, le trèfle à quatre feuilles je ne sais pas si ça porte bonheur mais ça fait mal au cul !

UNE HISTOIRE DRÔLE

Une blonde et son mari sont couchés, mais impossible de s'endormir : le chien des voisins ne cesse d'aboyer dans le jardin depuis des heures.

La blonde se lève brusquement et dit :

– Je n'en peux plus, j'y vais…

Et elle descend. Quand elle revient finalement se coucher, son mari lui demande :

– Mais qu'est-ce que tu as fait ? Le chien continue d'aboyer…

Et la blonde répond :

– J'ai mis le chien dans NOTRE jardin. Comme ça, ils verront ce que ça fait d'avoir un chien qui aboie dans le jardin des voisins !

Balladur oublié dans sa voiture officielle !

Jean-Pierre Raffarin, en pleine campagne électorale, est accompagné d'Édouard Balladur.

Jean-Pierre Raffarin : En racontant tout cela, je sais que je suis parfaitement ingrat… Bref. On arrive après avoir circulé dans tout Poitiers devant la salle de réunion : des dizaines de militants devant la porte, un bel escalier devant l'entrée. Comme toujours, je suis vraiment pressé d'y arriver. Alors, je sors rapidement de la voiture, mon chauffeur aussi, et on s'aperçoit en haut des escaliers qu'on a oublié Balladur, qu'on a oublié de lui ouvrir la porte. Il était dans la voiture, les deux mains sur les genoux. On est redescendus vite fait. Et là, il est sorti, et nous sommes rentrés.

Bernard Mabille : Mais il ne sait pas ouvrir une porte ?

Jean-Pierre Raffarin : Je pense qu'il avait l'habitude qu'on lui ouvre…

Jacques Mailhot : D'où sa célèbre phrase : « Je vous demande de l'ouvrir ! »

UNE HISTOIRE À BIDE

Un homme est devant sa télévision et contrôle le ticket de loto qu'il a joué le matin même. Ses six numéros sortent ! Bingo !

Fou de joie, il crie par la fenêtre à son épouse qui se trouve de l'autre côté de la route :

– Chérie ! Grouille-toi ! Viens vite ! Nous avons gagné la cagnotte du loto !

La femme saute de joie et traverse la route. Un camion arrive et l'écrase. Le mari :

– Oh putain !!! Quand une journée est bonne, elle est bonne !

Présentation des panélistes

Il n'ouvre pas une bouteille sans qu'elle refoule du goulot.

Jean-Jacques Peroni

Question du jour

Qu'est-ce qu'une trembleuse ?

Une tasse à deux anses.

Bouvardise

J'ai dû choisir entre la notoriété allouée par le grand public et la considération prodiguée par quelques esprits distingués : le grand public distribue plus d'argent que les esprits distingués.

Vendredi
20 Septembre
SAINT DAVY

UNE HISTOIRE DRÔLE

Un gendarme arrête une blonde qui a fait un excès de vitesse.
Le gendarme :
– Bonjour mademoiselle, puis-je voir votre permis de conduire ?
– Permis de conduire ? Qu'est-ce que c'est ?
– C'est un papier rose qui certifie que vous êtes autorisée à conduire une voiture.
– Ah oui, ça... Le voilà.
– Pourrais-je avoir votre certificat d'assurance maintenant ?
– Le certificat d'assurance ? Qu'est-ce que c'est ?
– C'est un document qui certifie que vous êtes assurée pour les dégâts que vous pourriez causer avec cette voiture.
À ce moment précis, le gendarme baisse sa braguette et en sort son « bâton de joie ».
En voyant l'instrument, la blonde s'écrie :
– Oh non, encore un alcootest... !

Souvenirs de croisière

Bernard Mabille : J'en ai fait quelques-unes de croisières. Je me souviens de la baie de la Madeleine, dans le Grand Nord. Vous descendez en chaloupe et vous êtes accueillis par deux pingouins qui sont des mecs avec des peluches… Plus jamais !

Jacques Mailhot : Moi, j'ai un souvenir assez rigolo avec Jacques Balutin, on avait fait une croisière pour des plombiers. C'était une société qui fabriquait des chaudières…

Bernard Mabille : Au moins, s'il y avait une fuite vous étiez parés !

Jacques Mailhot : C'était génial ! Le matin, on se levait et ils nous disaient : « *Alors, monsieur Balutin, combien de mètres carrés chez vous ? Ah, alors, il vous faudrait une chaudière de 1200 calories !* » Au déjeuner : « *Combien de mètres carrés chez vous, monsieur Mailhot ? Ah, alors il faut une chaudière de 1500 calories…* »

Philippe Bouvard : Il y a eu une croisière mémorable des Grosses Têtes. Ce qui a permis à Carlos d'inaugurer le gala devant le commandant et l'état-major en grande tenue… en baissant son pantalon ! Tout le monde était très admiratif !

Philippe Chevallier : C'était pour montrer sa bouée, sans doute…

Présentation des panélistes

Les sièges de sa Ferrari sont recouverts avec de la peau de spectateurs de province.

Jacques Mailhot

Question du jour

Quel est le titre de la pièce de théâtre que Picasso a écrite en alexandrins ?

Bouvardise

J'aime ou je n'aime pas. J'épargne ainsi à mes contemporains les moins sympathiques l'odieuse et outrageante indifférence.

Le Désir attrapé par la queue.

UNE HISTOIRE À BIDE

Un homme rentre tard chez lui en taxi après le travail. Dans le taxi, il demande au chauffeur s'il veut être son témoin, car il suspecte sa femme de le tromper et souhaite la prendre sur le fait. Moyennant 100 euros, le taxi accepte.

Lorsqu'ils arrivent à sa maison, le mari allume la lumière de la chambre, tire la couverture, et trouve un homme dans le lit, avec sa femme. Il pointe alors un révolver sur la tempe de l'homme nu. Sa femme se met à crier :

– Ne le tue pas ! Cet homme est très généreux. J'ai menti quand je t'ai dit que j'avais fait un héritage. Cet homme a payé les clubs de golf que je t'ai offerts. Il a payé pour la BMW que je t'ai achetée. Il paie pour notre nouveau bateau. C'est même lui qui paie notre loyer !

Le mari baisse alors son révolver, se tourne vers le taxi et lui demande :

– Vous feriez quoi, à ma place ?

Le taxi répond :

– Je recouvrirais très vite son cul avec cette couverture avant qu'il ne prenne froid !

À la Chirac ou à la Sarko ?

Jean-Pierre Raffarin : La première fois que j'ai vu Angela Merkel après l'élection de Nicolas Sarkozy, je suis arrivé devant elle, c'était à Berlin, et je lui ai pris la main en lui demandant : « À la Chirac ou à la Sarko ? » C'était le baise-main ou la bise. Et elle m'a répondu : « À la Sarko. »

Bernard Mabille : Ah… Vous avez baisé Angela Merkel ?

Présentation des panélistes

Nounours du Gers réimplanté à Pigalle.

Bernard Mabille

Question du jour

Qu'était le RPR sous Louis XIV ?

C'était la dénomination officielle des protestants (Religion Prétendue Réformée)

Bouvardise

À trente ans, j'étais persuadé de faire une carrière littéraire et de mourir jeune. J'aurai tout raté.

UNE HISTOIRE DRÔLE

C'est la fin des vacances. Le caissier présente la note au client. En voyant le total, l'homme pâlit :

– 3 600 euros ?! Pourquoi une telle somme ?

Le caissier vérifie :

– Oui, monsieur, c'est le prix.

– Attendez, il y a une erreur. Vous avez marqué ici 300 euros de promenade à bord du yacht de l'hôtel. Madame et moi, on ne l'a jamais pris, on a loué un dériveur.

– Ben oui, fait le caissier, mais le yacht était là, il fallait le prendre.

– Quoi ? Et là, je vois 2 000 euros d'excursion aérienne sur l'hélicoptère.

– Ben oui, fait le caissier, mais l'hélicoptère était là, il fallait le prendre.

L'homme chiffonne la facture et la jette à la tête du caissier. Entendant le chahut, le directeur de l'hôtel arrive :

– Que se passe-t-il ?

– Monsieur ne veut pas payer sa note.

– Et pourquoi ça ? demande le directeur d'un air hautain.

– Parce que vous avez abusé de mon épouse !

– Jamais de la vie, monsieur.

– Ben oui, mais ma femme, elle était là, il fallait la prendre !

Jean Tulard refuse d'exhumer Napo

Il y a deux personnes qui y sont hostiles. Tout d'abord, le gouverneur des Invalides. Parce que supposez que Napoléon n'y soit pas ! Ce serait une chute verticale des visites au tombeau des Invalides ! Ensuite, il y a moi.

En voilà la raison : jadis vivait un grand historien du cardinal de Richelieu, qui s'appelait Gabriel Hanoteau, qui fit partie de l'Académie française et qui fut aussi un jour ministre de l'Éducation nationale. Il avait écrit quinze volumes sur le cardinal de Richelieu et on lui disait : « Mais vous ne l'avez jamais vu ! » Devenu ministre de l'Éducation nationale, il décida de faire ouvrir le tombeau de Richelieu, situé à la Sorbonne, pour qu'il puisse dire : « Oui, je l'ai vu. »

Le tombeau avait déjà été pas mal profané, mais bon. On ouvrit le tombeau et on vit apparaître Richelieu. Il y eut des photos ! Richelieu, tel que sur le fameux tableau de Philippe de Champaigne… Alors, le ministre se pencha pour qu'on puisse dire qu'il l'avait bien vu et, à ce moment-là, était-ce l'haleine fétide du ministre ou bien le gaz carbonique, le visage de Richelieu se décomposa complètement ! Un journaliste écrivit : « Le visage de Richelieu s'est décomposé à la vue de son historien ! » Alors, imaginez qu'on ouvre le tombeau de Napoléon et que le visage de Bonaparte se décompose à ma vue : ce serait fini, Bouvard ne m'inviterait plus aux *Grosses Têtes* !

Présentation des panélistes

Précieux sans jamais être ridicule. Plus raffiné qu'un kilo de sucre.

Philippe Chevallier

Bouvardise

Pavés de plage : bouquins d'au moins quatre cents pages encore plus longs à lire qu'à écrire. Servent d'alibi à la culture estivale et de supports aux crèmes solaires.

Peroni boit le vin d'honneur jusqu'à la lie

Aujourd'hui, je vais vous donner un modèle de discours qui vous permettra de bien plomber l'ambiance lors du départ à la retraite d'un de vos collègues de bureau :
Mon cher Ambroise, tu me permettras de t'appeler Ambroise en ce jour où tu nous quittes, et non pas « vieux con » ou « vieille merde » comme notre amitié de bureau nous le permettait…
Cher Ambroise, voilà, aujourd'hui, nos chemins se séparent. Tu t'en vas vers d'autres cieux gériatriques avec ton pliant et ta canne à pêche qui te seront remis tout à l'heure par monsieur Graisseux, directeur du personnel, lequel te dira comme moi que tout le monde a mis la main à la poche pour ce sublime cadeau de départ, vu qu'enfin tu vas te casser… et que tu ne nous manqueras pas !
Parce qu'après ton départ, cher Ambroise, l'entreprise va être obligée d'engager des frais pour désinfecter ton bureau. Changer la moquette, raidie par tes éjaculations précoces, lorsque tu forçais mademoiselle Josépha à chercher sous ton bureau d'hypothétiques trombones que tu disais avoir égarés dans ta braguette. Changer la tapisserie qui, en trente ans, a été bien imbibée de tes odeurs… Tes rots de muscadet et de saucisson à l'ail, après ton petit en-cas de dix heures du matin…
L'odeur de tes pets du mercredi après-midi ! Parce que, tous les mercredis, il y a chou-fleur à la cantine…
Tes odeurs de pied, quand tu te déchaussais pour être plus à ton aise… Que même un jour, je m'en souviens, un client est entré dans ton bureau, c'était un mercredi. Tu avais donc pété et tu étais en chaussettes : ce brave homme a froncé les narines en te demandant s'il ne se trouvait pas une bête morte dans un coin de ton bureau.
Il va falloir aussi vider tes tiroirs. Le premier, celui du bas, qui contient la collection complète de tes ongles de pieds depuis trente ans ! Ah, ça en fait de la corne !
Le deuxième tiroir en partant de la gauche, dans lequel tu as collé tes chewing-gums et dans l'un desquels est restée fichée une molaire !
Et aussi ton fauteuil tournant qu'il faudra retourner pour enlever à la décolleuse à papier peint trente années de crottes de nez.
En partant, tu feras une heureuse : mademoiselle Maria, responsable de la propreté des sanitaires, qui n'arrêtait pas de repasser derrière toi sous prétexte que tu pissais en biseau et que, les mercredis de chou-fleur, les toilettes étaient moquettées en spray !
Voilà, cher Ambroise, tu peux te tirer maintenant. Pour toi, on a mis de côté du mousseux chaud et des toasts mi-Canigou mi-Ronron, comme tu les aimes.
Nous plaignons ta femme qui, même si tu reviens avec ta canne à pêche, ne pourra pas dire : « Chic ! T'as enfin la gaule… »
Allez ! Salut Ambroise ! Et surtout, ne te retourne pas !

Présentation des panélistes

Elle nous a mis dans sa poche en nous interdisant de profiter de la situation.

Chantal Ladesou

Question du jour

En mars 1949, que présenta Picasso à l'ONU ?

La colombe de la paix.

Bouvardise

Je ne suis pas un juste. Je suis un peu juste.

Mercredi

25 Septembre

SAINT HERMANN

Présentation des panélistes

Sans que la télévision y soit pour quelque chose, elle a trouvé l'amour dans le pré.

Macha Méril

Question du jour

Qu'est-ce que Colette a inspiré à Coco Chanel ?

Le col Claudine.

Bouvardise

À chaque nouvelle mesure destinée à redonner courage aux cancres, je regrette de n'être pas plus jeune.

Mailhot est courtois mais pas très urbain

C'est vrai que Paris est de plus en plus moderne et ceci, grâce à deux principes fondamentaux : le rétrécissement et l'élargissement.

Pour faire simple, on rétrécit les chaussées et on élargit les trottoirs, au grand bonheur des piétons et des piétonnes qui crient « bravo ! », car ce n'est pas parce qu'on est pédestre qu'on n'a pas droit au bonheur de se faire élargir de temps en temps. Parallèlement à cette « démarche citoyenne », comme on dit de nos jours, afin d'améliorer la qualité de l'air, on a aussi multiplié les moyens de locomotion écologiques comme le vélo, la patinette, le roller, la botte ou le mocassin à roulettes et, dernière innovation en date, la voiture électrique qu'on ne sent pas, que l'on n'entend pas et que l'on ne voit pas non plus puisqu'il n'y en a pratiquement nulle part !

Les pistes cyclables se sont donc multipliées dans Paris, entrecoupant les voies piétonnes, ce qui fait que, désormais, piétons et cyclistes s'engueulent régulièrement pour défendre leurs prés carrés respectifs.

Grâce à ce manichéisme urbain hautement réfléchi, tout le monde fait aujourd'hui la guerre à tout le monde ! Les piétons aux cyclistes, les cyclistes aux motards, les motards aux automobilistes, les automobilistes aux autobus et les autobus aux taxis !

À suivre ci-contre…

UNE HISTOIRE DRÔLE

C'est un parachutiste en plein exercice de camouflage en forêt.

Le para qui s'est déguisé en tronc d'arbre, a soudainement abandonné son poste à un moment crucial des manœuvres.

Le sergent l'engueule un bon moment et lui demande pourquoi il a quitté son poste. Il lui dit :

– Espèce de sagouin ! Tu te rends compte que tu as mis en danger non seulement ta vie mais aussi celle de tous tes copains de la compagnie. Au combat, l'ennemi nous découvrait tous par ta faute. As-tu une explication pour ta conduite ?

– Oui sergent. Autant je n'ai pas bougé d'un poil quand un couple de pigeons m'a pris pour cible. Autant je n'ai rien dit et je suis resté immobile quand j'ai vu un sergent ramper à mes pieds... Mais quand ces deux écureuils sont rentrés dans mon pantalon et que j'en ai entendu un dire : « Mangeons en une toute de suite et gardons l'autre pour cet hiver », j'ai craqué !

Jeudi **26** **Septembre**

SAINT CÔME, DAMIEN

Mailhot est courtois mais pas très urbain (suite et fin)

Mais le véritable « plus », c'est le droit absolu qu'ont aujourd'hui les Vélibistes. Je veux parler de ces bobos qui ont découvert le vélo comme jadis Monsieur Jourdain avait découvert la prose, qui n'avaient pas touché un guidon depuis leur entrée en sixième et qui vacillent, titubent ou parfois tombent sur le capot de votre voiture, mais qui ont heureusement le privilège de pouvoir faire tout et n'importe quoi en faisant le bonheur et la fortune des chirurgiens osseux et des ostéopathes (qui ont dû voir doubler leur chiffre d'affaires en quelques années). Or, amis toubibs, ce n'est qu'un début ! En plus de pouvoir rouler à contre-sens dans les rues à sens unique, les vélos auront bientôt le droit de griller les feux rouges sans risquer une contravention. Si ça, ce n'est pas de la modernité, je ne m'y connais pas ! La finalité de tout cela est bien entendu la possibilité pour le cycliste de rentrer directement au Père-Lachaise sans recourir aux services d'un corbillard et des pompes funèbres, toujours coûteux pour les héritiers du défunt. Là, on aura un véritable « plus » pour la modernité. Si vous vous y prenez bien, vous grillez le feu rouge qui se trouve à l'entrée du cimetière Montparnasse devant un camion de livraison en retard immatriculé dans le 9-3, et vous vous retrouvez directement dans la sépulture qui a été préparée à votre intention, rangée 3, place 29 ! Cela évite les cortèges funéraires qui polluent et occasionnent des bouchons dans la capitale…

Mais le summum de la modernité serait bien sûr que les vélos puissent un jour rouler en sens inverse sur la file de gauche du périphérique. Alors là ! Le soir en direct et en *prime time* à la télé, ça pourrait faire un carton, et même plusieurs cartons !

Alors vive Bertrand, vive le Vélib' et… vive la modernité !

Présentation des panélistes

Elle connaît mieux les tréfonds de l'âme humaine que Peroni le fond de son litron.

Mireille Dumas

Question du jour

À quel moment la majorité des femmes ouvrent-elles la bouche ?

Lorsqu'elles s'appliquent du mascara, car ouvrir la bouche arrondit l'œil.

Bouvardise

Il faut savoir se montrer de mauvaise foi quand la bonne foi n'est pas drôle.

Citation

Qui a dit : « À un acteur dans le besoin, ne jamais dire : "J'ai une pièce pour vous." Il préférera un billet. » ?

Michel Galabru.

Question du jour

Quel sport se pratique à genoux ?

Le canoë à pagaie simple.

Bouvardise

Trop de choses se font en ce bas monde sans qu'on me demande mon avis.

UNE HISTOIRE DRÔLE

Un jeune cow-boy entre dans un saloon (imaginez John Wayne). Il dégaine et lance :
– Le premier qui m'emmerde, je lui fous une balle entre les deux yeux.
Un vieux cow-boy, qui en a vu beaucoup d'autres, lui dit très calmement :
– Lime ta mire...
Le jeune ne comprend pas, sort du saloon mais revient le lendemain, le surlendemain, tous les jours de la semaine qui suit et, à chaque fois, lance :
– Le premier qui m'emmerde, je lui fous une balle entre les deux yeux.
Le vieux cow-boy, toujours aussi calme, lui dit toujours :
– Lime ta mire...
Au bout de dix jours, le jeune cow-boy demande au vieux cow-boy :
– Pourquoi me dis-tu toujours « lime ta mire » ?
– Parce que, moi aussi, j'ai été jeune. Moi aussi, je suis entré dans un saloon, comme toi, et moi aussi, j'ai dit des conneries comme les tiennes. Et puis, un jour, un groupe de vieux cow-boys m'a sauté dessus, m'a pris mon flingue et me l'a enfoncé dans le cul... Alors, un bon conseil : lime ta mire !

Éloge des seniors

Philippe Bouvard : Quelque chose que l'on a trouvé sur la Toile, dédié aux personnes âgées, et qui tend d'ailleurs à prouver que les personnes du troisième âge et du quatrième sont très utiles aux autres. Pourquoi ?
– Parce qu'elles ont de l'argent dans les cheveux ;
– Parce qu'elles ont de l'or dans les dents ;
– Parce qu'elles ont des pierres dans les reins ;
– Parce qu'elles ont du plomb dans les pieds ;
– Et parce qu'elles sont bourrées de gaz naturel !

UNE HISTOIRE À BIDE

Ça se passe au Paradis. Tout le monde bâille.
Saint Pierre déclare :
– Qu'est-ce qu'on s'ennuie ! On devrait aller faire un tour sur Terre !
– À mon âge ! s'exclame Dieu le Père, vous n'y pensez pas !
– Moi, je trouve qu'une fois, ça suffit, dit Dieu le fils.
– Et moi, ajoute Dieu le Saint-Esprit, je ne descends que si on interdit le tir aux pigeons !

Présentation des panélistes

L'argent est le Viagra de son organe vocal.

Pierre Bellemare

Question du jour

Pourquoi les municipalités japonaises ont-elles fourni des balais à manches raccourcis aux employés chargés de nettoyer les rues ?

Pour qu'ils ne prennent plus appui sur leur balai pour bavarder entre collègues.

Bouvardise

Je ne vois pas pourquoi on ne se traiterait pas aussi mal soi-même qu'on traite les autres.

Lundi

30 Septembre

SAINT JÉRÔME

UNE HISTOIRE DRÔLE

Ils sont très pratiques les petits logements modernes qu'on fait maintenant. Mais évidemment, les pièces sont très étroites et les cloisons vraiment trop minces. Une ménagère, qui vient de s'installer dans un de ces minuscules appartements, ne peut pas s'empêcher de confier ses ennuis à la concierge de l'immeuble :

– Je ne sais pas comment vous faites, mais moi, il suffit que je grossisse de deux kilos pour que ma cuisine me serre aux hanches...

– Ben, dit l'autre, faites comme moi ! Pour gagner de la place, j'ai gratté la peinture.

Le lendemain, la brave femme rencontre la concierge dans l'escalier et elle lui dit :

– J'ai suivi votre conseil ! L'ennuyeux, c'est que maintenant, quand j'épluche des oignons, les voisins se mettent à pleurer... !

Une photo volée sur le bureau d'Arditi

Quand j'allais manger chez *Drouant*, je voyais une très belle photo de Sacha Guitry. Il avait ses lunettes en écaille et semblait nous regarder en nous disant : « À bientôt. » Et je n'arrêtais pas de répéter que cette photo était formidable. Un jour, on va donc y manger et, le repas terminé, ma femme me dit : « Bon, on va y aller maintenant ! Tu as payé l'addition, allez, on y va ! » Je lui demande alors : « Qu'est-ce qu'il y a ? Il n'y a pas le feu ! – Allez, on y va ! » Alors on se tire. Je rentre dans la bagnole et elle me sort la photo qu'elle avait piquée… Je ne l'avais même pas vu faire, personne ne l'avait vu voler la photo ! Et maintenant, cette photo est dans son bureau, voilà. Je me roule donc à tes pieds, Antoine Westermann… Et si tu as besoin de la retrouver, je t'en ferai une copie !

Présentation des panélistes

Si les bistrots continuent à fermer, il se pintera à l'eau de Cologne et avec les produits d'entretien.

Jean-Jacques Peroni

Question du jour

Quels sportifs utilisent un balai en paille ou en crin ?

Les joueurs de curling.

Bouvardise

Que ceux qui n'attendent rien de moi sachent qu'ils seront comblés.

L'éthylotest saoule Bernard Mabille

Y en a marre. Voilà, ça commence bien. Je veux piquer un coup de sang contre ces cerveaux qui nous gouvernent et qui, après de longues années d'étude à l'ENA, École nationale des andouilles sans doute, n'y ont appris qu'une seule chose : vider les poches des automobilistes que nous sommes, piquant leur boulot aux clodos qui nous rackettent au feu rouge.

Le Salon de l'agriculture est à peine fermé qu'on ouvre le Salon de la vache à lait… Mais d'une vache à lait qui n'a plus les moyens de rouler en limousine !

Car il en faut, aujourd'hui, des trucs dans la bagnole : après le constat à l'amiable obligatoire, le gilet fluo obligatoire, le triangle de sécurité obligatoire, les boîtes d'ampoules obligatoires, les vignettes d'assurance et de contrôle technique obligatoires, voici la dernière invention de ces pickpockets en col blanc : l'éthylotest obligatoire.

Pour embarquer cet inventaire à la Prévert, il faudra acheter une très grosse voiture ou tirer une remorque. Et c'est après une *check-list* digne d'un commandant de bord d'un Airbus A380 que tu pourras emmener tes enfants à l'école !

Debout les enfants, il est 5 heures du mat' !

Mais papa, on n'a classe qu'à 9 heures !

Je sais, mais nous devons nous assurer que nous avons tous les accessoires obligatoires à bord !

Alors va pour l'éthylotest, si ça leur fait plaisir. Plaisir surtout aux Chinois qui les fabriquent et au mec qui va les commercialiser dont on apprendra sans doute que l'épouse est la cousine germaine du fiancé de la belle-fille du ministre des Transports, car faisons les comptes : sachant qu'il y a 36 millions d'automobilistes en France et qu'il faudra souffler dans ce machin à 1,50 € avant d'en prendre un neuf chaque fois que tu montes en bagnole, le type qui a décroché le marché pourra s'acheter en un mois le Parc des Princes, le PSG et tous les joueurs de foot de la planète avant, s'il n'est pas trop con, de s'exiler en Suisse !

À suivre page suivante…

Présentation des panélistes

De son passé d'enfant de chœur, il a gardé l'habitude de vider périodiquement les burettes.

Jacques Mailhot

Question du jour

Qu'est-ce qui fut inventé pour dissimuler la grossesse de l'impératrice Eugénie ?

La robe à crinoline.

Bouvardise

Je suis la personne qui me veut le plus de bien au monde.

UNE HISTOIRE DRÔLE

La fille d'une famille de bourgeois se marie, la nuit de noces se passe et le lendemain, pendant le repas, la jeune mariée dit :
– Hier soir c'était formidable, on a fait l'amour toute la nuit !
La mère outrée reprend sa fille et lui dit :
– On ne parle pas comme ça à table surtout devant tes frères et sœurs, la prochaine fois tu n'auras qu'à dire : Pierre-Edouard et moi avons fait des crêpes.
La leçon retenue, tous les midis la fille dit à sa mère :
– Pierre-Edouard et moi avons fait des crêpes toute la nuit.
Un midi la fille se met à table et ne dit rien.
Alors la mère inquiète demande à sa fille :
– Alors vous avez fait des crêpes hier soir ?
– Ah non, hier soir Pierre-Edouard n'a fait que lécher la poêle !

L'éthylotest saoule Bernard Mabille

(suite et fin)

C'est vrai que l'idée part d'un bon sentiment, comme celle d'interdire la vente d'alcool dans les stations-service où les mecs vont faire leur plein le coffre déjà rempli d'apéros en tout genre achetés l'après-midi au marché. C'est vrai que l'idée est bonne. Faut-il encore que le mec bourré qui veut prendre sa bagnole soit en état de la retrouver, soit capable de mettre la clé dans la serrure, puis de récupérer l'engin au fond d'une boîte à gants remplie de canettes de bière vides avant de le laisser tomber sous le siège et de souffler dans l'emballage… « Je suis négatif, les mecs, on peut appuyer sur le champignon ! »
C'est vrai que l'idée est bonne. Mais pourquoi alors en avoir exempté les deux-roues qui, peinards, en toute impunité, pourront cuver pour l'éternité leur vin sous le plancher de ta bagnole ?
C'est vrai que l'idée est bonne. Mais alors pourquoi ne pas l'étendre à tous les autres dangers qui guettent l'automobiliste ? En rendant obligatoire l'épousotest, l'ennemi du conducteur : « Freine que j't'avais dit avant de tourner à gauche ! » La belle-mèrotest : « C'est pas pour dire, mais les deux premiers maris de ma fille n'étaient pas des chauffards, eux ! » Le gossotest, vous évitant la chanson *Il était un petit navire* de Paris à Marseille. Le pipitest, pour vous assurer qu'il n'y aura pas une pause vidange à chaque aire de stationnement. Le canitest, contre le clébard qui vient toujours te lécher la trogne quand tu doubles un poids lourd. Et enfin le gendarmotest, un masque anti-postillons qui vous évitera après qu'il vous ait balancé son haleine chargée d'afficher 5 grammes à l'éthylotest, lui permettant alors de vous chanter : « Il est des nôôôôtres ! »

Présentation des panélistes

Le grand livre de comptes de ses amours s'ordonne entre les colonnes du doigt et de l'avoir.

Vincent Perrot

Question du jour

Que veut dire « écouvillonner » ?

Nettoyer une bouteille.

Bouvardise

Je suis un véritable égoïste. C'est dire si je me soucie peu de l'égoïsme des autres.

Philippe Bouvard condamne les fiers-à-bras cassés

Je voudrais pousser un coup de sang contre ces adhérents aux mouvements fléministes, je dis bien fléministes, dont j'ai démissionné voilà plusieurs années. Contre ces flemmards qui ne font rien à la maison et qui s'en vantent. Qui allument moins souvent le gaz que la jeune fille au pair ou au grand-père. Et dont la principale contribution aux tâches ménagères consiste à soulever les pieds pour vous permettre de ramasser la poussière. Oui ! contre ces fléministes si fiers de ne jamais lever le petit doigt autrement que pour porter la tasse de thé vert à leurs lèvres purpurines. Si fiers d'une indépendance conquise au prix d'une longue guerre de sécession entre doigts de l'homme et mains de la femme.

Oui ! je voudrais m'insurger contre ces fiers-à-bras cassés qui se félicitent de ne pas être tombés dans le grossier panneau d'une égalité des sexes démentie par l'anatomie. Si fiers de ronfler la nuit et si fiers de se rendormir quand leurs admirables épouses se lèvent dès potron-minet pour sortir la caisse du chat.

Oui, contre ces malappris si fiers de fredonner à tue-tête des chansons de corps de garde quand vous téléphonez à votre chère maman… Si fiers de ne pas avoir les mêmes goûts en matière de télé et de boissons, si fiers d'avoir des amis aussi goujats qu'eux et qui refusent de prendre les patins sous prétexte qu'ils ne s'appellent pas Candeloro.

Si fiers de penser aux grands enjeux de l'époque plutôt qu'aux futiles impératifs de la mode. Si fiers d'organiser la semaine prochaine l'inauguration du monument dédié aux martyrs inconnus de la vie de couple devant lequel Jean-Jacques Peroni déposera sa gerbe habituelle.

Si fiers enfin d'imposer leur loi du bon plaisir et nullement gênés de participer au rétablissement de l'esclavage !

Si fiers d'en faire encore moins que ce qu'ils savent faire et convaincus d'être aimés tels qu'ils sont, jusqu'au jour où ils se retrouvent seuls devant la nouvelle et coûteuse machine à café à laquelle vous aurez tourné votre admirable dos, avant même d'en avoir payé toutes les traites… C'est bien fait !

Présentation des panélistes

Grande prêtresse des docus, venue étudier chez nous la seconde syllabe.

Mireille Dumas

Question du jour

Autrefois, qui appelait-on le « porte-coton » ?

La personne chargée de nettoyer la chaise percée du roi et de lui tendre le nécessaire pour se nettoyer.

Bouvardise

Je veille à ne pas dire trop de mal de trop de gens afin de ne pas affaiblir la portée de mes médisances.

Vendredi

4 Octobre

SAINT FRANÇOIS D'ASSISE

Citation

Qui a dit : « Quand un prince se conduit en prince, un ministre en ministre, un père en père, un fils en fils, un pays est gouverné. » ?

Confucius.

Présentation des panélistes

Sa philosophie de vie lui aura fait moins monter les cols que dévaler les descentes.

Jacques Balutin

Bouvardise

Rien de tel que les faiblesses des grands hommes pour rassurer les petits.

Le physique de l'emploi

par Philippe Chevallier

À peine François Hollande venait-il d'être élu qu'il était vivement critiqué par la mairesse d'Aix-en-Provence au motif qu'il n'aurait pas le physique de l'emploi. Cette dame, qui n'est pas non plus un prix de beauté, considère que notre président n'est pas légitime car il n'a pas la prestance d'un président, surtout à la tribune quand il agite ses petits bras ! Je savais que pour être à la tête des instances les plus hautes du pays il valait mieux ne pas être manchot, ne pas jouer petit bras et avoir le bras long, mais de là à être obligé de parler les mains dans les poches… Bref, pour cette brave élue des Bouches-du-Rhône, il faut que le plumage soit à l'égal du ramage. Mais en politique, qu'est-ce qu'un bon physique ? La taille ? Le faciès ? La couleur des yeux ? La blancheur des dents ? La sveltesse ? Ou la grosseur de la zigounette ? Faut-il avoir l'air grave de celui qui est pénétré par la complexité du monde ? C'est vrai que ça doit faire mal au début ! Ou la mimique rigolarde du gars qui vient de passer une nuit au Sofitel de New York avant d'aller trois jours au G20 ? Moi je vous le dis, le physique ne fait rien à l'affaire ! Il vaut mieux une tête bien pleine qu'une tête bien faite ! Regardez dans ce studio, Bernard Mabille a plutôt un physique de fort des Halles, taillé en force de gars habitué à décharger des cageots. Quoique des cageots, il en a eu plus d'un dans les bras !

Eh bien ! ce garçon est un monstre de délicatesse, de raffinement, à la culture déguisée, aux manières subtiles sans afféteries, un vrai petit danseur de l'Opéra de Paris. Et on le voit bien en tutu. Maintenant il faut dire en Tutulle ! Et Jean-Jacques Peroni, quand on voit sa bonne trogne hilare et rougeaude on se dit : « Ce gars-là boirait que ça ne m'étonnerait pas ! » Eh bien ! les apparences sont trompeuses avec Jean-Jacques, moi je le voyais plus Ricard à midi et whisky le soir ! Erreur, il prend les deux en même temps et il intercale avec une Suze pour se faire une nappe !

À suivre ci-contre…

Samedi **5** SAINTE FLEUR

Dimanche **6** SAINT BRUNO

Octobre

Le physique de l'emploi

par Philippe Chevallier (suite et fin)

Et vers 16 heures, au moment du goûter, il n'est pas contre une petite série de rosé sec ballon avec son ami Raoul, un ancien de la Croix verte qui n'a pas tenu la distance. Et notre ami Mailhot, un ancien clerc de notaire me direz-vous, tu parles ! Toute sa formation de base a eu lieu à Lille, chez Dédé la Saumure. Parlez-en aux dames, un expert disent-elles, des trémolos dans la voix. Sachant manier le chaud et le froid, le fer et le velours, la mignardise et le nerf de bœuf, alternativement autoritaire et mielleux, romantique mais précis, sachant compter. Un coup d'œil unique pour repérer le matériel et l'orienter là où il faut ! Et votre serviteur, vous saviez qu'il avait été mannequin ? J'avais huit ans et c'était pour des chaussettes ! Quant à notre belle Chantal, on lui avait prédit une carrière de tragédienne eu égard à son physique. Erreur, il n'y a que pour son mari que c'est une tragédie !

UNE HISTOIRE DRÔLE

C'est un type qui s'en va chez son curé et il lui dit :
– Monsieur le curé, je suis marié depuis trois mois et j'ai déjà un enfant !
Le curé lui répond :
– Ah ! Ça, c'est un mystère !
– Mystère ou pas mystère, je connais ma femme depuis cinq mois et elle a déjà accouché… Qu'est-ce que ça veut dire ?
Le curé lui dit :
– C'est un grand mystère !
L'autre, il s'énerve, il lui lance à la figure :
– Écoutez, monsieur le curé, ne vous moquez pas de moi ! Et entre nous, permettez-moi une comparaison. Si vous allez à la chasse et que vous tirez une alouette et qu'elle tombe avant que le coup de fusil soit parti, vous appelez ça un mystère ?
– Ah non ! fait le curé, ça, c'est quelqu'un qui a tiré un coup avant vous… !

Question du jour

Avant 1900, dans un souci de décence, les zones de baignade dans les stations balnéaires étaient divisées en 3 quartiers : un pour les hommes, un pour les femmes. À qui était réservé le 3e quartier ?

Les familles

Présentation des panélistes

Il affiche la sérénité de ceux qui, après avoir amassé d'immenses fortunes, n'ont plus rien à vendre qu'un disque de vieilles chansons.

Pierre Bellemare

Bouvardise

On a tort de se moquer des militaires car, lorsqu'ils organisent, comme les couturiers, des défilés, ils n'exhibent, eux, que des modèles conçus pour le terrain.

Présentation des panélistes

Interdit de tringle pour s'être mouché dans les rideaux.

Jean-Jacques Peroni

Question du jour

Quel point commun y a-t-il entre la reine Élisabeth d'Angleterre et l'Empereur du Japon ?

Ils sont tous deux chefs officiels de la religion de leur pays.

Bouvardise

Je crois illustrer jusqu'à la caricature les qualités et les défauts du Français moyen. D'où un profil très français. Et très moyen.

Les statistiques de Peroni

– 98 % des ténias sont nourris, logés, mais pas blanchis.
– 38 % des obsédés sexuels zoophiles vous le diront : la girafe, c'est un long cou…
– 98 % des pickpockets ont peur du futur gouvernement qui ne laissera plus rien dans les poches de leurs futures victimes.
– 33 % des docteurs en droit ne soignent pas les bossus.
– 100 % des chats miaulent, 100 % des chiens aboient, 100 % des fourmis cro-ondent.
– *(Pour toi, Bernard)* Dans les stations de ski, les lendemains matins de nuit torride, 69 % des clientes ne prennent pas le tire-fesses parce que c'est encore un petit peu douloureux…
– Avec les gonzesses, 82 % des jardiniers ne roulent pas de pelles et se prennent des râteaux.
– 48 % des proctologues ne supportent pas la soupe à l'oignon.
– 17 % des pédicures ne mangent jamais de pieds de cochon.
– 14 % des participants à un bal masqué se déguisent en homard dans l'espoir de se faire sucer la queue.
– 1 % des habitants de Kaboul ont deux cabinets. Ne dit-on pas toujours « Afghan de toilette » ?
– 88 % des Martiens ont proposé l'asile politique à Jacques Cheminade.
– 25 % des dentistes ne savent pas extraire une racine carrée alors que 88 % des mathématiciens sont incapables d'extraire une molaire !
– 80 % des Corses en ont marre d'entendre Sarkozy et Hollande parler du travail !
– En Bretagne, 98 % des malheureux qui ont des morpions n'ont plus envie d'aller à la pêche au crabe.

UNE HISTOIRE DRÔLE

C'est 3 gamins qui discutent, dans la cour de récré. Chacun dit que son père est le plus rapide du monde.
Le premier :
— Mon père, il est super rapide. Il est conducteur de TGV. À 12h00 il est à Paris, à 14h30 il est à Marseille. Le second :
— Pfff, c'est minable. Mon père, il est pilote de Concorde. À 12h00 il est à Paris, à 15h00 il est à New-York.
Le troisième :
— Bande de petits joueurs.
Les 2 premiers :
— Il fait quoi ton père? Astronaute?
— Non, fonctionnaire. Il finit son boulot à 17h00 et il est à 16h00 à la maison !

UNE HISTOIRE DRÔLE

C'est un malade qui s'est fait greffer deux oreilles. Il va voir le docteur quelques semaines plus tard. Le docteur lui dit :
– Tout va bien ?
Le patient lui répond :
– Ouais tout va bien. Je peux vous demander quelque chose. Est-ce qu'on ne m'a pas greffé des oreilles de femme ?
Le docteur répond étonné :
– Oui, mais comment le savez-vous ?
Le patient répond :
– Parce que j'entends tout mais ne comprends rien... !

Question du jour

D'où vient l'usage de dire mademoiselle à une comédienne, même si elle est mariée ?

De Molière qui dans L'impromptu de Versailles appelait sa femme Mademoiselle Molière.

Présentation des panélistes

Ses deux drogues sont le tabac et l'actualité.

Bernard Mabille

Bouvardise

Je m'accepte comme je suis à condition de pouvoir être encore, de temps à autre, ce que j'étais.

Mercredi

9 Octobre

SAINT DENIS

Citation

Qui a dit : « Les hommes, c'est comme les chiens, ça mord parce que ça a peur. » ?

Jean Anouilh

Présentation des panélistes

Depuis l'invention du GPS pour piéton, il découche moins souvent au sortir du bistrot.

Jean-Jacques Peroni

Bouvardise

On n'obtient la considération sociale qu'en ne faisant pas grand-chose, mais en faisant toujours et longtemps la même chose. Je sais de quoi je parle.

Les pionniers de la radio

Jacques Mailhot : Vous savez que j'ai fait mes premières émissions de radio dans les stations régionales de Radio France, à Chamalières. Il y avait l'animateur vedette qui avait un appartement au-dessus des studios, eh bien je peux vous dire qu'il faisait ses émissions le matin en direct de son lit !

Bernard Mabille : C'est génial ! Regardez, on serait bien autour du lit de Philippe !

Philippe Bouvard : J'ai connu Radio-Montmartre qui était tenue par un couple qu'on appelait, va savoir pourquoi, les Thénardier. Il y avait un brave homme ventripotent et déjà assez chenu qui tenait l'antenne pendant quinze heures. De temps en temps, il s'adressait à sa femme, parce que le couple habitait lui aussi au-dessus du studio : « Maman, viens tenir le micro, j'vais pisser ! »

UNE HISTOIRE DRÔLE

Nicolas Sarkozy, la reine Élizabeth, et Vladimir Poutine meurent en même temps et se retrouvent en enfer.

À leur arrivée, ils repèrent un téléphone rouge et immédiatement demandent quelle en est l'utilité.

Le diable leur dit qu'il peut être utilisé pour appeler la terre dans des circonstances exceptionnelles.

Considérant tous les trois que les circonstances sont exceptionnelles car ils n'ont pas eu le temps de régler tous leurs problèmes, ils décident de s'en servir.

Poutine demande donc d'appeler la Russie, il parle pendant cinq minutes et le diable lui dit qu'il lui doit 1 million de roubles. Poutine fait un chèque.

La reine Élisabeth demande une communication avec l'Angleterre. Elle parle pendant vingt minutes et le diable lui demande 6 millions de livres. Elle paie.

Nicolas Sarkozy à son tour prend le téléphone, appelle la France et parle pendant quatre heures.

À la fin de l'appel, le diable lui dit qu'il doit 5 euros.

Quand Poutine entend cela, il entre dans une rage épouvantable et demande au diable pour quelle raison Sarkozy est traité de manière préférentielle.

Le diable sourit et lui explique que depuis que François Hollande est président, la France est devenue un enfer. C'était donc un appel local.

Quand Ben Laden taquinait le barbu

par Bernard Mabille

Un coup de sang contre l'éminence grise, et je ne parle pas de mon slip, qui a fixé le premier tour des présidentielles en pleines vacances de printemps, et le deuxième tour en plein pont de la Victoire. Il n'aurait pas fallu pousser beaucoup pour qu'ils nous foutent le troisième le lundi de la Pentecôte. Allez-vous vous étonner, après ça, que l'on parle d'une abstention autour des 30 % ? Alors, me direz-vous, on peut toujours voter par procuration, c'est ce qu'on nous explique mais moi, tous les potes auxquels je pense sont eux aussi en vacances. Ne reste plus qu'à trouver un vieux abandonné par ses enfants – il est rare de faire Paris-Genève aller-retour en déambulateur… Voilà donc la solution : donner sa procuration à un senior. Mais choisissez-le sans Alzheimer au risque de se retrouver avec un second tour Pierre Mendès-France contre Charles de Gaulle !

Un coup de sang aujourd'hui contre Ben Laden. On le croyait en cavale et il cavalait. Qu'apprend-on aujourd'hui ? Que le hors-la-loi taquinait le barbu. Il s'est marié trois fois, passant moins de temps dans sa grotte imaginaire que dans le petit terrier à Madame. Résultat : il fit cinq enfants. Ce qui nous faisait neuf Laden. Les Américains n'ont pas rasé une famille mais une laverie automatique.

Victime d'une chute dans l'escalier, Éva Joly repart en campagne. « Je n'ai pas changé », affirme-t-elle. Un coup de sang contre les mauvaises langues qui disent que l'escalier, comme le sondage, ne peut s'empêcher de se ramasser. Éva souffrirait de gros hématomes sur le visage. Après les Verts, les bleus ! Voilà qui ne va pas arranger ses affaires. Vous connaissez le dicton : femme à lunettes, femme en sucette.

À suivre page suivante…

UNE HISTOIRE DRÔLE

Un fermier décide d'aller au cinéma. Le vendeur de billets lui demande ce qu'il a sur son épaule.

Le vieux fermier répond :

– C'est mon poulet Chuck. C'est mon ami. Partout où je vais, Chuck vient aussi.

– Je suis désolé, mais votre poulet ne peut pas entrer. Les animaux sont interdits dans le cinéma.

Le vieux fermier se cache dans la ruelle arrière et met son poulet dans son pantalon.

Il retourne acheter un billet.

Il entre dans le cinéma et s'assoit à côté de deux veuves âgées.

Le film commence.

Le poulet a chaud dans le pantalon. Alors le vieil homme détache son pantalon, afin que le poulet puisse sortir sa tête.

La vieille, assise à côté, dit à son amie :

– Marge !

– Quoi ?

– L'homme assis à côté de moi est pervers…

– Pourquoi tu dis ça ? demande Marge.

– Il a défait son pantalon et son outil sort, chuchote-t-elle.

– Ne t'en fais pas, dit Marge, à ton âge tu en as vu d'autres…

– C'est ce que je pensais aussi, dit-elle. Mais celui-là est spécial, il mange mon pop-corn !

Vendredi

11 Octobre

SAINT FIRMIN

Citation

Qui a dit : « L'homme le plus inquiet d'une prison est le directeur. » ?

George Bernard Shaw.

Présentation des panélistes

Ce n'est qu'à partir du cinquième verre qu'il affirme avoir une vie bien remplie.

Jean-Jacques Peroni

Bouvardise

Les historiens du XXe siècle noteront sans doute plus tard que c'est à l'époque où la sidérurgie connut ses difficultés majeures que les industries suscitèrent le plus de fusions.

Quand Ben Laden taquinait le barbu

par Bernard Mabille (suite et fin)

On apprend dans un hebdomadaire que François Fillon, si propre, si sage, si lisse, si transparent, eut une enfance turbulente. Que le garçon ne fut non pas révolutionnaire mais révolté. Ah ! j'aime quand les politiques s'inventent une image pour faire plus près des gens. Pour Fillon, il faut préparer son élection à la mairie de Paris… Je cite : « Le petit Fillon adorait écraser sa poussette sur le portail, comme le petit Chevallier quand il promenait Laspalès… Conduire sans permis la 2 CV volée à ses parents, comme le petit Jacques Mailhot. Piquer les bouteilles dans la cave de ses parents, comme le petit Peroni. Et s'évader par le toit pour aller voir les filles du village voisin… comme le petit Bouvard ! Un môme comme tous les mômes en somme… “Si tu continues comme ça, tu ne feras jamais rien de bien”, lui disait son père. » On peut le dire maintenant, son père avait raison !

On n'arrête pas le progrès. Maman à 55 ans, maman à 66 ans, on apprend qu'une femme va accoucher à 69 ans ! On attend avec impatience les grossesses posthumes ! Ça va se bousculer à la maternité du Père-Lachaise !

Désespéré, l'entraîneur de l'OM, Didier Deschamps, déclare avant le match de ce soir contre le Bayern : « Il faudrait qu'on gagne pour être sûr de ne pas perdre. » Lui, quand il se pèse, c'est pas le cerveau qui fait exploser la bascule. Expliquant que le vainqueur est celui qui aura mis plus de buts que l'autre. Ça y est, il vient de comprendre la règle du jeu. C'est mal barré ! Le seul endroit où les joueurs de l'OM ont encore une chance de recevoir une coupe, c'est chez leur coiffeur !

Et enfin, une autre promesse de Nicolas Sarkozy : « Si vous votez pour moi, ça ne traînera pas. Je ferai tout encore plus que lors de mon premier mandat. » Encore un effort et il va nous ramener le quinquennat à trois ans !

Tout cadeau a un prix

Philippe Bouvard : Quand vous faites des cadeaux, vous êtes généreux ?

Bernard Mabille : Moi, je laisse le prix dessus, négligemment…

Philippe Bouvard : Vous savez que c'est ce qu'ils font en Chine !

Pierre Bellemare : Moi, je suis horriblement vexé quand la personne de la boutique n'a pas pris le soin de retirer l'étiquette ; ça m'est arrivé une ou deux fois dans ma vie. J'étais très mal à l'aise…

Philippe Chevallier : Moi, quand je suis invité chez des amis, j'apporte une bouteille. Je ne dis rien…

Pierre Bellemare : Tu apportes une bouteille de Badoit…

Philippe Chevallier : Non… Je ne dis rien et puis, au cours du repas, on me dit : « Oh ! C'est bon ! » Et je réponds : « Ça peut, j'ai payé ça 12,50 € chez Nicolas ! »

Jacques Mailhot : C'est bien de le dire !

Philippe Chevallier : Oui, sinon on passe pour un pégreleux !

UNE HISTOIRE À BIDE

C'est l'équipe de France de football qui se trouve dans un avion pour disputer un match en Afrique.
Ils jouent au foot dans l'avion. Le pilote s'énerve.
Il demande à son copilote :
– Tu peux aller les calmer, s'il te plaît ?
Alors, le collègue va voir les joueurs et revient cinq minutes plus tard dans le poste de pilotage.
Et là… Plus un bruit !
Le pilote demande alors à son acolyte :
– Tu as fait quoi pour les calmer ?
Et le copilote de répondre :
– Je leur ai demandé d'aller jouer dehors !

Question du jour

Dans un western, comment reconnaît-on un véritable Indien ?

Il monte à cheval par la droite.

Bouvardise

Au train où nous roulons, la liberté d'expression se résumera bientôt au droit de dire qu'on est très heureux de ne plus rien pouvoir dire.

Présentation des panélistes

La mauvaise humeur qu'elle extériorise cache une grande jubilation intérieure.

Chantal Ladesou

Question du jour

Avant de construire la Tour Eiffel, Gustave Eiffel avait perfectionné un objet. Lequel ?

Il avait amélioré le système d'attache des porte-jarretelles des femmes

Bouvardise

La solution la plus simple pour établir une paix durable dans le monde : que les gentils lancent des bombes sur tous les méchants qu'ils suspectent d'en détenir aussi.

Auto critiques

par Jacques Mailhot

Un coup de sang en faveur des automobilistes et notamment ceux qui ont encore le courage de rouler dans les grandes villes. En plus d'être la meilleure vache à lait de France, loin devant l'Aquitaine ou la Savoyarde, l'automobiliste est surtout la cible et l'exutoire des bobos, écolos et autres suppôts de la vie moderne. Si l'on ajoute à cette curée sociale, l'obligation de s'équiper de gadgets aussi ridicules qu'inutiles comme un gilet jaune, un triangle rouge, un éthylotest et bientôt, n'en doutons pas, d'un thermomètre colorectal et d'une ceinture anti-ballotage pour protéger les testicules et assurer la pérennité de l'espèce, on comprendra que l'automobiliste est devenu, au fil du temps, le citoyen à abattre, l'ennemi public numéro un ! Mais là ne saurait s'arrêter la bronca, car en plus des contraintes et des obligations en tout genre (taxes, contraventions, radars mobiles ou immobiles), l'automobiliste qui roule en ville doit affronter trois autres types de danger et non des moindres…

En premier lieu, le piéton. Ah ! le piéton qui part désormais du principe, depuis la loi Badinter, qu'il a toujours raison… Le piéton traverse n'importe où et n'importe comment, de préférence en tournant le dos à la circulation, en écoutant de la musique avec des écouteurs sur ses oreilles ou en consultant ses SMS sur son téléphone.

Certains piétons ne voient rien, n'entendent rien, ne regardent rien, ils sont de plus en plus partout sauf… à l'endroit où ils se trouvent.

Ensuite les vélos. Ah ! les vélos qui ont tous les droits aussi : rouler en sens interdit, sur les trottoirs, sur les piétons, et qui, bien souvent, sont chevauchés par des tricoteuses ménopausées n'ayant pas tenu un guidon depuis l'invention du presse-purée électrique. Alors là, il faut les voir, les mémères, jouer les bimbos, vaciller, tituber, rater une pédale avant de s'affaler sur l'aile avant droite de votre voiture en vous traitant de danger public notoire.

À suivre ci-contre…

UNE HISTOIRE À BIDE

Deux Belges boivent une bière à la terrasse d'un bistrot :

– Savais-tu que ma femme avait une peur bleue qu'on lui vole ses vêtements.

– Elle n'avait qu'à les faire assurer, une fois.

– Elle a eu une meilleure idée, elle a un homme qui reste dans la penderie pour les garder. Je l'ai trouvé hier soir en rentrant du travail !

Mardi

15 Octobre

SAINTE THÉRÈSE D'AVILA

Auto critiques

par Jacques Mailhot (suite et fin)

Et puis et surtout, l'automobiliste doit affronter les conducteurs de deux-roues motorisés, ces nouveaux curetons défroqués de la circulation urbaine, qui indiquent et parfois hurlent à l'automobiliste ce qu'il doit ou aurait dû faire pour ne pas les gêner, ces nouveaux bedeaux du macadam à la conduite exemplaire qui vous doublent à droite, à gauche, vous coupent la route, vous font des queues de poisson, des bras ou des doigts d'honneur, tout ça pour arriver à l'heure chez bobonne, faute de quoi elle doit leur mettre une fessée ou les priver de dessert. Ceux-là sont les pires ! Ils y croient et ils s'y croient. Ils sont à la chaussée ce que les radicaux sont à la politique : un coup à droite, un coup à gauche, un coup sur le côté mais jamais où il faut ! Pas étonnant que bobonne soit frustrée…

Alors des frustrés de l'existence, sans doute le sont-ils avec une surface de raisonnement égale à celle de leur pot d'échappement. Face à cette cohorte de déchaînés du guidon, l'automobiliste tant décrié, haï, vomi, a donc quand même un peu de mérite, beaucoup de patience et souvent même beaucoup de politesse et d'élégance à conserver son calme et éviter à ces donneurs de leçons sans doute plus d'accidents qu'ils ne devraient en avoir.

Mais là ne sauraient se terminer les turpitudes jamais achevées de l'automobiliste. Depuis quelques jours, vous l'aurez peut-être remarqué, on commence à lui reprocher de ne pas penser assez souvent à changer sa voiture. Car si les ventes de voiture sont fortement en baisse depuis trois mois, à votre avis… c'est la faute de qui ?

De l'automobiliste, bien sûr !

UNE HISTOIRE DRÔLE

Un homme était en train de sortir de sa place de stationnement d'un supermarché, quand un peu trop pressé, il fait une belle éraflure sur la portière de la voiture voisine avec son pare-chocs.

Voyant qu'un autre gars avait vu ce qu'il s'était passé, le gars descend de sa voiture et dit :

— Je vais lui laisser un mot sur son pare-brise. Comme ça, il pourra me contacter pour les histoires d'assurance !

Et sur la note qu'il a placée sur le pare-brise, il a écrit :

Cher automobiliste, En sortant de ma place de parking, j'ai malencontreusement éraflé votre portière. Comme j'ai été vu par quelqu'un, je lui ai dit que je vous laisserai un petit mot. Certainement qu'il pensait que ce serait pour vous laisser mon nom et mon numéro de téléphone. Il se trompait. Bonne journée !

Présentation des panélistes

C'est parce que l'état civil lui a accordé un patronyme avec deux ailes qu'il a pu s'élever au-dessus du commun.

Philippe Chevallier

Bouvardise

Le simple regard porté sur la douleur, l'intimité, la beauté, constitue un viol permanent de l'intimité autorisé par la loi.

Citation

Qui a dit : « Je passe ma journée à essayer de scotcher les individus devant la télévision et le soir je passe mon temps à essayer de déscotcher mes enfants. Je fais un véritable métier de schizophrène. » ?

Nicolas de Tavernost

Mercredi

16 Octobre

SAINTE EDWIGE

UNE HISTOIRE DRÔLE

Trois hommes discutent de leur autorité à la maison. Le premier dit :

— Moi, ma femme ne fait jamais rien sans me demander mon accord.

— Moi, elle se tait quand je parle et m'obéit dans tous les domaines.

Le troisième ne dit rien. Les autres lui demandent :

— Et toi ?

— Moi, l'autre jour, je me suis arrêté au bistrot et je suis rentré tard. Ma femme est venue vers moi en rampant.

— Et qu'est-ce qu'elle t'a dit ?

— Elle m'a dit : « Sors de sous ce lit, si t'es un homme ! »

Présentation des panélistes

Elle avait, depuis vingt ans qu'elle nous mettait la larme à l'œil et à la télé, des réserves de gaieté inemployée.

Mireille Dumas

Bouvardise

Question posée par un grand magazine : "Peut-on enfin aimer l'Allemagne ?" Je crois me souvenir que certains Français avaient déjà répondu par l'affirmative entre 1940 et 1944.

Tous au lit !

Philippe Bouvard : Comment dormez-vous ? En travers du lit quand vous pouvez ? D'un côté ou de l'autre ?

Jean-Jacques Peroni : Si on est deux, à chacun son côté !

Philippe Chevallier : Ou alors un en haut du lit, un en bas du lit, mais…

Jean-Jacques Peroni : Moi, quand je dors en travers, c'est quand je fais du bateau. Je dors en travers de port.

Bernard Mabille : Moi, je dors toujours au même endroit. J'ai un très grand lit de 2,20 mètres et je dors toujours au même endroit sur 50 centimètres en bordure du lit.

Jean-Jacques Peroni : Mais il doit y avoir un trou à cet endroit-là !

Philippe Chevallier : Oui, ça doit pencher !

Philippe Bouvard : C'est-à-dire que vous êtes réfugié dans un coin…

Philippe Chevallier : Toujours réfugié dans un trou, toi, quand tu dors !

Bernard Mabille : D'ailleurs, j'ai pris un oreiller à mémoire. Ça, c'est pas mal ! Il prend la forme de votre tête, de votre cou et quand vous revenez le soir…

Jean-Jacques Peroni : Il te dit : « Bonjour, mon gros loup, tu as passé une bonne journée ? »

Philippe Bouvard : Alors, il paraît qu'il y a aussi un oreiller musical…

Mireille Dumas : Pour les bébés, non ?

Philippe Bouvard : Oui, il y a une berceuse qui vous endort…

Jean-Jacques Peroni : Et puis, il y a le matelas péteur, pour amuser les plus grands !

Philippe Chevallier : Pas besoin de matelas !

Philippe Bouvard : Et vous rêvez parfois d'artistes ou de chanteurs ?

Jean-Jacques Peroni : Ah ! moi j'ai eu les Beatles à la maison !

Bernard Mabille : Tous sous le duvet ?

Jacques Mailhot : Qu'est-ce que tu avais bu ?

Jean-Jacques Peroni : Oh, je ne sais pas, j'avais peut-être fumé aussi… Je les ai eus tous les quatre, ils prenaient le thé à la maison.

Philippe Bouvard : Et alors ils chantaient, ils jouaient ?

Jean-Jacques Peroni : Non, non, on parlait, on prenait le thé, j'étais à côté de Ringo.

Philippe Chevallier : C'est bien la première fois que Peroni buvait du thé, hein !

UNE HISTOIRE DRÔLE

Une femme demande à son chirurgien esthétique :
— J'aimerai avoir de plus gros seins. Combien cela me coûterait-il ?
L'homme de l'art :
— Cela coûterait environ 9 000 euros.
— Je ne peux pas me le permettre... N'y a-t-il pas une alternative à la chirurgie ?
Le docteur essayant d'être aimable :
— Vous pourriez essayer de vous frotter les seins avec du papier toilette...
La femme :
— Du papier toilette ? Comment cela pourrait-il me rendre les seins plus gros ?
Le docteur :
— Regardez ce que cela a réussi à faire à votre arrière-train !

Présentation des panélistes

Comédienne à succès, chanteuse culte et maîtresse-femme.

Princess Erika

Question du jour

En 1684, qui succéda à Pierre Corneille à l'Académie Française ?

Son frère, Thomas

Bouvardise

Il faudrait que la prison soit assez humaine pour décourager les détenus de s'évader mais pas qu'elle devienne assez confortable pour susciter des vocations délinquantes.

Présentation des panélistes

Si sa carrière théâtrale était à refaire, il demanderait un peu moins de répliques et un peu plus de baisers.

Jacques Balutin

Question du jour

Quels sont les noms des 4 présidents américains dont les figures sont sculptées sur le mont Rushmore ?

George Washington, Thomas Jefferson, Abraham Lincoln et Theodore Roosevel

Bouvardise

Et si la foi n'était qu'une forme très particulière de l'aliénation mentale ?

Peroni s'indigne

Oui, je suis indigné ! Indigné par le mauvais français d'une candidate à la présidence de la France !

Indigné par le prix de la pipe indexé sur le prix du tabac !

Indigné comme tous les pochetrons par la célébration des accords d'Évian !

Indigné par ces cuistots télévisuels qui sont à la bouffe ce que Valérie Damidot est à la décoration !

Indigné par tous ces zoos qui ligaturent la trompe des éléphantes pour qu'elles n'aient pas d'enfants !

Indigné par tous ces chiens de chasse qui vous mordent si vous la tirez aux cabinets, la chasse !

Indigné par la condamnation de cet agriculteur pour harcèlement sexuel envers sa femme parce que tous les matins, il lui disait : « C'est pas le tout, mais il faut que je laboure ! »

Indigné par ces politicards qui, en regardant Notre-Dame de Paris, se disent : « Qui tu vois entre les deux tours ? »

Indigné par Maïté et Mabille qui n'ont pas soutenu le slogan de Sarkozy : « Pour une France forte ! »

Indigné par cet animateur de maison de retraite qui organisait un concours de course en sac avec déambulateur, tout ça pour entrer dans le *Livre des Records* avec 118 fractures du col du fémur en une demi-heure !

Indigné par tous ces myopes qui pissent à côté des lunettes !

Indigné par ce fabriquant de fenêtres à double vitrage qui a sorti un modèle Mike Brant !

Indigné par ce fabriquant de piscines vides qui a osé commercialiser le modèle François Bayrou !

Indigné par ce poissonnier qui, à chaque fois que vous lui demandez s'il a de la raie bouclée, vous répond : « Allez voir ma femme, elle va vous la montrer ! »

Oui, je suis un indigné !

UNE HISTOIRE À BIDE

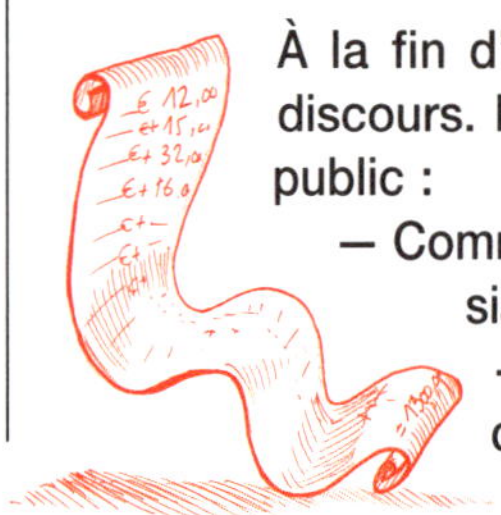

À la fin d'un repas, l'organisateur décide de faire un petit discours. Il demande à son voisin qui est habitué à parler en public :

— Comment pourrais-je en quelques mots susciter l'enthousiasme ?

— C'est pas compliqué, cinq mots suffisent pour cela, dites : « La note est pour moi ! »

Trop sexy, la météo !

Régis Mailhot : Cette mode des animatrices hyper sexy à la télévision ! Vous savez, vous êtes tranquillement en train de regarder la télévision devant votre écran plasma, à prendre la température du monde, il y a une superbe créature callipyge qui est là, dans la télé, qui vous dit des choses merveilleuses, elle est superbe et, à un moment, elle vous dit : « Inondations terribles au Bangladesh, 300 morts… » Et là, étonnamment, tu bandes…
Bernard Mabille : Ah ! il va falloir que j'essaie alors.
Jacques Mailhot : Nous, il nous faut au moins un tsunami pour que ça nous soulève…
Régis Mailhot : Non, mais d'un point de vue éthique, c'est gênant. On regrette pratiquement Arlette Chabot ! Donc je voudrais dire stop à ces présentatrices. Maintenant, on ne fait plus la différence entre les stars de l'info et celles du porno.

Présentation des panélistes

Directeur d'un théâtre où l'on accepte la critique et où l'on refuse du monde.

Jacques Mailhot

Bouvardise

La chance appartient à ceux qui se sont rendus disponibles pour la saisir le jour où elle passait.

UNE HISTOIRE À BIDE

Une blonde se présente pour un entretien d'embauche au poste de responsable du vestiaire d'un grand restaurant.
Le recruteur lui demande :
– Quel est votre âge ?
La blonde compte alors sur ses doigts et finit par répondre :
– 22 ans.
– Quel est votre prénom ?
La blonde se met alors à bouger la tête pendant une dizaine de secondes, en remuant les lèvres mais sans émettre un son puis, finalement, dit :
– Vanessa !
– Écoutez Mademoiselle, je suis très indulgent et j'admets que vous soyez obligée de compter sur vos doigts pour donner votre âge, mais j'aimerais vraiment savoir à quoi vous pensiez avant de me répondre que vous vous prénommiez Vanessa ?
– C'était juste pour m'en souvenir. J'ai un moyen mnémotechnique pour ça : « 3-4 Joyeux z'anniversaaaaire, joyeux z'anniversaaaaire, joyeux z'anniversaaaaire, Vanessa ! »

UNE HISTOIRE À BIDE

C'est un type qui va au zoo avec sa femme. Devant la grille du gorille, le type dit à sa femme :
— Chérie, fais-moi plaisir, montre-lui tes seins.
— Non, mais ça va pas ?
— Allez, il y a personne, fais-moi plaisir.
La femme soulève sa chemise et montre ses seins au singe qui commence à être vachement excité.
— Chérie, soulève ta jupe, allez, il y a personne, fais ça pour moi.
— T'es complètement barjo ?
— Allez, fais ça pour moi. Regarde la pauvre bête, il est content et ça ne te coûte rien.
Elle soulève sa jupe. Le singe se met à grimper aux barreaux, le mari ouvre la cage, pousse sa femme à l'intérieur et lui dit :
— Maintenant, raconte-lui que tu as la migraine !

Véronique Genest, plaque tournante du terrorisme

Véronique Genest : Avant *Julie Lescaut*, avec une amie, on sous-louait un appartement à une fille qui vivait à Philadelphie et qui revenait deux fois par an pendant quinze jours. C'était un bon deal, ce n'était pas trop cher, le proprio était au courant… Tout se passait super bien et, à un moment, je quitte l'appartement, on le rend. Deux ans après, on se retrouve convoquées par la police judiciaire, à la brigade antiterroriste. Avec mon amie, on arrive et on est placées chacune dans un bureau à part pour être entendues. On ne savait pas du tout ce qu'on attendait de nous ! Tout à coup, le mec en face de moi me sort des photos, des Polaroïds, il les étale devant moi et je vois des tonnes de gens dans mon appartement de l'époque, dans mes draps, dans mes meubles… à poil ! Des partouzes ! Et le mec me dit : « C'était chez vous, ça ? » Alors moi, je tombe des nues…

Philippe Chevallier : Tomber des nues, c'est le cas de le dire !

Véronique Genest : Et donc le mec a vu qu'on était de bonne foi, mais j'ai appris que quand je partais deux fois par an, cet appartement servait de plaque tournante à un réseau terroriste palestinien et à des partouzeurs. Je me suis souvenue que, de temps en temps, je recevais des coups de fil et c'était comme si je devais accepter de prendre des rendez-vous ou je ne sais quoi. C'était ni plus ni moins des putes qui vivaient là avant…

Citation

Qui a dit : « J'ai toujours pensé que, tant que l'homme sera mortel, il ne sera jamais décontracté. » ?

Woody Allen

Présentation des panélistes

Né doublement sous le signe de la balance à cause de ses dénonciations et de son poids.

Bernard Mabille

Bouvardise

Les recensements périodiques et les comptages de bulletins de vote me donnent la désagréable impression que je n'ai été mis sur terre que pour faire nombre.

Mardi **22** Octobre

SAINTE ELODIE

Si vous avez la même à la maison…

par Bernard Mabille

Un coup de sang contre mon épouse, jamais contente, qui a choisi de me pourrir la vie ce dimanche sous prétexte que je refusais de partager son travail domestique. Piquer le boulot des autres, ça n'a jamais été mon truc, on ne se refait pas.

« Chéri, tu pourrais m'aider à retaper le lit ? », « Amour, tu pourrais descendre la poubelle ? », « Mon ange, tu pourrais aller chercher le pain ? », « Mon cœur, tu pourrais mettre la table ? », « Mon bébé, tu pourrais trier ton linge sale ? » Pour terminer en apothéose par un soliloque lancé si fort du fond de la cuisine qu'un client d'Audika aurait pu l'entendre : « Ma mère m'avait bien dit de ne pas épouser ce connard ! » Je suis sûr, messieurs, que vous avez la même à la maison, ce modèle de *femellus cassecouillus* ayant été fabriqué après-guerre à des millions d'exemplaires identiques.

Plutôt que de passer l'aspirateur, repasser mes chemises, rassembler mes chaussettes, nettoyer les vitres profitant d'un soleil enchanteur, elle a préféré me gâcher mon après-midi alors que je m'apprêtais à regarder le western proposé à la télé, *Règlements de compte aux électorales*, avec Ma Le Pen, Nick Sarkozy et Francky Hollande, un remake du classique de Sergio Leone, *La méchante, la brute et le truand.*

J'étais là, mollement allongé sur mon canapé, short, bière et charentaises, la panoplie du militant, drapeau tricolore et corne de brume à portée de la main… J'étais là à maudire les épouses de tout poil quand je vis une apparition divine, pareille à Soubirous matant Marie, quand je vis Carla à Marseille. Elle rayonnait, irradiée comme un ouvrier quittant la centrale de Fessenheim. Mais comment, me direz-vous, ne pas rayonner au milieu de cette collection de tronches de cake qu'étaient Juppé, Sarkozy et autres Gaudin ?

À suivre page suivante…

UNE HISTOIRE DRÔLE

C'est l'histoire de Tarzan qui entre dans une pharmacie :

– Tarzan veut capote.

Le pharmacien lui donne l'un de ses plus solides modèles, au cas où…

Le lendemain, Tarzan revient :

– Tarzan, homme fort. Jane, femme forte. Capote : BOUM !

Impressionné, le pharmacien lui donne une capote hyper résistante avec des renforts de fibres de carbone et tout, et tout…

Le lendemain, Tarzan revient :

– Tarzan, homme fort. Jane, femme forte. Capote : BOUM !

Agacé, le pharmacien met au point un prototype de sa fabrication : un alliage de fibres de verre, carbone-kevlar et arceaux de mousse haute densité.

Le lendemain, Tarzan revient :

– Tarzan, homme fort. Jane, femme forte. Capote : BOUM !

Carrément énervé, le pharmacien pète un câble et fabrique une méga capote avec sa truelle, du béton et des arceaux d'acier.

Le lendemain, Tarzan revient cette fois avec le sourire :

– Tarzan, homme fort. Capote forte. Jane : BOUM !

Bouvardise

Introduction en Bourse : possibilité de vendre à des gens qu'on ne connaît pas un produit qu'ils ignorent.

Question du jour

Quelle a été la première actrice à figurer de son vivant sur un timbre-poste ?

Grace Kelly, le jour où elle est devenue la Princesse de Monaco

Présentation des panélistes

Après La Tour d'Auvergne, grognard de l'Empire, cet auvergnat est devenu le grognon de la République.

Jacques Mailhot

Citation

Qui a dit : « Le champignon le plus vénéneux, c'est celui qu'on trouve dans les voitures » ?

Coluche.

Question du jour

En quel honneur le Président Loubet a-t-il réuni 22 695 maires de France dans le Jardin des Tuileries pour un banquet ?

Pour l'exposition universelle de 1900

Présentation des panélistes

Ponte dans son poulailler du Gers, grand notable à Paris.

Bernard Mabille

Si vous avez la même à la maison…

par Bernard Mabille (suite et fin)

Sagement, elle dégustait les paroles de son mari, elle ! Applaudissant frénétiquement au dernier spectacle de Nicolas où le candidat pas encore président promettait de faire tout ce que le président pas encore candidat n'avait pas su faire. « Comment l'avez-vous trouvé ? » lui demanda-t-on. « Merveilleux et très émouvant ! » C'est pas ma femme qui dirait ça quand je descends de scène ! Prends-en de la graine, maman !
Carla, épouse câline qui, après s'être pliée en deux, est venue poser sa tête sur l'épaule de son mari et affirmant tendrement : « Je suis à côté de lui à 100 %. Ses idées sont fabuleuses et fortes. J'accompagnerai mon époux partout où il en a besoin. En cinq ans, il a tout bien fait. »
Vous en connaissez beaucoup de femmes comme ça ? Belle, admirative et intelligente ? Nous, il nous faut en épouser trois pour trouver la même ! Une femme qui aime les programmes télé que l'on aime, trouvant *Plus belle la vie* passionnant, *L'amour est dans le pré* fabuleux et le Tour de France magnifique, et qui rêve, non pas de vison, de bagnole de sport ou de vacances aux Antilles, mais de participer tout simplement à un épisode de *Rendez-vous en terre inconnue.*
Pendant ce temps-là, Jean-Marine Le Pen s'emmêlait les pinceaux avec sa viande halal, ayant mélangé ses fiches : « Non, toute la viande n'est pas halal ! Même si toute la viande est achetée à la halle de Rungis ! »
Hollande rendait hommage aux moulins de son pays, faisant du vent, beaucoup de vent. Et Borloo s'apprêtait à prendre la direction de Véolia. Oui, Véolia, le numéro un de la distribution d'eau ! Une certitude, le futur P-DG ne va pas taper dans les stocks !

UNE HISTOIRE DRÔLE

Un richissime émir du Moyen-Orient fait visiter son harem à un journaliste américain. Au passage, il jette son mouchoir de dentelle à une jeune nymphette de 16 ans, la désignant ainsi comme sa favorite de la nuit prochaine.
— Et les autres ? demande le journaliste, passablement excité. Comment font-elles pendant ce temps ?
— Eh bien, dit l'émir, elles se mouchent avec leurs doigts !

Jacques Mailhot bat la campagne

Aujourd'hui, il n'y a pas que les employés subalternes et les secrétaires qui peuvent déplorer le rejet, par le Conseil constitutionnel, de la loi sur le harcèlement sexuel. Il y a également, sachez-le, les vaches suisses !

Je m'explique : dans ce monde cupide, voué à l'argent et au culte du veau d'or, les vaches sont forcément les premières touchées. Et quand je dis « touchées », je ne parle pas des attouchements déplacés et indécents que subissent chaque année les pensionnaires du Salon de l'agriculture… Je veux parler de ce nouveau système électronique mis en place par les éleveurs suisses qui leur permet de recevoir des SMS de leurs vaches leur indiquant qu'elles sont en rut, exactement comme la journaliste de BFM TV qui se met à trépigner et à piaffer dès qu'elle a un homme politique important devant elle !

Ce système est diabolique ! Dès qu'une pauvre vache est prête à se faire culbuter par le taureau du Marcel (un copain de Philippe Chevallier), taureau, surnommé à juste titre le « DSK des alpages », eh bien le Jean-Marie, le propriétaire de la chaudasse en question, reçoit sur son portable un SMS du genre : « Marguerite cherche mâle bien équipé pour nuit sans lendemain. »

Aussitôt alerté, le Jean-Marie appelle donc le Marcel en lui disant : « Amène donc ton DSK, j'ai la Marguerite qui est prête à se faire butiner la collerette ! »

Avouez que ça ressemble étrangement aux us et coutumes pratiqués chez Dodo la Saumure. C'est le principe de la viande à plaisir, si souvent dénoncé par les ligues féministes.

Il faut que vous sachiez (sachiez n'est pas un gros mot que j'extrais d'un poème romantique de Jean-Jacques Peroni, c'est simplement un subjonctif) que, de nos jours, les vaches produisent tellement de lait qu'elles sécrètent de moins en moins de phéromones et que beaucoup d'entre elles jouent les timides et les timorées. C'est une erreur de l'élevage moderne, le paysan privilégiant trop la tétine au détriment de la boîte à plaisir. Il y va donc de la pérennité des espèces ! Le Marcel, tellement occupé par un tas de tâches subalternes, n'a même plus le temps d'observer son cheptel et de repérer ainsi les périodes de chaleur de ses pensionnaires, contrairement à Pierre Bellemarre qui, lui, a toujours un thermomètre dans la main.

Et lorsque vous saurez que ce système bigrement ingénieux s'appelle Anémon, je dis bien Anémon, vous aurez tous compris car Anémon est le masculin d'Anémone, l'épouse du grand spécialiste des princesses en chaleur et des femmes politiques aux mollets excitants !

D'où cette bluette qui résonne désormais dans les montagnes suisses dès qu'une vache a le pulseur en effervescence : « Anémon, il y a le téléfon qui son et y'a le taureau de Marcel qui se pèle le jonc ! »

UNE HISTOIRE DRÔLE

Un membre de la mafia italienne s'adresse à ses trois fils.
Il demande au premier :
— Combien font 2 plus 2 ?
Et le fils répond :
— Ça fait cinq, papa.
Il demande au deuxième :
— Combien font 2 plus 2 ?
Et le fils répond :
— Ça fait cinq, papa.
Il demande au troisième :
— Combien font 2 plus 2 ?
Et le fils répond :
— Ça fait quatre, papa.
Et le père sort son revolver et abat froidement son troisième fils.
Les deux autres s'exclament :
— Papa, pourquoi l'as-tu tué ?
Et le père de répondre :
— Il en savait trop !

Présentation des panélistes

Il ne dispose plus aujourd'hui d'autres fusées que celle qu'il gare dans son pantalon.

Vincent Perrot

Bouvardise

Je n'ai vocation de piéton que pour aller de mon domicile au garage…

Vendredi 25 Octobre

SAINT CRÉPIN

UNE HISTOIRE DRÔLE

C'est une blonde de l'Est, une polonaise, qui va à la Poste dans un tout petit village français afin d'envoyer un message à ses parents restés au pays. Venant d'arriver, elle parle encore mal le français. Cependant, elle parvient quand même à se faire comprendre auprès du postier. Celui-ci lui dit :

– Pour la Pologne, ça vous fera 100 euros.

Elle s'exclame :

– Mais je n'ai pas autant d'argent !... Et il faut ABSOLUMENT que j'envoie ce message à ma mère en Pologne !!!! Je ferais N'IMPORTE QUOI pour ça !

Le postier demande :

– N'importe quoi ?

Et la blonde réplique :

– Oui ! N'importe quoi !

Alors, le postier lui répond de le suivre dans l'arrière-salle. Il ferme la porte derrière elle et lui ordonne :

– Mettez-vous à genoux *(ce qu'elle fait)*

Descendez ma braguette *(ce qu'elle fait)*

Sortez-la de mon pantalon *(elle lui prend le pénis entre les mains)*

Allez, maintenant, vous pouvez y aller :

Alors, la blonde avance sa bouche... puis crie :

– ALLÔ, MAMAN ? TU M'ENTENDS ?

Dis-moi quelle est ta montre...

Philippe Bouvard : Est-ce que vous considérez qu'on a raté sa vie quand, à 50 ans, on n'a pas une certaine montre ?

Jacques Mailhot : C'est une connerie, ça ! En plus, ces montres ne sont pas les plus belles !

Bernard Mabille : Vous avez vu que François Hollande a une Swatch, ça va nous changer...

Macha Méril : Il y a des gens très bien qui n'ont jamais d'argent dans leur vie et qui sont formidables...

Philippe Bouvard : Il y en a qui n'ont même pas de montre !

Philippe Chevallier : Moi, je n'ai pas de montre.

Philippe Bouvard : Je me souviens que j'avais un jour interviewé Marcel Dassault, l'homme le plus riche de France à l'époque. Je lui avais demandé : « C'est formidable d'être milliardaire ! Vous pouvez vous offrir tout ce que vous voulez, non ? » Il m'avait répondu : « Moi ? Je n'ai même pas une montre ! » Il avait tellement de gens autour de lui qui pouvaient lui donner l'heure...

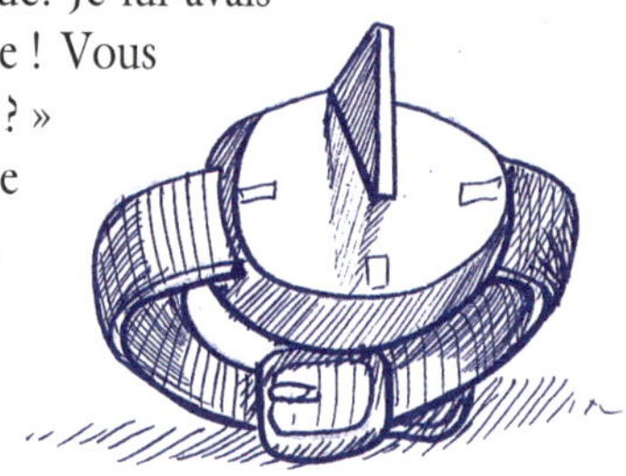

Philippe Chevallier : Moi, j'ai une grosse aiguille mais je n'ai pas de montre !

Bernard Mabille : Prétentieux !

Question du jour

Quel est le seul homme politique français à avoir été président de la République deux fois à cinq ans d'intervalle ?

Alain Poher : président de la République par intérim en 1969 après la démission de De Gaulle, puis en 1974 suite au décès de Georges Pompidou.

Bouvardise

Le paradoxe du journaliste le plus honnête : il est désespéré par tout ce qui va mal et désappointé par tout ce qui va bien.

Faut-il partager l'addition ?

Philippe Bouvard : Vous allez au restaurant pour la première fois, si le type dit : « On va partager… », ça ne vous semble pas de bon augure ?

Macha Méril : Bof, ça dépend de la génération, ça dépend des moyens, moi je m'en fous de ça…

Mireille Dumas : Ah non ! C'est rédhibitoire, moi je ne peux pas. « On va partager ? » Ah non ! Ce n'est pas possible.

Princess Erika : Mais si c'est un petit jeune, tu paies ! Et si c'est un petit vieux, eh bien tu… tu…

Macha Méril : Tu paies aussi !

Mireille Dumas : Non, un petit vieux, normalement, te paie !

Princess Erika : Je ne sais plus qui disait ça : « Faire l'amour à un vieil homme… »

Philippe Bouvard : C'est Alice Sapritch qui disait : « Faire l'amour avec un vieux, quelle horreur ! Faire l'amour avec un jeune, quelle fatigue ! »

UNE HISTOIRE DRÔLE

Une femme se rend chez son gynécologue pour un examen de routine. Il l'examine et là, surprise, elle a deux tatouages à l'intérieur des cuisses !

– Pardon mais qu'est-ce que c'est ? lui demande son toubib.

– Ce sont les photos des deux ailiers de l'équipe de France de rugby. Je suis une grande fan du quinze de France!

– Effectivement, je les reconnais... Puis-je vous demander une faveur ?

– Allez-y docteur, je vous écoute, répond-elle.

– Je suis moi aussi un grand fan et je suis très superstitieux... Puis-je les embrasser ?

Un peu gênée, la jeune femme accepte malgré tout.

Aussitôt le gynécologue s'exécute : smac à droite, smac à gauche.

Ce sur quoi, la jeune femme le regarde dans les yeux et lui dit :

– Et alors... on oublie Chabal ?!

Présentation des panélistes

Aussi porté sur la saillie que sur la boutade.

Philippe Chevallier

Question du jour

Quelle est la table dont la longueur est obligatoirement le double de la largeur ?

La table de billard

Bouvardise

La démagogie, c'est cracher sur ce qui vous fait saliver.

Lundi

28 Octobre

SAINTE JUDE

UNE HISTOIRE DRÔLE

Sur le coup de 5 heures du matin, un fêtard invétéré rentre chez lui, un peu éméché. Il jette sa femme au bas du lit et lui dit :

— Allez, fais tes valises et file rejoindre mon ami Martin. Je t'ai jouée au poker, cette nuit, et j'ai perdu.

— Oh ! sanglote la malheureuse, assise en chemise de nuit sur la descente de lit. Comment as-tu pu faire une chose pareille ? Et son mari de répliquer avec un mauvais sourire :

— J'ai triché !

Présentation des panélistes

Sur le créneau de la confession, elle a pris la relève des coiffeurs et des ecclésiastiques.

Mireille Dumas

Bouvardise

Une cellule est l'assurance de compagnie au début d'une carrière politique, et garantie de solitude vers la fin.

Soignez les préliminaires !

Philippe Bouvard : Est-ce que, depuis vos débuts, vous avez perfectionné votre technique amoureuse, plus particulièrement au niveau des préliminaires ?

Jean-Jacques Peroni : Non, là, je n'ai pas beaucoup progressé !

Bernard Mabille : Non… après, on s'en va !

Philippe Chevallier : Ah ça, les préliminaires, qu'est-ce qu'on peut nous enquiquiner avec !

Philippe Bouvard : Avant, c'est le dîner, après, c'est le taxi !

Jean-Jacques Peroni : Commence toute seule mémère, je finis la blanquette et je te rejoins !

Macha Méril : Dieu sait qu'ici vous auriez l'occasion d'apprendre !

Philippe Bouvard : Non, mais, attendez… Donnez-nous le perfectionnement féminin essentiel que vous avez appris ?

Macha Méril : Ah ! C'est la mise en scène du moment fatal. C'est-à-dire qu'il ne faut absolument pas sauter dessus, il faut avant réfléchir, organiser, faire une soirée, préparer…

Bernard Mabille : Oh là là, moi, je me suis déjà barré !

Philippe Chevallier : Non, mais elle a raison Macha ! Moi, un jour, je me suis habillé en David Crockett. J'avais la queue derrière le chapeau et j'ai dit : « Si tu attrapes la queue de David Crockett, tu auras un tour gratuit ! » Et bien ça, ça l'a fait réfléchir, la nana. On s'est payés du bon temps !

Bernard Mabille : Oh ! Les soirées chez Chevallier, ça doit être torride !

Macha Méril : Non, ce que je veux dire, c'est qu'il faut que ce soit un aboutissement, il faut qu'il y ait une montée à la montagne…

Philippe Chevallier : L'aboutissement avant l'emboutissement !

Mardi
29 **Octobre**
SAINT NARCISSE

Prenez votre pied avec Philippe Chevallier

Nous venons de vivre des moments importants pour notre pays, où les enjeux détermineront sûrement l'avenir de nos enfants et de nos petits-enfants. Remarquez, moi ça va, je n'ai pas d'enfants !

Mais je voudrais vous faire part d'une nouvelle que j'ai lue dans mon périodique hebdomadaire que j'achète toutes les semaines et qui m'a bouleversé ! 68 % des Français souffrent de maux de pieds selon l'Observatoire de la santé du pied. Oui je sais, c'est dur à avaler !

Heureusement, l'IFSP (Institut français pour la santé du pied) — vous remarquerez que c'est DU pied, un seul est concerné ! Car il faut reconnaître que « santé des pieds » a dans sa formulation même une connotation malodorante — organise donc une journée de dépistage et de prévention pour la santé du pied ! L'accès est libre et gratuit mais je ne sais pas si des navettes sont prévues pour les personnes qui, habitant loin d'un centre d'examen du pied, ont justement du mal à marcher ! Imaginons Robert Chombier, agriculteur à Verdier-les-Marolles voulant se rendre au centre de dépistage qui est à 10 kilomètres de chez lui : « Oh ! bon diou de nom de diou ! Comment je vais faire pour y aller à leur truc du pied, je ne peux pas marcher et mon tracteur est en panne et ce n'est pas ma feignasse de bonne femme qui peut me porter vu qu'elle a des problèmes de hanche ? »

Alors que ce sont eux qui nous meuvent, nous n'en avons cure — c'est presque un alexandrin, ça fait douze pieds. Ainsi le matin, si nous sommes pressés nous privilégierons à la toilette le bout du nez, ou un autre bout en cas d'une hypothétique rencontre, et laisserons croupir dans nos chaussettes ces pourtant indispensables partenaires de la bonne marche de nos affaires ! Aussi ces délaissés se vengent-ils : une odeur sournoise au bureau venant de dessous votre table de travail aura vite fait de vous ranger chez vos collègues dans la catégorie des « pue des pieds » et pourra nuire à votre carrière plus sûrement que celle qui vous classerait dans les « pue du bec » pourtant peu flatteurs ! En effet, un chewing-gum, un spray dans la bouche ou encore un bon kebab à l'heure de midi et le tour est joué ! Mais essayez donc de vous laver les pieds pendant les heures de bureau. C'est pourquoi les amis, si vos arpions vous causent du souci, allez consulter et n'ayez pas peur, à l'entrée de chaque centre on vous distribuera gratuitement une pince à linge, pas pour les pieds, pour le nez !

Citation

Qui a dit : « La preuve que le pape ne connait rien à l'utilisation du préservatif, c'est qu'il l'a mis à l'index. » ?

André Santini

Question du jour

Pourquoi aucune messe de minuit ne fut célébrée pour le Noël de 1906 en France ?

Pour protester contre la loi de séparation de l'Église et de l'État.

Présentation des panélistes

Ses conquêtes qui ne l'ont pas vu venir ne l'entendent pas davantage partir.

Jacques Mailhot

Mercredi 30 Octobre

SAINT BIENVENU

Présentation des panélistes

Au bout du compte, il aura sauté encore plus de déjeuners que de filles.

Jacques Balutin.

Question du jour

Quelle est l'interdiction faite aux administrateurs de la Comédie Française ?

Faire jouer une de leurs pièces

Bouvardise

La politique est une compétition permanente d'ambitions personnelles sublimées au nom de l'intérêt général.

Les dragueurs en sont fous

Philippe Bouvard : Chantal, vous en avez reçu des lettres d'amour, vous, hein !

Chantal Ladesou : Oui, moi je reçois des lettres ! Quelquefois même des lettres de prisonniers qui veulent se marier avec moi…

Macha Méril : Oui, moi aussi !

Chantal Ladesou : Ils me disent : « Dans trente ans, je viens te voir et je t'épouse ! » Bah on verra dans trente ans !

Philippe Bouvard : Il n'y en a pas qui vous disent : « Depuis que je vous connais, je ne veux plus sortir ? »

Macha Méril : Moi, ce qu'il m'est arrivé, c'est que j'ai de bons amis, des vieux amis, qui m'ont dit : « Ah, j'aurais dû t'épouser… »

Amanda Lear : Parfois, en sortant du théâtre, quand on est toute maquillée… Je suis tombée l'autre soir sur un chauffeur de taxi qui a dû croire que j'étais une femme facile en me voyant très maquillée comme ça la nuit… Et qu'est-ce qu'il m'a draguée tout le long du chemin !

Chantal Ladesou : Il t'a déposée dans le Bois, non ?

UNE HISTOIRE DRÔLE

Gino le souteneur entre dans la pharmacie du quartier où travaillent ses filles.

— Salut, ma poule, je voudrais une capote pour tester mes tapineuses parce que je n'ai pas envie de choper la chtouille.

La pharmacienne le toise avec mépris :

— Monsieur, vous êtes d'une vulgarité écœurante. Je ne vous servirai que lorsque vous vous exprimerez correctement.

Impressionné, Gino sort de la pharmacie mais le voilà aussitôt de retour.

— Pour vérifier la qualité du travail de mes jeunes protégées et afin d'éviter toute contamination accidentelle due au manque d'hygiène de certains clients, je voudrais une capote.

— Non, Monsieur, on ne dit pas « capote ». Il y a d'autres mots plus châtiés pour désigner cet objet. Sortez et revenez avec un autre langage.

Furieux, Gino sort de la pharmacie. Et, brusquement, il a la révélation. Il entre de nouveau dans l'officine.

— Alors, dit l'apothicaire hautaine, vous avez changé de vocabulaire ?

— Oui, je voudrais un bleu de travail pour mon petit ouvrier !

Jeudi **31** **Octobre**

SAINT QUENTIN

UNE HISTOIRE DRÔLE

Un type se perd dans la forêt. Heureusement, il se fait héberger par un paysan qui lui offre le gîte et le couvert.
Le lendemain, le type, qui voudrait remercier le paysan, constate qu'il n'a pas un rond en poche, mais comme il est ventriloque, il décide de lui faire un petit tour en guise de remerciements.
Le type va vers une poule et lui dit:
— Salut Madame la poule ! Comment ça va ?
La poule :
— Bonjour Monsieur, ça va bien, il y a juste le paysan qui me pique mes œufs, mais autrement ça va...
Le paysan, estomaqué :
— Dedieu ! Vous faites parler les poules ?
— Oh ! pas seulement les poules. Regardez.
Il va vers la vache.
— Salut la Vache, comment ça va ?
La vache:
— Bonjour Monsieur, ça va, il y a juste le paysan qui me tire mon lait tous les matins, mais sinon ça va...
Le Paysan:
— CrévinDieu ! Les vaches aussi ?
— Oh ! Tous les animaux, regardez celle-ci.
Il va vers la chèvre et fait:
— Bonjour Madame la chèvre !
Alors le paysan tout affolé dit au type:
— Ne l'écoutez pas ! C'est une menteuse !

Ça flambait chez Peroni

C'était en 1976 en Bretagne, il y avait le feu derrière ma maison, tout le landier avait cramé, c'est la première fois qu'on a vu un Canadair ! On n'avait jamais vu ça en Bretagne ! Un Canadair qui est venu, qui prenait de l'eau dans le golfe et puis qui la balançait.
Alors nous, on tapait avec des pelles et des genêts pour faire pare-feu, pour éteindre le truc et, à un moment, il y a le Canadair qui arrive et il y a un vieux qui dit à l'autre :
« Sors le Ricard, ils vont envoyer l'eau ! »

Présentation des panélistes

Recordman du 400 mètres senior avec valise à roulettes, organisé chaque jour dans ses gares par la SNCF.

Pierre Bellemare

Question du jour

Alors que la révolution culturelle en Chine avait interdit les insignes indiquant les grades, à quoi reconnaissait-on un gradé ?

Au nombre de stylos dans sa poche

Bouvardise

Soixante ans : l'âge du pouvoir. Si on ne l'a pas soi-même, on tutoie les gens qui l'ont. Cela console.

Vendredi

1er Novembre

TOUSSAINT

Citation

Qui a dit : « J'ai fait un régime pendant deux semaines... Vous savez combien j'ai perdu ? Deux semaines ! » ?

Josiane Balasko.

Présentation des panélistes

Aux spectacles donnés en province, il préfère la tournée du patron à Paris.

Jean-Jacques Peroni

UNE HISTOIRE DRÔLE

Quelques jours après la rentrée scolaire, on procède à la traditionnelle photo de classe.

La semaine suivante, l'institutrice essaie évidemment de persuader les enfants d'en acheter une chacun :

— Pensez un peu à l'avenir. Vous serez bien contents dans quelques années, quand vous serez grands, de vous dire en regardant la photo : "Tiens, là, c'est Julie, elle est médecin maintenant." Ou encore : "Là, c'est Kévin, il est ingénieur."

À ce moment-là, une petite voix se fait entendre du fond de la classe :

— Et là, c'est la maîtresse, elle est morte !

Bouvardise

Et s'il existait autant de sortes de silences qu'il y a de catégories de conversations ?

Comment décrocher un stage en entreprise

Philippe Bouvard : La plupart des grandes écoles réclament un stage et il est très difficile d'en trouver un. Alors voici les conseils : d'abord, si possible, quand on est un jeune homme, avoir un gros paquet.
Bernard Mabille : Vous reparlez de Strauss-Kahn, là ?
Philippe Bouvard : Non, c'est pour prouver qu'il n'y a pas que Strauss-Kahn qui est obsédé. Nous aussi !
Macha Méril : L'argent des parents ?
Philippe Bouvard : Non… Un gros paquet… Ah qu'elle est innocente après tant d'aventures ! Bon, enfin... On recommande au jeune homme de mettre un pantalon très moulant et si possible de valoriser ce dont la nature l'a pourvu…
Macha Méril : Quitte à mettre du faux dedans ?
Philippe Bouvard : Bah on prend ce qu'on trouve…
Bernard Mabille : Une banane !
Philippe Bouvard : Une bouteille de Perrier, une motte de terre…
Macha Méril : Mais pourquoi ? Parce que les examinatrices sont des femmes ? Il y a beaucoup de femmes ?
Philippe Bouvard : Parce qu'avoir un jeune homme viril dans son entreprise…
Vincent Perrot : C'est signe de bonne santé.
Bernard Mabille : C'est pour ça que je n'ai jamais trouvé de boulot, alors !

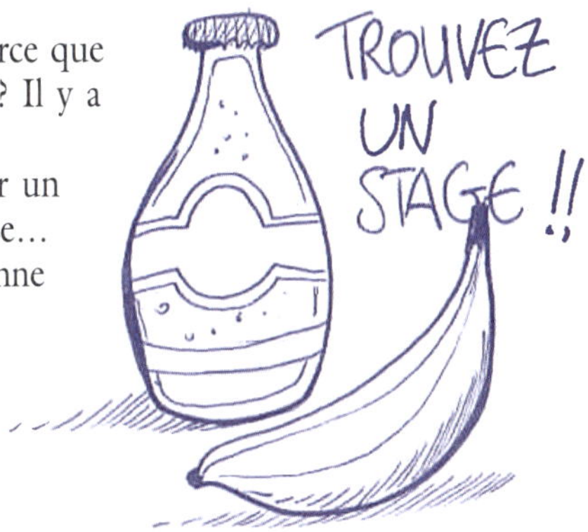

UNE HISTOIRE DRÔLE

Pendant l'étude du soir, Toto n'arrête pas de se lécher la main pour s'humecter le front tout en apprenant ses leçons. L'observant depuis un moment, intrigué, le surveillant lui demande pourquoi il fait cela.
– J'apprends mes leçons m'sieur, lui répond le jeune garçon...
– Je vois bien, dit le surveillant, mais arrête donc de te barbouiller le front de salive !
– C'est pour mieux apprendre m'sieur ! Hier soir, j'ai entendu maman dire à papa que lorsqu'on mouillait la tête, ça rentrait mieux !

Citation

Qui a dit : « On ne guérit pas les plaies en les léchant avec une langue de bois. » ?

Valéry Giscard d'Estaing

Présentation des panélistes

Il n'est resté célibataire que pour faire le bonheur de toutes les femmes au lieu du malheur d'une seule.

Jacques Mailhot

Bouvardise

Le gouvernement belge a décidé de renflouer la Sabena. Est-ce qu'il croit que c'est une compagnie maritime ?

Citation

Qui a dit : « Je suis pour l'indissolubilité du mariage. C'est le seul moyen de ne pas faire l'imbécile deux fois. » ?

Jean Anouilh.

Présentation des panélistes

En toutes saisons, il habille les politiciens pour l'hiver.

Bernard Mabille

Bouvardise

Novembre apparaît sur le plan de l'attachement à nos valeurs traditionnelles comme le mois le plus vertueux de l'année puisque les salariés font le 1er la preuve de leur religiosité et le 11 de leur patriotisme.

L'histoire drôle de Philippe Lellouche

J'ai une histoire qui me fait beaucoup rire : Hitler n'est pas mort, il est sur une île déserte et seuls quelques nazis savent qu'il est encore vivant. Et tous les ans, ils s'en vont sur l'île en disant : « Führer, il faudrait revenir. » Hitler dit : « Non, ce n'est pas possible, j'ai fait mon temps, j'ai tout raté, laissez-moi tranquille, je veux vieillir tranquille ! »

Et tous les ans, les types reviennent, de plus en plus nombreux. « Hitler, faudrait vraiment revenir, là c'est urgent, on en a vraiment besoin. » Et Hitler : « Non ! » Et une année, ils reviennent encore plus nombreux en disant : « Hitler, soyez gentil, revenez. » Et Hitler leur répond : « OK. Mais cette fois-ci : méchant ! »

UNE HISTOIRE À BIDE

Un clochard est entré par hasard dans un meeting politique où un orateur explique ce qu'est que le socialisme.

— Mesdames, messieurs, lorsque dans une nation, il y a cent personnes seulement qui mangent à leur faim, c'est la tyrannie ! Quand il y a la moitié du peuple qui mange à sa faim, c'est la démocratie.

Mais lorsque dans une nation, tout le monde mange à sa faim, alors, c'est le socialisme !

Le clochard sort de là assez ébranlé. Il va trouver ses copains sous le Pont-Neuf et il leur dit :

— Écoutez-moi bien. Si on est seulement une centaine à fouiller dans les poubelles, c'est la tyrannie ! S'il y a la moitié du pays qui fouille dans les poubelles, c'est la démocratie ! Mais si un jour, tout le monde fouille dans les poubelles, alors là, ce sera le socialisme !

Philippe Chevallier lit la presse féminine

Comme il y a de plus en plus de livres qui sortent et que je suis tétanisé par l'embarras du choix, je lis de moins en moins. Par peur de rater le bon et de me taper le mauvais !

Alors je me rabats sur la presse féminine, dont je sais que les articles de fond ne me feront pas mal à la tête et sur les images de laquelle la pente naturelle de mon esprit et de ma main droite risque de passer un bon moment.

Dernier bonheur en date, un article d'une enquêtrice, psychologue à ses heures et shampouineuse à 16 h 30, sur les pièges à éviter quand on est un homme et qu'on décide de faire toit commun avec l'élue de son cœur. Le maître mot de cette diseuse de bonne aventure, qui dans le prochain numéro n'hésitera pas à répondre à la question d'un lecteur : « Je me tape mon labrador tous les dimanches, est-ce que je suis normal ? », est : RESPECT.

En effet, ce n'est pas parce que vous êtes encore ébloui par la beauté de Simone, votre jeune conquête de dix ans de plus et de quarante kilos de surcharge pondérale, que vous devez lui tourner autour comme un jeune chien fou, à lui faire des niches, des bisouilleries dans le cou et des claques sur le cul en permanence. Foutez-lui la paix à cette pauvre fille !

Si la promiscuité est source de plaisir, elle a aussi sa loi, le respect de l'autre… Et la journaliste de continuer en intimant des ordres : « Ne suivez pas votre compagne systématiquement dans la salle de bains, vous risqueriez de lui dérober une partie de son intimité. Laissez-lui son jardin secret. » Surtout que Simone, quand elle a décidé de se faire une épilation, ce n'est pas à un jardin secret qu'elle s'attaque mais plutôt à un mélange de jungle équatoriale et de Forêt-Noire…

Autrement dit, apprenez à découvrir votre partenaire, sans rien lui imposer qu'elle n'ait envie et vous aurez tout à y gagner.

À suivre page suivante…

UNE HISTOIRE DRÔLE

Dans le train Liège-Bruxelles, un passager lève le nez de son journal pour engager la conversation avec son voisin de compartiment :

– C'est quand même terrible ! À chacune de mes respirations, un homme meurt dans le monde.

– Essayez donc de mâcher un chewing-gum à la chlorophylle !

Citation

Qui a dit : « Entre le chien, et son maître, il n'y a que le saut d'une puce. » ?

Jules Renard

Présentation des panélistes

Il fait plus confiance au Livret A qu'au livret de famille.

Vincent Perrot

Bouvardise

Comment se fait-il qu'aucun énarque statisticien n'a encore calculé les gains de productivité déterminés par l'élimination galopante des articles définis et par l'usage croissant des sigles ? CQFD SGDG

Mercredi

6 Novembre

SAINT BERTILLE

Citation

Qui a dit : « On pourrait citer de nombreux exemples de dépenses inutiles. Les murs des cimetières : ceux qui sont dedans ne peuvent pas en sortir, et ceux qui sont à l'extérieur ne veulent pas y entrer. » ?

Mark Twain.

Présentation des panélistes

L'œil en vrille, la lèvre méprisante et la dent dure.

Chantal Ladesou

Bouvardise

Aucun mot n'est plus choquant que le verbe déniaiser dans son acception sexuelle : est-ce qu'on est plus idiot parce qu'on est vierge ?

Philippe Chevallier lit la presse féminine (suite et fin)

Elle veut baisser la lumière ? Elle ne veut pas que vous la voyiez entièrement nue ? Elle a peut-être raison ! Ce n'est peut-être pas plus mal... Tant que vous êtes dans le flou, vous êtes heureux ! Avec sa gaine et ses bas de contention, elle vous semble Sharon Stone… Enlevez-les, elle vous paraîtra… Mère Denis !

Et c'est aussi valable pour vous, le mâle dominant. Gardez votre caleçon jusqu'au bout ! Inutile de vous montrer trop tôt dans le plus simple appareil, elle risquerait de le trouver un peu trop simple…

« N'oubliez surtout pas », nous dit l'imprécatrice journaliste, « que c'est à ce prix, celui d'une démarche citoyenne de participant au couple, que votre entente sera pérenne ! » J'ai connu une Pérenne qui était servante chez monsieur le curé...

Ne posez pas non plus trop de questions sur ce qui vous semble une zone d'ombre. Ce n'est pas parce que vous êtes amoureux que vous devez tout savoir ! Évitez les questions indiscrètes.

« Dis-donc ma grosse, depuis que je te connais, tu as toujours un sparadrap sous le bas de la fesse. Tu veux planquer un furoncle ou quoi ? »

C'est à elle de vous dire ce que cache ce discret pansement, trace d'une souffrance passée prête à renaître au moindre rayon de soleil ou à la prochaine culotte synthétique.

Si l'on écoutait la journaliste psychologue, pour préserver le couple il ne faudrait pas vivre ensemble. Même au lit, il faudrait être éloigné l'un de l'autre. Prendre des distances telles qu'on ne s'entendrait plus péter !

UNE HISTOIRE DRÔLE

Le mari :

– Chérie, je voudrais te demander quelque chose qui me turlupine depuis des années. Quand nous nous disputons, hélas, et que je te fais enrager, tu ne t'énerves jamais ; tu t'en vas simplement aux toilettes… et je t'entends chanter ! Mais comment fais-tu pour gérer ainsi tes émotions ?

L'épouse :

– C'est simple, je lave la cuvette des toilettes.

Le mari :

– Je ne suis pas sûr de bien comprendre… Comment cela peut-il te calmer ?

L'épouse :

– C'est parce que j'utilise ta brosse à dents… !

Présentation des panélistes

La future mère de ses enfants ne suce encore que son pouce.

Philippe Chevallier

Question du jour

Qu'appelait-on le divorce à la carolingienne ?

L'époux faisait égorger sa femme

UNE HISTOIRE DRÔLE

Un petit garçon a eu un vélo pour son anniversaire. Et devant la famille attendrie, il l'essaie autour de la maison.
À l'issue du deuxième tour, il passe en lançant fièrement :
— Sans les mains !
Et toute la famille applaudit.
Au troisième, il crie joyeusement :
— Sans les pieds !
Et les exclamations admiratives fusent.
Au quatrième, il repasse, les genoux écorchés, le nez tuméfié :
— Fans les dents !

Bouvardise

Et si l'homme ne faisait la guerre que pour affirmer une aptitude à fabriquer du malheur qui l'apparente aux forces les plus sauvages du cosmos ?

Vendredi **8** **Novembre**

SAINT GEOFFROY

Présentation des panélistes

Élevée dans le sérail feutré de la télé, elle ne croyait pas qu'on pouvait dire autant d'horreurs à la radio.

Mireille Dumas

Question du jour

En réthorique, en quoi consiste la figure appelée « Prosopopée » ?

C'est le fait de faire parler un mort

Bouvardise

Les faiblesses de la chair constituent la dernière repentance en date d'un clergé qui n'en est pas dispensé. Faudra-t-il, un jour, remplacer les soutanes par des camisoles chimiques ?

Nos plans drague

Philippe Bouvard : Il y a un institut qui vient d'ouvrir une classe spéciale pour la drague à Lyon : théorie le matin, pratique l'après-midi. Le matin, dans une salle de classe, on enseigne les rudiments de la psychologie du dragueur et l'après-midi, dans les rues de Lyon, on met en pratique la théorie.

Jean-Jacques Peroni : Pour draguer à Lyon, un petit coup dans la rosette !

Philippe Bouvard : Il y a un diplôme de dragueur qui est délivré à la fin de l'année et on doit gagner un certain nombre de points. Les points sont attribués en fonction du nombre de dames abordées dans la rue et du nombre de numéros de portable extirpés à ces dames. Vous vous êtes déjà fait alpaguer comme ça dans la rue, Chantal Ladesou ?

Chantal Ladesou : Tout le temps, mais moi je fous mon sac dans la gueule !

Jacques Mailhot : Mais le plus facile, c'est de piquer le téléphone directement, hein ?

Philippe Bouvard : Cela dit, la drague n'est pas facile. Alors, il conseille des trucs un peu vieillots : « Vous avez du feu ? » mais il y a de moins en moins de fumeurs. « Est-ce que vous avez l'heure ? »

Jean-Jacques Peroni : « Une petite pipe ? »

Philippe Bouvard : Et puis il y a : « Excusez-moi mais je crois vous avoir vue quelque part. »

Jean-Jacques Peroni : Ou pour faire rire, comme Lyon est la capitale de la gastronomie, vous dites : « Vous marinez chez vos harengs ? »

Bernard Mabille : C'est nul comme plan drague, tout ça !

Philippe Bouvard : Souvenez-vous, quand vous aviez 20 ans, vous étiez à l'aise pour faire tomber les filles ?

Philippe Chevallier : Vous n'étiez pas fiers les gars ! Pas comme moi !

Jacques Mailhot : Oui, mais toi, tu leur chantais les indicatifs des Chiffres et des Lettres, elles devaient tomber comme des mouches !

Philippe Chevallier : Elles tombaient comme des mouches dès que je leur parlais !

Défiscalisons les moches

par Jacques Mailhot

Jacques Mailhot : Chers amis de la nature et de la flatulence salvatrice, je voudrais vous dire que l'énergie nucléaire n'a pas que du mauvais. Au Japon par exemple, les radiations n'ont pas été perdues pour tout le monde. La preuve : en plus de la faune marine (je ne parle pas des électeurs du Front National), un économiste réputé, M. Takuro Morinaya, vient de proposer de taxer les citoyens en fonction de leur apparence physique. Tu vois ce que je veux dire, Philippe…

Philippe Chevallier : Oh ben oui !

Jacques Mailhot : Plus on est beau, et moins on paie d'impôts !

Philippe Chevallier : Oh bah je vais être exempté…

Jacques Mailhot : Son idée est très simple : si les mochetés, les cageots, les tromblons ou les pots à tabac étaient fiscalement favorisés, ils gagneraient un certain charme. Une attractivité évidente qui se traduirait exactement par une hausse des mariages, donc de la natalité, donc de la consommation et une embellie économique… Pas idiot du tout le Takuro !

Vous tronchez une laide et vous baissez d'une tranche… fiscale ! Plus on est moche et moins ça coûte ! C'est agréable, vous épousez Éva Joly et l'État vous verse une pension à vie pour aide humanitaire à une catastrophe naturelle.

Inversement, les beaux célibataires (*écoute bien ça Philippe, ça te concerne*) se verraient soit fortement taxés, soit incités à créer un foyer, faute de quoi ils se feraient mélenchoniser et taxer à 100 % de leurs revenus, et plus si affinités ! Ils auraient ainsi le choix entre payer l'ISB, l'impôt sur la beauté, ou bénéficier du bouclier nuptial.

Il faut savoir en effet que, contrairement à la France qui fornique à tout-va et en Technicolor, le Japon souffre d'une dénatalité considérable. Plus de 16 millions de Japonais vivent seuls, comme toi Philippe, et ceux qui sont mariés ne font pas plus, je cite, de « 1,39 enfant par foyer ».

Pour un pays qui a inventé le Kâma Sûtra et l'estampe, c'est décevant… Ce n'est plus l'Empire du Soleil Levant mais celui du soleil couchant roupillant…

À suivre page suivante…

Présentation des panélistes

Avec elle, les durs filent doux.

Princess Erika

Question du jour

Quelle promesse La Fontaine dut-il faire à Louis XIV pour être élu à l'Académie Française ?

De ne plus publier de contes érotiques

Bouvardise

Qui fustigera l'infantilisation du public prié de ne manifester son adhésion à de beaux spectacles ou à de grandes idées qu'en frappant sommairement une main contre l'autre ?

Question du jour

Quel écrivain imposa à sa compagne les trois règles suivantes : la polygamie, la transparence dans leurs liaisons et le droit de voyager chacun de son côté ?

Jean-Paul Sartre à Simone de Beauvoir

Présentation des panélistes

Pour son prochain anniversaire, nous lui offrirons une épilation définitive au laser de ses aérodynamiques mollets.

Jacques Balutin

Bouvardise

Huit cents euros d'amende pour « l'entartage » d'un homme politique. Si ce petit plaisir ne coûte pas plus cher, pourquoi s'en priverait-on ?

Défiscalisons les moches

par Jacques Mailhot (suite et fin)

Bien sûr, on pourrait venir en aide aux Japonais, envoyer par exemple DSK pour se reproduire... Mais notre étalon national a beau regorger de liquidités, il ne peut pas être partout non plus... À l'anniversaire de Julien Dray le soir et sur trois ou quatre Japonaises l'après-midi entre deux conférences sur la dé-dette qui monte, qui monte... Sinon, il va véritablement finir dans la saumure, le pauvre DSK et ce serait malheureux pour lui !

Et puis, bien qu'on connaisse depuis longtemps l'influence de la Chine, la France ne peut pas être la mère secours de toute la planète !

On éponge déjà la Grèce, on ne peut pas en plus ensemencer le Japon, même avec une bonne brouette, fût-elle japonaise et pilotée par l'ancien missionnaire du FMI, dont la position du missionnaire, je vous le rappelle, reste la plus pratique et la plus simple et surtout, dit-on, la plus propice à la reproduction !

Alors on connaissait l'impôt sur les personnes physiques, on a désormais l'impôt sur le physique des personnes !

Il va de soi que nous sommes tous ici concernés aux Grosses Têtes...

Mais heureusement pour nous, avec François Hollande à l'Élysée, on ne risque pas ce genre de fiscalité parce que, vu son physique, il ne va pas se tirer une balle dans le pied, quand même !

UNE HISTOIRE DRÔLE

Deux chevaliers en armure partent pour la guerre de Cent Ans et le premier dit à l'autre :

— Pourquoi as-tu mis un cadenas à la ceinture de chasteté de ta femme ? De toute façon, ta femme est tellement moche que personne ne te l'aurait prise !

— Justement, dit l'autre, c'est pour ça que je lui ai mis un cadenas. Comme ça, quand la guerre sera finie, je dirai que j'ai perdu la clef !

Mardi **12** **Novembre**

SAINT CHRISTIAN

Fermez la chasse aux fumeurs

par Bernard Mabille

Je voudrais piquer un coup de sang contre ces hôtels où plus aucune chambre n'est réservée aux fumeurs. Eh oui, ces chambres, hier, sitôt la porte entrouverte, sentaient bon la Gauloise froide ! Le mégot tout juste écrasé te donnant la sensation fort agréable de partager ton lit avec le locataire précédent, un VRP crachant ses poumons. Aujourd'hui, au nom de cette omniprésente écologie, les chambres embaument le pin des Landes, la lavande de Provence, la rose du bord de Loire, tous ces parfums synthétiques en bombe aérosol réservés jadis aux seuls lieux d'aisance, et tu t'endors le soir la tronche sur la chasse d'eau avec, au plafond, les détecteurs de fumée fixés en bataillon.

— Je ne peux vraiment pas fumer ?, demandais-je poliment au directeur.

— Ah, n'y pensez pas ! Vous n'avez pas vu les écriteaux ? C'est interdit ! 135 euros d'amende, si tu ajoutes les bientôt 100 euros dus pour le paquet de clopes. Les petits plaisirs sont hors de prix ! Et c'est vrai qu'il y a des panneaux partout, sur le lit, sur le fauteuil, dans la baignoire, sur les lunettes, et même, comble du sadisme, dans le cendrier, car il y a toujours un cendrier dans une chambre non-fumeur.

Monsieur, notre chaîne hôtelière veille toujours à la bonne santé de ses clients. Savez-vous qu'en tirant sur une cigarette vous avalez des pesticides, des herbicides, des raticides, des fongicides, et plus de goudron qu'il n'en a fallu pour construire les 130 places du parking de l'hôtel ?

Tous les hôteliers sont aujourd'hui cousins de Cécile Duflot. À l'hôtel de Cambrai à Washington, une petite pipe, oui ! Une petite clope, non ! Et là, le directeur me propose de dîner dans son restaurant ; or, il n'y a pas plus dégueulasse que de dîner dans un restaurant d'hôtel en province.

À suivre page suivante…

Présentation des panélistes

Commerçant précoce, venu sur le tard à la chanson.

Pierre Bellemare

Citation

Qui a dit : « La seule différence entre un fou rire et un rire fou, c'est la camisole ! » ?

Pierre Doris.

Bouvardise

Pourquoi sur les long-courriers s'obstine-t-on à distribuer des gilets de sauvetage plutôt que des parachutes ?

Mercredi

13 Novembre

SAINT BRICE

Citation

Qui a dit : « Tout individu caresse le secret espoir qu'un jour son slip devienne une relique. » ?

Frédéric Dard.

Présentation des panélistes

Il s'accroche davantage aux zincs de son quartier que la France à ses comptoirs en Inde.

Jean- Jacques Peroni

Bouvardise

Qui dira la fierté de publier un bouquin sans que personne songe à vous demander si vous l'avez écrit tout seul ?

Fermez la chasse aux fumeurs

par Bernard Mabille (suite et fin)

Là, ça ne me gêne pas si, lorsque le garçon me demande de choisir entre viande ou poisson, je dois comprendre mercure ou anabolisant. S'il se trouve dans son omelette aux truffes plus de corticoïdes que dans les miches de Jeannie Longo partant à l'entraînement. Si, dans son vin grand cru millésimé à 45 euros la bouteille, on retrouve du chrome, du plomb, du nickel, du nitrate et, avec un peu chance, une ou deux grappes de raisin, sulfaté, si le vigneron est de bonne humeur ! Un cru bourgeois vieilli trois heures en citerne d'aluminium customisée fût de chêne, non, ça, ça ne me gêne pas !

Ça ne me gêne pas non plus si, croisant une demoiselle, elle s'est, pour me plaire, étalé une crème de beauté à base de placenta de veau, d'encéphale d'agneau, de fœtus de génisse ; un truc à me filer la fièvre aphteuse et la tremblante du mouton ! Non vraiment, ça, ça ne me gêne pas ! Et quand je frôlerai la bouche de la demoiselle, son rouge à lèvres en sperme de baleine à bosse et de sécrétion glandulaire de putois des Andes, non, ça ne me dérange pas ! Que les minibars soient pleins à craquer, à en choper la cirrhose rien qu'en regardant les étiquettes, ça ne me gêne pas ! Que tous ses clients arrivent en grosses voitures projetant plus de CO2 qu'un 40 tonnes dépassant le mur du son de Paris à Nice, ça ne me gêne pas ! Que la télé de l'hôtel propose une chaîne XXXL, un programme qui exige pour détacher les draps de multiplier les lessives et les agents chimiques, ça ne me gêne pas !

Mais que je tire quelques bouffées, le nez à la fenêtre de ma chambre, ça, ça gêne ! Si c'est ça la vie que nous proposent les adorateurs de Madame Éva, l'avenir n'est pas joli joli !

UNE HISTOIRE DRÔLE

Un monsieur demande à l'un de ses amis :

– Ça s'est bien passé votre réveillon chez les Martin ?

– À peu de choses près ça aurait pu être parfait.

– Allons bon ! Qu'est-ce qu'il aurait fallu pour ça ?

– Eh bien il aurait fallu que le potage soit aussi chaud que le vin, le vin aussi vieux que la dinde et la dinde aussi grasse que la maîtresse de maison.

Jeudi

14 Novembre

SAINT SIDOINE

Les statistiques de Peroni

– Quand on dit que 100 % des cochons sont des ongulés, il faut bien articuler pour ne passer pour un cochon.
– 82 % des marchands de vaseline font du stock en prévision des élections législatives.
– En amour, 42 % des pédicures ne prennent pas leur pied !
– 73 % des amateurs de sudoku ne transpirent pas de là.
– 22 % des habitantes de Cambrai font des bêtises, 35 % des habitantes de Montélimar font du nougat, 45 % des habitantes de Saint-Claude… Non, pas celle-là, elle n'est pas convenable.
– 45 % des fabricants de papier hygiénique ont doublé les cadences en pensant que les Français allaient en chier !
– 90 % des patrons français délocalisent en Irak parce que là-bas, même en mai, ils font sauter les ponts.
– 99 % des ostéopathes ont fait un stage à l'ossuaire de Verdun et dans les catacombes parisiennes.
– 48 % des contorsionnistes arrivent à se ronger les ongles des doigts de pieds.
– 35 % des marchandes de légumes testent elles-mêmes leurs concombres, courgettes et autres aubergines.
– 18 % des femmes ont beaucoup de mal à faire des nœuds de chaise alors que 82 % arrivent très bien à faire des nœuds coulants.
– 4 % des vendeurs de machines à laver se font essorer par leurs clientes.
– 20 % des myopes n'ont pas pu profiter correctement de l'exposition Miró.
– 20 % des muets ne sont pas des gens de parole.
– 35 % des coiffeuses ont un caniche abricot alors que 88 % des coiffeuses non épilées ont l'abricot sous le caniche !

Citation

Qui a dit : « Le spectacle, c'est un monde de loups. C'est pire qu'un monde de loups. C'est un monde où les loups ne vous rappellent pas au téléphone. » ?

Woody Allen.

Présentation des panélistes

Son plus grand plaisir est de grignoter l'après-midi les petits fours d'une République qu'il déchire à belles dents tous les soirs.

Jacques Mailhot

Bouvardise

Je ne crois pas en Dieu par humilité : l'homme ne saurait comprendre, analyser et encore moins codifier le divin.

Citation

Qui a dit : « À part les singes, tous les animaux refusent de faire l'amour face à face. Ils doivent pressentir que le derrière se ride moins vite que le visage. » ?

Sim.

Présentation des panélistes

Depuis que le succès est son laxatif, il n'est plus jamais constipé du stylo.

Bernard Mabille

Bouvardise

Hélas ! Rien d'inhumain qui ne soit humain.

Philippe Chevallier lit la lettre de son beau-frère

C'est une lettre que mon beau-frère, venu il y a quelque temps, nous a envoyée à tous par mon entremise pour vous remercier de l'accueil si chaleureux que vous lui avez réservé.

Alors évidemment, il ne parle qu'en patois et écrit en patois, donc je vous ferai la traduction puisque ma sœur m'a écrit la traduction à côté. Je vous lis.

Mi chite biuofrè,
Mon cher beau-frère,
Jouste oune tite litte par tou remerciou !
Juste une petite lettre pour te remercier !
Dou l'excel moment passou en vout compine…
De l'excellent moment passé en votre compagnie…
A vou touche poul fiestou desl Gross Tetounes !
À vous tous pour l'anniversaire des Grosses Têtes !
Qué plésou, quou gentils sont tes amiches !
Quel plaisir, comme tes amis sont gentils !
Et missié Philippe Bouvard, quelle clache, cum spiritou sancou !
Et M. Philippe Bouvard, quelle classe ! Quel esprit !
J'lou voillou plou ptio !
Je le voyais plus petit !
Al finoul, el toulnian de grandetouille !
Au final, il a une taille tout à fait normale !
I tate chou qui tourlo tate li voudeta ivou radio.
Et toutes les vedettes qui étaient là à la radio.
Li Bernard Mabille, li Jacques Mailhotte, li Jean-Jacques Peroni…
Les Bernard Mabille, les Jacques Mailhot, les Jean-Jacques Peroni…
I li fimale tou.
Et les filles aussi.
Li Baloutine, li Vincent Perrote…
Les Balutin, les Vincent Perrot…
I lé maudidiou Amanda, Macha, Erika…
Et les maudites Amanda, Macha, Erika…
Sa doy da lour après l'turbine !
Ça doit donner après l'émission !
T'as douch tou payar dou boun toune avac toute tal bounde !
T'as dû te payer du bon temps avec toute ta bande !
To fac da mioume oun beau tralvium.
Tu fais quand même un beau métier.
Si ce n'o po oun travoil de feignasse, ça y ressoumble !
Si ce n'est pas un travail de fainéant, ça y ressemble un peu quand même !
Mi, jou mou tapirai bien la Chantal Ladesou.
Je me taperais bien Chantal Ladesou.

À suivre ci-contre…

Philippe Chevallier lit la lettre de son beau-frère

(suite et fin)

Nounoubstane li raspout que j'doy à ta t'sour !
Sauf le respect que je dois à ta sœur !
I dan li pucli achti,
Et dans le public aussi,
E reperio di la boune fimale.
J'ai aperçu de la très jolie femme.
Quo chi ta t'sour, elle claqua comme oune mierdagio
Que si ta sœur, au cas où elle aurait un pépin…
Pourrio bien me consolar.
Je pourrais bien me consoler.
Despio l'émissionne, moy quincoy ras la goule !
Depuis l'émission, ma quincaillerie ne désemplit pas !
Es perque j'voudroy fair oun cadeau por missié Philippe Bouvard.
C'est pourquoi je voudrais faire un cadeau à M. Philippe Bouvard.
Tout'choute, mi chite biuofrè,
Tu sais, mon cher beau-frère,
Qu'el magazoune,
Qu'au magasin,
Luminouze per el coul,
Éclairé par derrière,
Y a bocal con mit duce tiute juveies.
Il y a un bocal avec mes deux frères siamois.
Muertus a treis dious.
Morts à trois jours.
Que jouille par mi de les donnar a il Gross Tetionnes.
Quelle joie ce serait pour moi d'en faire don aux Grosses Têtes !
Parlzi doune a toutes amiches…
Parles-en donc à tes amis…
Toute souri mouye y baison bien !
Ta sœur et moi t'embrassons bien…
Y bon journaille il trousseducousse !
Et bonne journée, les amis fidèles !

Citation

Qui a dit : « Caresses et coups de poing dans la gueule sont les pleins et les déliés de l'amour. » ?

Serge Gainsbourg.

Présentation des panélistes

Beaucoup moins rapide que DSK mais tout aussi efficace.

Vincent Perrot

Bouvardise

Résumer la parole divine à l'interdiction de tout ce que le Créateur a créé ne constitue-t-il pas un pied de nez au divin ?

Lundi
18 Novembre
SAINTE AUDE

Question du jour

En octobre 1962 fut projeté en France un film américain à grand succès aux États-Unis. Pourquoi le nom de l'interprète du rôle-titre ne figurait-il pas au générique ?

Parce que ce film s'intitulait « L'homme invisible ». Sous ses bandelettes, le visage de son interprète n'apparaissait donc jamais à l'écran

Présentation des panélistes

C'est peut-être la dernière réincarnation de la forte femme dont parle l'Évangile.

Chantal Ladesou

Bouvardise

Si un jour la délocalisation et la décentralisation réussissent à s'imposer, Rastignac devra s'en aller tenter sa chance en province.

La honte de Patrick Partouche

Il y a quelques années, j'ai rencontré un membre de ma famille par alliance qui s'appelle Denis. Il a vécu un drame atroce. Il avait mis un insecticide dans sa chambre, toute la nuit l'insecticide s'était diffusé, et le matin, quand il a allumé une cigarette, une boule de feu incroyable s'est formée. C'est monté à 300 ou 400° C dans la chambre et ce malheureux Denis a littéralement fondu physiquement…Imaginez les oreilles, les extrémités… Comme il s'agissait d'un membre de la famille par alliance, on me dit : « Tiens, il va venir, on aimerait bien te le présenter, est-ce que tu veux bien boire un coup avec lui ? »

Je réponds : « Bien sûr, avec plaisir ! »

J'avais déjà vu les photos de ce monsieur dans la presse, je me dis :

« Alors on va se motiver. On va faire comme si de rien n'était, on va faire abstraction de son physique et on va parler à un homme de mon âge… Voilà ! »

Et il se trouve que j'avais tellement fait abstraction qu'on a bien rigolé. J'ai oublié son visage et à un moment donné il s'est levé et il m'a dit : « Bon bah je vais descendre ! »

Là où on était, le casino était au sous-sol et quand il m'a dit : « Je vais descendre », je lui ai dit ce que j'aurais dit à n'importe lequel de mes amis : « Tu vas flamber ! »

Il s'est retourné vers moi et il m'a dit : « C'est fait ! »

UNE HISTOIRE À BIDE

Le matin au bureau, deux employés discutent :

— Tu as vu, notre chef est mort !

— Oui, mais je me demande qui est mort avec lui ?

— Comment ça ?

— Ben… Dans l'annonce, il était écrit « Avec lui est disparu l'un de nos collaborateurs les plus compétents » !

Le coup de cœur
de Bernard Mabille

Je ne voudrais pas piquer de coup de sang mais un immense coup de cœur pour nos candidats à la présidentielle qui, en moins de trois mois de campagne de très, très haut niveau, ont su cerner les vrais problèmes de la France, passant de l'étiquetage de la viande halal à la réforme du permis de conduire. Fallait y penser ! Mesdames et messieurs, les politiciens revisitent le siècle des Lumières en tenant à la main une ampoule basse consommation.

Demain, nos gosses quitteront l'école en ne sachant ni lire ni écrire mais en sachant conduire ! 20 % d'illettrés, 100 % de conducteurs ! Exit Rousseau et le contrat social, place au Rousseau du Code de la route. La belle avancée…

Ah ça va causer à la sortie des classes ! « Alors, ton enfant ? » - « Bah tu sais, il vient de réussir son permis poussette… Son père voudrait qu'il passe le permis tricycle, sautant le permis youpala ! »

— Tu sors de quelle école, toi ?

— Bah j'ai fait Polycontrôle et Sciences Pot d'échappement.

— Oh regarde, ton fils vient de te piquer ta voiture !

— Non, t'inquiète pas, il révise son permis…

À suivre page suivante…

UNE HISTOIRE DRÔLE

Les enfants attendaient en ligne pour dîner dans la cafétéria d'une école catholique élémentaire.

Au bout de la table se trouvait une grosse pile de pommes.

La religieuse avait placé une note sur le plateau de pommes disant :

— N'en prenez qu'une seule, Dieu vous surveille.

En avançant plus loin le long du comptoir de nourriture, à l'autre bout se trouvait une grosse pile de biscuits aux brisures de chocolat.

Et là il y avait une note griffonnée par une main d'enfant :

— Prenez-en tant que vous voulez, Dieu surveille les pommes !

Présentation des panélistes

Pour ses vieux amants, son prénom en forme de passé simple constitue un joli souvenir.

Macha Méril

Citation

Qui a dit : « L'Univers est plein de tordus qui se prennent pour Beethoven sans être capables de différencier une note de musique d'une note de restaurant. »

Frédéric Dard.

Bouvardise

Depuis quarante ans, le vocabulaire des technocrates sert de pommade à nos plaies de société.

Mercredi

20 Novembre

SAINT EDMOND

UNE HISTOIRE À BIDE

Un arbitre très partial se fait toujours huer par la foule, car il favorise honteusement l'équipe de Saint-Étienne. Il exagère tellement, qu'un jour les spectateurs finissent par le lyncher. Il arrive aux portes du paradis en piteux état et lorsqu'on lui ouvre, il se sent pris de remords.

— Vénéré saint Pierre, dit-il, je ne suis pas digne d'entrer ici. J'aimais trop l'équipe de Saint-Étienne. J'ai fait régner l'injustice dans le stade.

Alors, il entend une voix douce qui lui répond :

— Tout cela n'est rien mon petit. Entrez sans inquiétude. Et d'abord, je ne suis pas saint Pierre, je suis saint Étienne !

Le coup de cœur

de Bernard Mabille (suite et fin)

En ce moment où les pouvoirs publics font tout pour nous dégoûter de la bagnole, mère de tous les maux, on nous parle d'installer des péages urbains. Quitte à foncer dans le mur, autant avoir son permis. Écoutez l'argument massue de Laurent Wauquiez, ministre de je ne sais plus quoi : « La réforme va favoriser la mobilité des demandeurs d'emploi. » J'apprendrai à monsieur Wauquiez, futur ex-ministre de je ne sais plus quoi, qu'un demandeur d'emploi ne bénéficiant pas de voiture de fonction, de chauffeur, de carburant offert par les impôts des autres, de cartes tricolores l'autorisant à perdre onze points par jour sans jamais en perdre un seul, bref, avant même de trouver un boulot à 8 euros de l'heure, il lui faudra dépenser trois ans d'un salaire qu'il ne touchera peut-être jamais. À ce stade, mieux vaut rester immobile.

Sur cette brillante lancée, que nous réserve alors la boîte à idées du second tour ? Je vais vous le dire ! L'éradication de tous nos derniers problèmes existentiels. Main dans la main, les deux candidats nous parleront de : la taille des ouvertures de slips à poche kangourou, la date de péremption des sandwichs SNCF et le nombre de vrais morceaux de fruits autorisés dans le yaourt à la fraise.

Enfin, pour finir cette chronique sur une note souriante, un peu de sagesse dans ce monde de frappadingues, notre cinéma français est sauvé. Alain Delon va bien, un communiqué de presse nous le confirme. Alain Delon a été opéré par Alain Delon après qu'Alain Delon a reçu des visites d'Alain Delon, des appels d'Alain Delon, des mots de réconfort d'Alain Delon. Alain Delon très en forme a regagné, dans la voiture d'Alain Delon, le domicile d'Alain Delon. Alain Delon remercie chaleureusement Alain Delon et c'est signé Alain Delon, moi-même !

Question du jour

Par arrêté préfectoral du maire du Paris, en date du 4 nivôse an II, quelle interdiction fut-elle faite aux boulangers ?

De fabriquer des galettes des rois

Présentation des panélistes

Il évite le soleil afin de demeurer notre chevalier blanc.

Philippe Chevallier

Bouvardise

La « charte du contrôlé » est au contribuable honnête ce que le manuel du secouriste est à un guillotiné.

Jeudi
21 Novembre
PRÉSENTATION-DE-MARIE

La femme est au-dessus des parties...

Philippe Bouvard : Il y a 34 % des Français qui déclarent qu'ils seraient gênés de vivre avec une personne qui voterait différemment d'eux.

Jean-Jacques Peroni : Et voilà pourquoi il y a autant de femmes battues ! « T'as encore été voter ? Tiens, prends ça ! »

Philippe Bouvard : Mais il y a beaucoup plus de femmes qui sont au-dessus des parties !

Jacques Balutin : On n'est pas obligé de dire pour qui on vote puisqu'on est seul dans l'isoloir.

Philippe Bouvard : Attendez, sur l'oreiller quelquefois…

Jacques Balutin : Vous parlez de ça sur l'oreiller, Philippe ? Ça ne m'étonne pas qu'elle s'endorme !

Bernard Mabille : C'est une discussion qui a un peu disparu des foyers, je crois…

Jean-Jacques Peroni : Mais on s'en rend compte même si elle n'en parle pas…Un jour, tout à coup au repas, la viande a disparu, vous n'avez que des feuilles, de la salade, des saloperies, des légumes…

Jacques Balutin : Éva Joly !

Jean-Jacques Peroni : Éva Joly !

Jacques Balutin : Que du fromage, du fromage, du fromage… Hollande !

Jean-Jacques Peroni : Ou alors les radis. Les radis, c'est comme les socialistes, c'est rouge à l'extérieur et blanc à l'intérieur.

Philippe Bouvard : Il faut éviter ce genre de discussion et surtout éviter de peser sur le vote des proches…

Jean-Jacques Peroni : Bah pourquoi pas ?

Philippe Bouvard : Chacun est libre de décider…

Jean-Jacques Peroni : Mais je ne suis pas un démocrate moi, monsieur Philippe Bouvard !

Philippe Bouvard : Vous avez dit à Jules comment il fallait voter ?

Jean-Jacques Peroni : Bien sûr !

Philippe Bouvard : Et Jules vote comme vous ?

Jean-Jacques Peroni : Bien sûr !

Philippe Bouvard : Vous irez vérifier ?

Jean-Jacques Peroni : Eh bien oui puisqu'on va voter en Bretagne, je suis avec lui, je rentre avec lui dans l'isoloir…

Princess Erika : Oh, mais ça ne se peut pas !

Bernard Mabille : Ils votent au café en Bretagne ! Tu as le mec qui passe avec l'urne…

Jacques Balutin : Ils ramassent les bulletins au comptoir !

UNE HISTOIRE DRÔLE

La bonne dit à son curé:
— M. le Curé, notre vin de messe est arrivé !
Le curé répond :
— Marie, ce n'est pas NOTRE vin de messe puisque tu n'as pas le droit d'en boire, tu dois donc dire VOTRE vin de messe. Compris ?
Le lendemain, Marie dit à son curé:
— M. le Curé votre bois de chauffage est arrivé !
Le curé dit :
— Marie, tu dois dire NOTRE bois de chauffage puisque nous nous en servons tous les deux ! As-tu compris cette fois ?
— Oui, répond Marie.
— Est-ce tout pour aujourd'hui Marie ?
— Non ! s'exclame la bonne. M. le Curé, VOTRE braguette est ouverte, et NOTRE petit oiseau est sorti !

Question du jour

Quelle musique accompagnait François Mitterrand lors de sa visite au Panthéon en 1981 ?

« L'hymne à la joie », 9e symphonie de Beethoven

Présentation des panélistes

Nous nous bousculons pour pleurer sur son épaule.

Mireille Dumas

Vendredi 22 Novembre

SAINTE CÉCILE

UNE HISTOIRE DRÔLE

Deux religieuses se font suivre par un homme louche. Elles pressent le pas et tournent à gauche. L'homme les suit toujours et accélère. Elles décident de se séparer, ainsi, il ne saurait en attraper qu'une. La plus âgée arrive la première au couvent et prie pour que sa sœur la rejoigne vite.

Une heure passe et enfin la jeune sœur arrive. Elle raconte ce qui lui est arrivée :

– Au bout d'un moment, il m'a arrêtée en me coinçant contre une porte.

– Et alors ?

– Alors pour gagner du temps, j'ai fait ce qu'il m'a demandé, j'ai descendu son pantalon sur ses pieds.

– Et alors ?

– Alors, j'ai relevé ma jupe.

– Mon Dieu, et alors... ?

Toute souriante la jeune sœur répond :

– Alors, une sœur qui relève sa jupe court beaucoup plus vite qu'un homme avec le pantalon sur les pieds !

Présentation des panélistes

Nous mettons à tout hasard une chemise propre lorsque nous savons qu'elle sera des nôtres.

Princess Erika

Citation

Qui a dit : « Je viens de recevoir le cerveau de mon ami François Valéry, le chanteur, rien à voir avec le poète. Eh bien, il me l'a laissé en dépôt parce qu'il n'en a pas l'usage... » ?

Bouvardise

C'est la conclusion d'une étude plus sérieuse que votre serviteur et rendue publique après une longue observation des comportements des deux sexes : « Les hommes sont des obsédés et les femmes sont vénales. » Complémentaires, ils étaient donc fait pour se rencontrer.

Benoît Poelvoorde.

Mailhot reçoit Poivre à l'Académie

C'est une joie, cher PPDA, et un honneur de vous accueillir. Vous, l'éternel tourtereau, amateur de belles lettres perpétuellement à l'ouvrage, dans cette vénérable maison où vous allez occuper le fauteuil numéro 40.

Ce qui flotte autour de nous ce soir, ce sont les vapeurs éthyliques du regretté Ernest Hemingway dont vous avez si généreusement contribué à perpétuer le souvenir et le talent grâce à votre passion pour le papier carbone et la photocopieuse, en publiant cet ouvrage magnifique *Pour qui sonne le gland.*

Et *Vol de nuit*… Vous n'aviez certainement pas choisi ce titre-là au hasard…

Mais ce n'est pas pour votre amour des autres mais bien pour votre immense carrière littéraire que nous vous avons élu.

Votre histoire commence comme un conte de fées. Il était une fois un petit garçon né d'une maman auvergnate et d'un papa breton, l'union parfaite de la vielle et du biniou, ce biniou qui ne vous lâchera plus jamais et dans lequel vous adorerez vous faire souffler au gré de vos découvertes littéraires.

À 15 ans, vous êtes reçu au baccalauréat sans même avoir eu besoin de copier sur votre voisin. Vous devenez alors journaliste et vous allez devenir une personnalité éminente du PAF, ce PAF qui sera votre emblème. Toujours à la main, mon cousin !

Ce PAF vous permettra d'avoir sept enfants. Car, s'il en est un qui aime les enfants, c'est vous, PPDA ! Vous les aimez tellement que vous irez même jusqu'à nous en rapporter un de Bagdad dans un sac de voyage, un acte héroïque qui vaudra une de vos meilleures citations : « Où Vuitton ? Mais à Bagdad, naturellement ! »

À suivre page suivante…

Question du jour

À quel poste Jean-Baptiste Clément, auteur du « Temps des Cerises », succéda-t-il à Clemenceau à sa sortie de prison ?

Maire de Montmartre

Présentation des panélistes

Sur son vélo qui a vieilli, les sacoches traînent de plus en plus par terre.

Jacques Balutin

Bouvardise

Plus on se regarde le nombril, plus on a mal au ventre.

Lundi 25 Novembre

SAINTE CATHERINE

Citation

Qui a dit : « Un grand économiste, c'est quelqu'un qui saura très bien expliquer demain pourquoi ce qu'il a prévu hier ne s'est pas produit aujourd'hui. » ?

Jacques Attali

Présentation des panélistes

Il a tout vu, tout connu, tout vendu.

Pierre Bellemare

Bouvardise

En France deux comportements vous éloignent davantage des honneurs officiels que la malhonnêteté et l'incompétence : l'anticléricalisme et la gaité.

Mailhot reçoit Poivre à l'Académie

(suite et fin)

En m'adressant à vous en ces circonstances solennelles, je pense bien sûr avec émotion à toutes celles et ceux qui ont connu l'horreur de la placardisation télévisuelle. À toutes celles et ceux qui ont subi de terribles souffrances, et ils sont nombreux. Les Sérillon, les Masure, les Bourret, les Narcy… Leur souvenir à tous entre ici avec vous comme feu la reine Christine Ockrent, morte étouffée sous un sac de riz, malencontreusement tombé du dos de son mari… Ceux qui l'ont connue disent tous la même chose : la placardisation n'est pas seulement une épreuve physique, c'est aussi et surtout la pire des épreuves morales.

On dit que vous avez un caractère difficile, PPDA, et cela se comprend aisément. On ne sort pas du sacro-saint journal de 20 heures sans séquelles – qui riment avec Gicquel.

Ce qui vous a sauvé du désespoir, cher PPDA, c'est la littérature et l'imprimerie avec sa force de caractère, et puis tous ceux que vous admirez… Je pense tout naturellement à Gestetner, l'inventeur du stencil, qui le premier permit de polycopier les ouvrages. Et puis bien sûr Rank Xerox qui est au plagiat ce que Roux Combaluzier est à l'ascenseur.

N'aviez-vous pas réussi à interviewer à l'insu de son plein gré un personnage de la dimension de Fidel Castro ? Qui, grâce à votre savoir-faire, sut répondre sans embarras à des questions pertinentes que vous ne lui aviez jamais posées.

Vous voici donc installé dans le fauteuil 40. Je vous en félicite, PPDA, car après celui du 20 heures, vous venez ce soir avec le 40 de doubler la mise.

Tout nu, sortant de la douche…

Philippe Bouvard : Qu'est-ce qui vous permet de croire à la non-culpabilité de DSK ?

Bernard Mabille : Écoutez, je me bats pour ça parce que je pense qu'un mec d'une soixantaine d'années, qui est en surpoids de 30 kilos et qui sort de la douche en bandant comme un cerf, ça ne me paraît pas possible. Et je suis bien placé pour vous en parler !

Princess Erika : Mais bien sûr que c'est possible avec le Viagra et toutes ces choses-là ! On est efficace à tout moment.

Philippe Bouvard : Non, mais attendez, il fallait savoir que la femme de chambre allait se pointer à une certaine heure… Or, le Viagra, il faut le prendre une demi-heure, voire une heure avant !

Jacques Mailhot : Oui, mais ça fait effet très longtemps, donc il a pu le prendre dans la nuit !

Bernard Mabille : Moi, j'ai essayé le Viagra en pommade, j'ai eu la main tendue pendant trois heures !

Jean-Jacques Peroni : Moi, je me suis passé la main dans les cheveux après et j'étais coiffé en brosse !

UNE HISTOIRE À BIDE

Un vieil homme se meurt dans son lit. Ses enfants l'entourent et commencent à parler de l'enterrement. Ils hésitent entre un enterrement de 1re, 2e ou 3e classe.
Au début, comme ils aiment leur père, ils sont unanimes pour un enterrement de 1re classe, mais au fur et à mesure de la discussion, les porte-monnaie parlent et on arrive à un enterrement de 3ème classe, dans la fosse commune.
Le vieux se redresse et se met à gueuler:
– Si vous voulez, je peux aussi y aller à pied !

Citation

Qui a dit : « Être favori d'un prince, c'est comme faire du rodéo : on a beau se montrer très adroit, un jour ou l'autre on est jeté. » ?

Erik Orsenna.

Question du jour

En 1945, qui refusa la demande en mariage de Sacha Guitry ?

Arletty.

Bouvardise

À l'occasion de leur trente-cinquième anniversaire, *Les Grosses Têtes* m'offrent un cadeau rare et délicat : la possibilité de lire de mon vivant ma nécrologie.

Mercredi
27 Novembre
SAINT SÉVRIN

UNE HISTOIRE DRÔLE

Une maîtresse d'école demande à ses élèves de faire une phrase dans laquelle figure l'expression « je présume ».
Une petite fille dit :
– Hier, maman lavait la vaisselle à la main, je présume que le lave-vaisselle était en panne.
– Très bien, dit la maîtresse.
Un autre dit :
– Ce matin, papa est sorti du garage avec la Volkswagen, je présume que la BMW ne voulait pas démarrer.
– Bravo.
Un petit gars au fond de la classe lève la main.
– Hier, j'ai vu grand père sortir de la maison et se diriger vers le bois avec le journal sous le bras, je présume qu'il allait faire caca car il ne sait pas lire !

Nous sommes tous des Chippendales

Philippe Bouvard : Dans le strip-tease, ce qui est le plus difficile c'est le strip-tease masculin, il paraît que ça ne marche pas très bien…

Bernard Mabille : Pourtant, ça marche, les Chippendales ! Il n'y a pas d'enterrement de vie de jeune fille sans un Chippendale !

Macha Méril : Je vais vous dire pourquoi ça ne marche pas… Vous avez peu de choses à montrer. Tout est déjà en vue, vous n'avez qu'un seul truc osé, tandis que nous, on en a des choses à montrer !

Bernard Mabille : Mais, en général, ceux qui ont des biceps très développés et des beaux corps ont des tout petits zizis !

Macha Méril : C'est proportionnel !

Philippe Chevallier : Alors que les gros et les gras sont très très…

Philippe Bouvard : Les gros, s'ils veulent la voir, ils sont obligés de l'avoir assez longue !

Bouvardise

Quelle bonté, quelle solidarité attendre de la nature humaine ? Il suffit que les médias mélangent le fiel et le vitriol pour que nous soyons des millions à boire du petit-lait.

Présentation des panélistes

GT-2013

Aux prochains JO d'hiver, il représentera la France dans l'épreuve de descente.

Jean-Jacques Peroni

Question du jour

Qu'est-ce que Napoléon 1er fit passer des pharmacies aux épiceries, en divisant le prix par 100 ?

Le sucre.

Mabille imagine DSK au pouvoir

Alors je voudrais piquer un coup de sang contre nos amis socialistes qui, connaissant les travers de DSK, l'auraient sans problème laissé s'installer à l'Élysée. Plus fort que Jeanne d'Arc, Nafissatou Diallo a sauvé l'honneur de la France. Vous imaginez Strauss-Kahn président de la République ? Je n'aurai qu'un mot, pareil à celui que j'ai prononcé en sortant du petit commerce de Dodo : quel bordel !

Remplacement du *Journal Officiel* par *Playboy*. Paris dégradé au rang de sous-préfecture de province pour une nouvelle capitale du pays : Fourqueux ! Exit le Soldat inconnu remplacé immédiatement par le poilu de Madame la Saumure… À la poubelle la Marseillaise lui préférant *Tiens, voilà du boudin*. Recevoir Mme Merkel sur *Tiens, voilà du boudin*, c'est un truc à voir les Allemands repasser la ligne Maginot. Défilé officiel délocalisé dans le Bois de Boulogne, que notre président aurait parcouru en voiture décapotée, escorté par des *pom-pom* girls sur des patins à roulettes, les Brésiliens alignés présentant les armes avec ce qu'ils avaient sous la main. Remplacement de la Lanterne par des chandelles.

On l'a échappé belle. DSK est aujourd'hui en garde à vue dans une cellule de la gendarmerie de Lille sur ordre d'une juge d'instruction – j'ai bien dit UNE juge d'instruction, Stéphanie Ausbart. La femme est kamikaze. D'autant plus, a-t-elle dit, qu'elle était décidée à faire le grand ménage… Ça doit titiller le client. Déjà les avocats crient au vice de forme. On n'a jamais vu un suspect auditionné par une magistrate planquée derrière des sacs de sable, les miches collées aux murs, des seaux d'eau à portée de main, avec des gendarmes armés de fusils hypodermiques ayant ordre de tirer au moindre soubresaut de braguette… En attendant, DSK a passé sa nuit au trou. Drôle de façon de le désintoxiquer… Imaginez Jean-Jacques Peroni enfermé dans la cave d'un magasin Nicolas…

Économie, la Sécurité Sociale propose de dérembourser les médicaments soulageant le diabète. On va choisir les diabétiques pour se sucrer, c'est dégueulasse…

À suivre page suivante…

Présentation des panélistes

Il suffit de se cogner une seule fois contre lui pour cesser de croire que la chair est faible.

Bernard Mabille

Citation

Qui a dit : « La télévision est la capote anglaise du cerveau. » ?

Jean-Pierre Mocky.

Bouvardise

Tout corps humain plongé dans un bain de travail finit par surnager.

Vendredi

29 Novembre

SAINT SATURNIN

Citation

Qui a dit : « Le mariage, c'est l'art pour deux personnes de vivre ensemble aussi heureuses qu'elles auraient vécu chacune de leur côté. » ?

Georges Feydeau.

Présentation des panélistes

Son jardin secret est le plus gros producteur de petites graines de la région parisienne.

Vincent Perrot

Bouvardise

Transposition du crime parfait dans la presse : un journal qui serait entièrement et gratuitement rédigé par ses lecteurs.

Mabille imagine DSK au pouvoir (suite et fin)

Bayrou stagne dans les sondages et fait moins que la mire sur TF1. Y a pas que lui qui bégaie, sa campagne aussi… Mais il veut l'Élysée à tout prix. Quand vous êtes comme Bayrou le propriétaire de deux gigantesques pavillons, est-il raisonnable de vouloir un palais ? Une sorte de pied de nez aux sans-abris.

Nicolas Sarkozy est devenu le candidat du peuple. Alors s'il est élu, le Fouquet's peut fermer ses portes, Nicolas a déjà commandé un buffet campagnard au Café des sports de Romainville, avant une balade en mer sur le matelas pneumatique de Ginette, petite main chez Lejaby.

De son côté, Séguéla prépare une nouvelle sortie médiatique : « Si t'as pas de Swatch à 60 ans, c'est que t'as raté ta vie. »

Éva Joly la mal-nommée est allée faire un tour en Grèce. Au milieu des ruines, rien à dire, elle faisait couleur locale… Certains touristes sortant du Parthénon voulaient la photographier, la prenant pour une statue grecque esquintée par des siècles de pluies acides. On a même frôlé l'incident diplomatique, les douaniers refusant de la laisser sortir évoquant un trafic d'antiquités.

Et enfin, on le sait maintenant, Whitney Houston est morte dans sa baignoire. Pas de bol, elle préparait l'enregistrement du *Lundi au soleil*, adaptation d'une chanson de Claude François. Si vous apprenez demain que les Trois Prêtres reprennent Mike Brant, surveillez les fenêtres du haut en marchant sur le trottoir…

UNE HISTOIRE DRÔLE

À l'hôpital, une femme veut se faire opérer car elle trouve que ses lèvres vaginales sont trop grandes. Elle insiste auprès du docteur pour qu'il garde le plus grand secret sur l'opération car elle est embarrassée et ne veut que personne ne le sache.

— Nous sommes tenus au secret professionnel, Madame.

Après l'opération, au réveil, elle trouve trois roses placées avec soin à côté de son lit. Outragée, elle appelle le docteur :

— Je pensais vous avoir demandé de ne parler de mon opération à personne !

— Ne vous inquiétez pas. Je n'ai rien dit à personne. La première rose est de moi. J'ai senti de la compassion pour vous parce que vous avez traversé tout ceci complètement seule. La deuxième rose est de mon infirmière. Elle m'a aidé à vous opérer.

— Et la troisième ?

— Elle provient d'un type dans l'unité des grands brûlés qui vous remercie pour ses nouvelles oreilles !

Samedi **30** **Novembre**
SAINT ANDRÉ

Dimanche **1er** **Décembre**
SAINTE FLORENCE

Les statistiques de Peroni

– 14 % des rescapés du *Titanic* l'ont confirmé : la nuit du drame, au menu, il y avait de l'île flottante.
– 20 % des moustiques piquent les diabétiques juste pour le dessert.
– 100 % des kangourous ne portent pas de slip.
– Quand vous leur expliquez que le ballon d'Alsace est aussi une montagne, 80 % des pochetrons ne vous croient pas.
– 20 % des veuves dont le patronyme est Poignet en ont marre de faire rigoler le monde pendant l'enterrement de leur défunt.
– 92 % des sœurs bénédictines en boivent jusqu'à rouler par terre dans les couloirs du couvent.
– Même l'été, 100 % des non-voyants ont des cannes blanches.
– 70 % des hommes qui ont une petite bite ne passent pas leurs vacances à la Grande Motte.
– 22 % des égoutiers sentent mauvais de la bouche.
– Quand on leur parle de Copernic, 66 % des blondes déclarent vouloir connaître ce monsieur Coper.
– 33 % des hommes prénommés Manuel sont sourds d'au moins une oreille.
– Quand les bonnes sœurs accompagnent des jeunes filles au zoo, 20 % des babouins font le signe de croix avant de se masturber.
– 14 % des cirrhotiques ont vu miraculeusement leur foie se régénérer en mouillant leur Pastis avec de l'eau de Lourdes.
– Et enfin, 90 % des nains ont dans leur chambre un poster de Philippe Bouvard.

UNE HISTOIRE À BIDE

Au catéchisme, un brave curé interroge une classe :
– Alors mes enfants, que doit-on faire le matin au réveil quand on est chrétien ?
Personne ne répond.
– Allons, voyons, c'est facile ! Toi Toto, tu dois le savoir. Que fait un chrétien le matin à son réveil ?
– Euh… il le remonte !

Question du jour

Sous l'Occupation, où était installé à Paris le ministère de l'Information chargé de la propagande du régime de Vichy ?

Au 10 rue de Solférino, devenu depuis le siège du Parti Socialiste

Présentation des panélistes

Sa note d'électricité doit être salée si, chez elle, comme au théâtre, elle allume sans jamais éteindre.

Chantal Ladesou

Bouvardise

Certains patrons ne savent pas plus terminer dans la courtoisie une histoire professionnelle que certains amants achever sans haine une histoire d'amour.

Lundi

2 Décembre

SAINTE VIVIANE

Citation

Qui a dit : « À mes débuts, je me serrais la ceinture. Maintenant, c'est la ceinture qui me serre. » ?

Smaïn.

Présentation des panélistes

Une anthologie sur deux pattes le jour, à quatre pattes le soir.

Jean-Jacques Peroni

Bouvardise

Les écoliers actuels ne sont pas concernés par le débat sur l'école. Car ils auront atteint l'âge de la préretraite que l'on dissertera encore du meilleur moyen d'apprendre à lire aux adolescents.

Macha défend les branleurs

Macha Méril : La masturbation, c'est un sujet sérieux, très sérieux… La masturbation touche toutes les couches de la société, tous les âges et les deux sexes… Autrefois c'était honteux, on n'en parlait pas, on disait même que c'était un péché qui rendait aveugle ou sourd, qui faisait loucher, bégayer et qui rendait idiot ! Je suis là, votre prof, pour vous expliquer et vous rassurer.

La masturbation commence dès le berceau, le bébé se tripote sans inquiétude, il découvre son zizi, il se le tirebouchonne sans pitié. Quelquefois, il faut l'emmailloter pour lui éviter l'émasculation, pauvre petit bout ! De même les petites filles comprennent vite qu'il se passe quelque chose dans leur culotte ! Vous les avez vues se tortiller à bicyclette ou glisser sur la rampe d'escalier ? Rien de répréhensible, rien de malsain : « Plus tôt on découvre ses mains, plus tôt on peut monter à la corde »… Proverbe chinois ! Je ne vous parlerai pas de la masturbation féminine, avec ou sans petit canard, ça va vous exciter et on ne pourra pas continuer l'émission… Sachez que nous ne faisons ça que par amour pour nous souvenir de votre passage et pour entretenir le matériel ! Ou en apéritif, en zakouski, pour lancer la machine… Si vous êtes des adeptes de la masturbation, ne vous inquiétez pas, c'est que vous vous aimez bien… Et que personne ne vous connaît aussi bien que vous-même !

Évidemment, il ne faut pas exagérer, rien ne vaut un bon coup à deux. Mais si vous avez jeûné pendant un certain temps, il serait regrettable de révéler votre fringale… Une bonne petite intervention solitaire avant vous rendra plus serein !

Vincent Perrot : Mais j'ai l'impression que Macha nous prend tous pour une bande de branleurs !

Macha Méril : Absolument ! Et même vous serez plus sensibles, la masturbation ne fatigue pas, elle aiguise le désir au contraire. Elle vous tient en éveil, en disponibilité… Enfin… Faites gaffe tout de même, parce qu'il y a des mecs qui y vont si fort qu'ils finissent à l'hôpital !

Jean-Jacques Peroni : Il y a Yves Duteil qui avait fait une chanson là-dessus : « J'ai la quéquette qui déménage, il faut que je m'astique un peu… »

Macha Méril : Une petite masturbation équilibrée, c'est un hommage que vous rendez à l'amour, un entraînement qui vous tient en jambes, qui vous rappelle votre jeunesse, bref qui vous empêche d'être grognon ! Et si c'est l'anniversaire… Bonne fête, Popaul !

Nous avons survécu à tous les régimes...

Philippe Bouvard : J'imagine que vous avez tous des souvenirs de régime mais peut-être pas tous des problèmes de poids. Vous, cher Philippe Chevallier, vous ne semblez pas en avoir !

Philippe Chevallier : C'est gentil cher Philippe, mais, en réalité, je suis un faux maigre. Je suis un gras mal bâti c'est-à-dire que j'ai une grosse ceinture abdominale. J'ai essayé il n'y a pas longtemps, sur les recommandations de ma belle-sœur, les rituels tibétains. C'est de la gymnastique qu'il faut faire cinq minutes tous les matins. Depuis que je fais ça, j'ai grossi, je suis ballonné et constipé. Donc, je ne vais pas mieux et, en plus, ça me donne mauvaise haleine ! Il faudra que j'en parle à Serge Lama !

Philippe Bouvard : Si vous êtes constipé, cher Philippe, pourquoi n'allez-vous pas dans les aéroports ? Il y a une salle de transit ! Si vous additionnez les kilos que vous avez perdus, Bernard Mabille, à quel total arrivez-vous ?

Bernard Mabille : Écoutez Philippe, je répondrai à votre question le jour où vous ferez une émission sur la croissance !

Philippe Bouvard : Et pourquoi voulez-vous maigrir ? Pour être plus séduisant ? Pour monter plus vite les escaliers ?

Bernard Mabille : Pour pouvoir la revoir !

Philippe Bouvard : Elle vous manque ? Parce que, comme ça, vous gardez d'elle le souvenir de sa jeunesse ! Y a-t-il des moments de votre vie où vous pouvez déplorer une surcharge pondérale ?

Bernard Mabille : Oui !!! Quand vous faites l'amour déjà !

Philippe Chevallier : Parce que, dès qu'il s'allonge, ça y est, elle est morte d'étouffement ! Et tiens ! Je vais faire l'amour avec une galette ! Heureusement que j'ai la saucisse !

Jean-Jacques Peroni : J'ai une solution pour toi Bernard ! Avec ton gros ventre, tu prends une bossue ; comme ça, pour la position du missionnaire, ça fait culbuto !

Bernard Mabille : Voilà Philippe, c'est précisément pour ce genre de conneries qu'on a envie de maigrir !

UNE HISTOIRE DRÔLE

– J'ai un truc extraordinaire à vous proposer, dit l'épicière, c'est tout nouveau : de la conserve de fesse d'hippopotame...

– Et c'est bon ? demande le client.

– Rien de meilleur, vous pouvez me croire !

Le gars achète sa fesse d'hippopotame, monte chez lui et ouvre la boîte. Et dans la boîte, il n'y a rien. Il redescend, courroucé, chez l'épicière, et lui fait un vrai scandale.

– Comment ! C'est une honte ! Vous me vendez de la fesse d'hippopotame, je paie un prix fou et, dans la boîte, il n'y a rien...

– Il n'y a rien ? réplique l'épicière. Ah ! Écoutez, ce n'est pas ma faute si vous êtes tombé sur le trou... !

Question du jour

Quelle est le plus gros propriétaire foncier de France ?

La SNCF.

Bouvardise

L'écriture est comparable à l'amour physique. L'instigateur de l'exercice n'est jamais assuré du plaisir des partenaires qu'il ambitionne de rendre aussi heureux que lui.

Mercredi **4** **Décembre**

SAINTE BARBARA

UNE HISTOIRE DRÔLE

Une merveilleuse et pure jeune fille se présente aux portes du paradis.

— Vous êtes vierge ? lui demande saint Pierre.

— Euh… je crois.

— Comment, vous croyez ? Allez passer devant l'ange examinateur. Si vous êtes vraiment vierge, vous pourrez entrer au paradis. Mais on a besoin d'une preuve…

Alors, l'ange examine la candidate et il dit à saint Pierre :

— Pour être vierge, elle est vierge. Mais il y a quelque chose de bizarre. Elle a, là où vous pensez, sept petits trous d'épingles…

— Hein ? Quoi ? Des trous d'épingles ? dit saint Pierre. On ne peut pas l'envoyer au purgatoire pour ça. Allez, mademoiselle ! Passez ! Comment vous appelez-vous ?

Et la pure jeune fille répond :

— Blanche Neige.

Le rouge et le noir (à la roulette)

Patrick Partouche : Il y a quelques années, il y avait un client qui venait en pleine semaine, il venait le mardi ou le mercredi, il jouait rouge, rouge, rouge, mais il attendait une certaine heure pour les jouer…

Donc il arrivait dans le casino, on le regardait, il ne bougeait pas et, à une certaine heure, il s'asseyait et il jouait rouge, rouge, rouge. Cela a duré comme ça un certain temps et puis, en face de lui, il y avait quelqu'un qui jouait noir, noir, noir. On s'est dit : « C'est curieux cette histoire quand même… »

Donc on les a réunis et on leur a demandé :

— Mais qu'est-ce que vous faites exactement ?

— Mais on se connaît, nous…

— Comment se fait-il que vous êtes là ?

— On a vu une voyante !

En fait, les deux clients avaient la même voyante et celle-ci leur avait dit à chacun cette chose magnifique : « Vous ne me payez pas, je ne prendrai que 10 % de vos gains ! »

Présentation des panélistes

Noble dans son pays, aristocrate dans nos cœurs.

Princess Erika

Citation

Qui a dit : « Tant que le navire n'a pas heurté l'iceberg, la croisière continue. » ?

Question du jour

Qui ne peut pas faire de propositions de lois à l'Assemblée Nationale ?

Jean-Pierre Raffarin.

Le président de l'Assemblée Nationale

En matière de pénis, évitez les raccourcis…

par Tanguy Pastureau

Le moment est grave, nous les mâles, les poilus, les tatoués, qui sentons le bouquetin en rut et la mauvaise bière, nous sommes en train de perdre notre virilité !

En effet, une étude américaine confirme une précédente étude qui annonçait qu'en 50 ans l'homme avait perdu 1 cm de longueur de pénis. En d'autres termes, les ouistitis sont en train de devenir de petites limaces.

Cette diminution s'est donc faite progressivement, à part pour quelques lépreux qui ont perdu leurs centimètres de pénis d'un coup, avec les testicules, la jambe gauche et le pied droit ! À noter qu'une personne sans pieds, on appelle aussi ça un footballeur français…

Oui, le pénis rétrécit, ce que tout homme allant à la piscine avait eu le loisir de constater…

Les nageurs Alain Bernard et Frédéric Bousquet, qui passent leur vie dans le grand bain, ont appris avec le temps à ne compter qu'en millimètres… Leurs femmes respectives les attaquent à la longue-vue astronomique. Ensuite elles s'en vont sauter à la poêle les champignons qu'elles ont sous les pieds à force de patauger dans le pédiluve !

Bref, d'ici 20 ans nous ressemblerons tous à des statues grecques, mais sans les pectoraux ni les biceps, juste au niveau du maillot !

Cette diminution de la taille du sexe est due, selon ces études, au réchauffement climatique.

Alors là je dis non !

Tant que ça touchait les ours polaires, ça allait, on s'en foutait… Mais là c'est trop ! Si Éva Joly, la femme d'Alain Afflelou, avait expliqué que la pollution entraînait le rétrécissement du pénis, elle passait au premier tour avec toutes les voix des mecs !

La seule chose rassurante est que l'ensemble des hommes est concerné, c'est-à-dire vous, moi, y compris les hommes les plus virils.

Oui, Sébastien Chabal – ce monsieur si poilu qu'il est impossible de lui distinguer le cul de la tête, comme pour un caniche qui n'aurait jamais été tondu– porte sans doute des culottes Petit Bateau taille 12 ans…

Oui, Dominique Strauss-Kahn qui implose de désir – dans son slip c'est Fukushima – a sans doute abusé des femmes pour compenser ce que le réchauffement climatique lui a fait !

Oui, Georges Clooney peut certainement masquer son intimité en plaçant juste devant une simple petite capsule de Nespresso !

Oui, on comprend pourquoi Valérie Trierweiler est si jalouse : c'est parce qu'elle refuse de partager les 2 cm qu'il reste à François Hollande… C'est un peu comme dans un dîner de couper en trois une petite part de tarte, simplement le goût n'est pas le même !

Heureusement une seconde étude va réconforter les hommes diminués : figurez-vous que des chercheurs se sont aperçus que le yaourt à la vanille avait un effet sur la libido masculine, je comprends maintenant pourquoi j'étais excité quand je voyais Mamie Nova sur les pots de yaourt… Ouf, le problème ne venait pas de moi mais des yaourts !!!

Citation

Qui a dit : « Un écrivain écrit en grande partie pour être lu. Ceux qui disent le contraire, admirons-les, mais ne les croyons pas. » ?

Albert Camus.

Question du jour

Que signifie le pavillon blanc incrusté de 5 étoiles bleues qu'on voit sur certains navires ?

C'est un navire amiral, le chef d'état-major est à bord

Présentation des panélistes

À force de racheter des chambres de bonnes, il est aujourd'hui un magnat de l'immobilier.

Jacques Balutin

UNE HISTOIRE À BIDE

Un personnage étrange s'approche d'une très jolie fille dans la rue. Il l'accoste avec une extrême courtoisie, il prend sa main dans la sienne et sans cesser de lui serrer convulsivement les doigts, il lui fait la déclaration suivante :

— Mademoiselle, permettez-moi de faire votre connaissance. Je suis un Martien. Dans mon pays, les montagnes sont jaunes, les rivières sont rouges, la mer est toute blanche. Il faut que je vous dise aussi que nous jouissons très vite et que nous n'avons pas les organes sexuels au même endroit que les hommes de chez vous. Et merci mille fois pour le plaisir que vous venez de me donner… !

Citation

Qui a dit : « On dit souvent que les belles filles sont bêtes. Je m'insurge : il y en a aussi qui sont très moches et très cons. » ?

Guy Bedos.

Présentation des panélistes

Elle a compris que ce serait du gâchis d'avoir la langue dans sa poche.

Princess Erika

Bouvardise

La vieillesse commence le jour où l'on ne s'intéresse plus à la jeunesse.

Samedi **7** — SAINTE AMBROISE

Dimanche **8** — IM. CONCEPT

Décembre

UNE HISTOIRE À BIDE

Deux ouvriers prennent leur pause de midi, le premier fait :
—Tu connais Victor Hugo ?
— Non.
— T'as tort, tu devrais suivre les cours du soir !
Le lendemain, toujours le même :
—Tu connais Albert Einstein ?
— Non.
— T'as tort, tu devrais suivre les cours du soir !
Le surlendemain, ça recommence :
—Tu connais Karl Marx ?
— Non.
— T'as tort, tu devrais suivre les cours du soir !
Alors l'autre tout énervé fait :
— Et toi, tu connais Jean Dupont ?
— Non.
— T'as tort, c'est celui qui baise ta femme pendant que tu suis les cours du soir !

Dans la salle de bains...

Jean-Jacques Peroni : C'est une femme qui rentre dans la salle de bains et qui voit son fils en train de se masturber. Elle lui demande : « Mais que fais-tu ? »

« Bah, j'ai bien le droit de me laver le zizi à la vitesse que je veux, non ? »

Chantal Ladesou : L'enfant d'un couple d'homos entre dans la salle de bains et dit à son père : « Papa, il est beau ton sexe ! » Et le père de lui répondre : « Ah, bah ! Tu verrais celui de ta mère… »

Question du jour

Qui en 1815 a commandé l'exécution du maréchal Ney ?

Lui-même.

Bouvardise

On est enfermé à perpétuité avec ses fantasmes comme les fous de l'Antiquité avec leurs serpents.

Citation

Qui a dit : « Recevoir un grand nombre de journalistes est un plaisir, un petit nombre un ennui, un seul d'entre eux, un supplice. » ?

Le général de Gaulle.

Lundi

9 Décembre

SAINT PIERRE FOURIER

UNE HISTOIRE DRÔLE

C'est un mec qui arrive chez le pharmacien et qui dit :

— Je voudrais un truc qui fait pousser les cheveux !

— Tenez, prenez ça, y'a rien de mieux...

— Mais, vous êtes sûr ?

— Vous voyez le monsieur qui est à la caisse, avec une moustache ?

— Oui !

— Eh bien, c'est ma femme ! Ça lui est arrivé en débouchant un flacon de ce produit avec les dents.

Bouvardise

Sans doute me passionnerais-je davantage pour le sort des déshérités lointains si j'étais capable de mieux situer leurs pays sur la carte. Pas de tripe humanitaire sans fibre géographique.

Question du jour

Quelle a été la première société cotée en Bourse ?

La compagnie des Indes.

En avion, ce n'est jamais la fête des voisins

Philippe Bouvard : Alors, on publie le top des voisins les plus détestés en avion. Une compagnie aérienne a eu l'idée d'interroger les passagers pour leur demander quel est le voisinage qu'ils redoutent le plus quand ils sont installés en avion.

Jean-Jacques Peroni : Le gars qui pète !

Jacques Mailhot : Le gars qui ronfle…

Philippe Chevallier : Celui qui pue des pieds !

Philippe Bouvard : Voilà, surtout qu'il n'y a pas beaucoup de place, hein… Ensuite, il y a les gros !

Bernard Mabille : Ne me regardez pas comme ça…

Philippe Bouvard : Ceux qui débordent de leur siège…

Jean-Jacques Peroni : Et puis, il y a ceux qui vomissent à côté du sac à vomi.

Philippe Chevallier : Et celui qui a mauvaise haleine… La mauvaise haleine et la transpiration des pieds, ça fait quand même deux raisons de ne pas aller en avion…

Vincent Perrot : Surtout que le mec qui transpire des pieds, c'est le premier à enlever ses chaussures, vous avez remarqué ? Comme celui qui a mauvaise haleine, c'est toujours celui qui parle à vingt centimètres.

Philippe Chevallier : Ah oui ! Mais ça, vous savez pourquoi ? Pourquoi les gens qui ont une mauvaise haleine vous parlent sous le nez ? Mais parce que c'est vous qui vous reculez. Et donc ils vous suivent !

Jean-Jacques Peroni : Oui, ils parlent à vingt centimètres au lieu de parler à Vincent Perrot !

Philippe Bouvard : Autre enquête similaire, c'est une enquête menée parmi les passagers du transport ferroviaire pour savoir s'ils conversent avec des gens qu'ils ne connaissent pas mais qui sont à côté d'eux. Alors il y en a quand même 76 % qui font l'effort d'adresser la parole à quelqu'un qui est à côté d'eux.

Bernard Mabille : Une fois que le mec a déballé son sandwich, ses œufs durs…

Jean-Jacques Peroni : Quand tu déballes un œuf dur, ça sent le pet en général…

Philippe Bouvard : C'est rare que l'on déballe ses œufs durs… On garde son pantalon, quand même…

Jacques Mailhot : Parfois, il y a un jeune cadre et on lui met un enfant à ses côtés. Et l'hôtesse demande à l'enfant ce qui lui ferait plaisir : « Un jus de fruits ». Et le gamin en fout partout…

Philippe Bouvard : L'autre jour, je revenais de Cannes en TGV et il y avait une réservation pour un pensionnat qui partait pour une classe de neige. C'est-à-dire, il y avait 78 places dans le wagon et j'étais le seul adulte. Eh bien ! j'ai morflé…

Jacques Mailhot : Oui, mais on m'a dit que vous étiez le plus petit…

Mardi **10** **Décembre**

SAINT ROMARIC

L'homme idéal, vu par les femmes des Grosses Têtes

Philippe Bouvard : Et pour vous Amanda, comment est-il l'homme idéal ?

Amanda Lear : Déjà, il est libre.

Philippe Bouvard : Vous lui parlez comme à un taxi ?

Amanda Lear : Non mais c'est très chiant les hommes qui trompent leur femme. Ils se cachent, mentent… Donc il faut qu'il soit libre, sans attache, comme ça, on est tranquille. Ensuite, il faut qu'il soit fidèle, bien entendu. D'abord beau garçon, car il y a l'attirance physique, mais il faut qu'il soit fidèle. S'il n'est pas fidèle, ce n'est pas la peine.

Philippe Bouvard : Enfin, comme vous lui appelez un taxi dès que c'est fini… c'est une fidélité d'une soirée !

Amanda Lear : Non, mais on parle d'amour, pas d'une aventure !

Philippe Bouvard : Physiquement, il serait plutôt grand, brun… ?

Amanda Lear : Oui, moi je suis plutôt pour les grands bruns.

Philippe Bouvard : Avec du muscle, des tablettes de chocolat ?

Amanda Lear : Oui… Mais comment savez-vous tout ça, Philippe ?

Philippe Bouvard : Parce que c'est comme ça que j'aurais voulu être !

Mireille Dumas : Moi, ce serait un « mélange de ». Mais ça n'existe pas non plus, ce serait un monstre ! Le physique de Clint Eastwood, l'esprit de Philippe Bouvard, ce serait bien d'avoir votre esprit, Philippe. Les connaissances d'un d'Ormesson, l'humour d'un Bedos et puis moi, je suis d'accord, la fidélité du pape. Mais ça n'existe pas !

Princess Erika : Moi, qu'il soit infidèle, ça ne me dérange pas. Et surtout si j'assiste et qu'il me raconte, j'adore ça !

Macha Méril : Elle est moderne, elle !

Philippe Bouvard : C'est-à-dire que vous pardonnez mais il vous faut la vidéo !

Princess Erika : Voilà, la *sextape*, évidemment ! Mais sinon, j'aime bien quand ils ont de grandes mains parce que ça promet… Les jeux manuels, j'adore ça ! Et je veux également qu'ils soient intelligents, qu'ils me comprennent, qu'ils comprennent que je peux avoir des envies différentes, qu'ils soient à l'écoute… Voilà !

Philippe Bouvard : Ce ne sont pas des hommes intelligents que vous voulez mais des souples ! Et vous Chantal ?

Chantal Ladesou : Alors, un homme qui fasse les courses, qui ait de l'humour, qui ne soit pas menteur et qui soit bon au lit. Mais il ne faut pas qu'ils se connaissent entre eux !

Macha Méril : Gabor disait : « Je voudrais un homme qui ait des attentions… Est-ce le bout du monde d'attendre ça d'un milliardaire ? »

Présentation des panélistes

Ses chèvres lui reprochent d'avoir encore plein de fromages à Paris.

Pierre Bellemare

Question du jour

Autrefois, qu'appelait-on la guillotine sèche ?

Le bagne de Cayenne.

Bouvardise

Différence fondamentale entre les métiers scientifiques et les professions artistiques : la génération spontanée n'existe pas chez les savants comme chez les chanteuses. C'est plutôt rassurant.

Mercredi **11** **Décembre**

SAINT DANIEL

UNE HISTOIRE DRÔLE

Un type va à la banque du sperme. Il s'approche de la fille à l'accueil :

– Bonjour mademoiselle, c'est pour un dépôt.

– Bien, monsieur. Voilà un bocal, prenez la première cabine et revenez quand vous avez fini.

Notre héros prend le bocal, va dans la cabine, ferme la porte, et se met à pousser des gémissements et des cris.

Au bout de deux minutes, il sort la tête de la cabine. En sueur, il demande à l'hôtesse :

– Mademoiselle ! Pourrais-je avoir un linge, s'il vous plaît ?

L'hôtesse, quoiqu'un peu gênée par le manque de discrétion de ce client, lui tend un linge. Le type entre à nouveau dans la cabine et se remet rapidement à pousser des gémissements, des cris…

Au bout de deux minutes, il ressort la tête de la cabine et hèle à nouveau l'hôtesse :

– Mademoiselle ! Pourrais-je avoir un linge mouillé, s'il vous plaît ?

Très professionnelle, l'hôtesse lui tend un linge mouillé, le type entre une troisième fois dans la cabine et se remet à pousser des gémissements, des cris…

Au bout de deux minutes, il ressort à nouveau la tête de la cabine et hèle encore l'hôtesse :

– Mademoiselle, mademoiselle ! Pourrais-je avoir un autre bocal, s'il vous plaît ?

– Mais monsieur ! Ne me dites pas que vous avez déjà fini le premier !

– Non, mais je n'arrive pas à l'ouvrir !

Orsenna enseigne les chemins de l'Académie

Érik Orsenna : Ce qui est bien à l'Académie, c'est que quand un de nos confrères nous quitte, alors évidemment nous sommes infiniment tristes mais immédiatement après nous sentons un taux de gentillesse dans Paris qui grandit !

Philippe Bouvard : Vous êtes plus souvent invité à dîner ?

Érik Orsenna : Oui, on trouve notre œuvre plus intéressante… À quatre fauteuils vides, j'ai du talent. À six fauteuils, j'ai du génie.

Philippe Bouvard : Est-ce que vous recevez des candidats chez vous ?

Érik Orsenna : Non, moi je ne les reçois plus. On les met quand même dans des situations incroyables. Il y avait Leprince-Ringuet qui m'avait reçu. Tout se passe bien, je fais tous les trucs qu'il faut et puis, juste sur le pas de la porte, il me dit : « *Vous savez, ma femme est morte d'un seul coup.* » Alors je prends un air de circonstance, je lui demande ce que je peux faire, tout ça, je lui dis des bêtises du genre « *Il vaut mieux ça !* ». Là, il me dit avec un grand sourire, et je me suis demandé s'il voterait pour moi : « *Il faut dire que cette nouvelle a bouleversé mon année 1937.* »

Et le même avec Jean-Denis Bredin qui est un avocat et un écrivain de talent, très bien habillé, très élégant, etc. Et alors ce monsieur Leprince-Ringuet lui dit : « *Maître, est-ce que c'est vrai ce qu'on dit ?* » Alors Jean-Denis lui dit : « *Quoi donc ?* ». Leprince-Ringuet : « *Que vous avez couché avec ma fille ?* » Et Jean-Denis Bredin lui répond : « *Pardon ? Mais non… pas du tout !* »

Alors Leprince-Ringuet lui dit : « *Dommage, j'aurais voté pour vous !* »

Présentation des panélistes

Elle entretient sa voix en se gargarisant avec des oursins.

Chantal Ladesou

Bouvardise

J'éprouve parfois la nostalgie de l'époque où l'on distribuait les bons mots comme on alloue aujourd'hui les allocations.

Jeudi
12 Décembre
SAINT JEAN. F. DE C.

Les tyrans du goût
par Bernard Mabille

Alors qu'il manque 5 millions d'euros aux Restos de Coluche pour boucler leur saison, je voudrais piquer un coup de sang contre ces armées de coaches gastronomiques autoproclamés qui nous gavent de leurs conseils hypercaloriques pour réussir notre réveillon et passer ainsi auprès de nos amis pour un chef trois étoiles, une sorte de Ducasse *low cost*. Écoutons ces gourous du « mieux manger ». Premier conseil : habitez près d'un marché car le produit frais ne supporte pas le transport à l'exception d'un panier de Vélib' chouravé à un bobo. Mais attention, je ne vous parle que de marché bio ! Le bio étant une unité monétaire équivalente à 6 €. Si une salade vaut 2,65 €, la même salade bio en vaut 13,95 €. Alors, sur ce marché, sachez-le, vous n'aurez pas affaire à un cul-terreux pisseur de pesticides mais à un maître éducateur de plantes potagères vierges de toute agression chimique, un mec qui n'hésite pas à murmurer à l'oreille de ses légumes pour faciliter croissance et tendreté de la fibre. Ancien cadre supérieur en général, il est devenu maraîcher bio en succombant à l'appel de la motte et après avoir lu dans *Libération* une tribune libre et angoissante de Daniel Cohn-Bendit sur l'influence du réchauffement de la planète sur le transit intestinal. Le mec doit avoir la main verte et parler couramment plusieurs langues : le topinambour, le rutabaga et le potimarron. Deuxième conseil de ces tyrans du goût : choisir toujours une cuisine propre, grande et aérée, 65 mètres carrés minimum, avec 18 mètres linéaires de plan de travail en chêne brut non traité. Si vous ne l'avez pas, déménagez ! Vous devez, pour faire des œufs brouillés aux copeaux de truffe blanche, avoir à portée de main : fouet à émulsion, fouet à boule, batteur électrique ou manuel, passoire, tamis, passe-légumes, râpe, autocuiseur électrique, cuisinière double four, rôtissoire, bain-marie, balance, spatule... Bref, autant vous installer chez Darty ! Troisième conseil de ces Mozart du repas réussi : choisir sa viande. Alors là, c'est toujours une belle dinde, un superbe chapon, un magnifique filet de bœuf... Des fois que tu serais assez con pour commander une dinde dégueulasse ou un chapon qui refoule le macchabée à dix mètres. Pour le bœuf, attention ! Il faut connaître l'histoire de sa vie avant de le passer au four. On appelle ça « la traçabilité ». Il a dû être nourri au biberon entre les cuisses de Madame Germaine, il a dû être castré par pépé Augustin qui faisait encore ça avec ses fausses dents sans traumatiser le bestiau. Votre bœuf aura dû gambader dans les pâturages gras et avoir toujours fait de belles bouses. Demandez son livret médical à votre artisan boucher, il n'a pas le droit de vous le refuser. Sinon, filez chez Picard.

À suivre page suivante...

Citation

Qui a dit : « Papamobile : immatriculée Conception. Un pape au-dessus, seize soupapes en dessous. » ?

Coluche

Présentation des panélistes

Évêque in partibus et revenu en Ferrari du diocèse de Montmartre.

Jacques Mailhot

Bouvardise

Sur la corde raide de la vie, les remords font office de balanciers.

Vendredi

13 Décembre

SAINTE LUCIE

Question du jour

À l'approche des beaux jours, l'Institut Pasteur diffuse des bulletins météorologiques hebdomadaires. À qui sont-ils destinés ?

Aux allergiques

Présentation des panélistes

Ni de droite ni du centre ni de gauche mais seulement du parti d'en rire.

Bernard Mabille

Bouvardise

L'avis de décès de quelqu'un qui, jusqu'à présent, m'était totalement inconnu, me peine plus que la disparition de familiers lorsqu'il s'agit d'un professeur de médecine dont on croit utile de préciser qu'il a été emporté par la maladie dont il était devenu l'un des plus éminents spécialistes.

Les tyrans du goût

par Bernard Mabille (suite et fin)

Quatrième conseil de ces magiciens de la bouffe : le vin. Alors là, évitez les grands châteaux, ce sont eux qui vous le disent ! Le mec vous refile toujours l'adresse d'un petit viticulteur qui vendange les soirs de pleine lune, quand la terre est à 13,2°C, ni trop dure ni trop molle, les grappes cueillies à la main et la récolte foulée aux pieds en pressoir traditionnel. C'est en général l'un de ses potes, avec lequel il s'est murgé alors qu'il animait, grassement payé, une foire aux vins régionaux. La bouteille ne dépasse pas 3,30 €, une affaire ! Seul problème : il faut aller chercher le pinard à la propriété. Le vigneron n'expédie pas ! Sachant qu'il habite à 862 bornes de chez toi, que les tarifs du TGV vont prendre 3,3 %, ceux des taxis 3,7 %, que tu dois coucher à l'hôtel et bouffer sur place, louer une camionnette pour ramener les douze bouteilles, ça te coûte au final 3 272 €, soit beaucoup plus que douze bouteilles de Pétrus d'une bonne année ! Et je passe sur les arts de la table : alors là, ces messieurs ne font pas dans l'assiette ou le gobelet en carton, dans la toile cirée vichy et dans les couverts en plastique. Tu as intérêt, avant de tirer les rallonges, à passer à ta banque pour demander un prêt personnel ! Bref, exténué, ruiné mais fier d'être presque étoilé, tu attends tes amis… Ding dong. « Oh, mon pauvre Bernard, on t'embrasse pas, on a chopé une de ces gastros ! Alain n'arrête pas de gerber ; quant à moi, je suis devenue la meilleure copine de Jacob Delafon. T'aurais pas une soupe en sachet et une grande tasse de tilleul ? » S'il y a de la truffe au menu ce soir de réveillon, c'est toi !

Peroni relooke Sophie Davant

Je voudrais suggérer à Sophie Davant des sujets un peu plus accrocheurs pour son émission *Toute une histoire.*

Exemples :

– J'ai trompé ma femme avec mon beau-frère, suis-je le seul ?

– Ma belle-mère souffre de la maladie d'Alzheimer. Pour passer le temps, on la perd en forêt et, avec les enfants, on parie sur le temps qu'elle mettra pour rentrer à la maison. Sommes-nous des monstres ? ;

– Mon mari a de gros besoins sexuels ; ma mère me donne un coup de main, mais cela met une mauvaise ambiance dans notre vie intime. Que faire ? ;

– Ma femme se masturbe avec tous les légumes qui lui passent sous la main mais refuse de m'honorer le poireau. Faut-il que je déguise mon sexe en asperge ? ;

– Mon mari est conducteur de train. Il m'oblige à m'enfiler trois de ses collègues avant que ce soit son tour, en criant : « Et maintenant, le wagon de queue ! » Ne pourrait-on pas le muter aux aiguillages ? ;

– Mon mari se prend pour une agence de notation : il m'a retiré mon triple A, me fait payer la dette de la Grèce, et je ne peux plus m'asseoir. Dois-je rendre mon passeport européen ? ;

– Je suis atteint du syndrome de Gilles de la Tourette, putain de tes couilles, mais je suis aussi prêtre de la chapelle Sainte-Monique, deux qui la tiennent, trois qui la niquent, l'évêque du diocèse veut m'éloigner de ma paroisse, enfilé de ta race. Est-ce que Satan m'habite ? ;

– Mon mari boit et son chien mange son vomi. Pour la santé de l'animal, dois-je donner des croquettes à manger à mon mari ? ;

– Depuis que mon mari élève des chèvres, il n'a plus un regard pour moi. Dois-je demander des conseils à Mme Bellemare ? ;

– Nous sommes agriculteurs. Nous produisons des choux-fleurs, des artichauts et des brocolis, uniquement des légumes qui font péter. Sommes-nous responsables de la disparition de la couche d'ozone ? ;

– Nous habitons Saint-Claude dans le Jura, ma femme est tailleuse de pipes et je suis égoutier. Pouvons-nous dire que nous exerçons tous deux des métiers de bouche ?

Voilà, chère Sophie, quelques sujets qui redonneront couleur et vigueur à ton émission.

UNE HISTOIRE À BIDE

Des petits jumeaux attendent de naître.

Ils sont dans les bras l'un de l'autre, bien au chaud, dans le ventre de leur mère.

Et tout d'un coup, il y en a un qui dit à l'autre :

– Tiens ! une visite... Ça doit encore être papa...

Et l'autre réplique :

– Mais non ! Tu n'as pas bien regardé. C'est un invité ! Il a mis des gants...

Citation

Qui a dit : « Sur le plan financier, Bernadette Soubirous a fait plus pour Lourdes que Bernard Tapie pour Marseille. » ?

Mgr Gaillot.

Présentation des panélistes

Son sens social le pousse à exiger de ses secrétaires que, pour prendre le courrier sous le bureau, elles portent un casque.

Vincent Perrot

Lundi

16 Décembre

SAINTE ALICE

Citation

Qui a dit : « Une petite ville, c'est un endroit charmant où ce sont les voisins qui se chargent de surveiller votre femme. » ?

Jean Richard.

Présentation des panélistes

Femme fatale idéale pour tous ceux qui adorent rêver sans jamais passer à l'acte.

Chantal Ladesou

Bouvardise

Le bonheur consiste aussi souvent à ne plus avoir besoin de choses qu'on croyait indispensables.

Mailhot ne digère pas la carte

Je voudrais pousser un coup de sang contre ces restaurants faussement ambitieux qui vous aguichent avec une carte pléthorique qui vous fait saliver avec des plats dont la plupart s'avèrent être en rupture de stock lorsque vous souhaitez les commander. Un exemple : à la rubrique *Poissons & Crustacés*, vous êtes attiré par le radada de Roscoff. C'est le homard de Roscoff poché dans son bouillon d'orties et servi sur son lit de verdure marine avec sa vinaigrette aromatique au curcuma des Andes. « Je suis désolé, vous explique alors le maître d'hôtel, mais avec les tempêtes que nous avons eues cette semaine sur les côtes du Nord, les artisans pêcheurs n'ont pas pu relever leurs casiers et nous n'avons pas de homard aujourd'hui. En revanche je peux vous proposer la raie au gingembre juste poêlée dans son jus. » Mais comme vous venez de passer six jours dans un Sofitel, vous déclinez poliment la proposition !

La pêche étant compromise par la tempête, vous préférez donc par sécurité vous rabattre sur le rognon entier au madère cuit dans sa graisse. Et patatras ! le même maître d'hôtel vous explique que son fournisseur exclusif de rognons a eu des problèmes avec les siens et qu'il n'a pas pu livrer en temps et en heure. Alors vous tentez la gibelotte de lapin du Gâtinais (lui, il est bien là), puisque, suite à une épidémie de myxomatose, un autre fournisseur exclusif, le célèbre Henry Delpeau, Delpeau de lapin naturellement, n'a pas pu en fournir...

De guerre lasse, vous commandez alors une entrecôte et vous envisagez une entrée puisque le maître d'hôtel dit : « Il faut quand même le temps de faire cuire l'entrecôte. » Alors une entrée, pourquoi pas, mais vous apprenez que les langoustines de Loctudy ont été remplacées par des crevettes de Côte d'Ivoire et la poêlée de champignons sauvages par la mycose du serveur qui n'arrête pas de se gratter les mains entre deux assiettes.

Vous optez donc pour les fameuses asperges blanches de Pertuis et leur sauce mimosa. Et là, le maître d'hôtel vous explique sans sourciller que la femme du chef qui va normalement à Rungis deux fois par semaine n'a pas pu aller aux asperges depuis quatre jours suite à une indisposition personnelle.

À suivre ci-contre...

Mardi 17 Décembre

SAINT GAËL

Mailhot ne digère pas la carte (suite et fin)

À tout hasard, vous jetez un œil sur la carte des vins. Vous repérez alors un Haut-Médoc dans un bon millésime à un prix convenable, le Château Y-en-a-plus et effectivement il est bien nommé puisqu'il n'y en a plus... Le sommelier arrive en renfort et vous propose de le remplacer par un excellent Saint-Julien sur le fruit et prêt à boire mais au triple du prix du Château Y-en-a-plus ! Vous acceptez finalement, vous buvez le vin, vous mangez votre entrecôte, et lorsque le maître d'hôtel vous apporte l'addition, c'est le moment idéal pour lui dire : « Alors moi c'est marrant, c'est le contraire de vous ! Vous avez une carte et moi j'ai oublié la mienne ! » - « Qu'à cela ne tienne, vous rétorque le maître d'hôtel, nous acceptons aussi le liquide ! » - « Alors en revanche là, je suis exactement comme vous, du liquide je n'en ai plus non plus ! »

UNE HISTOIRE DRÔLE

Une jeune femme rencontre une de ses amies d'enfance qu'elle n'avait pas revue depuis les classes primaires.

— Alors, qu'es-tu devenue ? lui demande-t-elle.

— Eh bien ! Après le CEP, j'ai eu mon BEPC et ensuite mon BAC. Entrée en IUT, j'en suis sortie avec un DUT qui m'a permis d'entrer à la FAC ou j'ai obtenu un DEUG. Ayant pris goût aux études, j'ai fait un MBA et maintenant je suis P-DG d'une PME ! Je crois que je peux dire que j'ai réussi. Et toi que deviens-tu ?

— Moi ? J'ai pas mal réussi aussi, mais seulement avec mon CUL.

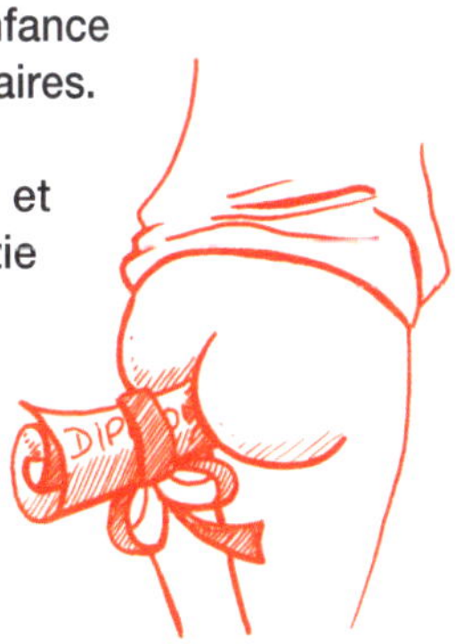

Citation

Qui a dit : « La famille, seul endroit où le sang de chacun circule dans les autres » ?

Hervé Bazin

Présentation des panélistes

Nous considérons qu'en plus des petits pois, il faut toujours avoir une princesse chez soi.

Macha Méril

Question du jour

Qui présente le 29 juin 1949 le premier journal télévisé ?

Pierre Sabbagh

UNE HISTOIRE À BIDE

— Garçon, vous m'apporterez un bifteck gazouillis...
— Pardon, monsieur ?
— Vous êtes sourd ? Un bifteck gazouillis ! Vous ne savez pas ce que c'est ?
— Euh... non, monsieur !
— C'est un bifteck cuit, cuit, cuit !

Citation

Qui a dit : « Une femme pardonne tout, excepté qu'on ne veuille pas d'elle. » ?

Jean-Jacques Rousseau.

Présentation des panélistes

Plus sa tête se déplume et plus sa plume court vite sur le papier.

Philippe Chevallier

Mabille se paie Frédéric Lefebvre

Bernard Mabille : Je voudrais piquer un coup de sang contre Frédéric Lefebvre, notre ancien secrétaire d'État au tourisme, qui n'hésita pas, face caméra, alors qu'il signait son livre, à nous prouver qu'il était le grand frère de Franck Ribéry et de Loana.

Question du journaliste : Monsieur Lefebvre, quel est votre livre préféré ?

Réponse du Sarkoboy : Sans hésiter, *Zadig & Voltaire* !

On pourrait croire à un lapsus, mais non, le mec en remet une couche !

J'adore me plonger dans *Zadig & Voltaire* !

Mélangeant sans rigoler, car ce mec-là a tout inventé sauf le sourire, une marque de fringue et une oeuvre de François-Marie Arouet.

Le technicien en ayant lâché sa caméra de surprise, nous n'avons donc pas pu entendre la suite.

Frédéric Lefebvre : Mais, vous savez, je lis aussi *Tailleur pour dame* de Céline et je vais commencer *Ça glisse dans la vallée* d'Honoré de Vaseline.

Frédéric Lefebvre est comme ça, il enfile les perles par collier ; pour lui, Claude Lévi-Strauss inventa le jean moule-bite, Bernard-Henri Levy le pont du même nom, Zola se prénommait Gorgon et Napoléon vivait dans un bon appart. Pour Frédéric Lefebvre, Montaigne marquera à lui tout seul plus d'essais que Chabal ; si Henri IV prenait les dames par derrière, c'est qu'il sentait l'ail, d'où l'expression « se taper une poule au pot ».

Et les vendeurs de La Hune, librairie germanopratine où tout intellectuel doit se montrer, se fendent encore la gueule en se rappelant le jour où Frédéric Lefebvre leur commanda sa bibliothèque idéale, asseyant ainsi sa phénoménale culture littéraire.

Je voudrais *Premier de Cordée* de France Roche, *Hernie* de Victor Hugo, *Les Choux-Fleurs du mal* de Baudelaire, *Guerre et Prout* de Tolstoï, *Hortefeu-follet* de Drieu La Rochelle, *Le Cidre* de Corneille, *Tarte aux truffes* de Molière, *Les Dix Petits Nègres* de PPDA, *Coagula* de Camus, *Les Contes* de Vincent Perrot, *Alfa Roméo et Juliette* de Shakespeare, *l'Idiot* de Gogol, *La Double Incontinence* de Marivaux, *Pour qui sonne le gland* d'Hemingway, *Ce con de Montecristo* de Roland Dumas, *Philippe Bouvard et Pécuchet* de Flaubert.

Notre ancien ministre de l'Éducation nationale a encore du boulot !

Jeudi 19 **Décembre**

SAINT URBAIN

UNE HISTOIRE DRÔLE

Un gendarme à moto arrête un gars pour excès de vitesse manifeste.

– Monsieur, pourrais-je voir votre permis de conduire, s'il vous plaît ?

– Je n'en ai plus. On me l'a retiré il y a des mois après cinq infractions graves.

– Puis-je voir les papiers du véhicule ?

– Je ne sais pas. Ce n'est pas ma voiture, je l'ai volée.

– Ce véhicule est volé ?

– C'est exact. Mais maintenant que j'y pense, j'ai cru voir des papiers dans la boîte à gants, quand j'y ai rangé mon revolver.

– Il y a un revolver dans la boîte à gants ?

– Oui, Monsieur. C'est là que je l'ai mis quand j'ai tué cette femme et pris sa voiture.

– Vous... vous avez tué la propriétaire de cette voiture ?

– Oui, Monsieur. Le cadavre est d'ailleurs encore dans le coffre.

– Le... le cadavre est dans... le coffre ?

– Oui, Monsieur.

Le gendarme recule de deux pas, empoigne sa radio et appelle des secours, qui arrivent vite fait, encerclant la voiture.

Un officier s'approche du conducteur.

– Puis-je voir vos papiers, Monsieur ?

– Voici.

Les papiers sont en ordre.

– Puis-je voir les papiers du véhicule ?

Le conducteur ouvre la boîte à gants, les dix tireurs d'élite entourant la voiture épaulent. Le conducteur sort les papiers. Il est bien le propriétaire de la voiture.

L'officier jette un œil dans la boîte.

– Vous n'avez pas d'arme ?

– Non, Monsieur.

– Voulez-vous sortir de votre voiture, sans mouvement brusque, et ouvrir votre coffre ?

Le conducteur sort. Ouvre le coffre. Qui est vide. Évidemment.

– Je ne comprends pas, Monsieur, il m'a été rapporté que vous conduisiez, sans papiers, cette voiture volée après avoir tué sa passagère au moyen d'une arme cachée dans la boîte à gants, et dont le corps se trouvait dans le coffre...

– Et je suppose que le type qui vous a raconté cela vous a dit aussi que je roulais trop vite ?!

Johnny est bilingue

Lors de la promotion de son nouvel album sur le plateau de Michel Drucker, Johnny Halliday a déclaré : « J'ai réalisé ce nouvel album avec tous mes musiciens internationals. » Discrètement, Michel Drucker le corrige en lui glissant : « ...naux ! ». Et Johnny, parfaitement bilingue, a répondu : « Si ! »

Présentation des panélistes

Même au plus profond de l'Afrique, elle n'avait jamais rencontré de tribu aussi étrange que la nôtre.

Princess Erika

Question du jour

Qu'est-ce qu'Alphonse Allais désignait par « un entier qui partage sa moitié avec un tiers » ?

Un cocu

Bouvardise

Non seulement la société ne fait plus de cadeaux mais encore elle essaie de récupérer ce qu'elle a donné.

Vendredi

20 Décembre

SAINT THÉOPHILE

Citation

Qui a dit : « L'homme que je déteste le plus au monde est Ernest Rodin, parce qu'il est l'auteur d'une sculpture abominable qui représente un penseur la tête appuyée dans les mains. Dans cette position, on ne peut rien créer, on peut tout juste déféquer. » ?

Salvador Dalí.

Question du jour

Pour quelle raison dit-on que le dernier enfant d'une famille est le benjamin ?

Parce que c'était le prénom du 12ème et dernier fils de Jacob

Bouvardise

Idiot ce contentement éprouvé à la fin d'une semaine comme si l'on avait triomphé de tous les pièges de l'existence alors qu'on a seulement une semaine de moins à vivre.

Mabille voyage *low cost*

Un coup de sang contre la SCNF qui nous promet un Paris-Marseille en TGV pour 25 euros. Attention quand même avant de vous réjouir, il vous faudra prendre connaissance des conditions libellées en bas du contrat, en tout petits caractères car, à la SCNF comme dans les assurances, le plus important est toujours indéchiffrable sans loupe, et c'est alors que le *low cost*, le bas coût, prend tout son sens. Alors premièrement : place à 25 euros certes, vendue uniquement sur Internet, prévoir pour cela l'achat d'un ordinateur et d'un abonnement à Orange, ça fait la place à 18 150 euros. J'ai calculé, il vous faudra 852 voyages pour rentabiliser l'investissement. Une place prise au moins deux mois à l'avance, non remboursable. Si ton gosse déclare une varicelle au matin du départ, tu t'assieds sur le pognon. Il y a moins de risque à jouer au poker toute une nuit chez Phiphi !

Deuxièmement : un seul bagage autorisé, et un petit. Si tu pars pour quinze jours, un slip, un pantalon, une chemise c'est tout ! Après 48 heures à traîner sur le vieux port, tu es tellement sale que tu te fais embarquer comme SDF.

Troisièmement : pas de voiture-bar, ça, c'est un bon point, on a au moins la certitude réjouissante de ne pas croiser l'ami Peroni dans les couloirs. Rien à boire donc, histoire de vous rappeler que le patron de la SNCF s'appelle Pepy. S'il s'appelait Popo, il aurait fermé les toilettes.

Quatrièmement : pas de climatisation non plus. Ah, oui ! passé Lyon, ça va commencer à fouetter. Des pinces à linge seront proposées en option par le contrôleur.

À suivre ci-contre…

Samedi **21** HIVER

Dimanche **22** **Décembre** SAINT FR.-XAVIÈRE

Mabille voyage *low cost* (suite et fin)

Cinquièmement : multiplication des places, on va recycler des vieux fauteuils de vieux TER qui auront déjà vu des millions de vieux culs ! Ce genre de train déraille, ça te fait trois mille morts. On vous empilera en plus les uns sur les autres. Tu imagines la bonne femme qui m'aura sur ses genoux tout le long du voyage, elle-même assise sur son chien... Elle monte avec un danois, elle descend avec un teckel.

Sixièmement : voiture duplex transformée en triplex, voire en quadruplex. Hauteur de plafond 1,20 mètre maxi. J'en connais au moins un que ça ne gênera pas !

Septièmement : pas de première classe, juste des secondes, en attendant les troisièmes, les quatrièmes et les cinquièmes, le retour des wagons à bestiaux et à marchandises.

Huitièmement : pour partir de Paris, obligation de vous rendre à la gare de Marne-la-Vallée à 45 kilomètres. Pour partir de Marseille, vous devrez vous rendre à la gare de Libourne. Pour partir de Lyon, la gare de Quimper.

Neuvièmement : l'utilisation des prises de courant sera payante, par contre l'usage des toilettes restera gratuit juste pour le pipi ! Pour le popo, on payera le PQ à la feuille. Souffrant de gastro, pensez à faire un prêt personnel à la banque avant de monter dans le train. En attendant le retour prochain de la vapeur à un prix *low low cost*, seule obligation : il faudra recharger la chaudière soi-même ! Gabin n'a jamais été aussi moderne, c'est le retour de la bête humaine !

Citation

Qui a dit : « Si nous étions en dictature, les choses seraient plus simples - du moment que ce serait moi le dictateur. » ?

George W. Bush

Présentation des panélistes

Grâce à elle et à son inlassable curiosité, d'innombrables vies privées sont devenues publiques.

Mireille Dumas

Bouvardise

Je suis un ancien jeune et un ancien maigre. C'est dire si je ne comprends rien aux adolescents anorexiques.

Lundi
23 Décembre
SAINT ARMAND

UNE HISTOIRE DRÔLE

Une vieille femme, proche de la mort, est dans son lit, son mari est à ses côtés pour l'aider à partir.

La femme regarde ce dernier et lui demande :

— Va dans le grenier, au fond à gauche, tu trouveras une boîte.

Le mari s'exécute de suite et monte au grenier. Il y découvre, sous la paille, une petite boîte dans laquelle il y a 7 œufs, et 100 000 €.

Il revient auprès de sa femme un peu interloqué et lui demande :

— C'est quoi ces 7 œufs ?

Sa femme lui répond :

— Chaque fois que je n'avais pas d'orgasme avec toi, je mettais un œuf dans cette boîte.

Le vieil homme réfléchit et se dit que sur cinquante ans de mariage, ça fait énormément d'orgasmes tout ça ! Très fier, il se tourne vers sa femme et lui demande :

— Mais, et ces 100 000 € ?

Elle lui répond :

— Chaque fois que j'en avais une douzaine, j'allais les vendre au marché...

Les statistiques de Peroni

– Pour la Saint-Valentin, 4 % des pharmaciens farceurs font des trous d'aiguille dans les préservatifs, alors que, pour le 1er avril, 11 % d'entre eux remplacent les pastilles contre la toux par des pilules laxatives.

– En hiver, 23 % des exhibitionnistes ne sont pas enrhumés que du nez…

– 63 % des bègues explosent le forfait de leur téléphone portable.

– 43 % des randonneurs ont du mal à monter les côtes du Ventoux, alors que 97 % n'ont aucun mal à descendre les côtes-du-rhône.

– 20 % des cannibales qui sont végétariens ne mangent dans le corps humain que les végétations.

– 99 % des kangourous n'ont pas d'argent de poche.

– 15 % des gros cons sont maigres et 14 % des sales cons sont propres.

– 48 % des petits cons sont grands et 47 % des grands cons sont petits.

– Qu'ils boivent du blanc ou du rouge, après, 23 % des consommateurs sont noirs !

– À l'école, 78 % des enfants jouent au morpion, 12 % en ramènent à la maison.

– D'après la police de la route, 99 % des gens qui roulent en Lotus ont toujours leurs papiers.

– Et enfin, 43 % des lépreux qui ont fait un bras d'honneur sont maintenant manchots !

Présentation des panélistes

Dans le Périgord, les chambres d'hôtes poussent là où il a marché.

Pierre Bellemare

Question du jour

Qui ramena les spaghettis de Chine ?

Marco Polo

UNE HISTOIRE À BIDE

Ça fait trois fois que le couperet de la guillotine tombe, et ça fait trois fois qu'il rebondit sur le cou du condamné à mort. Le juge, les avocats, l'aumônier, tout le monde s'arrache les cheveux.
Le condamné, lui, est très guilleret. Il dit :
– Vous ne vouliez pas me croire, hein ! Quand je vous disais que je n'étais pas coupable !

Citation

Qui a dit : « Il n'y a pas de bonne cuisine si au départ elle n'est pas faite par amitié pour celui ou celle à qui elle est destinée. » ?

Paul Bocuse.

Question du jour

Dans le langage des marins, que sont les « bouteilles » ?

Ce sont les WC réservés aux officiers

Présentation des panélistes

Il est à l'humour ce que le proctologue est à la médecine.

Jean-Jacques Peroni

Citation

Qui a dit : « La femme est le chef-d'œuvre de Dieu surtout quand elle a le diable au corps. » ?

Alphonse Allais.

Question du jour

Quel est le seul acteur à avoir assuré ses jambes pour la somme d'un million de dollars ?

Fred Astaire

Présentation des panélistes

Elle est tellement bouclée que même ses yeux frisent.

Mireille Dumas

UNE HISTOIRE DRÔLE

Un paysan s'arrête au garage du coin pour faire réparer sa camionnette. Il la laisse et il rentre à pied, car il n'habite pas loin.
Sur le chemin du retour, il s'arrête dans une boutique et achète un seau et 5 kg de peinture. Puis dans une autre, il prend deux poules et une oie.
Mais il a un problème : comment porter tous ses achats jusqu'à la maison.
Une petite vieille s'approche de lui et lui dit qu'elle est perdue.
Elle lui demande :
— Pouvez-vous me dire comment aller au 160 allée de la gare ?
Le paysan lui dit :
— Eh bien, en fait, ma ferme est tout près de la gare. Je me mettrais bien en route, mais je n'arrive pas à porter tout ceci.
— Pourquoi ne mettez-vous pas la peinture dans le seau. Portez le seau d'une main, mettez une poule sous chaque bras et portez l'oie dans l'autre main ?
— Merci bien, bonne idée, dit-il, et il se met en route avec la vieille dame.
En cours de route, il dit :
— Prenons mon raccourci et descendons par ce sentier. Nous y serons en un rien de temps.
La petite vieille le regarde attentivement et dit :
— Je suis une veuve sans personne pour me défendre... Qui me dit que quand nous serons dans le sentier vous n'allez pas me coincer contre un mur, retrousser ma jupe et me faire Dieu sait quoi ?
— Cré vingt dieux, ma petite dame, je porte un seau, 5 kg de peinture, deux poules et une oie. Comment diable pourrais-je vous coincer contre le mur et faire ça ?
— Posez l'oie, recouvrez-la avec le seau, mettez la peinture sur le seau, et je tiendrai les poules... !

Le régime Ducon

Philippe Bouvard : Quel est le meilleur régime que vous ayez suivi ?
Sébastien Cauet : Oh ! J'en ai fait des tonnes de régimes… !
Philippe Chevallier : Des tonnes, ça se voit…
Sébastien Cauet : Eh bien, j'ai fait le Ducon !
Chantale Ladesou : Non, le Dukan !
Sébastien Cauet : Dukan, c'est le médecin. Ducon, c'est celui qui le fait !

Jeudi **26** **Décembre**

SAINT ETIENNE

La mélancolie du barbouillé

par Philippe Chevalier

Eh bien, oui ! il fallait s'y attendre, vous avez bâfré comme des bestiaux, vous vous en êtes mis plein la panse, vous avez fait des mélanges et vous avez les dents du fond qui baignent ! Le foie gras de la tante Janine acheté directement à la propriété par l'intermédiaire d'un ami à sa belle-sœur et les huîtres de Bouzigues qui ont transité par Strasbourg vous ont légèrement barbouillé le fond de sauce… Pourtant, vous êtes du genre solide à qui on ne la fait pas, que le mélange bière/vin blanc n'effraie pas, surtout quand c'est tiédasse…. Du genre à reprendre une assiette de frites en fin de repas juste pour faire une nappe avant la crème de marrons et les digestifs. Mais là, est-ce que c'est la faute à la crise ou le réchauffement climatique, il n'y a plus le même entrain pour partir du bon pied, vous êtes barbouillé voire intoxiqué. Heureusement, grâce aux conseils précieux que Marcelline Chombier prodigue régulièrement dans les pages de *Bien Être*, votre périodique favori, vous allez retrouver la ligne, la forme et tout le restant ! Cette personne est digne de foi, ce qui est bien le moins compte tenu de sa spécificité car si elle n'est pas médecin, elle en connaît un rayon en aroma-naturo-patho-bio-digesto-branlette puisqu'elle n'est pas arrivée là où elle est sans en avoir mis ou pris un sérieux coup ! Le secret, nous apprend-elle : tout drainer et adopter un programme dépuratif. Autrefois, le médecin de famille appelait ça aller à la selle. Mais aujourd'hui, grâce à la télé-réalité et aux réseaux sociaux, on pratique l'euphémisme voire la périphrase ! Voici donc les quelques points essentiels de la méthode de Marcelline si vous voulez vous rétablir : pendant trois jours supprimez le café au petit déjeuner et à la place buvez une tisane de thym. Si vous dormez au bureau tant pis, il vaut mieux un inactif en bonne santé qu'un travailleur malade ! Évidemment le pain-beurre et la confiture sont remplacés par une galette de céréales avec une margarine allégée. Mmmh, la bonne galette de céréales aussi facile à mâcher qu'une biscotte sèche et molle à la fois et qui donne envie de gerber ! Pour les principaux repas, il fallait y penser mais il faudra qu'on m'explique, le sacro-saint bouche-cul, le riz. Pour vous déboucher, bouffez du riz ! C'est une constante de la prescription pathologique et je n'ai jamais compris pourquoi. Si vous voulez résister à la tentation du grignotage parce que vous faites maigre, utilisez à l'atelier, au bureau, à l'usine, dans les champs, les huiles essentielles en inhalation qui vous couperont l'appétit ainsi que celui de vos collègues ! La gueule sous une serviette pour inhaler votre produit dépuratif vous aurez l'air un peu tarte, mais si le chef de service n'est pas allergique au clou de girofle, vous ne risquez pas autre chose que passer pour un demeuré… Autre exercice à ne pratiquer que chez soi si on veut garder sa dignité : l'auto-massage au gant de crin avec une préparation spéciale minceur à base de fenouil, pamplemousse, cèdre, jojoba, pépins de raisin et *tutti quanti*. Formidable pour dégriser le teint à condition, je cite, « de bien insister sur le ventre, les cuisses et les fesses ». Il y a bien un autre endroit, chère Marcelline Chombier, sur lequel les hommes peuvent bien insister mais il paraît que ça donne des cernes !

UNE HISTOIRE À BIDE

Le docteur se penche vers le mari et il lui dit :

— Vous savez, je vous dois la vérité. Je viens d'examiner votre femme et je ne la trouve pas bien du tout !

— Moi non plus je ne la trouve pas bien, dit le mari, mais qu'est-ce qu'elle a comme fric !

Citation

Qui a dit : « Tout penseur avare de ses pensées est un penseur de radin » ?

Pierre Dac

Présentation des panélistes

Quand il faisait encore du journalisme, on l'avait surnommé masse-média.

Bernard Mabille

UNE HISTOIRE DRÔLE

C'est l'histoire de deux collègues qui discutent de la taille du sexe masculin.

– Dis-moi, est-ce que tu savais que les bossus étaient montés comme des bourricots ?

– Les bossus ? Pourquoi les bossus ? Tu te fous de ma gueule ou quoi ?

– Pas du tout. Tè ! Regardes Marius, il est bossu, non ?

– Et alors ?

– Et alors on va lui demander si c'est vrai.

Ni une, ni deux, ils vont chez Marius et lui demandent, preuve à l'appui, de leur montrer son appendice pénien. Et là !... ils restent stupéfaits. Effectivement, Marius est membré comme un âne.

– Eh bè ! Avec un chibre comme celui-là, tu peux te faire des gâteries tout seul.

– Eh ! Couillon ! Comment tu crois que je suis devenu bossu !

Ne me parlez pas de mycose pendant que je mange des pieds panés

par Jean-Jacques Peroni

Vous le savez, je suis un indigné et ça n'est pas près de s'arrêter.

Indigné par la photo officielle du président normal qui ressemble à un nain de jardin qui se demande où est passé son panier de pique-nique !

Indigné par la crise qui fait que les boulangers ont des problèmes croissants !

Indigné par ces slips à bas prix qui ont un trou dans le fond dès qu'on pète un peu fort !

Indigné par ces chanteuses françaises qui chantent en anglais pour masquer la pauvreté de leur vocabulaire !

Indigné par ces gens qui croient que c'est à partir de l'âge de bronze que l'homme a commencé à faire caca !

Indigné par ces réseaux sociaux qui auraient fait la joie de la Gestapo !

Indigné par les Grecs qui n'ont plus un rond mais qui continuent à en prendre !

Indigné par tous ces pauvres qui acclament des joueurs de ballon multimillionnaires !

Indigné par ces adolescents qui, la nuit, font des cartes de France alors qu'ils sont nuls en géographie !

Indigné par ce proctologue qui m'a traité de trou du cul ! Faut pas cracher sur la marchandise !

Indigné par cette publicité sur la mycose des orteils alors qu'on est à table à se taper des pieds panés !

Indignés par les gens qui pètent au restaurant et qui vous empêchent de fumer sous prétexte que ça pue !

Indigné par ce président normal qui prétend gouverner le pays alors qu'il est incapable de tenir sa gonzesse !

Question du jour

Que font les Japonaises de leurs petites culottes usagées ?

Très pudiques, elles ne les jettent jamais à la poubelle mais elles les brûlent.

Présentation des panélistes

Il a choisi de faire de la télé parce qu'on lui avait promis qu'il deviendrait une vedette du PAF.

Vincent Perrot

Citation

Qui a dit : « La cuisine est le plus ancien des arts parce qu'Adam naquit à jeun. » ?

Anthelme Brillat-Savarin.

Samedi
28
SAINTS INNOCENTS

Dimanche
29
Décembre
SAINT DAVID

Mailhot met les petits plats dans les grands

Alors ceux qui osent encore prétendre qu'il est indispensable de diminuer le nombre de fonctionnaires devraient avoir honte. Un de mes amis cuisiniers vient en effet de me faire part d'une circulaire qu'il avait reçue dans son courrier et qui dit ceci : « Monsieur, je vous rappelle que la dénomination «coq» est réservée exclusivement au sujet domestique du genre Gallus ayant atteint la maturité sexuelle. La dénomination poulet s'applique donc en revanche à un sujet de poids supérieur à 800 grammes mais n'ayant pas atteint la maturité sexuelle. Les plats cuisinés à partir de poulet selon la recette du coq au vin devront donc être impérativement affichés : poulet préparation coq au vin. »
Voyez-vous, quand on nous dit que les fonctionnaires ne fichent rien, avouez que c'est quand même un gros mensonge parce que l'individu qui a pondu ce texte essentiel a dû y réfléchir un sacré bout de temps. Le sujet est grave, vous le comprenez ! Quand en effet un poulet devient-il coq ? C'est la question que se pose Philippe Chevallier depuis des années ! Combien de poules doit-il honorer pour être coq au lieu de poulet ? Doit-on recenser uniquement les relations consenties ou celles plus ou moins forcées ? Il doit en être des poulets comme des hommes, certains sont plus précoces que d'autres. Il y a sans doute les timorés du cochage et des poulets cavaleurs façon DSK. Donc l'âge n'entre pas forcément en ligne de compte. Il y a sûrement des poulets attardés avec de l'acné et des points noirs sur les joues, et puis des coqs précoces qui font coulisser le sot-l'y-laisse, comme dirait Peroni, dès la puberté.

À suivre page suivante...

UNE HISTOIRE À BIDE

C'est au cours d'une excursion, entre belle-mère et belle-fille. Le moniteur leur dit :
– On va prendre deux cars comme ça il n'y aura pas d'histoire, les belles-mères dans le premier car et les belles-filles dans le deuxième.
Sur la route, le car des belles-mères tombe dans un précipice. Les belles-filles chantent et dansent de soulagement, enfin débarrassées de leurs atroces belles-mères pour un bout de temps, se disent-elles. Mais il y en a une qui pleure, on lui demande alors :
– Tu aimais tant que ça ta belle-mère ?
Et l'autre lui répond en pleurant :
– Non, elle a raté le car.

Question du jour

Dans le roman *Notre-Dame de Paris* de Victor Hugo, pour quelle raison Esméralda doit-elle être pendue ?

Présentation des panélistes

Ses admirateurs ont le choix entre se la mettre sous le bras ou se la glisser derrière l'oreille.

Chantal Ladesou

Citation

Qui a dit : « L'anglais, ce n'est jamais que du français mal prononcé. » ?

Elle est accusée de sorcellerie

Georges Clemenceau.

UNE HISTOIRE DRÔLE

Des ingénieurs aéronautiques sortent un nouveau chasseur. Ils l'essaient mais l'avion perd ses deux ailes en plein vol. Ils reprennent leurs calculs, font de nouveaux essais avec le même résultat. Ils réunissent les plus grands scientifiques de la planète et recherchent en vain les raisons de cet échec. Après plusieurs jours sans résultat, la femme de ménage passe le balai, se penche sur les papiers et se permet d'intervenir.

– À votre place, je percerai une série de trous à l'endroit où se déchirent les ailes.

– Écoutez madame, on ne se mêle pas de votre ménage, n'essayez pas de nous apprendre notre métier.

Pourtant, après une nouvelle série d'avions écrasés, les chercheurs décident en désespoir de cause de percer les trous et de faire un essai. L'avion vole normalement. Ils convoquent alors la femme de ménage.

– Mais comment vous est venue cette idée géniale ?

– Vous savez, ça fait vingt ans que je nettoie les toilettes, je n'ai jamais vu le papier se déchirer suivant les pointillés !

Mailhot met les petits plats dans les grands
(suite et fin)

On sait depuis longtemps qu'il ne faut pas confondre le cou de poulet avec les crêtes de coq, mais je reste admiratif et sans voix devant ces obscurs fonctionnaires qui, du fond de leur bureau, calculent et décident du nombre de poules qu'un poulet doit bibliquement connaître pour avoir le droit de s'appeler « coq au vin ». Quand ils rentrent chez eux le soir, ils doivent avoir le sentiment d'avoir servi la France.

Vous remarquez que c'est le genre de travailleurs de l'ombre dont on ne parle jamais dans les campagnes électorales ni dans les négociations pour l'âge des départs à la retraite. Et pourtant, ils le mériteraient haut la main, ces sexologues de basse-cour qui consacrent leur vie à recenser le nombre de galipettes de nos gallinacés. Car le milieu volailler, il faut le savoir, a toujours été sexuellement torride. Regardez par exemple dans le football, les joueurs commencent leur carrière par des poules de qualification et la terminent par des poules de luxe hautement qualifiées façon Zahia. Là aussi, il faut donc déterminer combien de fois ces créatures doivent-elles se faire culbuter pour passer du statut de poule de championnat de district à celui de poule de championnat d'Europe. Quant à nos vraies poules, celles qui se cassent le colon à longueur d'année pour précisément nous permettre à nous de manger des œufs coque, eh bien, leur statut n'est guère enviable ! Comme me l'expliquait l'autre jour un vétérinaire éminent : « Dans la vie sexuelle de la poule, le plus dur c'est de passer du coq à l'âne parce que forcément ça fait mal ! »

Présentation des panélistes

Son art d'accommoder les nouilles a beaucoup simplifié ses relations avec les hommes.

Macha Méril

Question du jour

Au Tibet, comment soigne-t-on un enfant malade ?

On change son prénom car on considère que l'ancien était maléfique

Citation

Qui a dit : « Selon les sondages, les Français consomment cinquante-huit rouleaux annuels de papier hygiénique par tête. Qu'est-ce qu'ils entendent par tête ? » ?

Frédéric Dard

Mardi **31** **Décembre**

SAINT SYLVESTRE

Une de tirée, vive la prochaine !

Par Philippe Chevallier

Voilà, c'est la fin de l'année les amis, les journaux et les périodiques regorgent d'interviews de personnalités politiques et artistiques auxquelles on demande leur bilan de l'année : ce qui a été marquant pour eux dans le monde et en général et dans leur vie en particulier. Alors, contre toute attente, aucun organe de presse n'est venu me demander mon avis ou consulter mes états d'âme sur ce que l'année qui s'est écoulée pouvait m'avoir apporté. Sachant qu'ici je saurai trouver auprès de vous une oreille attentive et puisque je sens que vous me le demandez implicitement, je vais vous dire ce qu'a été pour moi cette année passée. Comme vous le savez, les deux dernières années se sont succédé sans qu'on s'en aperçoive vraiment. S'il n'y avait pas ce rituel imbécile qui consiste à embrasser systématiquement tous les clients du restaurant dans lequel vous avez emmené la femme de votre vie pour déguster un homard caoutchouteux et un foie gras qui ressemble à du pâté de lapin, vous n'auriez pas remarqué le passage à une autre année ! Mais l'haleine chargée de votre grosse voisine qui croit bien faire en vous écrasant la joue à la manière d'une ventouse dégorgeuse de canalisation vous ramène à une réalité calendaire qui n'a de festif que le nom. Ainsi donc, une de tirée, vive la prochaine ! Ça ne vous empêche pas de retrouver la même bonne femme que d'habitude dans le plumard, de voir les mêmes présentateurs à la télé et les mêmes collègues au bureau, mais ce n'est pas grave, on y croit, cette année ça va changer ! Je me souviens très bien qu'en janvier de cette année j'étais victime de ballonnements dus à une alimentation trop riche en féculents et pauvre en fibres. Ce détail a une importance relative me direz-vous si ce n'est que mon état m'a joué des tours lors de l'assemblée générale des copropriétaires de mon immeuble. J'avais une requête à formuler concernant l'entretien du local à vélos mais, compte tenu de l'odeur nauséabonde qui flottait autour de ma chaise, mes préoccupations sont passées à l'as et le syndic de l'immeuble m'a prié d'aller voir à la pharmacie d'à côté s'il y était. Il en faut plus pour me décourager et m'empêcher de voir la vie du bon côté.

Un dimanche après-midi, je résolus, pour me distraire, d'aller au cinéma. Nous étions je crois en février, ce qui d'ailleurs n'a aucune importance. Dans la file d'attente, j'aperçois François Bayrou qui avait donc eu la même idée que moi. Comme il avait l'air de s'ennuyer dans la queue et que personne ne faisait attention à lui, je décidai de l'apostropher amicalement car je sais que les personnalités politiques sont contentes qu'on les reconnaisse. Malheureusement pour moi, j'étais allé chez le dentiste deux jours avant et je portais un bridge provisoire qui altérait ma prononciation. Oubliant ce détail, je lançais à tue-tête pour qu'il m'entende bien un : « *Bonjour monsieur Bayou, comment ka va ?* » L'homme politique et toute la file d'attente étaient consternés. Bon réveillon quand même !

Citation

Qui a dit : « Le théâtre est né de l'Eglise, elle ne le lui a jamais pardonné » ?

Sacha Guitry

Question du jour

Quel délit a-t-on créé après l'incendie du Bazar de la Charité ?

On a créé le « non-assistance à personne en danger ».

Présentation des panélistes

C'est parce qu'il était obsédé par le gaz qu'il est devenu si bon conteur.

Philippe Chevallier

REMERCIEMENTS
de l'éditeur

Merci à toute l'équipe de RTL
pour son efficacité et son sourire,
et tout particulièrement à
Julien CARDON
Virginie DA SILVA
Sébastien GOUILLARD
Grégoire HUEBER
Eric LAVERDIN
Lucie TALBOT

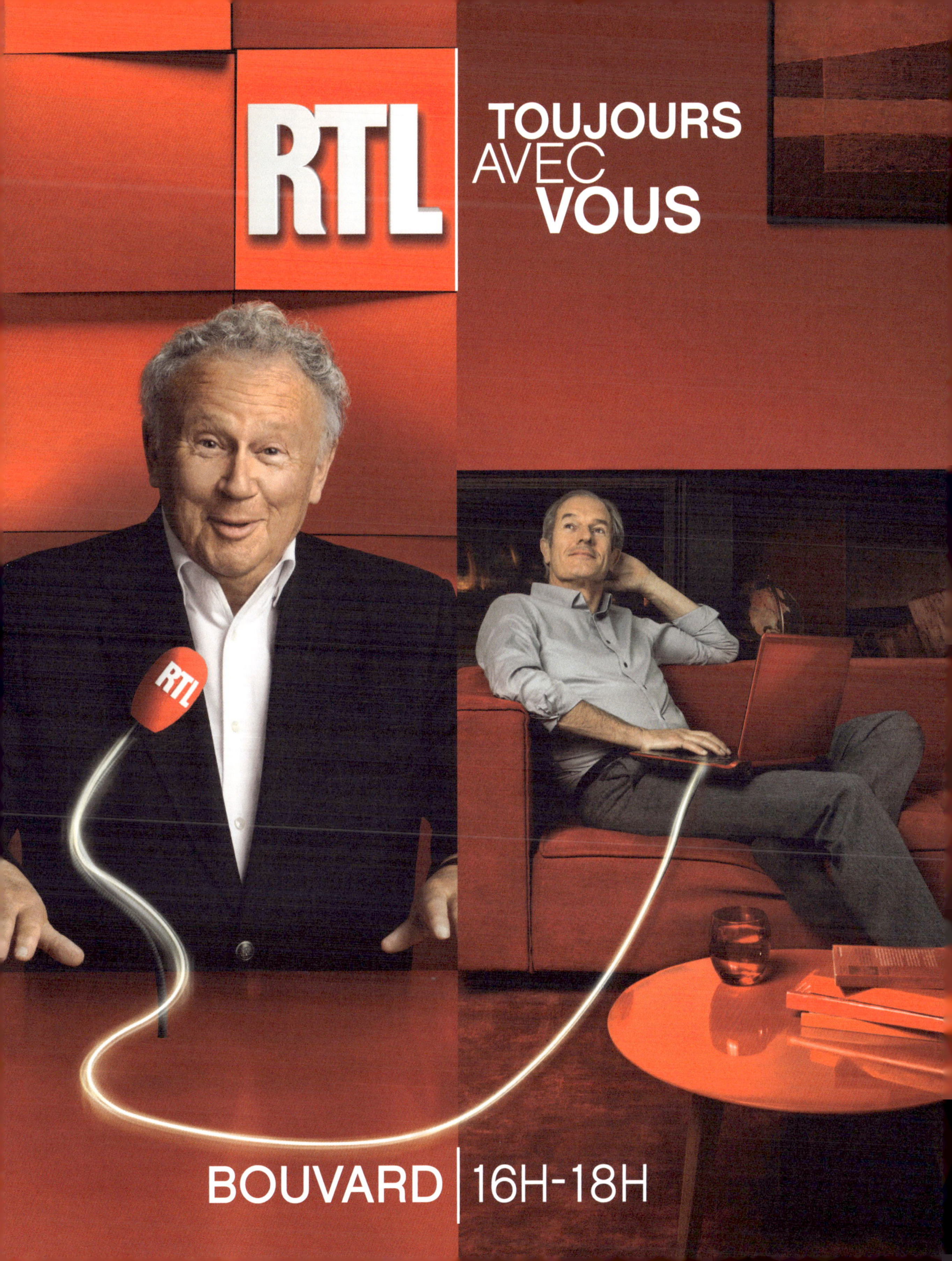
RTL
TOUJOURS
AVEC
VOUS
RTL
BOUVARD | 16H-18H

Direction d'ouvrage
Elsa Lafon, Dorothy Aubert, Florian Lafani

Direction artistique
Isabelle Dupont

Cet ouvrage a été réalisé par les soins
de la société Nord Compo à Villeneuve d'Ascq (59)

Achevé d'imprimer en Espagne
Dépôt légal : octobre 2012
ISBN : 978-2-7499-1711-5